準1級の合格点を1冊でカバー!

史上最強の漢検マスター準1級問題集

オフィス海 著

解答を隠して学習できる
赤シート付き

ナ

◆本書の解答の見方

【読み（ひらがな）の解答】

❶併記してあるものはどちらでも正解

ちょうふ・てんぷ←「ちょうふ」「てんぷ」のどちらでも正解

❷（　）は入れても入れなくても正解

こじゅうと（め）←「こじゅうと」「こじゅうとめ」のどちらでも正解

❸［　］は直前の字と入れ替えても正解

お［え］んりえど←「おんりえど」「えんりえど」のどちらでも正解

【書き取り（漢字）の解答】

❶併記してあるものはどちらでも正解

煽・扇←「煽」「扇」のどちらでも正解

天佑／天祐 神助←「天佑」「天祐」のどちらでも正解

❷（　）内は1級配当漢字。こちらで答えても正解

大姦（奸）←「大姦」「大奸」のどちらでも正解

栴（旃）檀←「栴檀」「旃檀」のどちらでも正解

咳（喘・嗽）←「咳」「喘」「嗽」のどれでも正解

馴染・（昵）←「馴染」「昵」のどちらでも正解

※本書の解答は『漢検1／準1級過去問題集』（財団法人 日本漢字能力検定協会）の標準解答に基づいて作成されています。漢字音訓表には掲載されていない許容の読みの解答が掲載されている場合があります。また、許容の読み、別字、異体字など、掲載されている解答以外の許容される解答もありえます。

はじめに

本書は、漢字検定【準1級】の「合格点」を1冊でカバー、得点できる問題集です。その点で、出題語句を順に並べただけの「頻出順」や「でる順」の問題集とは大きく異なっています。

私たちは、十数年をかけて日本漢字能力検定協会が公表している過去問題をすべてデータベース化してきました。そして解答語句の頻出度はもちろん、配当漢字1字ごとの出現率、年度ごとにそれまで出ていない問題がどれだけ出るかなど、さまざまな集計と分析を繰り返しました。その結果、

・どの漢字、どの語句を学習したら、最も効率的に合格点(準1級では80%)に達するか

・各ジャンルで何問くらい学習すれば、合格できるか

をほぼ正確に分析できるようになりました。本書はその集大成であり、

・24年間の過去問題出題語句を収録 → 1冊で合格点に達するカバー率を実現

・わかりやすい大活字。しかも意味付きの解答・解説 → 準1級では意味の習得が不可欠

・出題回数と用例がわかる「準1級漢字音訓表」 → 別冊付録だけで大幅な得点アップが可能

など、考えうるあらゆる工夫を施してあります。抜群の学習効果を実現した本書を活用することで、一人でも多くの方が漢字の知識を深め、漢字検定「準1級」に合格されることを願っております。

オフィス海

※本書は、『カバー率測定問題集 漢検マスター準1級 改訂第2版』を全面的に改定した新装版です。

本書の特長

▼出る順＋問題カバー率85％超。語句の意味付き だから辞書不要！

① 実測カバー率が合格点を突破！

「カバー率」とは、その本で試験の単語や問題をどのくらいカバー（的中・得点）できるかという割合のことで、単語集や問題集の信頼性を表す指標の1つです。下の表「本書の本試験カバー（出題的中）率」にあるように、本書は毎年合格点をカバーしています。

漢検問題集の中で、**カバー率を実際に測定しているのは本書だけ。本書は、準1級の合格点をただ1冊でカバーできる唯一の問題集**です。

② 過去の検定問題を徹底的に分析

頻出順（でる順）に問題語句を習得していった場合、合格点を超えるには、どれほどの問題数をマスターすればよいのか。過去の漢字検定問題をすべてデータベ

■ 本試験カバー（的中）率…合格点80％を楽々突破！

出題ジャンル	20年度	21年度	22年度	23年度	24年度
読み	96.8%	96.7%	94.4%	100%	98.9%
表外の読み	86.7%	75.0%	90.0%	86.7%	100%
熟語と一字訓	83.3%	95.0%	93.3%	93.3%	93.3%
共通の漢字 書 ：サンプル数が少ないためカバー率計測の対象外					
書き取り 書	91.7%	92.5%	98.3%	94.2%	99.2%
誤字訂正 書	93.3%	100%	100%	100%	100%
四字熟語・書き 書	96.7%	90.0%	86.7%	93.3%	98.3%
四字熟語・意味	60.0%	80.0%	66.7%	90.0%	100%
対義語・類義語 書	93.3%	95.0%	93.3%	96.7%	100%
故事・成語・諺 書	86.7%	90.0%	90.0%	100%	100%
文章題・書き 書	100%	100%	73.3%	100%	100%
文章題・読み	93.3%	100%	86.7%	76.7%	93.3%
得点カバー率	90.9%	92.4%	90.9%	92.1%	98.4%

▲20年度～23年度は2020～2023度版『漢検1／準1級過去問題集』（財団法人 日本漢字能力検定協会）の問題と、また24年度は2024年6月16日に実施された準1級試験問題と本誌掲載問題（本冊＋別冊）を照合した結果です。今後の検定問題でのカバー率を保証するものではありません。

ース化して、徹底的に分析・研究をしました。

その結果、**過去15年間の問題語句をマスターすればほぼ間違いなく合格点をクリアできる**ことが判明しました。本書には、それを大きく上回る**過去24年分の問題語句**が掲載されています。他の問題集よりも、問題数が格段に多くなっていますが、無駄な問題は1問もないので、安心して取り組んでください。

❸ ジャンル*を横断してカバー率を計測

●カバー率計測方法

例えば、問題数10問のうち、9問をカバーしていればカバー率90%です。右表最下段「得点カバー率」は、「書き取り」など2点問題を「読み」など1点問題の2倍の割合にして何%得点できたかを計算したものです。

●比較した過去問データ

「読みジャンル」は全ジャンルで本書に同じ「漢字の読み」が掲載されているかどうか、「書きジャンル」（表の書マーク）は書きジャンルで本書に同じ語句・熟語が掲載されているかどうかを計測してあります。また「四字熟語」は、同じ熟語の読み・書き（意味）が掲載されているかどうかを計測してあります。

●該当年度の問題は除外した上で計測

本書には計測年度の検定問題まで収録してあるため、本書に試験問題が掲載されているかどうかをそのまま計測すると、カバー率100%になってしまいます。そのため、各該当年度、該当回の問題は除外した上でカバー率を計測してあります。つまり、カバーできていない問題は、初出の出題語句ということです。

●2級以下の復習問題も収録

2級*以下の漢字の復習問題については（表外の読みと四字熟語を除いて）既習と考え、カバー率計測から除外してあります。ただし、過去24年間に出題された頻出の復習問題は本書（別冊含む）に収録されていますから、学習対策上の不備はありません。

＊2006年から始まった「共通の漢字（各回5問）」は、サンプル数が少なく、ほとんどが初出問題のため、カバー率計測からは除外してあります。

＊他ジャンルでも掲載されている同じ語句、出題回数が少ない2級以下の簡単な復習問題、共通の漢字の問題などは、一部割愛した語句があります。割愛した語句の例：塗る・編む・辛い・見当・貢献・克己・怨霊・一家言

④「頻出順+カバー率」でランク付け

本書は、カバー率を測ったうえで、過去24年間の問題を頻出順に配列し、3つのランクで構成しています。

まずは**最頻出のAランクをやってみて、掲載問題が90%以上解けるようなら実力的には合格圏にあると考えてかまいません。Cランクまですべて習得すれば、計算上はほぼ合格できるはず**です。

試験前に[*1]、別冊の「準1級漢字音訓表」「表外の読み」にある問題をチェックすれば、万全の対策ができます。

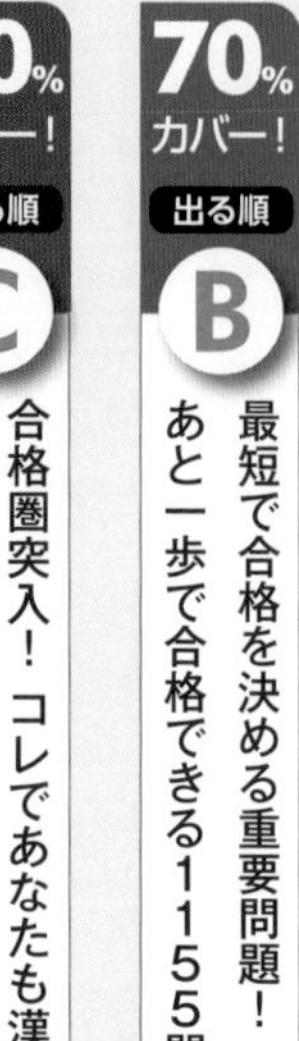

50%カバー! 出る順 A
Aランクで合格点の50%以上をカバー。繰り返し出題される最頻出1893問

70%カバー! 出る順 B
最短で合格を決める重要問題! あと一歩で合格できる1155問

80%カバー! 出る順 C
合格圏突入! コレであなたも漢字博士。合格を約束する683問

⑤意味を掲載してあるので辞書不要

準1級の試験では、**2級とは比較にならないほど難しい言葉**が出題されます。意味がわからないまま読み書きだけを覚えようとしても記憶が定着しません。そのため、出題された語句の意味を覚えておくことが不可欠となります。

本書では[*2]**難しい語句、四字熟語、故事成語などに意味解説**が付いています。さらに「共通の漢字」「誤字訂正」「四字熟語・書き」「対義語・類義語」のジャンルでは、いちいち調べなくてもわかるように、**解答部分に問題語句の読み方**を入れてあります。

語句の意味も読み方も、**辞書で引く手間が省ける**ので、漢字学習に集中して取り組めます。

＊1 別冊には「共通の漢字」も掲載してありますが、共通の漢字は初出問題が多いジャンルなので、学習効果はそれほど望めません。

＊2 難しい解答語句が少ない「書き取り」「誤字訂正」「対義語・類義語」については、難しいと思われる語句にだけ意味を添付してあります。

❻ 大活字だから見やすい、覚えやすい

本書掲載の問題・解答漢字は、標準字体に適合した教科書体です。しかも類書より大きな活字にしてありますから、**画数の多い漢字でも格段に見やすく覚えやすい**紙面となっています。

❼ 赤シート対応の親切な解答・解説

解答、及び出題範囲にある「読み・書き」はすべて赤い字で印刷してあり、**付属の赤シートを使って解答できるかどうかのチェック**ができます。

❽ 本試験そっくりの模擬試験

【準1級】模擬試験は、**難易度が本試験と同じになるように設計されていて、かなり正確な合格判定ができます**。必ず時間を計って取り組んでください。

❾ 別冊―準1級漢字音訓表

試験直前に赤シートでサッとチェックするだけで、**大幅な得点アップが可能**な別冊です。

❶ 準1級漢字音訓表

過去24年間の、**漢字の出題回数を明示**した「準1級漢字音訓表」です。**過去の出題例を含む「用例」**が問題として掲載されているので、出題頻度の高い漢字を選んで、重点的に復習することもできます。

❷ 準1級漢字【許容字体一覧】

許容字体とデザイン差による書体の違いが一目でわかる字体一覧です。どの書体で書いても正解になります。

❸ 表外の読み（本冊未掲載分）

出題回数が少ないため、本冊の問題ページでは割愛した「常用漢字表の表外の読み」を掲載してあります。

❹ 共通の漢字（本冊未掲載分）

出題回数が少ないため、本冊の問題ページでは割愛した「共通の漢字」の難問を掲載してあります。

目次

✔ 終わったページをチェックしていくと、どこまでやったのかが一目でわかります。

50%カバー！

何回も出題されている最重要問題！

50%カバー！ 出る順Aランク

出る順 A

※模擬試験、別冊を含む全問題数

70％カバー！

最短で合格を決める重要問題！

出る順 B

70％カバー！ 出る順Bランク

80％カバー！

合格圏突入！ コレであなたも漢字博士

80％カバー！ 出る順Cランク

【準1級】模擬試験

別冊 過去24年間の出題回数と用例付き **準1級漢字音訓表**

漢検準1級にスピード合格!!

出る順▶過去24年間のデータによる「出る順」です。A・B・Cのランク別に問題傾向を正確に表しているので、ムダのない最短の学習ができます。

目標時間▶検定試験の制限時間に慣れるため、分野ごとに解答する目標時間を設定してあります。

合格点▶検定の合格基準80%をクリアするための目標点数です。
得点欄▶2回分の得点を記入できます。

意味▶語句、故事成語、慣用句、四字熟語などの意味を付けてあります。辞書なしで学習できます。

赤シート▶赤い字の解答部分を付属の赤シートで隠すことができます。解答部分を隠して、学習できます。

赤シートマーク

赤シートで学習できる箇所を表しています。

ムダのない効果的な学習で、

チェックボックス▶
正解、不正解を ✔ などでチェックできます。不正解だった問題の復習をしましょう。

▼本冊

出る順 A　読み　表外の読み　熟語と一字訓　共通の漢字　書き取り

21 封筒に切手を貼付する。
22 世間に大いに喧伝する。
23 旅先の宿で灘響を聞く。
24 侃直な態度を貫く。
25 薙髪して仏に帰依した。
26 髪が逆立つほど赫怒した。
27 街道一の都邑として栄えた。
28 芳醇たる馨香に包まれる。

次の傍線部分の訓読みをひらがなで記せ。

29 改革運動の魁となる。
30 華やいだ廓の面影を残す。
31 同郷の誼で仕事を請け負う。
32 その話は姑く措くとしよう。
33 甑に坐するが如し。
34 些か納得し難い点がある。
35 坐らにして富を築く。
36 夙に志を立て、常に励んだ。
37 爪で拾って箕でこぼす。※
38 病魔がしだいに蝕んでゆく。
39 万事が頗る順調に進む。
40 敵ばかりか味方をも詑いた。
41 渓谷を川沿いに辿る。
42 鱈は鍋料理に適している。
43 難問を乍ち解い
44 詩は志の之く所
45 道が二俣に分か
46 火の見櫓から町

※苦労して蓄えたものを一度に使い果たすたとえ。

21 ちょうふ・てんぷ　はりつけること。
22 けんでん　広く知らせること。
23 だ[た]んきょう　海の音。波音のひびき。
24 かんちょく　強く正しい。
25 ちはつ・ていはつ　髪をそり出家すること。
26 かくど　激しく怒ること。嚇怒。
27 とゆう　みやこ。都会。
28 けいこう・けいきょう　よいかおり。
29 さきがけ　全体の先頭に立つこと。
30 くるわ　遊女屋が集まった場所。
31 よしみ　親しい間柄。縁故。
32 しばら　姑く：とりあえず。少しの間。
33 こしき　古代の素焼きの蒸し器。
38 むしば　蝕む：少しずつ損なう。
39 すこぶ　頗る：たいそう。とても。
40 あざむ　詑く：だます。惑わす。
41 たど　辿る：苦労しつつ進む。
42 たら　タラ目タラ科の魚。

▼別冊

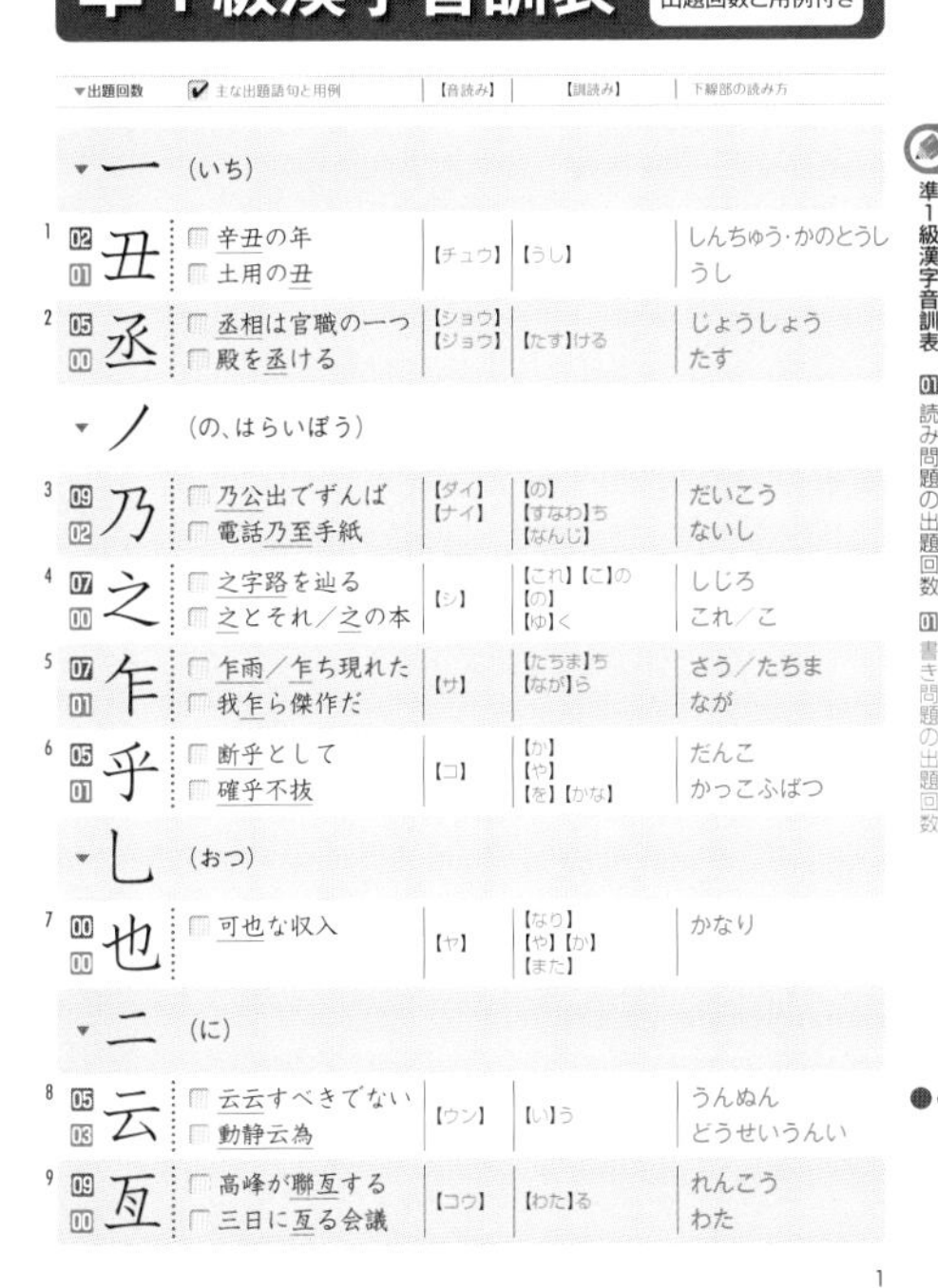

準1級漢字音訓表　過去24年間の出題回数と用例付き

準1級漢字音訓表　01 読み問題の出題回数　01 書き問題の出題回数

▼出題回数		✔主な出題語句と用例	【音読み】	【訓読み】	下線部の読み方
▼一（いち）					
1 02 / 01	丑	辛丑の年 / 土用の丑	【チュウ】	【うし】	しんちゅう・かのとうし / うし
2 05 / 00	丞	丞相は官職の一つ / 殿を丞ける	【ショウ】【ジョウ】	【たす】ける	じょうしょう / たす
▼ノ（の、はらいぼう）					
3 09 / 02	乃	乃公出でずんば / 電話乃至手紙	【ダイ】【ナイ】	【の】【すなわ】ち【なんじ】	だいこう / ないし
4 07 / 00	之	之字路を辿る / 之とそれ／之の本	【シ】	【これ】【こ】の【の】【ゆ】く	しじろ / これ／こ
5 07 / 01	乍	乍雨／乍ち現れた / 我乍ら傑作だ	【サ】	【たちま】ち【なが】ら	さう／たちま / なが
6 05 / 01	乎	断乎として / 確乎不抜	【コ】	【か】【や】【を】【かな】	だんこ / かっこふばつ
▼乙（おつ）					
7 00 / 00	也	可也な収入	【ヤ】	【なり】【や】【か】【また】	かなり
▼二（に）					
8 05 / 03	云	云云すべきでない / 動静云為	【ウン】	【い】う	うんぬん / どうせいうんい
9 09 / 00	亙	高峰が聯亙する / 三日に亙る会議	【コウ】	【わた】る	れんこう / わた

1

別冊：準1級漢字音訓表
▶過去24年間の出題回数を明示しました。過去問題や読みを赤シートでチェックできます。

準1級 ▼ 出題傾向と学習ポイント

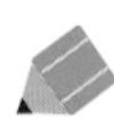

出題ジャンル

準1級は下表のジャンルが出題され、200点満点で160点（80％）を正解すると合格となります。以下、出題傾向と具体的な学習ポイントを解説します。

本書を活用して合格点を取る

本書では「出題語句」の読みと書きを別々に計測・分析し、**準1級検定で本書未掲載の語句の割合が2割以下になるように計算**されています。つまり、本書掲載問題を習得すれば、計算上は200点満点で160点（80％）以上は正解できるわけです。

ただし、準1級検定の合格率は、各回で大きく異なっていて、例えば2021年度（年3回実施）では、

・第1回…14・7％

■ 漢字検定準1級の出題ジャンルと配点【160点合格/200点】

出題ジャンル	配点	内容
読み	1点×30問＝30点	短文中の漢字の読み
表外の読み	1点×10問＝10点	常用漢字の表外の読み
熟語と一字訓	1点×10問＝10点	熟語の読みと一字訓読み
共通の漢字 書	2点×5問＝10点	共通する漢字の空欄補充
書き取り 書	2点×20問＝40点	短文中の漢字の書き取り
誤字訂正 書	2点×5問＝10点	誤字の発見と修正
四字熟語・書き 書	2点×10問＝20点	四字熟語の書き取り
四字熟語・意味	2点×5問＝10点	四字熟語の意味と読み
対義語・類義語 書	2点×10問＝20点	対義語・類義語の書き取り
故事・成語・諺 書	2点×10問＝20点	故事・成語・諺の書き取り
文章題・書き 書	2点×5問＝10点	文章中の漢字の書き取り
文章題・読み	1点×10問＝10点	文章中の漢字の読み

・第2回…5・5％
・第3回…11・6％
と推移しています（出所：日本漢字能力検定協会ホームページ）。

受検者の実力が各回で大きく異なるとは考えにくいので、合格率の大きな変動は、各回の難易度が異なっているためだと思われます。

本書である程度の実力がついたらすぐ受検してみる、または完全に合格する力がついてから受検するなど、考え方はいろいろありますが、まずは**本書のCランクまでを確実にマスターする**ことをお勧めします。これで難易度が変わっても80％程度は得点できるでしょう。

次に、**別冊で「準1級漢字音訓表」と「表外の読み」のチェック問題を習得**します。ここまでやれば、難易度が高く難しい問題に当たっても、ほぼ確実に合格できる実力が身につくはずです。

なお、準1級漢字音訓表に載っている読みや漢字を丸暗記していく方法は、ほとんど出題されない漢字や読みも多く、効率が非常に悪いためお勧めしません。*

＊詳しくは別冊の表紙裏「準1級漢字音訓表」の説明を参照。

読み

短文中にある――（傍線）が引かれた漢字・熟語の「音読み」、または「訓読み」を答える問題です。

出題の約90％が「準1級漢字」を含む語句、残りの10％が「2級以下の漢字」を含む語句です。2級以下の漢字は表外の読みの問題も出題されます。ただし、この割合は各回によって大きく異なります。

いずれにしても、**本書を習得すれば、ほぼ確実に合格点を取れる**ようになっています。

■ 読みの出題割合

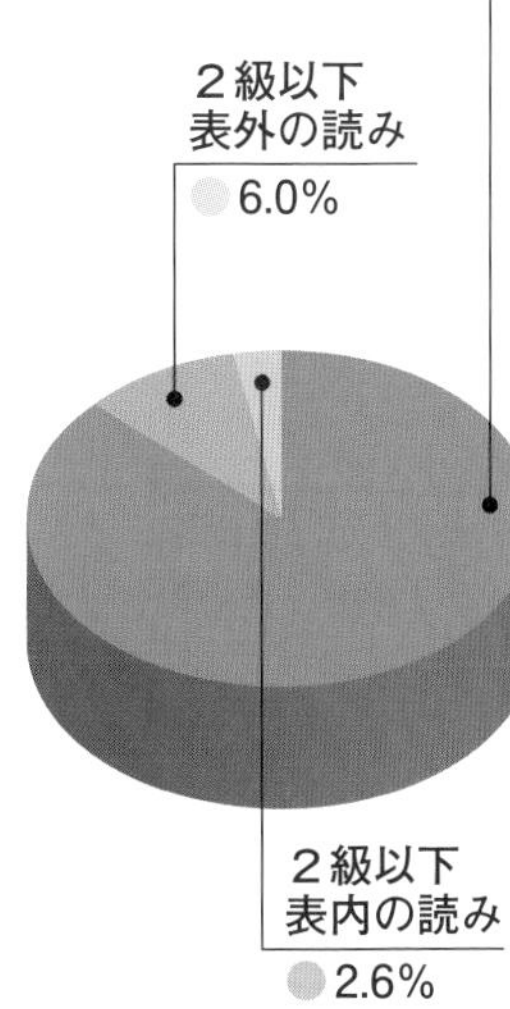

表外の読み

常用漢字表に載っていない読み方を「表外の読み」（または「表外読み」）と言います。表外の読みには、1級対象の読みと準1級対象の読みがあり、準1級で*はもちろん準1級対象の読みだけが出題されます。

短文中にある——（傍線）が引かれた漢字の「表外の読み」を答える問題です。

・頭を垂れる　解答【こうべ】

右の問題は「あたま」とも読めますが、「こうべ」と解答しないと正解にはなりません。うっかり簡単な**「表内の読み」で答えないように注意**しましょう。

なお、「表外の読み」は出題が1回だけのものも多いため、本冊で割愛した語句がありますが、別冊に本冊末掲載分の表外の読みを掲載してあります。

＊過去に「検…あらた（める）」「痴…おこ（がましい）」という1級対象の読みが間違って準1級で出題されていますが、本書では掲載していません。

熟語と一字訓

熟語と、その語義にふさわしい訓読みを答える問題で、**準1級漢字の読みまたは表外の読みが出題**されます。

・畢生…畢わる　解答【ひっせい…お】

熟語の意味がわかると、訓読みもすんなり頭に入ります。本書の解答欄には熟語の意味が掲載されていますから、いっしょに覚えていきましょう。

共通の漢字

2つの（　）に共通する常用漢字を答える問題です。

「私（　）を図るつもりなどない。
「委（　）を尽くして弁明する。
解答【曲】

耳慣れない言葉が多く、漢字の難しさよりも、語彙の豊富さを問う問題といえます。「共通の漢字」は、**出題語句のほとんどが初出**なので、学習効果があまり望めない分野です。特別な勉強をする必要はありません。本冊に掲載した問題を覚えておけば十分でしょう。

なお、参考までに、別冊には本冊未掲載分の共通の漢字の難問を掲載してあります。

書き取り

短文中のカタカナを漢字で書く問題です。**出題の約82%が「準1級漢字」、約14%が「2級以下の漢字の表内の読み」**です。いずれにしても、**本書を習得すれば、ほぼ確実に合格点を取れる**ようになっています。

■ 書き取りの出題割合

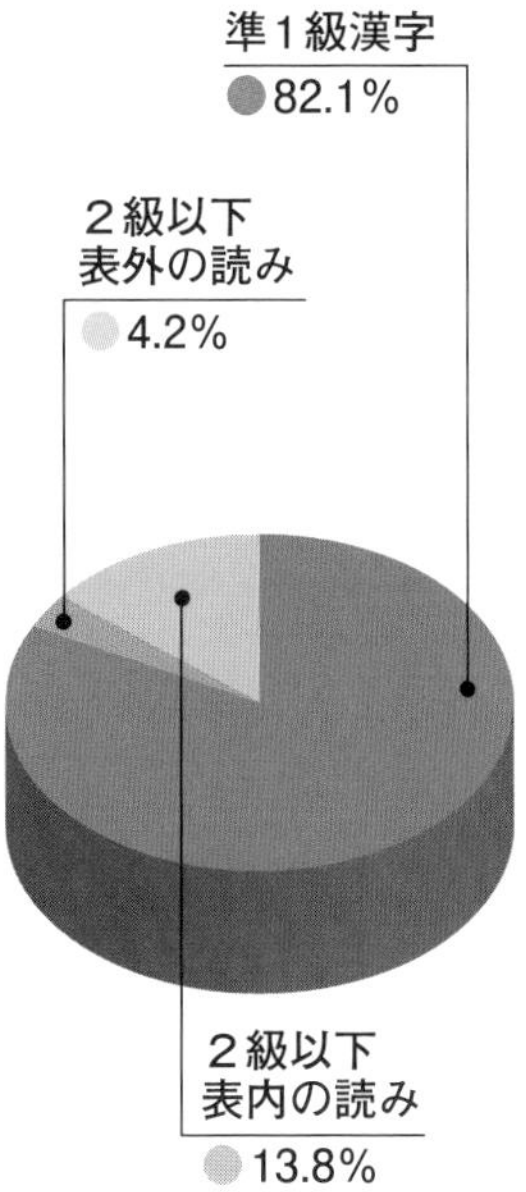

準1級漢字 82.1%
2級以下 表外の読み 4.2%
2級以下 表内の読み 13.8%

●書き取り問題の注意点

検定の採点基準には**「解答は筆画を正しく、明確に記すこと。くずした字や、乱雑な書き方は採点の対象外とする」**と明記されています。この基準を満たす活字は本書の解答で採用している「**教科書体**」だけです。

ゴシック体→**玄・比**　明朝体→玄・比　教科書体→玄・比

解答用紙には、次の点に気をつけて記入しましょう。

①画数が合っているか　氏→×　氏→○

②線より出る部分、出ない部分が正しく書けているか　事→×　事→○／雪→×　雪→○

③組み立てや部首が変わらないか　剥→×　剥→○

④線のつけはなしが正しいか　穴→×　穴→○

なお、漢字の解答は**許容字体でも正解**になります。

例：標準字体…噓・噂・這・壺・蝕・箪・麴

許容字体…嘘・噂・這・壷・蝕・箪・麹

覚えやすい、書きやすい方で解答しましょう。

＊過去に「熟…つくづく」という1級対象の読みの書き取り問題が間違って準1級で出題されていますが、本書では掲載していません。

誤字訂正

設問文の中から間違っている漢字を探して、それと同じ読みの正しい漢字に直す書き取り問題です。

過去に正答になった漢字は、**ほとんどが出題1回だけの漢字**です。他ジャンルに比べて出題漢字にかたよりがないので、**「誤字訂正」単独の頻出度は当てにならないジャンル**だといえます。ただし、本書に掲載されている**他の書きジャンルの問題を習得すれば、90%以上をカバー**できるようになっています。

四字熟語・書き

四字熟語の上か下の2文字の空欄に漢字を書く問題です。読み方は選択肢から選ぶようになっています。

本書に掲載されている四字熟語を覚えておけば、ほぼ確実に合格点が取れます。

最も得点しやすいジャンルですので、必ずCランクまで習得しましょう。

四字熟語・意味

提示された意味に合う四字熟語を選択肢から選んで読みを答える問題です。

本書に掲載されている、「四字熟語・書き」と「四字熟語・意味」の語句と意味を覚えておきましょう。

他ジャンルに比べるとやや新出語句が多いジャンルですが、意味を推測して答える読み問題なので、解答の見当が付くことも多いはずです。

対義語・類義語

問題語句に対する対義語・類義語を選択肢の読み（ひらがな）から探して漢字に直す書き取り問題です。

本書カバー率は90%を超えています。

なお、1回しか出題されていない問題のうち、他の書きジャンルで掲載した語句は一部割愛したものもあります。

故事・成語・諺

故事、成語、諺の中にある**カタカナ**を漢字で書く書き取り問題です。

本書には、**頻出順に364語が収録されていて、そのすべてを覚えれば合格点が取れます**。

漢字だけでなく、故事、成語、諺の意味も頭に入れておくと、記憶の助けになります。

文章題

出題文は、明治から昭和初期に活躍した作家の文芸作品の抜粋です。これまでに一番多く出題されているのは、夏目漱石で、これに福沢諭吉、坪内逍遥、幸田露伴が続いています。

文章題には、他ジャンルに比べて難解な語句が多く出題されますから、**丸暗記ではなく語句の意味もしっかり覚えていくことが必要**です。

ほとんどの問題集では、「文章題のパターン」を掲載しているだけで出題語句は載っていないため対策になっていません。本書では**実際の出題語句を頻出順に意味まで付けて掲載**してあります。

本書カバー率は90％を超えています。

検定の「文章題」は作品の抜粋を設問文にしている関係で、準1級漢字をまとめて問題にすることができないため、2級以下の漢字の出題が多いのが特徴です。

●文章題・書き取り

文中にある傍線の**カタカナ**を漢字に直す問題です。

過去問題の約55％が準1級漢字の書き取りで、8％が表外の読み、残りは2級以下の漢字です。

●文章題・読み

文中にある波線の**漢字**の読みをひらがなで答える問題です。

過去問題の約55％が準1級漢字の読みで、約34％が表外の読み、残りは2級以下の表内の読みです。

漢字検定受検ガイド

漢字検定の実施要項

◆級と受検資格

漢字検定（漢検）は公益財団法人日本漢字能力検定協会が主催する検定です。レベルの高い順に1級、準1級〜10級までの12の級に分かれています。

年齢・学歴・国籍などを問わず、だれでも受検できます。また検定時間が重ならなければ、1回で4つの級まで受検できます。

◆検定日と会場

検定日は、毎年6月／10月／翌年2月の年3回、受検地は、国内主要都市と海外主要都市の検定会場です。先着順で希望の受検地区を選ぶことができます。

◆申し込み方法と注意点

申し込みは、検定日の約1か月前までに、インターネット上で、下記漢検ホームページの「受検者マイページ」でアカウントを作成して（登録無料）申し込みます。申し込み締切日までは、「住所」「電話番号」「受検地」「検定料が同じ級への変更」などの変更や、申し込みキャンセルが可能です（手数料が必要）。

支払方法は、「クレジットカード」「コンビニ／銀行ATM」「QRコード決済」のいずれかを選びます。

受検票（ハガキ）は検定日の約1週間前から順次送付されます。

※検定日の3日前になっても受検票が届かない場合は、検定日当日、本人確認資料を持参し、検定開始時刻の約30分前に会場（本部）で受検票の発行手続きを行ってください。その他、最新情報は、日本漢字能力検定協会のホームページで確認しましょう。

公益財団法人
日本漢字能力検定協会
問い合わせ窓口：**0120-509-315**
【ホームページ】
https://www.kanken.or.jp/
※「漢字検定」や「漢検」で検索可
【本部】　〒605-0074
京都市東山区祇園町南側551番地
TEL（075）757-8600
FAX（075）532-1110
【東京事務所】　〒108-0023
東京都港区芝浦3丁目17-11
天翔田町ビル6階

◆受検者マイページの登録と確認
漢検ホームページTOP画面の「**お申し込み状況をマイページから確認**」から入り、新規登録。
※「漢字検定　マイページ」で検索可

【新規アカウント登録に必要なもの】
・メールアドレス
・氏名、生年月日等の基本情報

◆レベルと検定料

主な級のレベルと検定料は下表の通りです。

◆検定結果と満点賞

漢検ホームページで、検定日の約5日後から標準解答を、約30日後から自分の合否結果を確認できます。

検定日の約40日後に、合格者に検定結果通知・合格証書（満点合格者には満点合格証書）・合格証明書・標準解答が届きます。不合格者には検定結果通知と標準解答が届きます。

※検定日の60日後になっても届かない場合には、検定日より90日以内に検定協会に問い合わせましょう。

級	レベル	検定料（税込）
1級	大学・一般程度	6,000円
準1級	大学・一般程度	5,500円
2級	高校卒業・大学・一般程度	4,500円
準2級	高校在学程度	3,500円
3級	中学校卒業程度	3,500円
4級	中学校在学程度	3,500円

検定日当日の注意点

検定日当日には、次のものを会場に持っていきます。

・**受検票**―受検中に机の上に置いておきます。

・**筆記用具**―HB（B、2B）の鉛筆またはシャープペンシルと替えシン。消しゴム。ボールペン、万年筆は不可。

・**ルーペ（拡大鏡）、座布団、腕時計**―必要な方のみ。時計がない会場があります（携帯電話での時刻確認は不可）。

・**本書**―検定直前には別冊でのチェックが最適です。

検定開始10分前から説明があるので、15分前には入室しましょう。検定時間は遅れた分だけ短くなります（時間が半分以上経過している場合は受検できません）。

団体受検とCBT受検

◆団体受検

学校、塾、企業などで志願者を10名以上集めて、まとめて申し込みを行います。

◆漢検CBT

全国の漢検CBT公開会場において、コンピュータで受検する方式で、年末年始を除いて毎日実施されています。受検できるのは2～7級で、漢検ホームページからの申し込みになります。

採点基準と審査基準

◆字種・字体

1級、準1級の解答は『漢検要覧 1/準1級対応』（公益財団法人 日本漢字能力検定協会）に示す「標準字体」「許容字体」「旧字体一覧表」によります。

◆仮名遣いと送り仮名

内閣告示の「現代仮名遣い」と「送り仮名の付け方」によります。

◆字の書き方

楷書で、はっきり大きく書きます。乱雑な書き方、続け字、行書体、草書体は採点の対象外となります。また、漢字の解答は教科書体が採点の基準になっています。

※本書掲載の問題・解答は、以上の基準をすべて満たしています。なお、本書の解答の見方については2ページを参照してください。

漢字検定準1級　審査基準

【程度】

常用漢字を含めて、約3000字の漢字（JIS第1水準を目安とする）の音・訓を理解し、文章の中で適切に使える。

【領域・内容】

●読むことと書くこと

常用漢字の音・訓を含めて、約3000字の漢字の読み書きに慣れ、文章の中で適切に使える。

・熟字訓、当て字を理解していること
・対義語、類義語、同音・同訓異字などを理解していること
・国字を理解していること（峠、凧、畠　など）
・複数の漢字表記について理解していること（國─国、交叉─交差　など）

●四字熟語・故事・諺

典拠のある四字熟語、故事成語・諺を正しく理解している。

●古典的文章

古典的文章の中での漢字・漢語を理解している。

出る順Aランク

何回も出題されている最重要問題！

過去 24 年間の出題データに基づく**「出る順」**です。
Aランクは、**何回も出題されている最重要問題**です。

出る順

A 読み 1

何回も出題されている最重要問題！

制限時間10分

37点で合格

1回目　／46点

2回目　／46点

次の傍線部分の**音読み**を**ひらがな**で記せ。

□ 1 厩舎を毎朝掃除する。

□ 2 警備員に誰何された。

□ 3 加盟国の紐帯を強化する。

□ 4 美しい杏林が広がっている。

□ 5 ただ荏苒と日々を過ごす。

□ 6 前代未聞の椿事が起こった。

□ 7 彼此の懸隔はごくわずかだ。

□ 8 今度の新人はかなりの尤物だ。

□ 9 兜巾をつけた山伏が通った。

□ 10 萱堂御不快の由、拝察した。

□ 11 弘誓の船で彼岸へ渡る。

□ 12 修験者の錫杖の音が響く。

□ 13 禿筆にて一文を草する。

□ 14 由緒ある神社の禰宜となる。

□ 15 中世の風俗を稗史から知る。

□ 16 父母の膝下を離れて暮らす。

□ 17 頁岩でできた石器が多い。

□ 18 大臣が君主を輔弼する。

□ 19 蓑笠の翁が釣り糸を垂れる。

□ 20 葬儀は哀咽の声であふれた。

解答と語句の意味

1 きゅうしゃ
牛馬を飼育する小屋。

2 すいか
何者か問いただすこと。

3 ち［じ］ゅうたい
ひもと、おび。結びつき。

4 きょうりん
アンズの林。医者の別称。

5 じんぜん
何もせず月日が経つこと。

6 ちんじ
予期せぬ、重大な事件。

7 ひし
あちらとこちら。

8 ゆうぶつ
特にすぐれた人物や品物。

9 ときん
修験者のかぶる頭巾。

10 けんどう
母を敬っていう語。母上。

11 ぐぜい
衆生を救う菩薩の誓願。

12 しゃくじょう
僧侶・修験者が持つ杖。

13 とくひつ
自分の文章力を謙遜する語。

14 ねぎ
神職の一つで、宮司の下の位。

15 はいし
民間の言い伝え、歴史書。小説。

16 しっか
親もと。庇護者のもと。

17 けつがん
泥土が固まった堆積岩。

18 ほひつ
国政を輔佐すること。

19 さりゅう
みのと、かさ。

20 あいえつ
悲しみむせび泣くこと。

21 絢飾豪華な宮殿を訪れる。
22 蔚蔚たる森を散策する。
23 他者の云為をあげつらう。
24 親族の集いで甥姪に会う。
25 楓葉荻花、秋瑟瑟たり。
26 黄金色の禾穂が頭を垂れる。
27 太陽が赫灼と照りつける。
28 兄が茅屋にやってきた。

次の傍線部分の訓読みをひらがなで記せ。

29 心の中の澱を吐き出す。
30 山の硲に人家がある。
31 鴫の一群が飛び立つ。
32 見事な鑓の遣い手だ。
33 我と我が身を苛む。
34 浮き世の柵がつきまとう。
35 賓客を手厚く饗した。
36 艮の方角は鬼門と避ける。
37 蔀を上げて月を眺める。
38 馬上で鐙に足を掛ける。
39 陰でこっそり他人を誹る。
40 収穫した籾を貯える。
41 仕事で屢海外へ出張する。
42 土が堆く盛られている。
43 神々も嘉し給うことだろう。
44 大きな樫が枝を広げる。
45 山腹を椛の赤が彩る。
46 ほんの少しも忽せにしない。

---

21 けんしょく 美しく飾ること。
22 うつうつ 草木の生い茂るさま。鬱鬱。
23 うんい 言葉と行為。
24 せいてつ 兄弟姉妹の息子と娘。
25 てきか・てっか オギ。イネ科の多年草。
26 かすい 稲の穂。
27 かくしゃく 光り輝いているさま。
28 ぼうおく 自宅の謙称。かやぶきの家。
29 おり 液体の底に溜まったかす。
30 はざま 谷あい。谷間。
31 しぎ チドリ目シギ科の鳥。
32 やり 長い柄に剣を付けた武器。
33 さいな 苛む：苦しめる。いじめる。
34 しがらみ まとわりつく邪魔なもの。
35 もてな 饗す：客を接待する。
36 うしとら 北東の方角。ごん。
37 しとみ 格子付きの板戸。
38 あぶみ 馬の乗り手が足を置く馬具。
39 そし 誹る：けなす。非難する。
40 もみ 外皮がついたままの米。
41 しばしば 何度も。たびたび。
42 うずたか 堆い：積み重なって高い。
43 よみ 嘉する：よしとする。ほめる。
44 かし ブナ科の常緑高木。
45 もみじ 紅葉して色づいた葉。
46 ゆるが 忽せ：おろそか。

表外の読み 熟語と一字訓 共通の漢字 書き取り 誤字訂正 四字熟語・書き 四字熟語・意味 対義語・類義語 故事・成語・諺 文章題

出る順 A

読み 2

何回も出題されている最重要問題！

制限時間10分

37点で合格

1回目　／46点

2回目　／46点

次の傍線部分の**音読み**を**ひらがな**で記せ。

1 愛用の**翰墨**で書をたしなむ。
2 胸に弁護士の**徽章**が輝く。
3 交わりを**杵臼**の間に定む。
4 少々**弓箭**の心得がある。
5 ひよこの**牝牡**を判別する。
6 鶴**九皐**に鳴き声天に聞こゆ。
7 道の両側に店が**櫛比**する。
8 **熊掌**の料理を賞味する。
9 雪に閉ざされた**祁寒**の地だ。
10 批評家の**慧眼**に舌を巻く。
11 古い**庚申**塚が残っている。
12 **豪宕**な気性は父親譲りだ。
13 **上巳**の節句を祝う。
14 **翠黛**の風景を描いた絵だ。
15 ご**清穆**の段お慶び申します。
16 海外進出の**尖兵**となる。
17 **俗諺**を引用して解説する。
18 私のごとき**樗材**でも務まる。
19 船の航行には危険な**急灘**だ。
20 **欽慕**の念を深く抱く。

解答と語句の意味

1 かんぼく　筆と墨。
2 きしょう　服や帽子につけるバッジ。
3 しょきゅう　きねと、うす。
4 きゅうせん　弓と矢。武具。
5 ひんぼ　動物のめすとおす。雌雄。
6 きゅうこう　曲がりくねった深い沢。
7 しっぴ　ぎっしり並んでいること。
8 ゆうしょう　クマの手のひらの肉。
9 きかん　厳寒。酷寒。
10 けいがん　本質を見抜くすぐれた眼力。
11 こうしん　かのえさる。干支の五七番目。
12 ごうとう　気持ちが大きい。豪放。
13 じょうし　桃の節句。
14 すいたい　緑色にかすんで見える山。
15 せいぼく　清く、和やかなこと。
16 せんぺい　本隊に先駆ける兵隊。
17 ぞくげん　世間で使われていることわざ。
18 ちょざい　役立たず。自分の謙称。
19 きゅうだ[たん]　流れの速い浅瀬。
20 きんぼ　敬い慕うこと。

□ 21 汀渚にたたずみ沖を眺める。
□ 22 這般の事情で中止となった。
□ 23 破れた上着を補綴する。
□ 24 聖書を枕頭に置く。
□ 25 上質な繭紬を用いている。
□ 26 姪孫の結婚式に出席する。
□ 27 孜孜として労働に励む。
□ 28 優渥なる待遇に感謝する。

次の傍線部分の**訓読み**を**ひらがな**で記せ。

□ 29 雨が雫となり傘から滴る。
□ 30 境内に椙の古木が立つ。
□ 31 建具に栂の木材を使う。
□ 32 擢んでた記憶力を持つ。
□ 33 海面は鏡の如く凪いでいる。
□ 34 合戦に備えて矢を矧ぐ。
□ 35 短い噺で笑いを誘う。
□ 36 天を怨みず、人を尤めず。
□ 37 自責の念が胸を掠めた。
□ 38 迺ち育ち迺ち繁る。
□ 39 宛ら夢のような体験だった。
□ 40 汽笛が咽ぶように鳴った。
□ 41 厄除けのお呪いを唱える。
□ 42 お客様には遜って対応する。
□ 43 親を蔑ろにしてはいけない。
□ 44 賂いを贈って懐柔する。
□ 45 権力に阿るような発言だ。
□ 46 俄普請の仮設住宅に住む。

---

21 ていしょ 波打ちぎわ。なぎさ。
22 しゃはん このあたりの。このような。
23 ほてい［つ］ 破れを繕うこと。
24 ちんとう まくらもと。
25 けんちゅう 薄地の絹織物。
26 てっそん 兄弟姉妹の孫。
27 しし 熱心に励む。せっせと。
28 ゆうあく 手厚いこと。
29 しずく 滴り落ちる粒状の液体。
30 すぎ スギ科の常緑高木。
31 と［つ］が マツ科の常緑高木。
32 ぬき 擢んでる：ひときわすぐれる。
33 な 凪ぐ：風や波が静まる。
34 は 矧ぐ：羽をつけ矢にする。
35 はなし 人に聞かせる語り物。
36 とが 尤める：なじる。非難する。
37 かす 掠める：よぎる。かする。
38 すなわ 迺ち：そこで。かえって。
39 さなが 宛ら：よく似ている。まるで。
40 むせ 咽ぶ：息を詰まらせて泣く。
41 まじな 呪い：霊力に頼む術。
42 へりくだ 遜る：自分を低くする。
43 ないがし 蔑ろ：軽んじること。
44 まいな 賂い：不正な贈りもの。賄賂。
45 おもね 阿る：へつらう。こびる。
46 にわか 急ごしらえの。一時的な。

出る順 A 読み 3

何回も出題されている最重要問題！

制限時間10分

37点で合格

1回目 ／46点

2回目 ／46点

次の傍線部分の**音読み**を**ひらがな**で記せ。

1 中国古来の揖譲の礼をする。
2 一夜を壺中の天に遊ぶ。
3 知人の鶯遷を祝賀する。
4 夙夜努力を重ねている。
5 卜占にて吉凶を判断する。
6 戎馬を殺して狐狸を求む。
7 豊頰の天平美人であった。
8 著名な美術品の蒐集家だ。
9 連隊の烹炊所を預かる。
10 芝蘭の室に入るが如し。
11 戊夜に至り空も白みかける。
12 斯界を代表する権威者だ。
13 内臓の病竈を摘出する。
14 口吻も激しく言い争う。
15 世間の謬見を正す。
16 皇族の後胤を自称する。
17 野辺の送りに挽歌が響く。
18 この地方に伝わる古諺だ。
19 乃父についてまいれ。
20 植木鉢を壁に懸吊する。

解答と語句の意味

1 ゆうじょう　両手を胸の前で組む礼。
2 こちゅう　壺中の天：別世界。
3 おうせん　昇進や転居を祝う語。
4 しゅくや　早朝から夜遅くまで。
5 ぼくせん　占い。
6 じゅうば　戦に使う馬。
7 ほうきょう　ふっくらと肉付きのよいほお。
8 しゅうしゅう　物を集めること。
9 ほうすい　煮炊きをすること。
10 しらん　すぐれた人のたとえ。
11 ぼや　寅の刻。午前四時～六時。
12 しかい　この分野、この方面。
13 びょうそう　病んでいる箇所。病巣。
14 こうふん　口ぶり。話し方。
15 びゅうけん　まちがった考えや意見。
16 こういん　子孫。後裔。
17 ばんか　人の死を悼む歌。
18 こげん　昔からあることわざ。
19 だいふ　父が子に対し自分をいう語。
20 けんちょう　つるすこと。

21 封筒に切手を貼付する。
22 世間に大いに喧伝する。
23 旅先の宿で灘響を聞く。
24 侃直な態度を貫く。
25 薙髪して仏に帰依した。
26 髪が逆立つほど赫怒した。
27 街道一の都邑として栄えた。
28 芳醇たる馨香に包まれる。

次の傍線部分の訓読みをひらがなで記せ。

29 改革運動の魁となる。
30 華やいだ廓の面影を残す。
31 同郷の誼で仕事を請け負う。
32 その話は姑く措くとしよう。
33 甑に坐するが如し。
34 些か納得し難い点がある。
35 坐らにして富を築く。
36 夙に志を立て、常に励んだ。
37 爪で拾って箕でこぼす。※
※苦労して蓄えたものを一度に使い果たすたとえ。
38 病魔がしだいに蝕んでゆく。
39 万事が頗る順調に進む。
40 敵ばかりか味方をも詑いた。
41 渓谷を川沿いに辿る。
42 鱈は鍋料理に適している。
43 難問を乍ち解いてしまった。
44 詩は志の之く所なり。
45 道が二俣に分かれている。
46 火の見櫓から町を見渡す。

---

21 ちょうふ・てんぷ
はりつけること。
22 けんでん
広く知らせること。
23 だ[た]んきょう
海の音。波音のひびき。
24 かんちょく
強く正しい。
25 ちはつ・ていはつ
髪をそり出家すること。
26 かくど
激しく怒ること。嚇怒。
27 とゆう
みやこ。都会。
28 けいこう・けいきょう
よいかおり。

29 さきがけ
全体の先頭に立つこと。
30 くるわ
遊女屋が集まった場所。
31 よしみ
親しい間柄。縁故。
32 しばら
姑く：とりあえず。少しの間。
33 こしき
古代の素焼きの蒸し器。
34 いささ
些か：いくらか。少々。
35 いなが
坐ら：座ったまま。労せず。
36 つと
早くから。ずっと前から。
37 み
穀類からごみを除く農具。
38 むしば
蝕む：少しずつ損なう。
39 すこぶ
頗る：たいそう。とても。
40 あざむ
詑く：だます。惑わす。
41 たど
辿る：苦労しつつ進む。
42 たら
タラ目タラ科の魚。
43 たちま
乍ち：あっという間に。すぐに。
44 ゆ
之く：進む。至る。
45 また
幾つかに分かれるところ。
46 やぐら
高く組んだ台や高楼。

出る順

A 読み 4

何回も出題されている最重要問題！

次の傍線部分の**音読み**を**ひらがな**で記せ。

□ 1 乃公にお任せあれ。
□ 2 外甥に財産を贈与する。
□ 3 鉄桶水を漏らさず。
□ 4 欧文を蟹行文字という。
□ 5 首脳級の鼎談が実現した。
□ 6 合格通知に快哉を叫ぶ。
□ 7 不快な鄭声と忌み嫌う。
□ 8 旧套を蟬脱して達観する。
□ 9 豊かに禾穀を産する土地だ。
□ 10 凶悪犯の爪牙にかかる。

□ 11 長身痩軀の文学青年。
□ 12 本堂を歌唄の声が満たす。
□ 13 祖母の椿寿を祝う。
□ 14 よく釣れる鉤餌を探す。
□ 15 岡阜の頂に社がある。
□ 16 暢達な筆致で描写する。
□ 17 行く手を広い藪沢が阻む。
□ 18 厩肥を使って栽培する。
□ 19 女色に耽溺し人生を誤る。
□ 20 座布団の左に脇息を置く。

解答と語句の意味

1 だいこう
俺様。吾輩。

2 がいせい
妻の兄弟姉妹の息子。

3 てっとう
鉄のおけ。防備が堅固なたとえ。

4 かいこう
横向きに歩くこと。

5 ていだん
三人が向き合って話すこと。

6 かいさい
胸のすく、愉快なこと。

7 ていせい
下品でみだらな俗曲。

8 せんだつ
世俗を超脱すること。

9 かこく
穀物の総称、特に稲のこと。

10 そうが
攻撃する手段、武器。

11 そうく
やせた体つき。

12 かばい
仏の徳をたたえて歌うこと。

13 ちんじゅ
長生き。長寿を祝う語。

14 こうじ
釣り針につける餌。

15 こうふ
小高いおか。

16 ちょうたつ
のびのびしている様子。

17 そうたく
草木の生い茂る湿地。

18 きゅうひ
家畜の糞尿を利用した肥料。

19 たんでき
夢中になる。ふける。

20 きょうそく
座るときに用いるひじかけ。

制限時間10分

37点で合格

1回目 ／46点

2回目 ／46点

□ 21 一揖して会議を中座した。
□ 22 雑草が茸茸と生い茂る。
□ 23 老爺から当時の話を聞く。
□ 24 ただの一瞥で理解した。
□ 25 托鉢の僧が家々を回る。
□ 26 山腹に将軍家の霊廟がある。
□ 27 郁郁たる梅の花を愛でる。
□ 28 碩徳の住職の講話を聴く。

次の傍線部分の訓読みをひらがなで記せ。

□ 29 坐に亡父のことを思い出す。
□ 30 紙箱が潰れて歪になる。
□ 31 靱やかな革の手触りがよい。
□ 32 鴇色の和紙を選ぶ。
□ 33 畑の一隅に苫屋があった。
□ 34 庭は荒れ果て八重葎が繁る。
□ 35 作戦は悉く成功した。
□ 36 とかくこの世は儘ならぬ。
□ 37 神前に榊を供えて祈る。
□ 38 堤防の決壊を禦ぐ。
□ 39 昂った感情を制御する。
□ 40 愈私の出番がきた。
□ 41 倦まずたゆまず努力する。
□ 42 あれこれと考え倦んでいる。
□ 43 川が湊まって海へ注ぐ。
□ 44 彼女には殆愛想が尽きた。
□ 45 故事に寓けて人の道を説く。
□ 46 兄は、妹を庇って前に出た。

---

21 いちゆう
軽い会釈、お辞儀。

22 じょうじょう
草が勢いよく生い茂る様子。

23 ろうや
高齢の男性。

24 いちべつ
ちらりと見ること。

25 たくはつ
僧が施しを受けて回ること。

26 れいびょう
先祖の霊を祭った宮。

27 いくいく
香りの高いさま。

28 せきとく
徳の高い僧。

29 そぞろ
何となし。ただ無心に。

30 いびつ
形がゆがんでいるさま。

31 しな
靱やか：なめらかで柔軟。

32 ときいろ
トキの尾羽のような淡紅色。

33 とまや
苫で屋根をふいた粗末な家。

34 やえむぐら
生い茂る雑草。

35 ことごと
悉く：すべて。すっかり。

36 まま
思い通りになること。

37 さかき
神事に用いる常緑樹。

38 ふせ
禦ぐ：おさえとどめる。

39 たかぶ
昂る：興奮する。

40 いよいよ
とうとう。ついに。ますます。

41 う
倦む：嫌になる。飽きる。

42 あぐ
倦む：行き詰まる。

43 あつ
湊まる：水が集まる。

44 ほとほと
すっかり。つくづく。

45 かこつ
寓ける：何かに関係づける。

46 かば
庇う：危害から守る。

読み 5

何回も出題されている最重要問題！

制限時間10分

37点で合格

1回目　／46点

2回目　／46点

次の傍線部分の**音読み**を**ひらがな**で記せ。

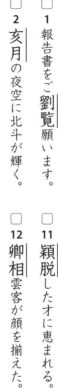

1 報告書をご劉覧願います。
2 亥月の夜空に北斗が輝く。
3 辛酉の年に改元を行う。
4 皇室の儲君に当たる。
5 井蛙大海を知らず。
6 記念品に象箸を贈る。
7 古代の矛戟を博物館で見る。
8 語句を或問形式で解説する。
9 軍の演習用に廠舎を建てる。
10 天子は穆穆たり。

11 穎脱した才に恵まれる。
12 卿相雲客が顔を揃えた。
13 この柴扉を訪れる者もない。
14 堆朱の椀を買い求めた。
15 終日湖畔を盤桓する。
16 神木とされる老杉が立つ。
17 遭難船を救助して曳航する。
18 乱れた生活を匡正する。
19 互いに爾汝の交わりを結ぶ。
20 舛錯に因り未だ之を遂げず。

解答と語句の意味

1 りゅうらん
目を通すことを敬っていう語。

2 がいげつ
陰暦の十月。

3 しんゆう
かのととり。干支の五八番目。

4 ちょくん
皇太子。世継ぎ。

5 せいあ
見識が狭い者のたとえ。

6 ぞうちょ
象牙でできた箸。

7 ぼうげき
ほこ。剣。

8 わくもん
質問に答える形式をとる文。

9 しょうしゃ
四方に囲いのない簡略な小屋。

10 ぼくぼく
やわらぎがあり美しいこと。

11 えいだつ
群を抜いて優れていること。

12 けいしょう
朝廷の重臣。公家。

13 さいひ
わびしい住居。しばの戸。

14 つ[た]いしゅ
朱漆に彫刻を施したもの。

15 ばんかん
あちこち歩きまわること。徘徊。

16 ろうさん
古い杉の木。

17 えいこう
船が他の船を引くこと。

18 きょうせい
欠点などを直すこと。

19 じじょ
遠慮なく呼び捨て合う仲。

20 せんさく
物事が反対になって乱れる。

21 肇国の精神を忘れるべからず。
22 婁宿の清朗なる夜に月を眺む。
23 嬰児に産着を着せる。
24 白髪の宮娃が悲しむ。
25 夏の山道に残鶯の声が響く。
26 絶え間なく砧声が響く。
27 事の重大性を秤量する。
28 山々が聯亙している。

次の傍線部分の訓読みをひらがなで記せ。

29 笈を背負って家を出た。
30 じっと反撃の機会を覗う。
31 麓の家々から砧の音がする。
32 少し上流に美しい瀞がある。
33 清流の水を手に掬ぶ。
34 水を柄杓で掬って飲む。
35 池の塘に沿って歩く。
36 檜扇を持つ貴族の絵を見た。
37 ぬかるんだ道に轍が残る。
38 矢鱈に文句ばかり言う。
39 奄ちのうちに消え失せた。
40 巽の方角から強風が吹く。
41 籾殻を梱包材に利用する。
42 小間物を粥いで生業とする。
43 突風に煽られて倒れる。
44 椴松の木材で家具を作る。
45 鰯の大漁で市場が賑わう。
46 両者の案を摺り合わせる。

21 ちょうこく
新しく国を建てること。建国。
22 ろうしゅく
二十八宿の一つ。牡羊座の三星。
23 えいじ
生まれたばかりの赤子。
24 きゅうあい
宮中に仕える美女。
25 ざんおう
夏のウグイス。老鶯。
26 ちんせい
きぬたを打つ音。
27 し[ひ]ょうりょう
はかりで重さをはかる。
28 れんこう
つながりつづくこと。
29 おい
書物などを納める背負い箱。
30 うかが
覗う：様子を探る。
31 きぬた
布を木槌で叩くときの台。
32 とろ
深く静かな川の淵。
33 むす
掬ぶ：水を手のひらで汲む。
34 すく
掬う：受けるように取る。
35 つつみ
岸に土を盛ったもの。土手。堤。
36 ひおうぎ
ヒノキの板を合わせた扇。
37 わだち
車輪の跡。
38 やたら
みだりに。むやみに。
39 たちま
奄ち：あっという間に。
40 たつみ
南東の方角。そん。
41 もみがら
稲の実の外皮。
42 ひさ
粥ぐ：売る。商う。
43 あお
煽る：風が物を動かす。
44 とどまつ
マツ科の常緑高木。
45 いわし
ニシン科の海水魚。
46 す
摺り合わせる：調整する。

出る順 A

読み 6

何回も出題されている最重要問題！

制限時間10分

37点で合格

1回目 ／46点

2回目 ／46点

次の傍線部分の**音読み**を**ひらがな**で記せ。

1 天子に叡断を求める。
2 一つも舛誤が見当たらない。
3 要害の地に山砦を築く。
4 舌尖も鋭く追及した。
5 播種の農夫を描いた名画だ。
6 どうかご憐察賜りたい。
7 三年ごとに閏月を置く。
8 家々から砧杵の音が聞こえる。
9 朔北の荒野に寒風が吹く。
10 世諺を輯めて辞書を編む。
11 動物を根気よく馴致する。
12 どうかご諒恕いただきたい。
13 烏鷺の争いに興じる。
14 吉凶を亀卜で占う。
15 卓上には肴核が並ぶ。
16 雛僧の案内で本堂に入る。
17 孫娘をとくに鍾愛した。
18 魔性の妖姫に心を奪われる。
19 錠剤薬を水で咽下する。
20 国家財政が危殆に瀕する。

解答と語句の意味

1 えいだん 天子が下す決断。
2 せんご 誤ること。誤り。
3 さんさい 山中のとりで。
4 ぜっせん 弁舌。
5 はしゅ 種まき。
6 れんさつ 思いやってあわれむこと。
7 じゅんげつ 陰暦で閏年に加える一か月。
8 ちんしょ きぬたと、それを打つきね。
9 さくほく 中国北部の辺境。
10 せいげん 世に言い習わされたことわざ。
11 じゅんち 次第になれさせること。
12 りょうじょ 相手を思いやってゆるすこと。
13 うろ 黒と白。囲碁の異名。
14 きぼく 亀の甲を用いた占い。
15 こうかく 酒のさかなと果物。料理のこと。
16 すうそう 幼い僧。
17 しょうあい 大事にかわいがること。
18 ようき 妖気を感じるほどの美女。
19 えんか［げ］ 飲み下すこと。
20 きたい 非常にあぶないさま。

- □ 21 責任者の遁辞が失笑を買う。
- □ 22 翠嵐の山路を散策する。
- □ 23 署名捺印をお願いします。
- □ 24 国民の輿望に応える政策。
- □ 25 司令官から允許を受ける。
- □ 26 江秋にして岸荻黄なり。
- □ 27 火山から噴出された砕屑物。
- □ 28 監査役に推挽された。

次の傍線部分の訓読みをひらがなで記せ。

- □ 29 奴凧が空高く舞い上がる。
- □ 30 郁しい花の香りに包まれる。
- □ 31 天子を丞けて国政を執る。
- □ 32 この岨道を進むしかない。
- □ 33 天の摂理とは何の謂ぞ。
- □ 34 鉦や太鼓を打ち鳴らす。
- □ 35 裳裾をからげて走り出す。
- □ 36 単衣に袷を重ね着する。
- □ 37 山村で樵として暮らす。
- □ 38 左右一対の狛犬の像がある。
- □ 39 淡い期待もすっかり潰えた。
- □ 40 寛大な心で人を恕す。
- □ 41 和服の艶姿に心を魅かれる。
- □ 42 ただ悲しみ戚むばかりだ。
- □ 43 霊験灼な神社にお参りする。
- □ 44 粘土を篦で削り形を整える。
- □ 45 ただの僻言に過ぎない。
- □ 46 法案は店晒しにされた。

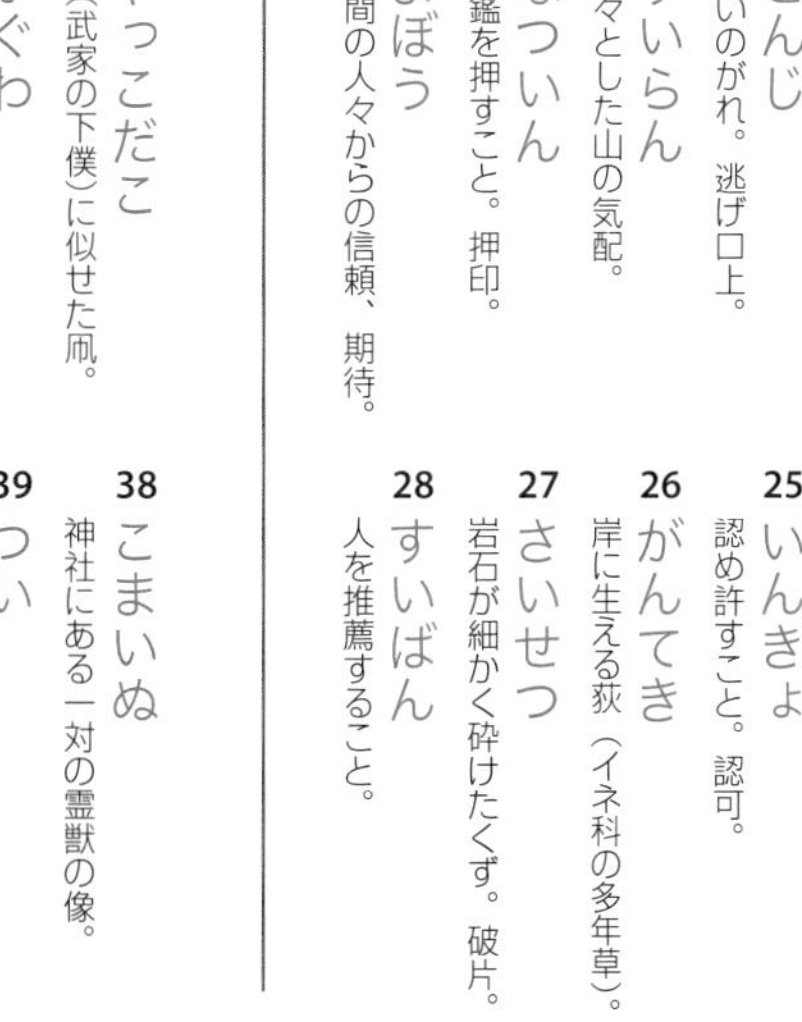

21 とんじ
言いのがれ。逃げ口上。

22 すいらん
青々とした山の気配。

23 なついん
印鑑を押すこと。押印。

24 よぼう
世間の人々からの信頼、期待。

25 いんきょ
認め許すこと。認可。

26 がんてき
岸に生える荻（イネ科の多年草）。

27 さいせつ
岩石が細かく砕けたくず。破片。

28 すいばん
人を推薦すること。

29 やっこだこ
奴（武家の下僕）に似せた凧。

30 かぐわ
郁しい：香り高い。

31 たす
丞ける：助ける。補佐する。

32 そばみち・そわみち
険しい山道。

33 いい
意味。

34 かね
打ち鳴らす金属の器具。

35 もすそ
衣服のすそ。

36 あわせ
裏地の付いた和服。

37 きこり
木の切り出しを業とする人。

38 こまいぬ
神社にある一対の霊獣の像。

39 つい
潰える：つぶれる。なくなる。

40 ゆる
恕す：罪を免ずる。

41 あですがた
女性のなまめかしく美しい姿。

42 いた
戚む：人の死を悲しむ。

43 あらたか
ご利益が明らかなこと。

44 へら
竹や木を平たく削った道具。

45 ひがごと
道理に合わない言説。

46 たなざら
店晒し：未処理のまま。

出る順 A

読み 7

何回も出題されている最重要問題！

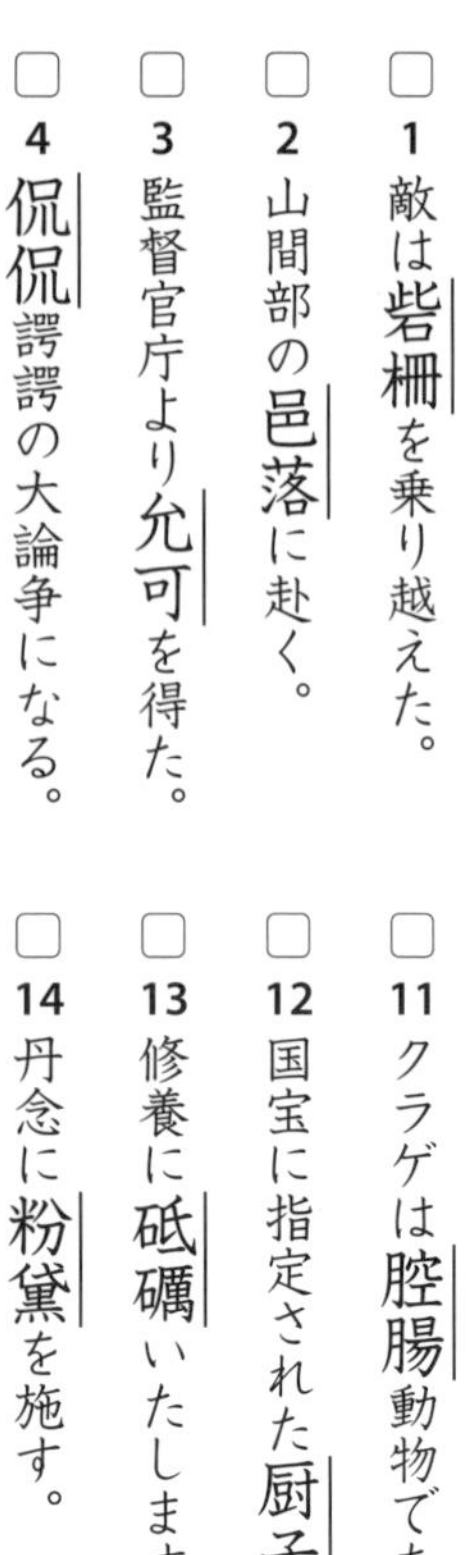

制限時間10分

37点で合格

1回目 ／46点

2回目 ／46点

次の傍線部分の**音読み**を**ひらがな**で記せ。

□ 1 敵は砦柵を乗り越えた。

□ 2 山間部の邑落に赴く。

□ 3 監督官庁より允可を得た。

□ 4 侃侃諤諤の大論争になる。

□ 5 坤軸が折れたかと思われた。

□ 6 鳶肩の若衆が闊歩する。

□ 7 粉薬を薬匙で量る。

□ 8 収穫した稲粟を蔵に納める。

□ 9 田畑を耕して刈穫の時を待つ。

□ 10 垂簾の政で朝廷は乱れた。

□ 11 クラゲは腔腸動物である。

□ 12 国宝に指定された厨子だ。

□ 13 修養に砥礪いたします。

□ 14 丹念に粉黛を施す。

□ 15 工廠の跡地を再利用する。

□ 16 古い茅茨が点在する。

□ 17 紅蓮の炎が燃え盛る。

□ 18 厨芥を集積場へ運ぶ。

□ 19 杜漏な事務処理にあきれる。

□ 20 儲嗣の誕生が期待される。

解答と語句の意味

1 さいさく　城塞の垣とした木や竹の柵。

2 ゆうらく　村里。村落。

3 いんか　聞き届けること。許可。

4 かんかん　信念を曲げない様子。

5 こんじく　大地を支える心棒。

6 えんけん　トビに似て角立った肩。いかり肩。

7 やくし　薬品の調合などに使うさじ。

8 とうぞく　コメ、アワなどの穀物。

9 がいかく　刈る。刈り取る。

10 すいれん　皇太后が幼帝に代わって政治を行うこと。

11 こうちょう　クラゲなどの、口に続く袋状の所。

12 ずし　仏像などを入れる仏具。

13 しれい　努め励むこと。

14 ふんたい　化粧。おしろいとまゆずみ。

15 こうしょう　軍需品を製造する工場。

16 ぼうし　かやぶきの質素な家。

17 ぐれん　燃える炎の色のたとえ。

18 ちゅうかい　台所から出る生ごみ。

19 ずろう　手抜かりが多いこと。

20 ちょし　世継ぎ。皇太子。

21 綾子の美しい帯を締める。

22 鴨脚の葉が舞い落ちる。

23 庚寅の年に戸籍が作られた。

24 この大樹を樗と謂う。

25 湿布薬を貼用する。

26 三歳牝馬の頂点に立つ。

27 大歓声が耳を聾する。

28 塵芥処理能力は限界に近い。

次の傍線部分の訓読みをひらがなで記せ。

29 凄まじい剣幕で怒り狂った。

30 荷物の上に菰を掛ける。

31 利に聡く抜け目がない。

32 裏庭に雑草が蔓っている。

33 満酌辞するを須いず。

34 あえて荊の道を行くようだ。

35 荒れた畑を蘇らせた。

36 雨よけの幌を荷台にかける。

37 盆の送り火に苧殻を焚く。

38 敵の出鼻を挫く。

39 轡を並べて行進していく。

40 岨づたいに険しい道を行く。

41 百戦して殆うからず。

42 凧糸で幾重にも縛る。

43 頃くの間追憶に耽る。

44 沓を脱いで家に上がる。

45 なかなか穿った見方をする。

46 桜が宛も細雪のように散る。

---

21 りんず
光沢のある絹織物。

22 おうきゃく
イチョウの別名。

23 こういん
かのえとら。干支の二七番目。

24 ちょ
無用な物。おうち（栴檀の古称）。

25 ちょうよう・てんよう
はりつけて使うこと。

26 ひんば
雌の馬。

27 ろう
聾する：耳が聞こえない。

28 じんかい
ごみ。ちりあくた。

29 すさ
凄まじい：はなはだしい。

30 こも
マコモを粗く編んだむしろ。

31 さと
聡い：判断が確かで早い。

32 はびこ
蔓る：草木が繁茂する。

33 もち
須いる：必要とする。

34 いばら
苦難のたとえ。

35 よみがえ
蘇る：生きかえる。

36 ほろ
車につける覆い。

37 おがら
皮を取った麻の茎。麻殻。

38 くじ
挫く：勢いをそぐ。

39 くつわ
馬の口にかませる金具。

40 そば・そわ
山の険しい所。がけ。

41 あや
殆うい：あぶなっかしい。

42 たこいと
凧揚げに使う丈夫な糸。

43 しばら
頃く：わずかの間。しばし。

44 くつ
足の甲を覆う履物。

45 うが
穿つ：物事の本質をとらえる。

46 あたか
宛も：まるで。ちょうど。

出る順

A 読み 8

何回も出題されている最重要問題！

制限時間10分

37点で合格

1回目 ／46点

2回目 ／46点

次の傍線部分の音読みをひらがなで記せ。

1 粟粒大の腫瘍が見つかる。
2 過ちを恥じて掻頭する。
3 北海道で甜菜栽培に携わる。
4 実に没義道な犯行だ。
5 穆として清風の如し。
6 経に万国叶和すと言えり。
7 乞骸の書を置く。
8 清流の水を掬する。
9 允当なる訳語を発見した。
10 豊稔を祈願する祭りだ。
11 祖父は壬寅の年の生まれだ。
12 豊かな禾稼の蓄えがある。
13 胡乱げに一瞥された。
14 法廷で被告が審訊された。
15 鎮咳剤を飲んで就寝した。
16 部屋に果実の芳馨が満ちた。
17 廻向の花を手向ける。
18 歳暮の品を献芹する。
19 山上に堅固な城砦を築く。
20 鶏肋棄つれば惜しむべし。※

※大して役に立たないが捨てるには惜しい。

解答と語句の意味

1 ぞくりゅう　粟（アワ）の粒。
2 そうとう　頭をかくこと。
3 てんさい　ヒユ科の二年草。砂糖の原料。
4 もぎどう　非道なこと。むごいこと。
5 ぼく　和やか。慎み深い。
6 きょうわ　意見を揃えて協力すること。
7 きつがい　乞骸の書を置く：辞表を出す。
8 きく　両手ですくう。
9 いんとう　理にかなうこと。公平で適正。
10 ほうじん　豊かにみのること。
11 じんいん　みずのえとら。干支の三九番目。
12 かか　穀物。「禾」は穀類、「稼」は穀物。
13 うろん　うさんくさい。正体が怪しい。
14 しんじん　裁判で問いただすこと。
15 ちんがいざい　せき止めの薬。
16 ほうけい　かぐわしいかおり。
17 えこう　死者の冥福を祈ること。
18 けんきん　物を贈ることを表す謙譲語。
19 じょうさい　城やとりで。
20 けいろく　鶏のあばら骨。

□ 21 思いの丈を喋喋と語る。
□ 22 君子は庖厨を遠ざく。
□ 23 蜂は花蕊から蜜を集める。
□ 24 勇者は剣戟を振るい戦った。
□ 25 知人の家を叩扉する。
□ 26 苧麻の皮から繊維をとる。
□ 27 江戸城の巽位に位置する。
□ 28 秋風禾黍を動かす。

次の傍線部分の**訓読み**を**ひらがな**で記せ。

□ 29 瓢に水を入れて携える。
□ 30 瑞穂の国の異名を取る。
□ 31 舷から水面に身を乗り出す。
□ 32 湯上がりの洗い髪を櫛る。
□ 33 煽てられていい気になる。
□ 34 朝廷より白絹三疋を賜る。
□ 35 手ずから笥子に飯を盛る。
□ 36 ここに骸が安置されている。
□ 37 古（いにしえ）の倭文（しず）の苧環繰り返し。※
□ 38 仏の教えを己の矩とする。
□ 39 出足も尖く攻め込んできた。
□ 40 朝廷に叛いて兵を挙げる。
□ 41 真菰が沼地に群生する。
□ 42 意気旺んで闘志がみなぎる。
□ 43 威嚇射撃に一瞬怯んだ。
□ 44 空家の庭は葎と化していた。
□ 45 筏で対岸まで渡る。
□ 46 潤目鰯の丸干しが並ぶ。

※昔の倭文織の糸を巻く苧環を繰るようにの意。『伊勢物語』より。

---

21 ちょうちょう
よくしゃべるさま。

22 ほうちゅう
台所。

23 かずい
花のしべ。花心。

24 けんげき
つるぎとほこ。

25 こうひ
人を訪ねること。

26 ちょま
カラムシ。麻の一種。

27 そんい
東南の方角。

28 かしょ
稲ときび。

29 ふくべ・ひさご
ヒョウタンで作る容器。

30 みずほ
みずみずしい稲の穂。

31 ふなばた・ふなべり
船のへり。

32 くしけず
櫛る：髪をすいて整える。

33 おだ
煽てる：ほめて喜ばせる。

34 ひき
布地の長さを表す単位。

35 けこ[ご]
飯などを盛る器。笥籠。

36 むくろ・なきがら
死体。

37 おだまき
麻糸を中空の玉状に巻いたもの。

38 のり
おきて。道徳。戒律。

39 するど
尖い：激しくて強い。

40 そむ
叛く：裏切る。はむかう。

41 まこも
イネ科の多年草。

42 さか
旺ん：勢いがいい様子。

43 ひる
怯む：気後れする。

44 むぐら
生い茂っている雑草。

45 いかだ
木材を並べて結ぶ簡易な船。

46 うるめいわし
イワシの一種。

A 読み 9

何回も出題されている最重要問題！

37点で合格

1回目 ／46点

2回目 ／46点

次の傍線部分の音読みをひらがなで記せ。

1 高山の気圧に馴化する。
2 卯飲して朝風呂に入る。
3 山村に碓声が響く。
4 隠れもない穎哲である。
5 実った禾穎が収穫を待つ。
6 帳簿用に罫紙を購入する。
7 優勝者に賞牌を授与する。
8 老師の巽与の言に感服する。
9 見せしめのため焚刑に処す。
10 ここまで屢述した通りである。
11 佳辰令月を選び挙式する。
12 未知の分野を嘗試する。
13 消費した分を補塡しておく。
14 いつか師の恩誼に報いたい。
15 見事な頸聯といえる。
16 嘉猷有らばすぐに告げよ。
17 都会から桑梓の実家へ戻る。
18 高僧の巡錫に随行する。
19 全集が上梓される予定だ。
20 敵国は忽ち全島を奄有した。

解答と語句の意味

1 じゅんか
生物が環境に適応すること。

2 ぼういん
卯の刻（五時～七時）に飲む酒。

3 たいせい
碓（うす）をトントンつく音。

4 えいてつ
すぐれてかしこい人。

5 かえい
稲の穂。

6 けいし
罫線のある用紙。

7 しょうはい
賞として与える記章。メダル。

8 そんよ
恭しく人に逆らわない。

9 ふんけい
火あぶりの刑。

10 るじゅつ
繰り返し述べること。

11 かしん
めでたい日。よき日。

12 しょうし
試すこと。

13 ほてん
不足分を補うこと。

14 おんぎ
恩を受けた義理。

15 けいれん
律詩の第五／六句のこと。

16 かゆう
善いはかりごと。

17 そうし
ふるさと。

18 じゅんしゃく
僧が各地を巡り教えを説くこと。

19 じょうし
本を出版すること。

20 えんゆう
土地をおおうように、すべて自分のものにすること。

21 負笈して見聞を広める。
22 衝突で頸椎を痛めたらしい。
23 伽羅の香りを楽しむ。
24 漢方医が熊胆を処方する。
25 選び抜かれた俊彦たちだ。
26 叩頭して許しを乞う。
27 晦匿して都を離れる。
28 己の管窺を恥じる。

次の傍線部分の訓読みをひらがなで記せ。

29 露地物の野菜が瑞瑞しい。
30 釣り糸の先に錘をつける。
31 韮の葉を食用に供する。
32 種籾を苗代にまく。
33 懲らしめに灸をすえる。
34 食材を厨に運び込む。
35 風もなく、海はべた凪だ。
36 茄子の鴫焼きを肴に酒を飲む。
37 女三人寄れば姦しい。
38 昼夜交替で哨を立てる。
39 禿びた鉛筆で書き記す。
40 柱の沓石に腰を下ろす。
41 恰も本物のように見える。
42 状況を悉に分析した。
43 禿髪の幼女が愛らしい。
44 鮮やかな韓紅に染める。
45 沼の周辺に荻が群生する。
46 而るにこの失態は何事ぞ。

---

21 ふきゅう　遠くの地へ勉学に出ること。
22 けいつい　脊柱の最上部。
23 きゃら　香木の一種、黒沈香。
24 ゆうたん　クマの胆嚢を干した薬。
25 しゅんげん　すぐれた男子。
26 こうとう　頭を地面にすりつける礼。
27 かいとく　自分の才知などを隠すこと。
28 かんき　視野が狭くて見識がないこと。
29 みずみず　瑞瑞しい：若々しく新鮮な。
30 おもり　重さを加えるための道具。
31 にら　ユリ科の多年草。
32 たねもみ　種子として使う籾。
33 やいと　もぐさの熱を使う漢方療法。
34 くりや　料理を作る場所。台所。厨房。
35 なぎ　海面が静まった状態。
36 しぎや　焼いたナスに味噌を塗った料理。
37 かしま　姦しい：やかましい。
38 みはり　ものみ。見張り。
39 ち　禿びる：先がすり切れる。
40 くついし　柱の下に据える土台石。
41 あたか　恰も：まるで。
42 つぶさ　細かいところまでくわしく。
43 かむ[ぶ]ろ　短く切り揃えた子供の髪形。
44 からくれない　濃い紅色。
45 おぎ　イネ科の多年草。
46 しか　而るに：それにもかかわらず。

出る順 A

表外の読み 1

何回も出題されている最重要問題！

制限時間10分

39点で合格

1回目 ／48点

2回目 ／48点

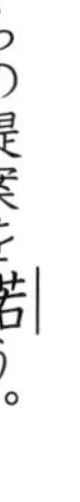

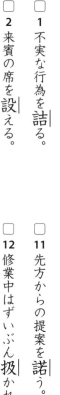

次の傍線部分は常用漢字である。その**表外の読み**を**ひらがな**で記せ。

1 不実な行為を詰る。

2 来賓の席を設える。

3 状況を具に観察する。

4 御利益に肖りたいものだ。

5 縦に権勢を振るう。

6 偏に皆様のおかげです。

7 竣工まで十年を閲した。

8 邪な思いを振り払った。

9 講師は徐に話し始めた。

10 ご厚情、まことに辱い。

11 先方からの提案を諾う。

12 修業中はずいぶん扱かれた。

13 現場を訪れ作業員を労う。

14 秋の夜に虫の集く声を聴く。

15 予てからの計画通り行う。

16 強か頭を打った。

17 弓に矢を番える。

18 大金を投じて屋敷を購った。

19 事件解明の緒をつかむ。

20 風が強くなり剰え雨が降る。

解答と語句の意味

1 なじ
詰る：問いただして責める。

2 しつら
設える：整え備え付ける。

3 つぶさ
すべてもれなく。くわしく。

4 あやか
肖る：よい影響を受ける。

5 ほしいまま
思いどおりに振る舞うさま。

6 ひとえ
ひたすら。もっぱら。

7 けみ
閲する：時が経つ。

8 よこしま
道にはずれたこと。

9 おもむろ
徐に：落ち着いてゆっくりと。

10 かたじけな
辱い：感謝にたえない。

11 うべな
諾う：承知する。

12 しご
扱く：きびしく訓練する。

13 ねぎら
労う：尽力に謝する。

14 すだ
集く：虫が群がって鳴く。

15 かね
予て：以前から。かねがね。

16 したた
強か：たくさん。ひどく。

17 つが
番える：一対にする。

18 あがな
購う：買い求める。

19 いとぐち
物事の始まり。きっかけ。

20 あまつさ
剰え：そのうえ。

出る順 A

21 西の空が暮れ泥む。
22 感情面では凝りが残る。
23 司会進行を掌る。
24 大将が殿をつとめる。
25 議員として長く国政に与る。
26 どちらの意見にも与しない。
27 周囲への影響を慮る。
28 彼はふたつの外国語を熟す。
29 会議は五時間に垂とする。
30 物事の悪い面ばかりを論う。
31 そこに現れたのが件の男だ。
32 夢とも現ともつかない。
33 適その場に居合わせた。
34 悲喜交の人間模様だ。

35 なかなか商才に長けている。
36 陛下に謁える栄誉に浴した。
37 瓶の中ほどが括れている。
38 準備不足の憾みが残った。
39 頑に口をつぐんでいる。
40 いつも学生が屯している。
41 事業は概ね順調に推移した。
42 作品は粗完成した。
43 法事に託けて休暇をもらう。
44 公園の一隅に碑がある。
45 某かの金に換える。
46 餌をまいて誘き寄せる。
47 条例を抜本的に革める。
48 日夜研究に勤しむ。

21 なず
泥む：とどこおる。

22 しこ
凝り：事後に残るわだかまり。

23 つかさど
掌る：担当する。

24 しんがり
列の最後尾。

25 あずか
与る：かかわりをもつ。

26 くみ
与する：味方する。

27 おもんぱか
慮る：状況などを考える。

28 こな
熟す：自在に使える。

29 なんなん
垂と：まさになろうと。

30 あげつら
論う：短所を言い立てる。

31 くだん
前述の。例のこと。

32 うつつ
現実。実際。

33 たまたま
偶然に。

34 こもごも
いろいろと混じる様子。

35 た
長ける：すぐれている。

36 まみ
謁える：お目にかかる。

37 くび
括れる：細くなっている。

38 うら
憾み：残念に思うこと。

39 かたくな
態度を変えないさま。

40 たむろ
屯する：大勢が集まる。

41 おおむ
概ね：おおよそ。だいたい。

42 ほぼ
おおよそ。あらかた。

43 かこつ
託ける：口実にする。

44 いしぶみ
記念に建てる石。

45 なにがし
某か：いくらか。多少の。

46 おび
誘く：だましてさそう。

47 あらた
革める：新しくする。

48 いそ
勤しむ：熱心に励む。

何回も出題されている最重要問題!

表外の読み 2

制限時間10分

39点で合格

1回目 ／48点

2回目 ／48点

次の傍線部分は常用漢字である。その**表外の読み**を**ひらがな**で記せ。

1 故郷の父母へ手紙を認める。
2 干支に因んで命名した。
3 座の雰囲気が解れてきた。
4 均すと月当たり五千円だ。
5 態と大げさに笑う。
6 われ先にと挙って加わる。
7 激しい銃声に恐れ戦く。
8 約めていえばそういうことだ。
9 動もすると軽視されがちだ。
10 老いの遊びの作品です。
11 両雄相見える一戦だ。
12 自宅の居間でゆっくり寛ぐ。
13 国家を家族に擬える。
14 混乱の原因は何かと糾す。
15 国王の死に家臣が殉う。
16 場内は斉しく歓声を上げた。
17 罷りまちがえば大惨事だ。
18 賢しら顔で説明し始める。
19 新年を寿ぐ挨拶を交わす。
20 見ていて焦れったくなる。

解答と語句の意味

1 したた
認める:書き記す。
2 ちな
因む:かかわりがある。
3 ほぐ
解れる:緊張がやわらぐ。
4 なら
均す:平均化する。
5 わざ
態と:意図的に。故意に。
6 こぞ
挙って:全員で。残らず。
7 おのの
戦く:恐怖や興奮に震える。
8 つづ
約める:縮める。まとめる。
9 やや
動もすると:どうかすると。
10 すさ
遊び:慰みごと。
11 まみ
見える:お目にかかる。
12 くつろ
寛ぐ:心身がゆったりする。
13 なぞら
擬える:たとえる。
14 ただ
糾す:罪や真偽を調べる。
15 したが
殉う:死者の後を追い死ぬ。
16 ひと
斉しく:そろって。
17 まか
罷り:次の動詞を強める語。
18 さか
賢しら:物知りぶるさま。
19 ことほ
寿ぐ:祝いを述べる。
20 じ
焦れる:いらいらする。

□ 21 原因を審らかに調べる。
□ 22 長く不遇を託っていた。
□ 23 ついつい不平を零す。
□ 24 式典を雅やかに執り行う。
□ 25 白い項がなまめかしい。
□ 26 事件を詳らかに調査する。
□ 27 濃やかに世話をしてくれた。
□ 28 機を見るのに敏い男だ。
□ 29 夜の温泉街を漫ろ歩く。
□ 30 漫りに用事を言いつける。
□ 31 どうにか生き存えてきた。
□ 32 一抹の不安が胸を過った。
□ 33 王の前に額ずいて拝する。
□ 34 故につらく当たる。

□ 35 あの発言で意欲を殺がれた。
□ 36 胸が支えて言葉にならない。
□ 37 担当者に事情を質す。
□ 38 法に則って裁定する。
□ 39 自らの立場をよく弁える。
□ 40 略計画は固まった。
□ 41 土地を片っ端から買い漁る。
□ 42 友達の好で手助けをする。
□ 43 先方の条件提示を肯う。
□ 44 月の清かな夜のことだ。
□ 45 努努怠ることなかれ。
□ 46 年金で約やかに暮らす。
□ 47 階の下から見上げる。
□ 48 非常識な族が横行して困る。

21 つまび
審らかに：くわしく。

22 かこ
託つ：ぐちや恨みをいう。

23 こぼ
零す：ぼやく。

24 みやび
雅やか：上品で優美なさま。

25 うなじ
首すじ。えりくび。

26 つまび
詳らか：くわしいこと。

27 こま
濃やか：心がこもった様子。

28 さと
敏い：賢い。鋭い。敏感。

29 そぞ・すず
漫ろ：何となく。理由もなく。

30 みだ
漫り：むやみ。無分別。

31 なが
存える：長く生きる。

32 よぎ
過る：通りすぎる。

33 ぬか
額ずく：額を地面につける。

34 ことさら
故に：わざわざ。

35 そ
殺ぐ：勢いを弱くする。

36 つか
支える：ふさがる。滞る。

37 ただ
質す：問い確かめる。

38 のっと
則る：規範に従う。

39 わきま
弁える：道理を心得る。

40 ほぼ
おおよそ。だいたい。

41 あさ
漁る：探して回る。

42 よしみ
親しいつきあい。

43 うべな
肯う：承知する。

44 さや
清か：さえて明るい様子。

45 ゆめゆめ
ゆめにも。決して。

46 つづま
約やか：つつましいさま。

47 きざはし
階段。

48 やから
同類の仲間。やつら。

出る順 A

熟語と一字訓 1

何回も出題されている最重要問題！

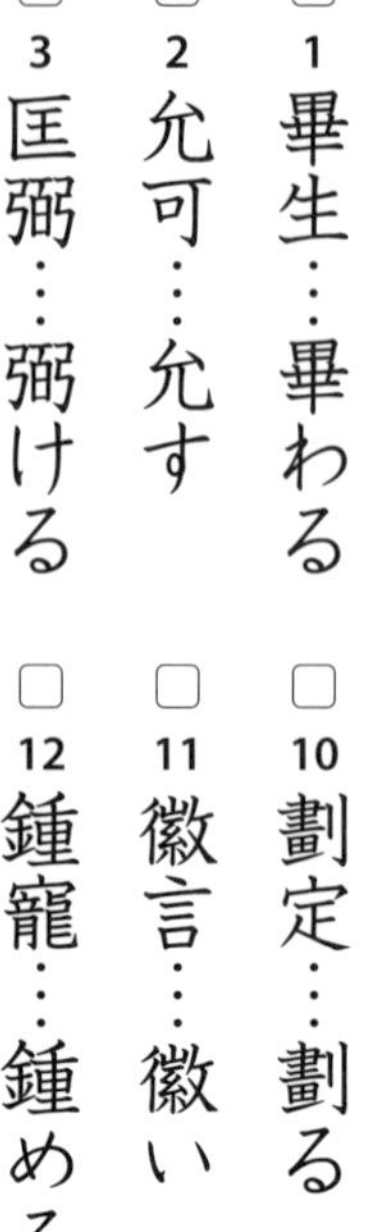

次の熟語の読み（音読み）と、その語義にふさわしい訓読みを（送りがなに注意して）ひらがなで記せ。

1 畢生…畢わる
2 允可…允す
3 匡弼…弼ける
4 肇造…肇める
5 礪行…礪く
6 嬰鱗…嬰れる
7 永訣…訣れる
8 盈虚…盈ちる
9 臆度…臆る

10 劃定…劃る
11 徽言…徽い
12 鍾寵…鍾める
13 冶金…冶る
14 趨向…趨く
15 岨峻…峻しい
16 阻碍…碍げる
17 耽溺…耽る
18 曝書…曝す

制限時間10分

36点で合格

1回目 ／44点

2回目 ／44点

解答と熟語の意味

1 ひっせい…お
生まれてから死ぬまで。一生。生涯。

2 いんか…ゆる
許すこと。許可。

3 きょうひつ…たす
誤りを正し、欠けたところを補うこと。

4 ちょうぞう…はじ
はじめてつくること。創造。

5 れいこう…みが
行動を正すこと。

6 えいりん…ふ
激怒させること。逆鱗にふれる意。

7 えいけつ…わか
永遠に別れること。死別。永別。

8 えいきょ…み
月の満ち欠け。栄枯。

9 おくたく…おしはか
おしはかること。憶測。

10 かくてい…くぎ
区切りをはっきり決めること。

11 きげん…よ
よいことば。立派なことば。

12 しょうちょう…あつ
非常に大切にし、かわいがること。

13 やきん…い
鉱石から金属を精製する技術。

14 すうこう…おもむ
物事が向かっている方向。なりゆき。

15 そしゅん…けわ
山道などが険しいこと。

16 そがい…さまた
じゃますること。さまたげること。

17 たんでき…ふけ
夢中になって、他を顧みないこと。

18 ばくしょ…さら
書物を虫干しすること。

□ 19 頓挫…頓く
□ 20 蕃殖…蕃る
□ 21 編輯…輯める
□ 22 檮昧…昧い
□ 23 訊責…訊う
□ 24 夷坦…夷らか
□ 25 汎愛…汎い
□ 26 進捗…捗る
□ 27 聯亙…亙る
□ 28 哀咽…咽ぶ
□ 29 弘毅…毅い
□ 30 膏沃…膏える
□ 31 叢生…叢がる

□ 32 翫笑…翫る
□ 33 夙起…夙に
□ 34 疏水…疏る
□ 35 稗官…稗かい
□ 36 輿望…輿い
□ 37 凋残…凋む
□ 38 堰塞…堰く
□ 39 纏絡…纏わる
□ 40 醇朴…醇い
□ 41 瀆職…瀆す
□ 42 捷報…捷つ
□ 43 烹煎…烹る
□ 44 厭悪…悪む

19 とんざ…つまず
計画などが途中でできなくなること。

20 はんしょく…しげ
動植物が生まれてふえること。

21 へんしゅう…あつ
資料を集め書物などにまとめること。

22 とうまい…くら
おろかなこと。

23 じんせき…と
問いただし責めること。

24 いたん…たい
平らなこと。

25 はんあい…ひろ
分けへだてなく平等に愛すること。

26 しんちょく…はかど
物事がはかどること。

27 れんこう…わた
長く連なり続くこと。

28 あいえつ…むせ
悲しみにむせび泣くこと。

29 こうき…つよ
度量が広く意志が強固なこと。

30 こうよく…こ
地味がよく肥えていること。

31 そうせい…むら
草木が一箇所に秩序なく生えること。

32 がんしょう…あなど
相手をあなどり笑うこと。

33 しゅくき…つと
早起き。

34 そすい…とお
切り開いた水路。

35 はいかん…こま
昔、中国で世情、風俗を記録した役人。

36 よぼう…おお
世間から寄せられている期待。衆望。

37 ちょうざん…しぼ
衰えること。おちぶれること。

38 えんそく…せ
水の流れをせきとめること。

39 てんらく…まつ
まつわり、からみつくこと。

40 じゅんぼく…あつ
人情に厚く世間ずれしていないさま。

41 とくしょく…けが
職責をけがすこと。汚職。

42 しょうほう…か
勝利の知らせ。

43 ほうせん…に
煮たりいったりすること。調理。

44 えんお…にく
ひどくいやがること。

出る順 A

熟語と一字訓 2

何回も出題されている最重要問題！

制限時間10分

36点で合格

1回目 ／44点

2回目 ／44点

次の熟語の読み（音読み）と、その語義にふさわしい訓読みを（送りがなに注意して）ひらがなで記せ。

1 鍾美…鍾める
2 匡弼…匡す
3 遁辞…遁れる
4 肇国…肇める
5 掩蓋…掩う
6 侃侃…侃い
7 窺管…窺く
8 宥恕…恕す
9 切瑳…瑳く
10 蒐荷…蒐める
11 牟食…牟る
12 晦冥…晦い
13 謬説…謬る
14 一瞥…瞥る
15 董督…董す
16 靭性…靭やか
17 優渥…渥い
18 轟音…轟く

解答と熟語の意味

1 しょうび…あつ
一人だけ際立って美しいこと。
2 きょうひつ…ただ
誤りを正し、欠けたところを補うこと。
3 とんじ…のが
言い逃れ。逃げ口上。
4 ちょうこく…はじ
はじめて国を建てること。
5 えんがい…おお・かば
軍の塹壕（ざんごう）の上の覆い。
6 かんかん…つよ
気性が強く信念を曲げない様子。
7 きかん…のぞ
管から窺う意。視野が狭いこと。
8 ゆうじょ…ゆる
寛大な心で許すこと。
9 せっさ…みが
学問に励み道徳を磨くこと。
10 しゅうか…あつ
各地の産物を市場に集めること。
11 ぼうしょく…むさぼ
むさぼり食うこと。
12 かいめい…くら
まっくらやみ。
13 びゅうせつ…あやま
まちがった考えや説明。
14 いちべつ…み
ひと目ちらっと見ること。
15 とうとく…ただ
人々を監督し、取り締まること。
16 じんせい…しな
材質の粘り強さ。
17 ゆうあく…あつ
ねんごろで手厚いこと。
18 ごうおん…とどろ
とどろきわたる大きな音。

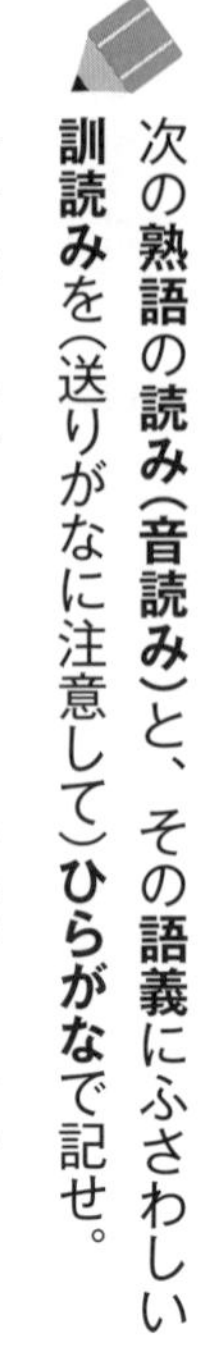

□ 19 勃爾…勃かに

□ 20 顛落…顛る

□ 21 茸屋…茸く

□ 22 凱風…凱らぐ

□ 23 紛擾…擾れる

□ 24 挫折…挫ける

□ 25 厭世…厭う

□ 26 莫春…莫れる

□ 27 蕪雑…蕪れる

□ 28 怯弱…怯える

□ 29 蔓纏…纏わる

□ 30 嘉尚…嘉する

□ 31 慰撫…撫でる

□ 32 駕御…駕る

□ 33 凋零…凋む

□ 34 砥礪…礪く

□ 35 歩趨…趨る

□ 36 蚤起…蚤い

□ 37 穣歳…穣る

□ 38 艶冶…艶かしい

□ 39 雑駁…駁じる

□ 40 狭窄…窄まる

□ 41 翫辞…翫ぶ

□ 42 苦諫…諫める

□ 43 懸吊…吊す

□ 44 奪掠…掠める

---

19 ぼつじ…にわ
突然に起こること。

20 てんらく…くつがえ
ころげ落ちること。

21 しゅうおく…ふ
かやぶきの屋根。

22 がいふう…やわ
おだやかなそよ風。

23 ふんじょう…みだ
乱れてもめること。ごたごた。

24 ざせつ…くじ
中途で失敗し、だめになること。

25 えんせい…いと
世の中をいやなものと思うこと。

26 ぼしゅん…く
春の終わり。晩春。

27 ぶざつ…あ・みだ
雑然として、ととのっていないさま。

28 きょうじゃく…おび
気が小さくて弱い。臆病。

29 まんてん…まつ
つる草などがからみつくこと。

30 かしょう…よみ
ほめたたえること。

31 いぶ…な
なだめ、いたわること。

32 が[か]ぎょ…の
他人を自分の思うままに使うこと。

33 ちょうれい…しぼ
草花がしぼむこと。零落すること。

34 しれい…みが
学問や修養に努め励むこと。砥石（といし）。

35 ほすう…はし
歩く、小走りに走る。物事の進み具合。

36 そうき…はや
朝早く起きること。早起き。

37 じょうさい…みの
穀物が豊かに実る年のこと。

38 えんや…なまめ
女性がなまめかしく美しいさま。

39 ざっぱく…ま
雑然として、まとまりのないさま。

40 きょうさく…せば
狭くすぼまっているさま。

41 がんじ…もてあそ
言辞を好き勝手に操る。

42 くかん…いさ
苦言をもって目上の人をいさめる。

43 けんちょう…つる
かけてつるすこと。

44 だつりゃく…かす
力ずくで無理やり奪い取ること。

出る順

A 熟語と一字訓 3

何回も出題されている最重要問題！

36点で合格

1回目　／44点

2回目　／44点

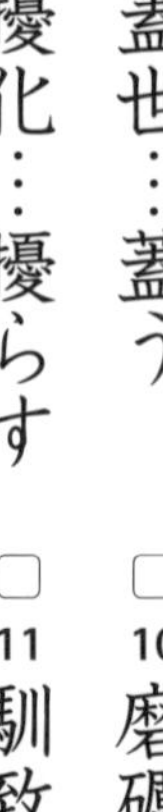

次の熟語の読み（音読み）と、その語義にふさわしい訓読みを（送りがなに注意して）ひらがなで記せ。

1 蓋世…蓋う
2 擾化…擾らす
3 鳩合…鳩める
4 弼匡…匡す
5 敦厚…敦い
6 輔佐…輔ける
7 悉皆…悉く
8 劃然…劃る
9 鞠育…鞠う
10 磨礪…礪く
11 馴致…馴らす
12 喬松…喬い
13 恢達…恢い
14 欠盈…盈ちる
15 諫止…諫める
16 綿亙…亙る
17 湛然…湛える
18 畏敬…畏まる

解答と熟語の意味

1 がいせい…おお
世界をおおうほど意気が盛んなこと。

2 じょうか…な
ならして変化・感化させる。

3 きゅうごう…あつ
ある目的のために人々を広く集めること。

4 ひっきょう…ただ
非をただし、補い助けること。

5 とんこう…あつ
誠実で人情に厚いこと。

6 ほさ…たす
職務を補い、助けること。

7 しっかい…ことごと
残らず全部。

8 かくぜん…くぎ
区別がはっきりとしているさま。

9 きくいく…やしな
養い育てること。

10 まれい…みが
刃物などをとぎみがくこと。

11 じゅんち…な
なれさせること。なじませること。

12 きょうしょう…たか
中国古代の二人の仙人。王子喬（おうしきょう）と赤松子（せきしょうし）。

13 かいたつ…ひろ
心が広く大きいこと。

14 けつえい…み
欠けることと満ちること。月の満ち欠け。

15 かんし…いさ
いさめてやめさせること。

16 めんこう…わた
長く連なり続くこと。

17 たんぜん…たた
静かに水をたたえているさま。

18 いけい…かしこ
心からおそれ敬うこと。

19 遺馨…馨り
20 錯謬…謬る
21 補綴…綴る
22 婁絡…婁ぐ
23 窺見…窺く
24 翫弄…翫ぶ
25 高亮…亮らか
26 牢守…牢い
27 巌阻…巌しい
28 決潰…潰える
29 積沓…沓なる
30 萌芽…萌む
31 不屑…屑い

32 果毅…毅い
33 柔脆…脆い
34 纏着…纏う
35 嘗糞…嘗める
36 渥恩…渥い
37 顛墜…顛れる
38 僻見…僻る
39 饗応…饗す
40 遡航…遡る
41 間諜…諜る
42 繋泊…繋ぐ
43 瀆聖…瀆す
44 哀戚…戚む

---

19 いけい…かお
残り香。また、先人の功績。

20 さくびゅう…あやま
まちがえること。あやまり。

21 ほてい［つ］…つづ
破れなどを繕うこと。

22 ろうらく・るらく…つな
まといからまること。

23 きけん…のぞ
のぞき見ること。

24 がんろう…もてあそ
好き勝手にいじくり遊ぶ。

25 こうりょう…あき
志が高く行いが正しいこと。

26 ろうしゅ…かた
かたく守ること。

27 がんそ…けわ
岩などでゴツゴツとした険しい所。

28 けっかい…つい
堤防などが切れて崩れること。

29 せきとう…かさ
積み重なること。

30 ほうが…めぐ
新しい物事がはじまるきざし。

31 ふせつ…いさぎよ
潔しとしない。

32 かき…つよ
決断力があり意志が強いこと。

33 じゅうぜい…もろ
柔らかで、もろいこと。

34 てんちゃく…まと
まといつくこと。からみつくこと。

35 しょうふん…な
恥も外聞もなく人にへつらうこと。

36 あくおん…あつ
手厚い恩恵。

37 てんつい…たお
ころげ落ちること。

38 へきけん…かたよ
かたよった見解。ひがんだ考え。

39 きょうおう…もてな
飲食で人をもてなすこと。迎合すること。

40 そこう…さかのぼ
船で流れをさかのぼること。

41 かんちょう…さぐ
敵の情報を探り味方に通報する者。

42 けいはく…つな
船をつないで停泊すること。

43 とくせい…けが
神聖なものをけがすこと。

44 あいせき…いた
死を悲しみいたむこと。

A 共通の漢字 1

何回も出題されている最重要問題！

制限時間15分
32点で合格
1回目　／40点
2回目　／40点

次の各組の二文の（　）には共通する漢字が入る。その読みを後の□から選び、**常用漢字（一字）**で記せ。

1
金融危機で景気が（　）潮する。
古い株券が（　）蔵されていた。

2
切々と（　）情を訴える。
大義のため微（　）を尽くす。

3
（　）履の如く捨てられた。
時（　）の打破を目指す。

4
多くの（　）什を後世に残した。
山海の（　）肴が膳に並ぶ。

5
（　）紀十八歳になられた。
御（　）情、感謝致します。

6
王朝は（　）昌を極めた。
勢力の（　）替は世の習いだ。

7
曾祖父が（　）籍に入った。
債（　）の追跡が家族に及ぶ。

8
税の申告の誤りを（　）正する。
酒宴は深（　）まで続いた。

き・せき・み・かん・へい・ほう・しょう・たい
ちゅう・りゅう・か・こう

解答と熟語の意味

1 退
退潮（たいちょう）：勢いが衰えること。
退蔵（たいぞう）：使わずにしまいこんでいること。

2 衷
衷情（ちゅうじょう）：うそいつわりのない心。
微衷（びちゅう）：自分の真心をへりくだっていう語。

3 弊
弊履（へいり）：破れた履物。不要なもののたとえ。
時弊（じへい）：時代の弊害や悪い風習。

4 佳
佳什（かじゅう）：すぐれた詩歌。「什」は詩篇の意。
佳肴（かこう）：うまい酒のさかな。おいしい料理。

5 芳
芳紀（ほうき）：年頃の女性の年齢。
芳情（ほうじょう）：思いやりの心を敬っていう語。

6 隆
隆昌（りゅうしょう）：盛んなこと。栄えること。隆盛。
隆替（りゅうたい）：盛えることと衰えること。盛衰。

7 鬼
鬼籍（きせき）：死者の姓名などを記入する帳面。
債鬼（さいき）：貸した金を容赦なく取り立てる人。

8 更
更正（こうせい）：改めて正しくすること。
深更（しんこう）：夜ふけ。深夜。真夜中。

□ 9
銃による(　)行を目撃する。
原発で(　)変が発生した。

□ 10
見倣うべき行(　)といえよう。
蕪村の真(　)と判明した。

□ 11
卒業論文を(　)稿した。
(　)兎の如く逃げ出した。

□ 12
利益を頭数で(　)分する。
ようやく成(　)を得た。

□ 13
世界を変えた(　)代の発明だ。
祖父の古(　)を家族で祝う。

□ 14
急用で倉(　)に辞去する。
(　)爾ながらお尋ねします。

□ 15
まことに明敏犀(　)な指摘だ。
職人冥(　)に尽きる。

□ 16
私(　)を図るつもりなどない。
委(　)を尽くして弁明する。

□ 17
(　)累もない一人暮らしだ。
裁判で(　)争中のところだ。

□ 18
(　)路を開く方策を探った。
重税で国民の膏(　)を絞る。

□ 19
蓋(　)の英雄との誉れが高い。
経(　)済民を第一にする。

□ 20
ご厚情賜り欣(　)の至りです。
(　)便に託してお送りします。

こう・きょく・きん・けつ・せき・みょう・きょう
だっ・あい・あん・けい・き・せい・そつ・り

---

9 凶
凶行：殺人、傷害など、凶悪な行為。
凶変：不吉な出来事。悪い出来事。

10 跡
行跡：日頃のおこない。行状。身持ち。
真跡：確かにその人が書いた筆跡。真筆。

11 脱
脱稿：原稿を書き終えること。
脱兎：非常に速いことのたとえ。

12 案
案分：比例して物を分けること。
成案：できあがった考えや文案。

13 希
希代：めったにない、まれなこと。
古希：数え年七十歳のこと。

14 卒
倉卒：忙しく慌ただしいこと。
卒爾：だしぬけに。にわかに。

15 利
犀利：才知が鋭く正確であるさま。
冥利：その立場にあることで受ける恩恵。

16 曲
私曲：不正に利益を得ようとすること。
委曲：物事の詳細。くわしい事情。

17 係
係累：面倒を見なければならない家族。
係争：訴訟を起こして法廷で争うこと。

18 血
血路：困難をきりぬける活路。
膏血：苦心して得たもののたとえ。

19 世
蓋世：世をおおうほど意気が旺盛なこと。
経世：世の中を治めること。

20 幸
欣幸：幸せに感じ喜ぶこと。
幸便：都合のよい便りのついで。

出る順 **A**

共通の漢字 2

何回も出題されている最重要問題！

制限時間15分

32点で合格

1回目 ／40点

2回目 ／40点

次の各組の二文の（　）には**共通**する漢字が入る。その読みを後の□から選び、**常用漢字（一字）**で記せ。

□ 1
顧問役は財界の（　）老だ。
政界の（　）弊を一掃する。

□ 2
会社のために奔（　）する。
内職仕事で露（　）をつなぐ。

□ 3
（　）霞のごとき大群だった。
凌（　）の志を胸に抱く。

□ 4
各人が志望を（　）抱している。
積年の素（　）を遂げる。

□ 5
奇（　）な言行に及ぶ。
内情を（　）飾して言う。

□ 6
この商品は（　）鞘が大きい。
（　）敵行為を断固糾弾する。

□ 7
格別のご（　）情を賜る。
彼とは別（　）の親交がある。

□ 8
届いた封書をすぐ開（　）する。
この書状をご（　）見ください。

うん・かい・きょう・しゅく・けん・ほん・まい
き・こん・ひ・めい・り

解答と熟語の意味

1 **宿**
宿老（しゅくろう）：経験豊かな老巧な人。武家の重臣。
宿弊（しゅくへい）：古くから続いている弊害。

2 **命**
奔命（ほんめい）：忙しく行動すること。
露命（ろめい）：露のようにはかない命。

3 **雲**
雲霞（うんか）：たくさん群がり集まるたとえ。
凌雲（りょううん）：雲をしのぐほど高いこと。

4 **懐**
懐抱（かいほう）：ふところに抱くこと。
素懐（そかい）：かねてからの願い。素願。

5 **矯**
奇矯（ききょう）：言動がひどく風変わりなこと。
矯飾（きょうしょく）：うわべだけ飾ること。

6 **利**
利鞘（りざや）：売値と買値の差から得る利益。
利敵（りてき）：敵が有利になるようにすること。

7 **懇**
懇情（こんじょう）：真心のこもった心くばり。
別懇（べっこん）：とりわけ親しいこと。

8 **披**
開披（かいひ）：封のあるものを開くこと。
披見（ひけん）：手紙や文書を開いて見ること。

□ 9
改革運動が( )碍される。
両国を( )隔する原因となった。

□ 10
諮問に応え意見を具( )する。
( )謝いたします。

□ 11
膨大な資料を渉( )する。
( )官運動が見られた。

□ 12
実はまだ( )説に過ぎない。
勝手な( )測が飛び交う。

□ 13
社員の( )馬の労をねぎらう。
冷( )三斗の失態をさらす。

□ 14
( )日床に就いていた。
賞与を一晩で蕩( )する。

□ 15
( )耳に入り易い言葉だ。
( )臭芬々たる男だ。

□ 16
卒業生の壮( )を祝う。
水道も( )絶したままだ。

□ 17
罪を( )省します。
終盤の( )追で同点にした。

□ 18
女性の紅( )を絞る悲恋物だ。
声( )倶に下るさまであった。

□ 19
日頃の御( )誼に感謝します。
深( )なる尊敬の念を抱く。

□ 20
神の( )寵があります。
忘( )の誹りを免れない。

おく・ちん・けい・こう・じん・そ・ぼう・かい
と・もう・りょう・るい・おん・かん・ぞく

---

9 阻
阻碍：さまたげること。じゃますること。
阻隔：へだてはばむこと。

10 陳
具陳：詳しく述べること。
陳謝：事情を話してわびること。

11 猟
渉猟：広い範囲を捜し求めること。
猟官：官職に就こうと人々が争うこと。

12 臆憶
憶説・臆説：確かな根拠のない意見。
憶測・臆測：根拠もなく推測すること。

13 汗
汗馬：走って汗をかいた馬。
冷汗：ひやあせ。

14 尽
尽日：一日じゅう。終日。
蕩尽：財産などを使い果たすこと。

15 俗
俗耳：世間の人々の耳。
俗臭：世俗的で下品な感じ。俗っぽさ。

16 途
壮途：前途をめざす勇ましい門出。
途絶：とだえること。とぎれること。

17 猛
猛省：強く反省すること。
猛追：激しい勢いで追いかけること。

18 涙
紅涙：女性の流す涙。
声涙：こえとなみだ。

19 厚
厚誼：あつく親しいつきあい。
深厚：心の底からの深い気持ち。

20 恩
恩寵：神や主君から受ける慈しみ。
忘恩：恩にむくいないこと。恩知らず。

出る順

A 書き取り 1

何回も出題されている最重要問題！

制限時間15分

36点で合格

1回目　／44点

2回目　／44点

次の傍線部分の**カタカナ**を**漢字**で記せ。

1 怒り狂う部下を**ナダ**める。

2 コーヒーを飲んで目が**サ**えた。

3 商品を丁寧に**コンポウ**する。

4 秘密が社外へ**ロウエイ**している。

5 話に**オヒレ**が付いて広まる。

6 強盗は札束を**ワシヅカ**みにした。

7 県大会優勝の**ガイカ**をあげた。

8 強風で公園の木が**ナ**ぎ倒された。

9 甥っ子に就職を**アッセン**する。

10 **ダイタイコツ**が折れる大怪我だ。

11 古墳から**ハニワ**を発掘する。

12 **アマドイ**が台風で破損した。

13 **セッケン**でしっかり手を洗う。

14 唇を**スボ**めてストローを吸う。

15 値下げして在庫品を**サバ**く。

16 **ロウソク**の火で暗がりを照らす。

17 そんな**オオゲサ**な話ではない。

18 **コソク**な手を使ってごまかす。

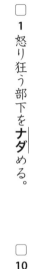

解答

1 宥
2 冴（冱）
3 梱包
4 漏洩（泄）
5 尾鰭
6 鷲摑
7 凱歌
8 薙
9 斡旋
10 大腿骨
11 埴輪
12 雨樋
13 石鹼
14 窄（歙）
15 捌
16 蠟燭
17 大袈裟
18 姑息※

※18 姑息…一時の間に合わせ。一時のがれ。

読み
表外の読み
熟語と一字訓
共通の漢字
書き取り
誤字訂正
四字熟語・書き
四字熟語・意味
対義語・類義語
故事・成語・諺
文章題

□ 19 心よりお**ワ**び申し上げます。
□ 20 敵兵を**タタ**きのめす。
□ 21 合格の報に**カイサイ**を叫んだ。
□ 22 義理と人情を**テンビン**にかける。
□ 23 様々な憶測が**サクソウ**している。
□ 24 最高級の**カマボコ**を賞味する。
□ 25 **カンキツ**系の香りが漂う。
□ 26 年を取ると**ヒガ**みっぽくなる。
□ 27 たばこの煙に**セ**き込む。
□ 28 何をするのも**オックウ**になる。
□ 29 **キゼン**とした態度で断った。
□ 30 **ヒル**むことなく立ち向かった。
□ 31 一流選手に**ゴ**して競い合う。

□ 32 山中に泉が**ワ**いている。
□ 33 **コンペキ**の海原がはるかに続く。
□ 34 父が満面に笑みを**タタ**えている。
□ 35 黄金が**サンゼン**と輝く。
□ 36 自負心が**モロ**くも崩れ去った。
□ 37 鶏が穀粒を**ツイバ**んでいる。
□ 38 大豆は豊富な**タンパク**質を含む。
□ 39 小魚の**ツクダニ**が名物だ。
□ 40 **スス**けた壁紙を張り替える。
□ 41 仏壇には祖父母の**イハイ**が並ぶ。
□ 42 師の教えに**イハイ**している。
□ 43 報道を**ウ**呑みにしてはいけない。
□ 44 **ウ**の花が垣根に香る。

---

19 詫(侘)
20 叩(扣)
21 快哉
22 天秤
23 錯綜
24 蒲鉾
25 柑橘
26 僻
27 咳(喘・嗽)
28 億劫
29 毅然
30 怯
31 伍

32 涌・湧
33 紺碧
34 湛
35 燦(粲)然
36 脆
37 啄(啅)
38 蛋白
39 佃煮
40 煤
41 位牌
42 違背
43 鵜
44 卯

出る順

A

書き取り 2

何回も出題されている最重要問題！

制限時間15分

36点で合格

1回目　／44点

2回目　／44点

次の傍線部分の**カタカナ**を**漢字**で記せ。

□ 1 職人が茅で屋根を**フ**いている。

□ 2 **ヒンシ**の患者が担ぎ込まれる。

□ 3 **フトウ**から船が出港する。

□ 4 鎧兜で武士に**フンソウ**する。

□ 5 辞典の**ヘンサン**に従事する。

□ 6 突拍子もない**ホラ**を吹く。

□ 7 慰霊のために**モクトウ**を捧げる。

□ 8 **リュウチョウ**に日本語を話す。

□ 9 郷里の**リンゴ**を食べる。

□ 10 わざと**イビツ**な形に作る。

□ 11 **ワニ**革の財布を買う。

□ 12 敵を**カクラン**して逃れ出た。

□ 13 木の**ヘラ**で折り目をつける。

□ 14 **アゼン**として声も出なかった。

□ 15 社会の**ボクタク**の使命を担う。

□ 16 住民の要求が**イッシュウ**された。

□ 17 **オウセイ**な食欲を見せた。

□ 18 **ミケン**にしわをよせて考える。

解答

1 葺

2 瀕死

3 埠頭

4 扮装

5 編纂

6 法螺

7 黙禱

8 流暢

9 林檎

10 歪

11 鰐

12 攪乱

13 箆

14 啞然

15 木鐸※

16 一蹴

17 旺盛

18 眉間

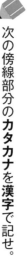

※15 木鐸…舌が木製の鈴。社会に警鐘を鳴らすこと。

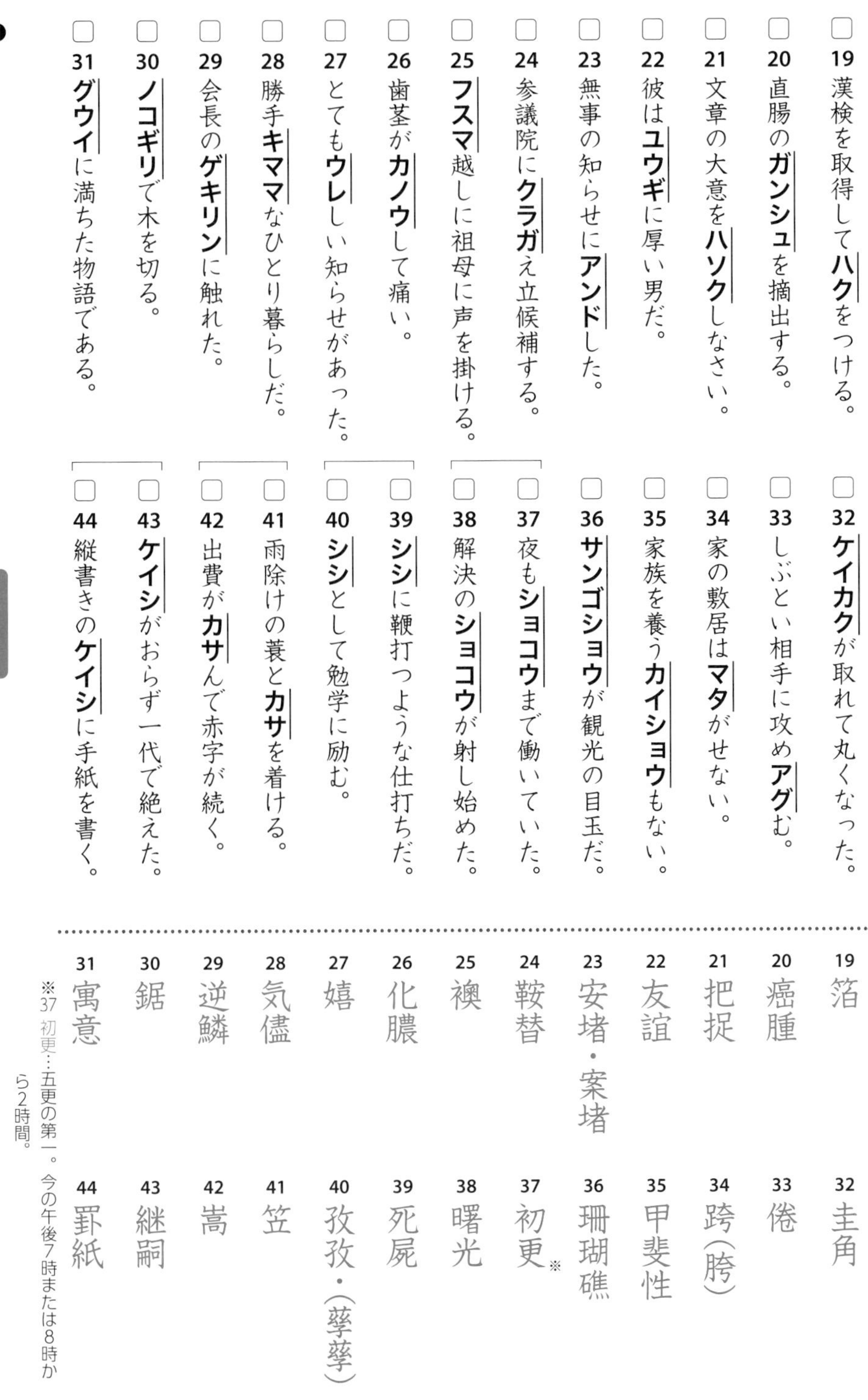

19 漢検を取得して**ハク**をつける。
20 直腸の**ガンシュ**を摘出する。
21 文章の大意を**ハソク**しなさい。
22 彼は**ユウギ**に厚い男だ。
23 無事の知らせに**アンド**した。
24 参議院に**クラガ**え立候補する。
25 **フスマ**越しに祖母に声を掛ける。
26 歯茎が**カノウ**して痛い。
27 とても**ウレ**しい知らせがあった。
28 勝手**キママ**なひとり暮らしだ。
29 会長の**ゲキリン**に触れた。
30 **ノコギリ**で木を切る。
31 **グウイ**に満ちた物語である。
32 **ケイカク**が取れて丸くなった。
33 しぶとい相手に攻め**アグ**む。
34 家の敷居は**マタ**がせない。
35 家族を養う**カイショウ**もない。
36 **サンゴショウ**が観光の目玉だ。
37 夜も**ショコウ**まで働いていた。
38 解決の**ショコウ**が射し始めた。
39 **シシ**に鞭打つような仕打ちだ。
40 **シシ**として勉学に励む。
41 雨除けの蓑と**カサ**を着ける。
42 出費が**カサ**んで赤字が続く。
43 **ケイシ**がおらず一代で絶えた。
44 縦書きの**ケイシ**に手紙を書く。

19 箔
20 癌腫
21 把捉
22 友誼
23 安堵・案堵
24 鞍替
25 襖
26 化膿
27 嬉
28 気儘
29 逆鱗
30 鋸
31 寓意
32 圭角
33 倦
34 跨(胯)
35 甲斐性
36 珊瑚礁
37 初更※
38 曙光
39 死屍
40 孜孜・(孳孳)
41 笠
42 嵩
43 継嗣
44 罫紙

※37 初更…五更の第一。今の午後7時または8時から2時間。

出る順 A

何回も出題されている最重要問題！

書き取り 3

制限時間15分

36点で合格

1回目 ／44点

2回目 ／44点

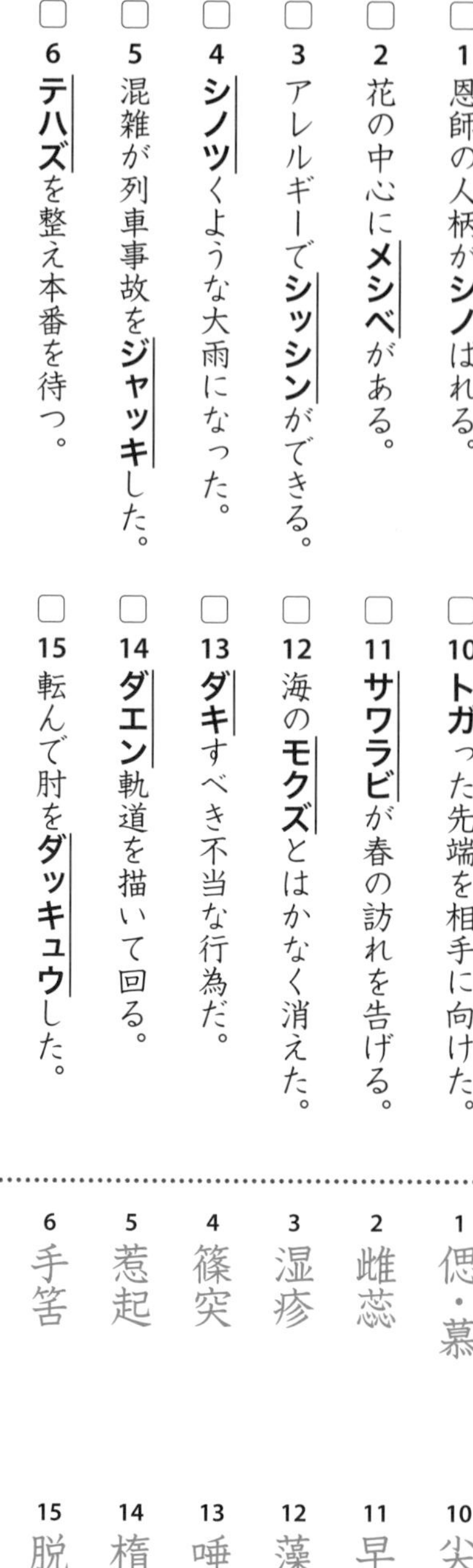

次の傍線部分の**カタカナ**を**漢字**で記せ。

- □ 1 恩師の人柄が**シノ**ばれる。
- □ 2 花の中心に**メシベ**がある。
- □ 3 アレルギーで**シッシン**ができる。
- □ 4 **シノツ**くような大雨になった。
- □ 5 混雑が列車事故を**ジャッキ**した。
- □ 6 **テハズ**を整え本番を待つ。
- □ 7 山海の**シュコウ**に舌鼓を打つ。
- □ 8 一流選手が**セイゾロ**いした。
- □ 9 **ゼッポウ**鋭く批判する。
- □ 10 **トガ**った先端を相手に向けた。
- □ 11 **サワラビ**が春の訪れを告げる。
- □ 12 海の**モクズ**とはかなく消えた。
- □ 13 **ダキ**すべき不当な行為だ。
- □ 14 **ダエン**軌道を描いて回る。
- □ 15 転んで肘を**ダッキュウ**した。
- □ 16 隠密に**チョウホウ**活動を行う。
- □ 17 激しい**ツバ**迫り合いとなった。
- □ 18 国家財政の**ヒッパク**が深刻だ。

解答

1 偲・慕
2 雌蕊
3 湿疹
4 篠突
5 惹起
6 手筈
7 酒肴
8 勢揃
9 舌鋒
10 尖
11 早蕨
12 藻屑
13 唾棄
14 楕円
15 脱臼
16 諜報
17 鍔(鐔)
18 逼迫※

※18 逼迫…余裕がなくなり、事態が差し迫ること。

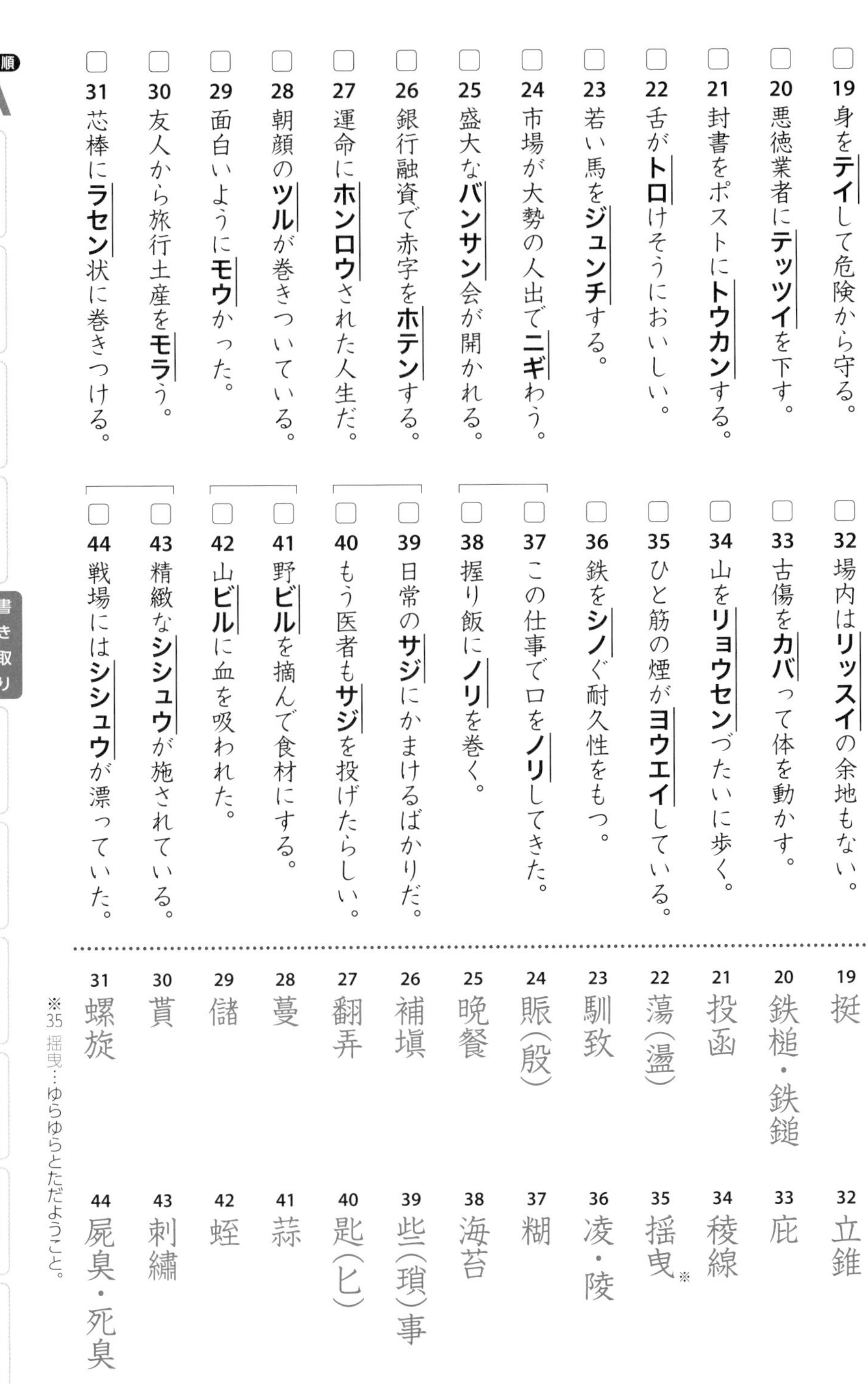

19 身を**テイ**して危険から守る。
20 悪徳業者に**テッツイ**を下す。
21 封書をポストに**トウカン**する。
22 舌が**トロ**けそうにおいしい。
23 若い馬を**ジュンチ**する。
24 市場が大勢の人出で**ニギ**わう。
25 盛大な**バンサン**会が開かれる。
26 銀行融資で赤字を**ホテン**する。
27 運命に**ホンロウ**された人生だ。
28 朝顔の**ツル**が巻きついている。
29 面白いように**モウ**かった。
30 友人から旅行土産を**モラ**う。
31 芯棒に**ラセン**状に巻きつける。
32 場内は**リッスイ**の余地もない。
33 古傷を**カバ**って体を動かす。
34 山を**リョウセン**づたいに歩く。
35 ひと筋の煙が**ヨウエイ**している。
36 鉄を**シノ**ぐ耐久性をもつ。
37 この仕事で口を**ノリ**してきた。
38 握り飯に**ノリ**を巻く。
39 日常の**サジ**にかまけるばかりだ。
40 もう医者も**サジ**を投げたらしい。
41 野**ビル**を摘んで食材にする。
42 山**ビル**に血を吸われた。
43 精緻な**シシュウ**が施されている。
44 戦場には**シシュウ**が漂っていた。

19 挺
20 鉄槌・鉄鎚
21 投函
22 蕩(盪)
23 馴致
24 賑(殷)
25 晩餐
26 補塡
27 翻弄
28 蔓
29 儲
30 貰
31 螺旋
32 立錐
33 庇
34 稜線
35 揺曳※
36 凌・陵
37 糊
38 海苔
39 些(瑣)事
40 匙(匕)
41 蒜
42 蛭
43 刺繍
44 屍臭・死臭

※35 揺曳…ゆらゆらとただようこと。

何回も出題されている最重要問題！

A 書き取り 4

制限時間15分

36点で合格

1回目　／44点

2回目　／44点

次の傍線部分の**カタカナ**を**漢字**で記せ。

1 **ケイツイ**を損傷する大怪我だ。
2 **ソウク**に鞭打って荷を運ぶ。
3 **シイ**にふけりながら時を過ごす。
4 **チョウタク**を極めた名文だ。
5 三者の**トモエ**戦で勝者を決める。
6 伝統の技で和紙を**ス**く。
7 砂糖と**ショウユ**で味をつける。
8 水害に備え**ドノウ**を積む。
9 日課の**タクハツ**に出かける。
10 摘んだ**ニラ**をお浸しにする。
11 **ホリュウ**の質で寝込みがちだ。
12 切り傷が**ウ**んでしまった。
13 他を**リョウガ**する実績がある。
14 備え付けの**クツベラ**を使う。
15 論説で社会を**ケイモウ**する。
16 僅かな希望も**ツイ**えた。
17 夕空が**アカネ**色に映える。
18 深山に分け入って木を**コ**る。

解答

1 頸椎
2 痩軀
3 思惟
4 彫（雕）琢
5 巴
6 漉・抄
7 醬油
8 土嚢
9 托鉢
10 韮
11 蒲柳※
12 膿
13 凌駕・陵駕
14 靴箆
15 啓蒙
16 潰・弊・費
17 茜
18 樵

※11 蒲柳の質…か弱く虚弱な体質。

19 池の**ヒゴイ**に餌をやる。
20 **ケイフン**は良質な肥料になる。
21 **キリン**は中国の霊獣の一種だ。
22 気候変動で**トウタ**が進む。
23 窓際の机で**ホオヅエ**をつく。
24 今年は**ウルウ**年に当たる。
25 **コウコウヤ**然として笑っている。
26 天然の**ニジマス**を釣り上げる。
27 民主主義の**ホウガ**といえる。
28 山に**カスミ**がたなびいている。
29 花が**アタカ**も吹雪のように散る。
30 大きな**カバン**を提げている。
31 電気釜で米を**カシ**ぐ。
32 弱者を**ヒゴ**するのは当然だ。
33 電柱がいくらか**カシ**いでいる。
34 **ケシ**粒ほどにしか見えない。
35 隣国との**チュウタイ**を強める。
36 **ホウバイ**の忠告が心に沁みた。
37 どこか服装が**アカヌ**けない。
38 公園の池でボートを**コ**ぐ。
39 国中を**セッケン**する人気だ。
40 **セッケン**して学費を貯める。
41 敵情視察に**セッコウ**を出す。
42 **セッコウ**で彫刻を作る。
43 安月給で**ココウ**を凌ぐ。
44 **ココウ**の臣と頼む部下だった。

---

19 緋鯉
20 鶏糞
21 麒麟・(騏驎)
22 淘汰
23 頬杖
24 閏
25 好好爺
26 虹鱒
27 萌芽
28 霞
29 恰・宛
30 鞄
31 炊(爨)
32 庇護
33 傾
34 芥子
35 紐帯
36 朋輩・傍輩
37 垢抜
38 漕
39 席巻・席捲
40 節倹
41 斥候
42 石膏
43 糊(餬)口※
44 股肱

※43 糊口を凌ぐ…かろうじて生計を立てる。

出る順 A

書き取り 5

何回も出題されている最重要問題！

制限時間15分

36点で合格

1回目　／44点

2回目　／44点

次の傍線部分の**カタカナ**を**漢字**で記せ。

□ 1 なかなか**ギキョウ**心が厚い。

□ 2 お祭りで**ミコシ**を担ぐ。

□ 3 部屋には桐の**タンス**があった。

□ 4 **ガン**による死亡率が高い。

□ 5 **サンサン**と太陽が降り注ぐ。

□ 6 洗い髪を**クシ**でとかす。

□ 7 **デンプン**質の摂取を控える。

□ 8 相手の境遇を**レンサツ**する。

□ 9 草原の一部が**クボ**んでいる。

□ 10 **コトナカ**れ主義が経営を蝕む。

□ 11 台所に立ち腕を**マク**る。

□ 12 **シャクネツ**の太陽が照りつける。

□ 13 組織の**シュカイ**と目される男だ。

□ 14 三党が**テイリツ**して争っている。

□ 15 なんとも**トボ**けた言い草だ。

□ 16 言い訳の**ジョウトウ**文句だ。

□ 17 そんな**オダ**てには乗らない。

□ 18 湿地で地盤が**ゼイジャク**だ。

解答

1 義侠
2 御輿・神輿
3 箪笥
4 癌
5 燦燦・（粲粲）
6 櫛（梳）
7 澱粉
8 憐察
9 窪・凹
10 事勿
11 捲
12 灼熱
13 首魁
14 鼎立※
15 惚（恍）
16 常套
17 煽・扇
18 脆弱

※14 鼎立…三者が対立すること。

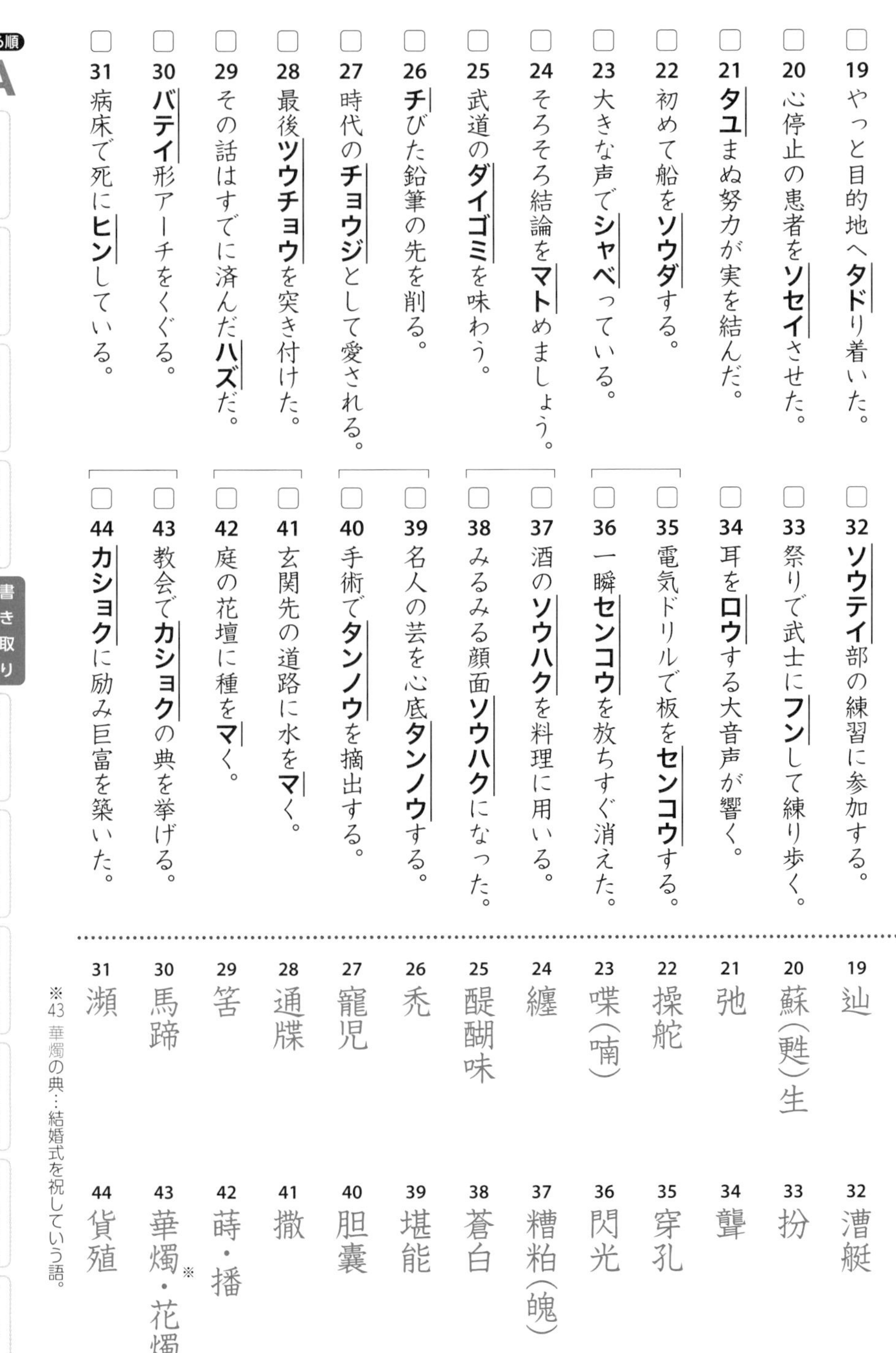

- [ ] 19 やっと目的地へ**タド**り着いた。
- [ ] 20 心停止の患者を**ソセイ**させた。
- [ ] 21 **タユ**まぬ努力が実を結んだ。
- [ ] 22 初めて船を**ソウダ**する。
- [ ] 23 大きな声で**シャベ**っている。
- [ ] 24 そろそろ結論を**マト**めましょう。
- [ ] 25 武道の**ダイゴミ**を味わう。
- [ ] 26 **チ**びた鉛筆の先を削る。
- [ ] 27 時代の**チョウジ**として愛される。
- [ ] 28 最後**ツウチョウ**を突き付けた。
- [ ] 29 その話はすでに済んだ**ハズ**だ。
- [ ] 30 **バテイ**形アーチをくぐる。
- [ ] 31 病床で死に**ヒン**している。

- [ ] 32 **ソウテイ**部の練習に参加する。
- [ ] 33 祭りで武士に**フン**して練り歩く。
- [ ] 34 耳を**ロウ**する大音声が響く。
- [ ] 35 電気ドリルで板を**センコウ**する。
- [ ] 36 一瞬**センコウ**を放ちすぐ消えた。
- [ ] 37 酒の**ソウハク**を料理に用いる。
- [ ] 38 みるみる顔面**ソウハク**になった。
- [ ] 39 名人の芸を心底**タンノウ**する。
- [ ] 40 手術で**タンノウ**を摘出する。
- [ ] 41 玄関先の道路に水を**マ**く。
- [ ] 42 庭の花壇に種を**マ**く。
- [ ] 43 教会で**カショク**の典を挙げる。
- [ ] 44 **カショク**に励み巨富を築いた。

---

19 辿
20 蘇(甦)生
21 弛
22 操舵
23 喋(喃)
24 纏
25 醍醐味
26 禿
27 寵児
28 通牒
29 筈
30 馬蹄
31 瀕

32 漕艇
33 扮
34 聾
35 穿孔
36 閃光
37 糟粕(魄)
38 蒼白
39 堪能
40 胆嚢
41 撒
42 蒔・播
43 華燭・花燭※
44 貨殖

※43 華燭の典…結婚式を祝していう語。

出る順 A

書き取り 6

何回も出題されている最重要問題！

制限時間15分

36点で合格

1回目 ／44点

2回目 ／44点

次の傍線部分の**カタカナ**を**漢字**で記せ。

1 大陸文化が**デンパ**してきた。

2 **ヒノキ**の風呂が宿の自慢だ。

3 **アンキョ**を通じて排水する。

4 家財がすっかり**ウユウ**に帰した。

5 湖畔に**シラカバ**の木が林立する。

6 現実離れした**ウエン**な計画だ。

7 いきなり主役に**バッテキ**された。

8 **ウンカ**の如き羽虫の大群が飛ぶ。

9 故障した船を**エイコウ**する。

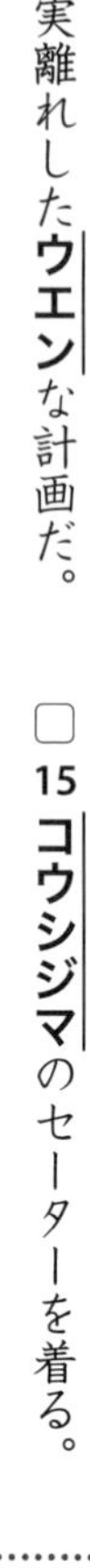

10 商売に成功する**ヒケツ**などない。

11 往時の**エイヨウ**栄華を偲ばせる。

12 衣服に波の**ヒマツ**がかかる。

13 勝者は誇らしげに**ガイセン**した。

14 **ビワ**の実の皮をむく。

15 **コウシジマ**のセーターを着る。

16 **カップク**の良い紳士が現れる。

17 泉のほとりに**ボダイジュ**が立つ。

18 宿敵に勝ち**リュウイン**を下げる。

解答

1 伝播

2 檜

3 暗渠

4 烏有

5 白樺

6 迂遠

7 抜擢

8 雲霞

9 曳航

10 秘訣

11 栄耀・栄曜（燿）

12 飛沫

13 凱旋

14 枇杷

15 格子縞

16 恰幅

17 菩提樹

18 溜飲※

※18 溜飲を下げる…不満を解消して気が晴れる。

19 経営陣の不祥事を**コト**する。
20 **アッケ**なく勝負がついた。
21 神経を**サカナ**でする言動だ。
22 改革の**キュウセンポウ**に立つ。
23 小学校で**キョウベン**を執る。
24 河川に**キョウリョウ**を建設する。
25 家業を**ナイガシ**ろにする。
26 いい**カネヅル**を摑んだものだ。
27 農業用地の**カンガイ**事業をする。
28 道路の渋滞に**イラ**だつ。
29 **ヤクジ**に親しむ日が続く。
30 兄が公金を**カイタイ**して逃げた。
31 寺社から神仏を**カンジョウ**する。

32 あまりの恐怖で肌が**アワダ**った。
33 野菜が**シナ**びてしまった。
34 故人の傍らで**ヨトギ**をする。
35 **アオイ**の紋を押し立てて進む。
36 孫に肩を**アンマ**してもらう。
37 **キンジュウ**の如き浅ましさだ。
38 **キンカイ**至極に存じ上げます。
39 契約書に署名**ナツイン**した。
40 **イソヅタ**いの悪路を進む。
41 道場では**ショウブ**の気風を尊ぶ。
42 **ショウブ**湯を楽しむ。
43 国民は核廃絶を**ショキ**している。
44 何とか**ショキ**の目的を達した。

19 糊塗
20 呆気
21 逆撫
22 急先鋒
23 教鞭
24 橋梁
25 蔑
26 金蔓
27 灌漑
28 苛
29 薬餌
30 拐帯
31 勧請

32 粟立
33 萎
34 夜伽
35 葵
36 按摩・案摩
37 禽獣
38 欣快
39 捺印
40 磯伝
41 尚武
42 菖蒲
43 庶幾※
44 所期

※43 庶幾…強く願うこと。

出る順 A

誤字訂正

何回も出題されている最重要問題！

制限時間20分

24点で合格

1回目　／30点

2回目　／30点

次の各文にまちがって使われている**同じ音訓の漢字が一字**ある。**上に誤字を、下に正しい漢字**を記せ。

1 勿論辺境の邑落に逆旅はなく渓谷の古寂びた湯治場に到留した。

2 粉塵や培煙の含有率は燃焼機関の改良の甲斐あって逓減した。

3 釜竈の火の粉が原因で壮麗な瓦藍を誇る巨刹が紅蓮の焔に包まれた。

4 甚だ晦渋を極める文章で率直にいうと危弁を弄しているに過ぎない。

5 早逝した閨秀作家が自らの心理の深淵に潜む葛闘を吐露した小説である。

6 街道に参差として櫛比する客亭の壁面に蜘蛛の巣のような気裂があった。

7 強甚な体軀で荒仕事も介意しないが、精神面は脆弱で胆力に欠ける。

8 錦獣は鳥獣の類で、雀や狸はもちろん、龍や麒麟なども含まれる。

9 劫火に焼かれた街は戦災で烏有に帰した索縛たる情景を想起させた。

10 虚実が綯い交ぜになって錯争してい る歴史の捕捉は殊のほか難しい。

11 敷物や壁掛けにも精緻な糸繡が施されている絢爛豪華な客間であった。

12 老舗料亭が設えた懐石膳で墨痕鮮やかな手好き紙のお品書きに驚いた。

解答

1 到→逗　逗留（とうりゅう）

2 培→煤　煤煙（ばいえん）

3 瓦→伽　伽藍（がらん）

4 危→詭　詭弁（きべん）

5 闘→藤　葛藤（かっとう）

6 気→亀　亀裂（きれつ）

7 甚→靱　強靱（きょうじん）

8 錦→禽　禽獣（きんじゅう）※

9 縛→莫・漠（寞）　索莫（さくばく）

10 争→綜　錯綜（さくそう）

11 糸→刺　刺繡（ししゅう）

12 好→漉・抄　手漉き（てすき）

※8 禽獣…鳥とけだもの。鳥獣。

□ 13 震災、原発事故で閉塞感の蔓延した国に漸く復興の初光が射した。

□ 14 世間の猥雑さに塗れていない清疎な儘の妃殿下の御光臨の栄を賜った。

□ 15 疾風怒騰の革命の時代、数奇な運命に玩ばれた玲瓏な詩人の物語だ。

□ 16 海賊版の煩濫する昨今、著作権についての意識の懸隔が大きい。

□ 17 浮頭から遥か水平線を眺望すると紺碧の海を滑走する帆船が見えた。

□ 18 機略縦横の戦法に奔弄されたが天佑神助の嵐が敵艦隊を沈没させた。

□ 19 ご萱堂の突然の訃報に接し衷心よりご冥服をお祈りいたします。

□ 20 夜の帳の中、街路樹に羅旋状に巻きついた電飾が燦然と輝いている。

□ 21 管漑用水の溝渠に付設した堀割に餌を撒いて水底の魚を誘き寄せる。

□ 22 皇族の後胤を詐称するような徒轍もない大法螺に騙される人もいる。

□ 23 孤軍奮闘を続ける難攻不落の城砦は砲弾の直撃にも持ち応えた。

□ 24 呪術祈禱を能くし修験道の祖とされる役行者は反逆の角で流された。

□ 25 権力に阿らず歯に絹着せぬ弁舌で鳴る批評家が不当に逮捕された。

□ 26 白鳳美術の極彩色壁画を熟練の技術で壁面から貼ぎ取り修復する。

□ 27 争奪戦の趨勢を読む大尉の慧眼に部隊は嫌が上にも盛り上がった。

□ 28 成長率では既に後陣を拝している新興諸国との紐帯を強化すべきだ。

□ 29 天然の傾斜地に築かれた赤煉瓦造りの登り釜で陶器が焼かれる。

□ 30 実に荒唐無稽な着想に旦を発した計画が瓢箪から駒で具現化した。

---

13 初→曙　曙光（しょこう）

14 疎→楚　清楚（せいそ）

15 騰→濤　怒濤（どとう）

16 煩→氾・汎　氾濫（はんらん）

17 浮→埠　埠頭（ふとう）

18 奔→翻　翻弄（ほんろう）

19 服→福　冥福（めいふく）

20 羅→螺　螺旋（らせん）

21 管→灌　灌漑（かんがい）

22 徒→途　途轍（とてつ）

23 応→堪　堪（こた）え

24 角→廉　廉（かど）

25 絹→衣　衣（きぬ）

26 貼→剝　剝（は）ぐ

27 嫌→弥　弥（いや）が上（うえ）

28 陣→塵　後塵（こうじん）※

29 釜→窯　窯（かま）

30 旦→端　端（たん）

※28 後塵を拝する…他人に先んじられる。

出る順 **A** 何回も出題されている最重要問題！

四字熟語・書き 1

制限時間15分

20点で合格

1回目 ／24点

2回目 ／24点

次の四字熟語の（　）に入る適切な語を後の□から選び、**漢字二字**で記せ。

□ 1 （　　）蜜語

□ 2 （　　）附会

□ 3 （　　）猛進

□ 4 （　　）凝議

□ 5 （　　）万里

□ 6 （　　）一触

□ 7 （　　）準縄

□ 8 虚心（　　）

□ 9 （　　）重来

□ 10 長汀（　　）

てんげん・ほうてい・がいしゅう・きく
たんかい・けんきょう・ちょとつ・けんど
きゅうしゅ・きょくほ

解答と四字熟語の意味

1 甜言蜜語（てんげんみつご）
蜜のように甘い言葉。人にへつらい誘惑するようなうまい話。

2 牽強附会（けんきょうふかい）
自分に都合のよいように、無理な理屈をこじつけること。

3 猪突猛進（ちょとつもうしん）
目的に向かってがむしゃらに突き進むこと。猪のように突進する意。

4 鳩首凝議（きゅうしゅぎょうぎ）
額を寄せ集めて、熱心に協議すること。「鳩首」は頭を集めること。

5 鵬程万里（ほうていばんり）
遠い道のりのたとえ。海の広がりや前途が開けていることの形容。

6 鎧袖一触（がいしゅういっしょく）
相手をたやすく打ち負かすたとえ。「鎧袖」は鎧の袖。

7 規矩準縄（きくじゅんじょう）
物事、行動の基準や標準になるもののこと。

8 虚心坦懐（きょしんたんかい）
心にわだかまりや偏見がなく、おおらかでさっぱりしていること。

9 捲土重来（けんどちょうらい）
巻土
一度敗れた者が、再び勢いを取り戻して巻き返すこと。

10 長汀曲浦（ちょうていきょくほ）
はるか遠くまで続く海岸線。長く続くなぎさと起伏に富んだ入り江。

□ 11 （　　）神助

□ 12 不倶（　　）

□ 13 （　　）同時

□ 14 （　　）錦繍

□ 15 （　　）雀躍

□ 16 （　　）奮迅

□ 17 （　　）転生

□ 18 （　　）昇天

□ 19 （　　）走牛

□ 20 （　　）妖怪

□ 21 自家（　　）

□ 22 前途（　　）

□ 23 沈魚（　　）

□ 24 焚書（　　）

> きんき・そったく・てんゆう・こうじゅ
> しし・どうちゃく・ぶんぼう・りんね・こり
> らくがん・りょうえん・りょうら・たいてん
> きょくじつ

---

11 天佑神助（てんゆうしんじょ）　天祐
天の助け。思わぬ偶然に助けられること。

12 不倶戴天（ふぐたいてん）
ともに生きてはいられないほど激しく相手を恨むこと。

13 啐啄同時（そったくどうじ）
悟りの好機に師が弟子を導くこと。雛が殻を内から、母鳥が外から同時につつく意。

14 綾羅錦繍（りょうらきんしゅう）
美しい衣服、装い。「綾、羅、錦、繍」はいずれも美しい布。

15 欣喜雀躍（きんきじゃくやく）
雀が飛び跳ねるように大喜びする様子。

16 獅子奮迅（ししふんじん）
猛烈な勢い。また、その様子。

17 輪廻転生（りんねてんしょう）
別の人間や生物などの肉体に生まれ変わって生死を繰り返すこと。

18 旭日昇天（きょくじつしょうてん）
勢いが非常に盛んな様子。「旭日」は朝日。「昇天」は空に昇ること。

19 蚊虻走牛（ぶんぼうそうぎゅう）
小が大を制するたとえ。小さな原因が大事件につながること。

20 狐狸妖怪（こりようかい）
人をだましたり、恐れさせたりする化け物。ひそかに悪事を働く者。

21 自家撞着（じかどうちゃく）　撞著
同じ人の言動や文章が、前と後とで矛盾していること。

22 前途遼遠（ぜんとりょうえん）
今後の道のりがはるかに遠いこと。

23 沈魚落雁（ちんぎょらくがん）
絶世の美女。魚は恥じて沈み隠れ、雁は見とれて落ちるほどの美女。

24 焚書坑儒（ふんしょこうじゅ）
思想や言論に対する弾圧。書物を焼き、儒学者を穴埋めにする意。

出る順 A

四字熟語・書き 2

何回も出題されている最重要問題！

制限時間15分

20点で合格

1回目 /24点

2回目 /24点

次の四字熟語の（　）に入る適切な語を後の□から選び、**漢字二字**で記せ。

□ 1 （　　）夢幻

□ 2 （　　）叫喚

□ 3 （　　）嘗胆

□ 4 （　　）喪志

□ 5 紫電（　　）

□ 6 （　　）狼狽

□ 7 魚目（　　）

□ 8 曲学（　　）

□ 9 君子（　　）

□ 10 鶏鳴（　　）

ほうまつ・しゅうしょう・えんせき・あび
がしん・くとう・いっせん・ひょうへん
あせい・がんぶつ

解答と四字熟語の意味

1 泡沫夢幻（ほうまつむげん） 人生のはかないことのたとえ。

2 阿鼻叫喚（あびきょうかん） 悲惨でむごたらしいさま。「阿鼻」「叫喚」ともに仏教上の地獄。

3 臥薪嘗胆（がしんしょうたん） 成功を期して、長く苦難を耐え忍ぶこと。

4 玩物喪志（がんぶつそうし） 無用で珍奇なものに熱中して本来の志や本業を疎かにすること。

5 紫電一閃（しでんいっせん） 刀のひと振りでひらめく光。あっという間。急激な変化のたとえ。

6 周章狼狽（しゅうしょうろうばい） 非常に慌てること。「周章」「狼狽」ともに慌てふためくこと。

7 魚目燕石（ぎょもくえんせき） 外観は似ているが本物と違って価値のないもの。まぎらわしい偽物。

8 曲学阿世（きょくがくあせい） 学問の真理を曲げて、権力や時流にこびへつらうこと。

9 君子豹変（くんしひょうへん） 考えや態度をすぐ変えること。本来は君子は過失をすぐ改める意。

10 鶏鳴狗盗（けいめいくとう） くだらない技能や芸を持つ人。小賢しい策を弄する人。

11 甲論（　　）
12 膏火（　　）
13 四面（　　）
14 疾風（　　）
15 清濁（　　）
16 赤手（　　）
17 （　　）美俗
18 情緒（　　）
19 天神（　　）
20 （　　）断機
21 （　　）迎合
22 街談（　　）
23 気息（　　）
24 （　　）一律

おつばく・じせん・こうご・ちぎ・せんぺん
もうぼ・えんえん・てんめん・そか・どとう
へいどん・くうけん・じゅんぷう・あふ

11 甲論乙駁（こうろんおつばく）
互いがあれこれと論じ合い、意見がまとまらないこと。

12 膏火自煎（こうかじせん）
才能や財産があるために、かえって災いを招くこと。

13 四面楚歌（しめんそか）
敵や反対者に囲まれて、味方のない様子。孤立無援の状況。

14 疾風怒濤（しっぷうどとう）
時代や社会状況が、激しく変化することのたとえ。

15 清濁併呑（せいだくへいどん）
善悪の分け隔てなく、すべて受け入れること。度量の広いさま。

16 赤手空拳（せきしゅくうけん）
助けを借りずに自力で物事を行うこと。武器もなく立ち向かうこと。

17 醇風美俗（じゅんぷうびぞく）淳風
人情に厚く、美しく好ましい風俗や習慣。

18 情緒纏綿（じょうしょ〔ちょ〕てんめん）
情愛や情感が、いつまでも心から離れないこと。

19 天神地祇（てんしん〔じん〕ちぎ）
天地の全ての神々。天の神と地の神。

20 孟母断機（もうぼだんき）
途中で放り出してはいけないという戒め。主に学業についていう。

21 阿附迎合（あふげいごう）阿付
相手に受け入れられようと、こびへつらうこと。

22 街談巷語（がいだんこうご）
世間のいい加減な評判。「街談」も「巷語」も街のうわさ。

23 気息奄奄（きそくえんえん）奄々
息も絶え絶えで、今にも死にそうなさま。

24 千篇一律（せんぺんいちりつ）千編
どれも一様で、代わり映えも面白味もないこと。

出る順 A

四字熟語・書き ❸

何回も出題されている最重要問題！

制限時間15分

20点で合格

1回目　／24点

2回目　／24点

次の四字熟語の（　）に入る適切な語を後の□から選び、**漢字二字**で記せ。

□ 1 長身（　　）
□ 2 道聴（　　）
□ 3 抜山（　　）
□ 4 眉目（　　）
□ 5 容貌（　　）
□ 6 （　　）櫛比
□ 7 筆耕（　　）
□ 8 百尺（　　）
□ 9 （　　）身命
□ 10 暮色（　　）

りんじ・がいせい・とせつ・けんでん
しゅうれい・かいい・ふしゃく・そうぜん
かんとう・そうく

解答と四字熟語の意味

1 長身痩軀（ちょうしんそうく）
背が高く痩せていること。

2 道聴塗説（どうちょうとせつ）
聞きかじった中途半端な学問。知ったかぶりの受け売り話をすること。

3 抜山蓋世（ばつざんがいせい）
気力にあふれ威勢がよいこと。山を引き抜き、世を蓋い尽くす力。

4 眉目秀麗（びもくしゅうれい）
美しく整った顔立ち。「眉目」は眉と目。「秀麗」は秀でて美しい様子。

5 容貌魁偉（ようぼうかいい）
顔立ち、体格が大きく、立派で堂々としているさま。

6 鱗次櫛比（りんじしっぴ）
魚の鱗や櫛の歯のように、整然と並ぶこと。「次」「比」は並ぶ意。

7 筆耕硯田（ひっこうけんでん）
文筆で生計をたてること。硯を農夫の田に見立て、筆で耕す意。

8 百尺竿頭（ひゃくせきかんとう）
最高の境地。百尺の竿の先端。「百尺竿頭一歩を進む」の形で用いることが多い。

9 不惜身命（ふしゃくしんみょう）
わが身をかえりみず、命がけで物事に当たること。

10 暮色蒼然（ぼしょくそうぜん）
夕暮れ時に辺りが徐々に薄暗くなっていく様子。

11 一顧（　　）
12 温柔（　　）
13 尭風（　　）
14 純真（　　）
15 張三（　　）
16 笑面（　　）
17 全豹（　　）
18 （　　）落飾
19 （　　）再拝
20 （　　）絶倒
21 亡羊（　　）
22 和光（　　）
23 （　　）瓢飲
24 意気（　　）

ほろう・いっぱん・どうじん・とんしゅ
けんこう・けいせい・ほうふく・しゅんう
むく・りし・とんこう・やしゃ・たんし
ていはつ

11 一顧傾城（いっこけいせい）
絶世の美女。君主が夢中になって国が傾くほどの美女。

12 温柔敦厚（おんじゅうとんこう）
惇厚
穏やかでやさしく、情が深いこと。

13 尭風舜雨（ぎょうふうしゅんう）
天下太平の世の意。「尭」と「舜」は、二人とも古代中国の伝説の聖天子。

14 純真無垢（じゅんしんむく）
心が純粋で汚れがないこと。

15 張三李四（ちょうさんりし）
ありふれた人物、平凡な人。張家の三男と李家の四男の意。

16 笑面夜叉（しょうめんやしゃ）
表面は笑顔だが、心に夜叉のような害意があること。

17 全豹一斑（ぜんぴょういっぱん）
一部（豹の斑点の一つ）だけを見て全体（豹全体）を判断すること。

18 剃髪落飾（ていはつらくしょく）
薙（剔）髪
頭髪を剃り出家すること。「落飾」は身分の高い人が仏門に入る意。

19 頓首再拝（とんしゅさいはい）
頭を深く下げてお辞儀をすること。手紙の末尾に書く敬意を示す語。

20 捧腹絶倒（ほうふくぜっとう）
抱腹
腹をかかえて大笑いする様子。

21 亡羊補牢（ぼうようほろう）
失敗した後で改善を図ること。羊が逃げた後で囲いを修繕する意。

22 和光同塵（わこうどうじん）
才知を隠して俗世で目立たないように暮らすこと。

23 箪食瓢飲（たんしひょういん）
質素な食事。「箪食」はわりご（竹器）一杯の飯。「瓢飲」はひさご（瓢箪の器）一杯の汁。

24 意気軒昂（いきけんこう）
気力にあふれて、意気盛んなさま。「軒」「昂」はともに高く上がること。

出る順 A

四字熟語・書き 4

何回も出題されている最重要問題！

制限時間15分

20点で合格

1回目

／24点

2回目

／24点

次の四字熟語の（　）に入る適切な語を後の□から選び、**漢字二字**で記せ。

□ 1 （　　）西望
□ 2 徒手（　　）
□ 3 泰山（　　）
□ 4 （　　）社鼠
□ 5 （　　）玉杯
□ 6 （　　）墨守
□ 7 （　　）定規
□ 8 （　　）興亡
□ 9 （　　）奇抜
□ 10 鼓腹（　　）

しゃくし・きゅうとう・じょうこ・ぞうちょ
こうもう・くうけん・とうき・げきじょう
ざんしん・ちらん

解答と四字熟語の意味

1 東窺西望（とうきせいぼう）
きょろきょろと周囲を見回し、落ち着きのない様子。

2 徒手空拳（としゅくうけん）
頼るものが何もないこと。自分だけで物事を始めるときなどにいう。

3 泰山鴻毛（たいざんこうもう）
軽重の差が激しいこと。意義ある死とそうでない死があるという意。

4 城狐社鼠（じょうこしゃそ）
君主のそばで悪事を働く家臣のたとえ。城の狐と神社の鼠。

5 象箸玉杯（ぞうちょぎょくはい）
贅沢な飲食や暮らし。「象箸」は象牙の箸。「玉杯」は玉の杯。

6 旧套墨守（きゅうとうぼくしゅ）
古くからの習慣、方法をかたくなに守って改めないこと。

7 杓子定規（しゃくしじょうぎ）
一つの基準を適用しようとして、応用や融通がきかないこと。

8 治乱興亡（ちらんこうぼう）
国が治まり栄えることと、乱れて滅びること。世の中が変転するさま。

9 斬新奇抜（ざんしんきばつ）
着想が独特で新鮮な驚きを感じさせること。新奇で風変わり。

10 鼓腹撃壌（こふくげきじょう）
太平の世のたとえ。善政によって、人民が満ち足りて暮らしていること。

11 古色（　　　）（　　　）
12 経世（　　　）（　　　）
13 （　　　）玉兎
14 （　　　）浄土
15 （　　　）雲客
16 （　　　）進退
17 吉日（　　　）（　　　）

18 加持（　　　）（　　　）
19 （　　　）章草
20 （　　　）栄華
21 門前（　　　）（　　　）
22 （　　　）托生
23 （　　　）浮木
24 一目（　　　）（　　　）

りょうしん・きょそ・さいみん・じゃくら
りょうぜん・きんう・きとう・ろぎょ
ごんぐ・けいしょう・えいよう・いちれん
そうぜん・もうき

---

11 古色蒼然（こしょくそうぜん）
ひどく古びたさま。古めかしい風情のあるさま。

12 経世済民（けいせいさいみん）
世の中をよく治めて、人民を苦しみから救うこと。

13 金烏玉兎（きんうぎょくと）
中国の伝説で、太陽(日)と月。歳月、時間のこと。略して烏兎ともいう。

14 欣求浄土（ごんぐじょうど）
死後、極楽浄土に往生できるようにと心から願い求めること。

15 卿相雲客（けいしょううんかく）
公卿や殿上人。また、高位高官。身分の高い人。月卿(げっけい)雲客。

16 挙措進退（きょそしんたい）
日常の立ち居振る舞い。身のこなし。

17 吉日良辰（きちじつりょうしん）
縁起のよい日。「吉日」「良辰」はいずれもよい日、めでたい日。

18 加持祈禱（かじきとう）
災難除去などの願いがかなうよう神仏に祈ること。真言密教の言葉。

19 魯魚章草（ろぎょしょうそう）
書き誤りやすい文字のこと。

20 栄耀栄華（えいようえいが）
栄曜（燿）
富や権力を得て栄えること。また、贅沢を尽くした暮らしをすること。

21 門前雀羅（もんぜんじゃくら）
訪問する人もなく、ひっそりしていることのたとえ。

22 一蓮托生（いちれんたくしょう）
行動や運命をともにすること。「蓮」は蓮の花。「托」は身をよせる意。

23 盲亀浮木（もうきふぼく）
めったに出会えないことのたとえ。

24 一目瞭然（いちもくりょうぜん）
了然
ちょっと見ただけで、はっきりと明らかなこと。

出る順 A

四字熟語・書き 5

何回も出題されている最重要問題！

制限時間15分
20点で合格
1回目 /24点
2回目 /24点

次の四字熟語の（　）に入る適切な語を後の□から選び、**漢字二字**で記せ。

1 （　　）三遷（　　）
2 （　　）万頃
3 矛盾（　　）
4 一張（　　）
5 蓬頭（　　）
6 一虚（　　）
7 抜本（　　）
8 （　　）果断
9 （　　）以徳
10 行住（　　）

いっし・ほうえん・どうちゃく・こうめん
もうぼ・いっぺき・ごうき・いちえい・ざが
そくげん

解答と四字熟語の意味

1 孟母三遷（もうぼさんせん）　子どもの教育には、環境が大切であるたとえ。
2 一碧万頃（いっぺきばんけい）　海原や湖面が、かなたまで広がる様子。
3 矛盾撞着（むじゅんどうちゃく）　理屈に合わないこと。前後のつじつまが合わないこと。　撞著
4 一張一弛（いっちょういっし）　人に厳しく接したり寛大に接したりすること。弓の弦の張り具合から。
5 蓬頭垢面（ほうとうこうめん）　身だしなみに無頓着で汚いさま。蓬のように乱れた髪と垢で汚れた顔。
6 一虚一盈（いっきょいちえい）　一定の形を保つことなく、測りがたいことのたとえ。
7 抜本塞源（ばっぽんそくげん）　災いの原因を除く意。「抜本」は木の根を抜く。「塞源」は水源を塞ぐ。
8 豪毅果断（ごうきかだん）　意志が強くて、思い切りよく物事を行うこと。　剛毅
9 報怨以徳（ほうえんいとく）　怨みをもつ人に愛情をもって接し、恩恵を与えること。
10 行住坐臥（ぎょうじゅうざが）　日常の立ち居振る舞いのこと。ふだん、日常。　座臥

□ 11 伏竜（　　）（　　）

□ 12 紅毛（　　）（　　）

□ 13 （　　）露宿

□ 14 （　　）忠信

□ 15 不失（　　）（　　）

□ 16 （　　）相制

□ 17 美酒（　　）（　　）

□ 18 牽衣（　　）（　　）

□ 19 （　　）協議

□ 20 （　　）大呂

□ 21 麦秀（　　）（　　）

□ 22 金剛（　　）（　　）

□ 23 白兎（　　）（　　）

□ 24 （　　）規矩

せいこく・せきう・けんが・かこう・ふえ
とんそく・ほうすう・へきがん・ふうさん
きゅうしゅ・きゅうてい・こうてい・しょり
こうじょう

11 伏竜鳳雛（ふくりょうほうすう）
世に隠れている英雄。機会に恵まれず、才能を発揮できない者。

12 紅毛碧眼（こうもうへきがん）
西洋人のこと。「紅毛」は赤い毛髪。「碧眼」は青い眼。

13 風餐露宿（ふうさんろしゅく）
野宿をすること。また、困難な旅のこと。

14 孝悌忠信（こうていちゅうしん）
目上の人に対して、真心を尽くしてよく仕えること。

15 不失正鵠（ふしつせいこく）
要点や急所を正確にとらえること。

16 犬牙相制（けんがそうせい）
国境が複雑に入り組んだ国同士が互いに牽制し合うこと。

17 美酒嘉肴（びしゅかこう）
たいへんなごちそう。非常に上等な食事やもてなしの酒食。

佳肴

18 牽衣頓足（けんいとんそく）
別れを惜しむ様子。出征する人の服にすがり、足をばたつかせて悲しむ意。

19 鳩首協議（きゅうしゅきょうぎ）
額を寄せ集めて、熱心に協議すること。

20 九鼎大呂（きゅうていたいりょ）
貴重な物品。重要な地位や名声。「九鼎」「大呂」は貴重な宝物。

21 麦秀黍離（ばくしゅうしょり）
祖国の滅亡を悲しむこと。「秀」は伸びる意。「黍離」は黍が茂るさま。

22 金剛不壊（こんごうふえ）
非常に堅固で壊れないこと。また、意志をかたく持ち、変えないこと。

23 白兎赤烏（はくとせきう）
月日、時間。中国の伝説で月にすむ白い兎と太陽にすむ三本足の烏。

24 鉤縄規矩（こうじょうきく）
物事の法則や基準になるもの。

出る順 A

四字熟語・書き 6

何回も出題されている最重要問題！

制限時間15分

20点で合格

1回目 /24点

2回目 /24点

次の四字熟語の（　）に入る適切な語を後の□から選び、**漢字二字**で記せ。

1 （　　）力行

2 拍手（　　）

3 （　　）羨魚

4 玉砕（　　）

5 （　　）魚躍

6 （　　）択木

7 魚網（　　）

8 （　　）満門

9 竜章（　　）

10 閑雲（　　）

えんぴ・がぜん・りんえん・かっさい
きんけん・りょうきん・やかく・こうり
ほうし・とうり

解答と四字熟語の意味

1 勤倹力行（きんけんりっこう）
よく働き、倹約につとめ、精一杯努力すること。

2 拍手喝采（はくしゅかっさい）
手をたたき歓声を上げて大いにほめそやすこと。

3 臨淵羨魚（りんえんせんぎょ）
望みをかなえるためには、適切な手段が必要だというたとえ。

4 玉砕瓦全（ぎょくさいがぜん）
名誉のために潔く死ぬことと、平凡に生き長らえること。

5 鳶飛魚躍（えんぴぎょやく）
万物が自然の本性のまま自由に生を楽しむこと。太平の世のたとえ。

6 良禽択木（りょうきんたくぼく）
賢者は仕える主君を選ぶというたとえ。「良禽」は賢い鳥。

7 魚網鴻離（ぎょもうこうり）
求めるものが得られず、求めていないものが得られるたとえ。

8 桃李満門（とうりまんもん）
優秀な人材が一門に集まること。桃や李が門に満ちる意。

9 竜章鳳姿（りょうしょうほうし）
威厳に満ちた、気高く立派な容姿。「章」は模様。

10 閑雲野鶴（かんうんやかく）
俗世を離れて自由に暮らすこと。隠士の心境のたとえ。

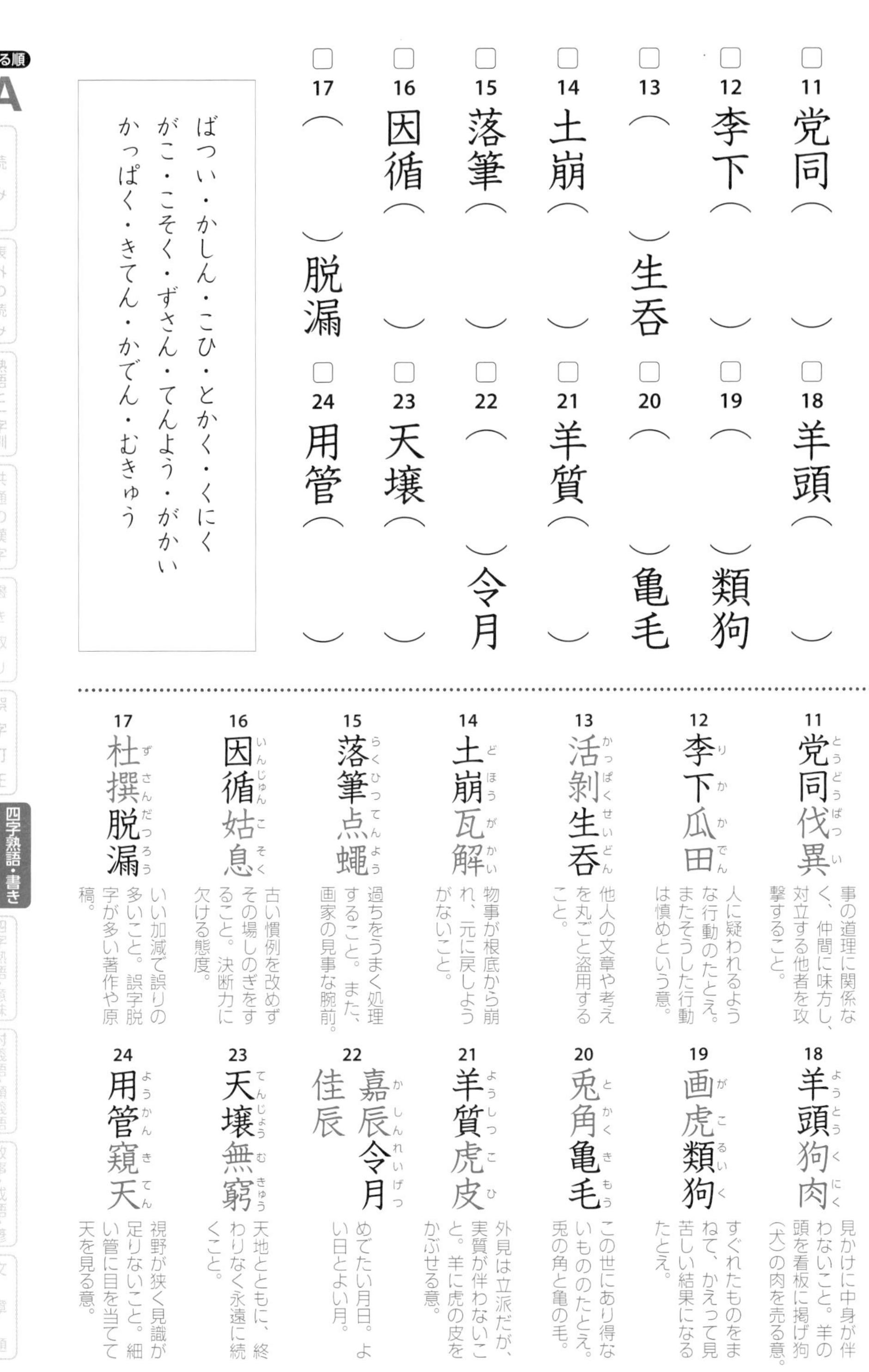

11 党同（　　）
12 李下（　　）
13 （　　）生呑
14 土崩（　　）
15 落筆（　　）
16 因循（　　）
17 （　　）脱漏
18 羊頭（　　）
19 （　　）類狗
20 （　　）亀毛
21 羊質（　　）
22 （　　）令月
23 天壌（　　）
24 用管（　　）

ばつい・かしん・こひ・とかく・くにく
がこ・こそく・ずさん・てんよう・がかい
かっぱく・きてん・かでん・むきゅう

11 党同伐異（とうどうばつい）
事の道理に関係なく、仲間に味方し、対立する他者を攻撃すること。

12 李下瓜田（りかかでん）
人に疑われるような行動のたとえ。またそうした行動は慎めという意。

13 活剝生呑（かっぱくせいどん）
他人の文章や考えを丸ごと盗用すること。

14 土崩瓦解（どほうがかい）
物事が根底から崩れ、元に戻しようがないこと。

15 落筆点蠅（らくひつてんよう）
過ちをうまく処理すること。また、画家の見事な腕前。

16 因循姑息（いんじゅんこそく）
古い慣例を改めずその場しのぎをすること。決断力に欠ける態度。

17 杜撰脱漏（ずさんだつろう）
いい加減で誤りの多いこと。誤字脱字が多い著作や原稿。

18 羊頭狗肉（ようとうくにく）
見かけに中身が伴わないこと。羊の頭を看板に掲げ狗（犬）の肉を売る意。

19 画虎類狗（がこるいく）
すぐれたものをまねて、かえって見苦しい結果になるたとえ。

20 兎角亀毛（とかくきもう）
この世にあり得ないもののたとえ。兎の角と亀の毛。

21 羊質虎皮（ようしつこひ）
外見は立派だが、実質が伴わないこと。羊に虎の皮をかぶせる意。

22 嘉辰令月（かしんれいげつ）
佳辰
めでたい月日。よい日とよい月。

23 天壌無窮（てんじょうむきゅう）
天地とともに、終わりなく永遠に続くこと。

24 用管窺天（ようかんきてん）
視野が狭く見識が足りないこと。細い管に目を当てて天を見る意。

出る順 **A**

四字熟語・意味

何回も出題されている最重要問題！

制限時間15分

22点で合格

1回目　／27点

2回目　／27点

次の**解説・意味**にあてはまる四字熟語を下の□から選び、その**傍線部分だけの読み**を**ひらがな**で記せ。

□ **1** 行動、運命を共にすること。

□ **2** 無理にこじつけること。

□ **3** 非常に短い時間。

□ **4** つまらない人物がはびこるたとえ。

□ **5** 美人の形容。

□ **6** 人を喜ばせる言葉。

□ **7** 亡国（祖国の滅亡）の嘆き。

□ **8** 空しい望みを抱くたとえ。

□ **9** 勢いが非常に盛んな様子。

□ **10** 友人を思う情が切実なこと。

□ **11** つまらぬ物でも役に立つことがある。

【1～11の選択肢】

沈魚落雁　牽強附会　紫電一閃　朝蠅暮蚊　屋梁落月　甜言蜜語　麦秀黍離

臨淵羨魚　旭日昇天　一蓮托生　竹頭木屑

解答　▼は全体の読み

1 たくしょう　▼いちれんたくしょう

2 けんきょう　▼けんきょうふかい

3 いっせん　▼しでんいっせん

4 ちょうよう　▼ちょうようぼぶん

5 らくがん　▼ちんぎょらくがん

6 てんげん　▼てんげんみつご

7 しょり　▼ばくしゅうしょり

8 せんぎょ　▼りんえんせんぎょ

9 きょくじつ　▼きょくじつしょうてん

10 おくりょう　▼おくりょうらくげつ

11 ぼくせつ　▼ちくとうぼくせつ

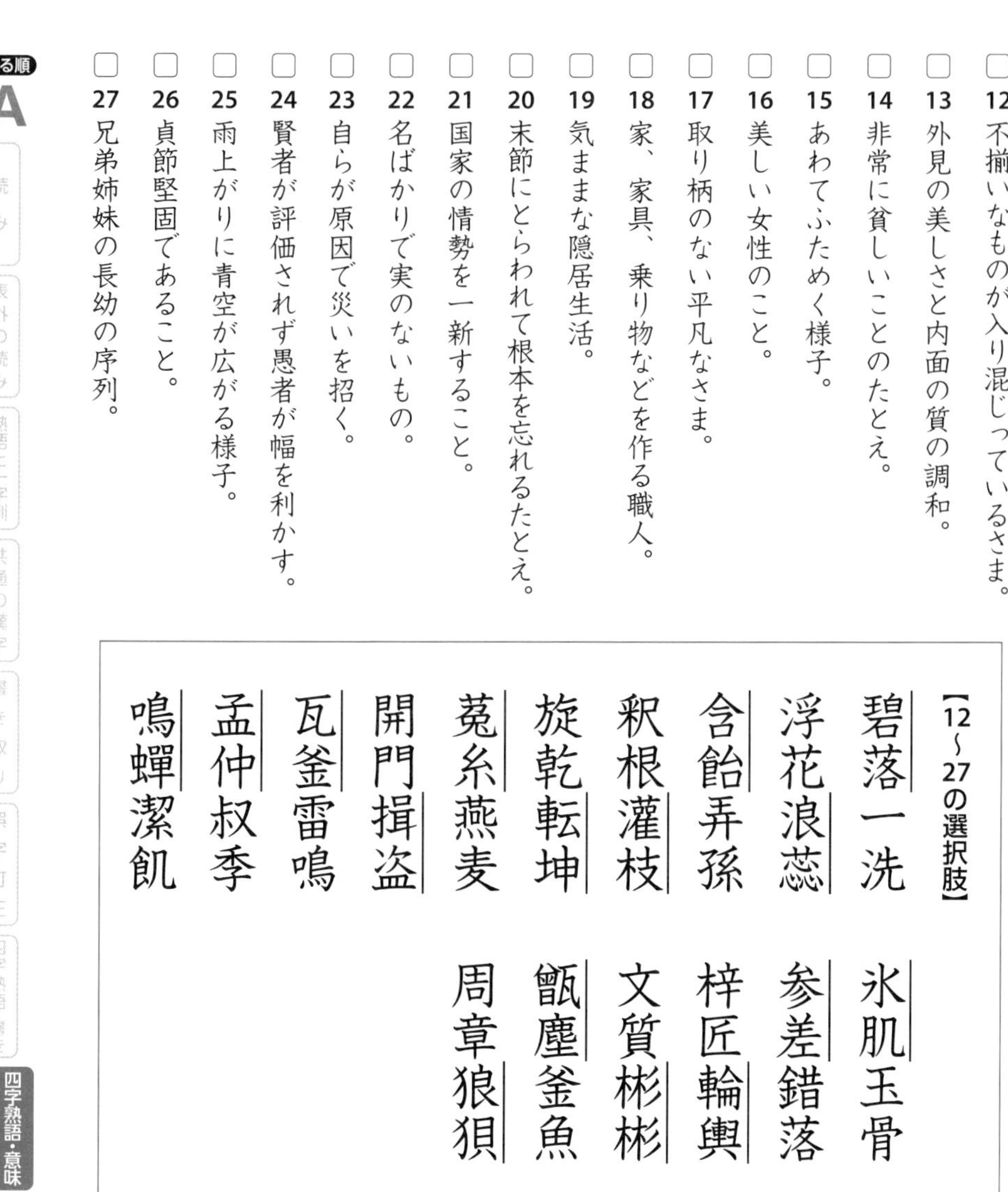

12 不揃いなものが入り混じっているさま。
13 外見の美しさと内面の質の調和。
14 非常に貧しいことのたとえ。
15 あわてふためく様子。
16 美しい女性のこと。
17 取り柄のない平凡なさま。
18 家、家具、乗り物などを作る職人。
19 気ままな隠居生活。
20 末節にとらわれて根本を忘れるたとえ。
21 国家の情勢を一新すること。
22 名ばかりで実のないもの。
23 自らが原因で災いを招く。
24 賢者が評価されず愚者が幅を利かす。
25 雨上がりに青空が広がる様子。
26 貞節堅固であること。
27 兄弟姉妹の長幼の序列。

【12～27の選択肢】

碧落一洗　氷肌玉骨
浮花浪蕊　参差錯落
含飴弄孫　梓匠輪輿
釈根灌枝　文質彬彬
旋乾転坤　甑塵釜魚
菟糸燕麦　周章狼狽
開門揖盗
瓦釜雷鳴
孟仲叔季
鳴蟬潔飢

12 しんし ▼しんしさくらく
13 ひんぴん ▼ぶんしつひんぴん
14 そうじん ▼そうじんふぎょ
15 ろうばい ▼しゅうしょうろうばい
16 ひょうき ▼ひょうきぎょっこつ
17 ろうずい ▼ふかろうずい
18 りんよ ▼ししょうりんよ
19 がんい ▼がんいろうそん
20 かんし ▼しゃくこんかんし
21 てんこん ▼せんけんてんこん
22 とし ▼としえんばく
23 ゆうとう ▼かいもんゆうとう
24 がふ ▼がふらいめい
25 へきらく ▼へきらくいっせん
26 めいせん ▼めいせんけっき
27 もうちゅう ▼もうちゅうしゅくき

出る順 A

対義語・類義語 1

何回も出題されている最重要問題！

制限時間20分

39点で合格

1回目 ／48点

2回目 ／48点

次の**対義語**、**類義語**を□の中から選び、**漢字**で記せ。□の中の語は一度だけ使うこと。

対義語

- □ 1 頑丈
- □ 2 進取
- □ 3 緊張
- □ 4 中枢
- □ 5 憂慮
- □ 6 得度
- □ 7 停頓
- □ 8 凝視
- □ 9 尊崇
- □ 10 繁栄

ぼうとく　あんど　まっしょう　ぜいじゃく　しんちょく　ちょうらく　たいえい　しかん　げんぞく　べっけん

類義語

- □ 11 経緯
- □ 12 遭遇
- □ 13 固執
- □ 14 誘発
- □ 15 選出
- □ 16 出版
- □ 17 滞在
- □ 18 軽率
- □ 19 朝暮
- □ 20 碇泊

こうでい　じゃっき　じょうし　ほうちゃく　とうびょう　たんせき　ばってき　てんまつ　とうりゅう　そこつ

解答

1 頑丈（がんじょう）↔脆弱（ぜいじゃく）
2 進取（しんしゅ）↔退嬰（たいえい）
3 緊張（きんちょう）↔弛緩（しかん）
4 中枢（ちゅうすう）↔末梢（まっしょう）
5 憂慮（ゆうりょ）↔安堵（あんど）・案堵（あんど）
6 得度（とくど）↔還俗（げんぞく）※
7 停頓（ていとん）↔進捗（しんちょく）（陟（ちょく））
8 凝視（ぎょうし）↔瞥見（べっけん）※
9 尊崇（そんすう）↔冒瀆（ぼうとく）
10 繁栄（はんえい）↔凋落（ちょうらく）・彫落（ちょうらく）

11 経緯（けいい）＝顛末（てんまつ）
12 遭遇（そうぐう）＝逢着（ほうちゃく）・逢著（ほうちゃく）
13 固執（こしゅう）＝拘泥（こうでい）
14 誘発（ゆうはつ）＝惹起（じゃっき）
15 選出（せんしゅつ）＝抜擢（ばってき）
16 出版（しゅっぱん）＝上梓（じょうし）
17 滞在（たいざい）＝逗留（とうりゅう）
18 軽率（けいそつ）＝粗忽（そこつ）・楚忽（そこつ）
19 朝暮（ちょうぼ）＝旦夕（たんせき）
20 碇泊（ていはく）＝投錨（とうびょう）

※6 得度…僧侶となること。還俗…僧侶が俗人に戻ること。
※8 瞥見…ちらっと見ること。

対義語

□ 21 険阻

□ 22 枯渇

□ 23 明朗

□ 24 平明

□ 25 聡慧

□ 26 秩序

□ 27 旧套

□ 28 露出

□ 29 快諾

□ 30 付与

□ 31 払暁

□ 32 永住

□ 33 僅少

□ 34 鮮明

かいじゅう
あんうつ
しゃへい
こうこん
かぐう
もこ
ぐまい

ゆうしゅつ
ざんしん
はくだつ
しゅんきょ
ばくだい
へいたん
こんとん

類義語

□ 35 終身

□ 36 空前

□ 37 世話

□ 38 台所

□ 39 腹心

□ 40 横行

□ 41 退屈

□ 42 虚実

□ 43 退却

□ 44 頑丈

□ 45 通暁

□ 46 大要

□ 47 苛烈

□ 48 調理

みぞう
けんろう
こうがい
ちょうりょう
かっぽう
あっせん
けんたい

とんそう
ちしつ
ここう
しゅんげん
ひっせい
ちゅうぼう
しんがん

---

21 険阻（けんそ）↔平坦（へいたん）
22 枯渇（こかつ）↔涌出（ゆうしゅつ）・湧出（ゆうしゅつ）
23 明朗（めいろう）↔暗鬱（あんうつ）・暗欝（あんうつ）
24 平明（へいめい）↔晦渋（かいじゅう）
25 聡慧（そうけい）↔愚昧（ぐまい）
26 秩序（ちつじょ）↔混（渾）沌（こんとん）
27 旧套（きゅうとう）↔斬新（ざんしん）
28 露出（ろしゅつ）↔遮蔽（しゃへい）
29 快諾（かいだく）↔峻拒（しゅんきょ）
30 付与（ふよ）↔剝奪（はくだつ）
31 払暁（ふつぎょう）↔黄昏（こうこん）※
32 永住（えいじゅう）↔仮寓（かぐう）※
33 僅少（きんしょう）↔莫大（ばくだい）
34 鮮明（せんめい）↔模糊（もこ）

35 終身（しゅうしん）＝畢生（ひっせい）
36 空前（くうぜん）＝未曽（曾）有（みぞう）
37 世話（せわ）＝斡旋（あっせん）
38 台所（だいどころ）＝厨房（ちゅうぼう）
39 腹心（ふくしん）＝股肱（ここう）
40 横行（おうこう）＝跳梁（踉）（ちょうりょう）
41 退屈（たいくつ）＝倦怠（けんたい）
42 虚実（きょじつ）＝真贋（しんがん）
43 退却（たいきゃく）＝遁（遯）走（とんそう）
44 頑丈（がんじょう）＝堅牢（けんろう）
45 通暁（つうぎょう）＝知悉（ちしつ）
46 大要（たいよう）＝梗概（こうがい）
47 苛烈（かれつ）＝峻厳（しゅんげん）
48 調理（ちょうり）＝割烹（かっぽう）・割亨（かっぽう）

※31 払暁…明け方。黄昏…たそがれ。※32 仮寓…かりずまい。

次の**対義語**、**類義語**を□の中から選び、**漢字**で記せ。□の中の語は一度だけ使うこと。

対義語

□ 1 起工
□ 2 遵奉
□ 3 率直
□ 4 豪胆
□ 5 昏迷
□ 6 坦夷
□ 7 公平
□ 8 貫徹
□ 9 挽回
□ 10 枯渇

ざせつ　けんしゅん　いはい　しっつい　おくびょう
うえん　かくせい　へんぱ　じゅういつ　しゅんせい

類義語

□ 11 復活
□ 12 突如
□ 13 波及
□ 14 軽少
□ 15 工面
□ 16 結局
□ 17 卓出
□ 18 逐電
□ 19 要諦
□ 20 奇怪

ささい　しょせん　しゅっぽん　めんよう　こつぜん
ねんしゅつ　えいだつ　ひけつ　そせい　でんぱ

解答

1 起工↔竣成
2 遵奉↔違背
3 率直↔迂（紆）遠
4 豪胆↔臆病・憶病
5 昏迷↔覚醒
6 坦夷↔険峻※
7 公平↔偏頗（陂）※
8 貫徹↔挫折
9 挽回↔失墜
10 枯渇↔充溢

11 復活＝蘇（甦）生
12 突如＝忽然
13 波及＝伝播
14 軽少＝些（瑣）細
15 工面＝捻（拈）出
16 結局＝所詮
17 卓出＝穎脱
18 逐電＝出奔
19 要諦＝秘訣
20 奇怪＝面妖

※6 坦夷…土地などが平らなこと。 ※7 偏頗…不公平なこと。

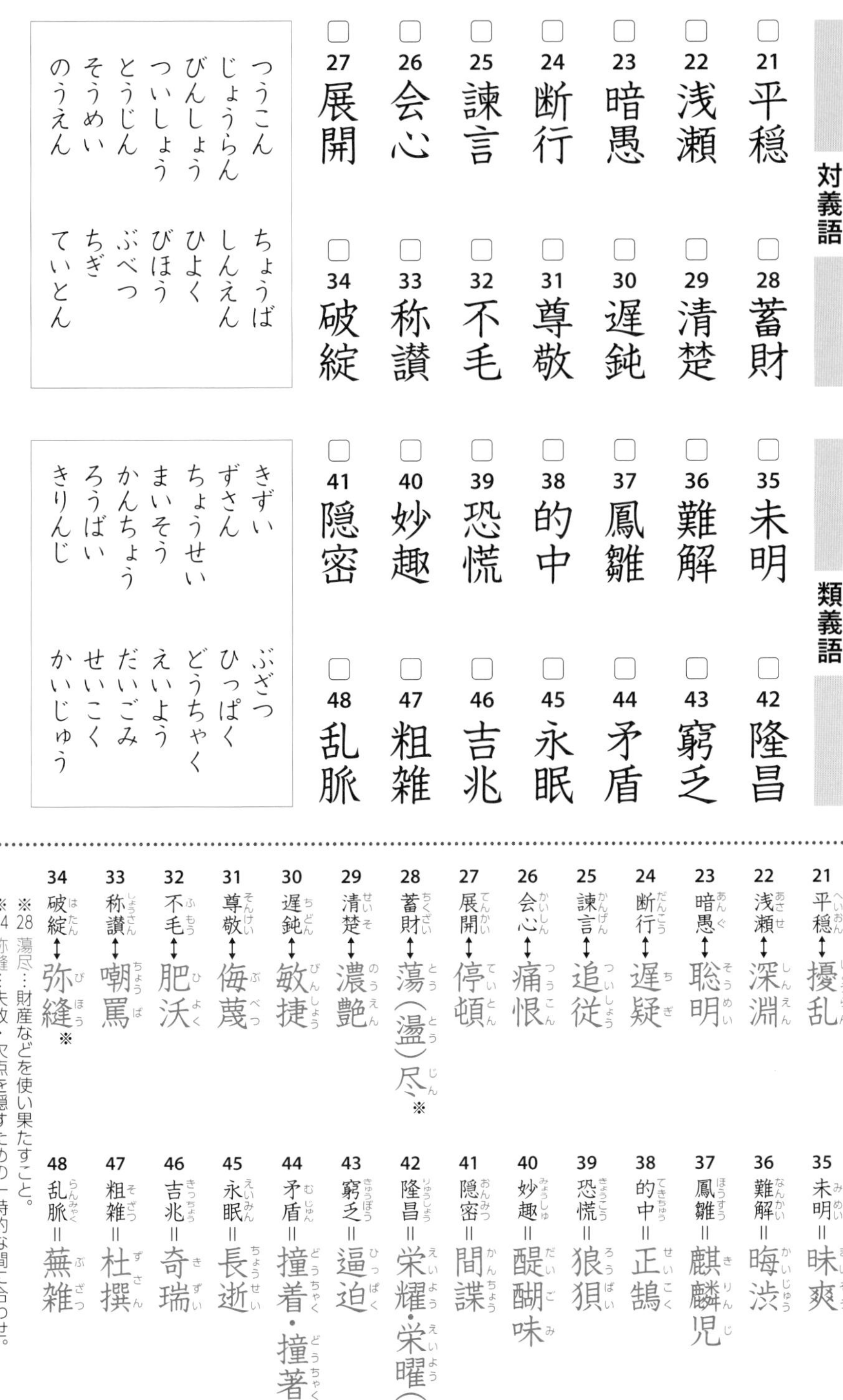

対義語

- □ 21 平穏
- □ 22 浅瀬
- □ 23 暗愚
- □ 24 断行
- □ 25 諫言
- □ 26 会心
- □ 27 展開
- □ 28 蓄財
- □ 29 清楚
- □ 30 遅鈍
- □ 31 尊敬
- □ 32 不毛
- □ 33 称讃
- □ 34 破綻

つうこん　じょうらん　びんしょう　ついしょう　とうじん　そうめい　のうえん
ちょうば　しんえん　ひよく　びほう　ぶべつ　ちぎ　ていとん

類義語

- □ 35 未明
- □ 36 難解
- □ 37 鳳雛
- □ 38 的中
- □ 39 恐慌
- □ 40 妙趣
- □ 41 隠密
- □ 42 隆昌
- □ 43 窮乏
- □ 44 矛盾
- □ 45 永眠
- □ 46 吉兆
- □ 47 粗雑
- □ 48 乱脈

きずい　ずさん　ちょうせい　まいそう　かんちょう　ろうばい　きりんじ
ぶざつ　ひっぱく　どうちゃく　えいよう　だいごみ　せいこく　かいじゅう

---

21 平穏（へいおん）↔擾乱（じょうらん）
22 浅瀬（あさせ）↔深淵（しんえん）
23 暗愚（あんぐ）↔聡明（そうめい）
24 断行（だんこう）↔遅疑（ちぎ）
25 諫言（かんげん）↔追従（ついしょう）
26 会心（かいしん）↔痛恨（つうこん）
27 展開（てんかい）↔停頓（ていとん）
28 蓄財（ちくざい）↔蕩（盪）尽（とうじん）※
29 清楚（せいそ）↔濃艶（のうえん）
30 遅鈍（ちどん）↔敏捷（びんしょう）
31 尊敬（そんけい）↔侮蔑（ぶべつ）
32 不毛（ふもう）↔肥沃（ひよく）
33 称讃（しょうさん）↔嘲罵（ちょうば）
34 破綻（はたん）↔弥縫（びほう）※

35 未明（みめい）＝昧爽（まいそう）
36 難解（なんかい）＝晦渋（かいじゅう）
37 鳳雛（ほうすう）＝麒麟児（きりんじ）
38 的中（てきちゅう）＝正鵠（せいこく）
39 恐慌（きょうこう）＝狼狽（ろうばい）
40 妙趣（みょうしゅ）＝醍醐味（だいごみ）
41 隠密（おんみつ）＝間諜（かんちょう）
42 隆昌（りゅうしょう）＝栄耀・栄曜（燿）（えいよう）
43 窮乏（きゅうぼう）＝逼迫（ひっぱく）
44 矛盾（むじゅん）＝撞着・撞著（どうちゃく）
45 永眠（えいみん）＝長逝（ちょうせい）
46 吉兆（きっちょう）＝奇瑞（きずい）
47 粗雑（そざつ）＝杜撰（ずさん）
48 乱脈（らんみゃく）＝蕪雑（ぶざつ）

※28 蕩尽…財産などを使い果たすこと。
※34 弥縫…失敗・欠点を隠すための一時的な間に合わせ。

出る順 A

何回も出題されている最重要問題!

対義語・類義語 3

制限時間20分

39点で合格

1回目 ／48点

2回目 ／48点

次の対義語、類義語を□の中から選び、漢字で記せ。□の中の語は一度だけ使うこと。

対義語

1 懸絶
2 肥沃
3 爽快
4 威嚇
5 冷静
6 恩人
7 侮蔑
8 莫大
9 繊弱
10 安泰

はくちゅう　きんしょう　きゅうてき　いぶ　うっくつ
けんろう　いけい　げきこう　きたい　こうぶ

類義語

11 糊塗
12 突如
13 利発
14 崩壊
15 花形
16 苦悩
17 道楽
18 優越
19 認可
20 潔白

むく　びほう　りょうが　ちょうじ　そうめい
がぜん　いんきょ　はんもん　がかい　ほうとう

解答

1 懸絶(けんぜつ)↔伯仲(はくちゅう)
2 肥沃(ひよく)↔荒蕪(こうぶ)※
3 爽快(そうかい)↔鬱屈(うっくつ)・欝屈(うっくつ)
4 威嚇(いかく)↔慰撫(いぶ)
5 冷静(れいせい)↔激昂(げきこう)・激高(げきこう)
6 恩人(おんじん)↔仇敵(きゅうてき)
7 侮蔑(ぶべつ)↔畏敬(いけい)
8 莫大(ばくだい)↔僅少(きんしょう)
9 繊弱(せんじゃく)↔堅牢(けんろう)
10 安泰(あんたい)↔危殆(きたい)※

11 糊塗(こと)＝弥縫(びほう)
12 突如(とつじょ)＝俄然(がぜん)
13 利発(りはつ)＝聡明(そうめい)
14 崩壊(ほうかい)＝瓦解(がかい)
15 花形(はながた)＝寵児(ちょうじ)
16 苦悩(くのう)＝煩悶(はんもん)
17 道楽(どうらく)＝放蕩(ほうとう)
18 優越(ゆうえつ)＝凌駕(りょうが)・陵駕(りょうが)
19 認可(にんか)＝允許(いんきょ)
20 潔白(けっぱく)＝無垢(むく)

※2 荒蕪…土地が荒れはてて雑草が生いしげること。
※10 危殆…非常にあぶないこと。

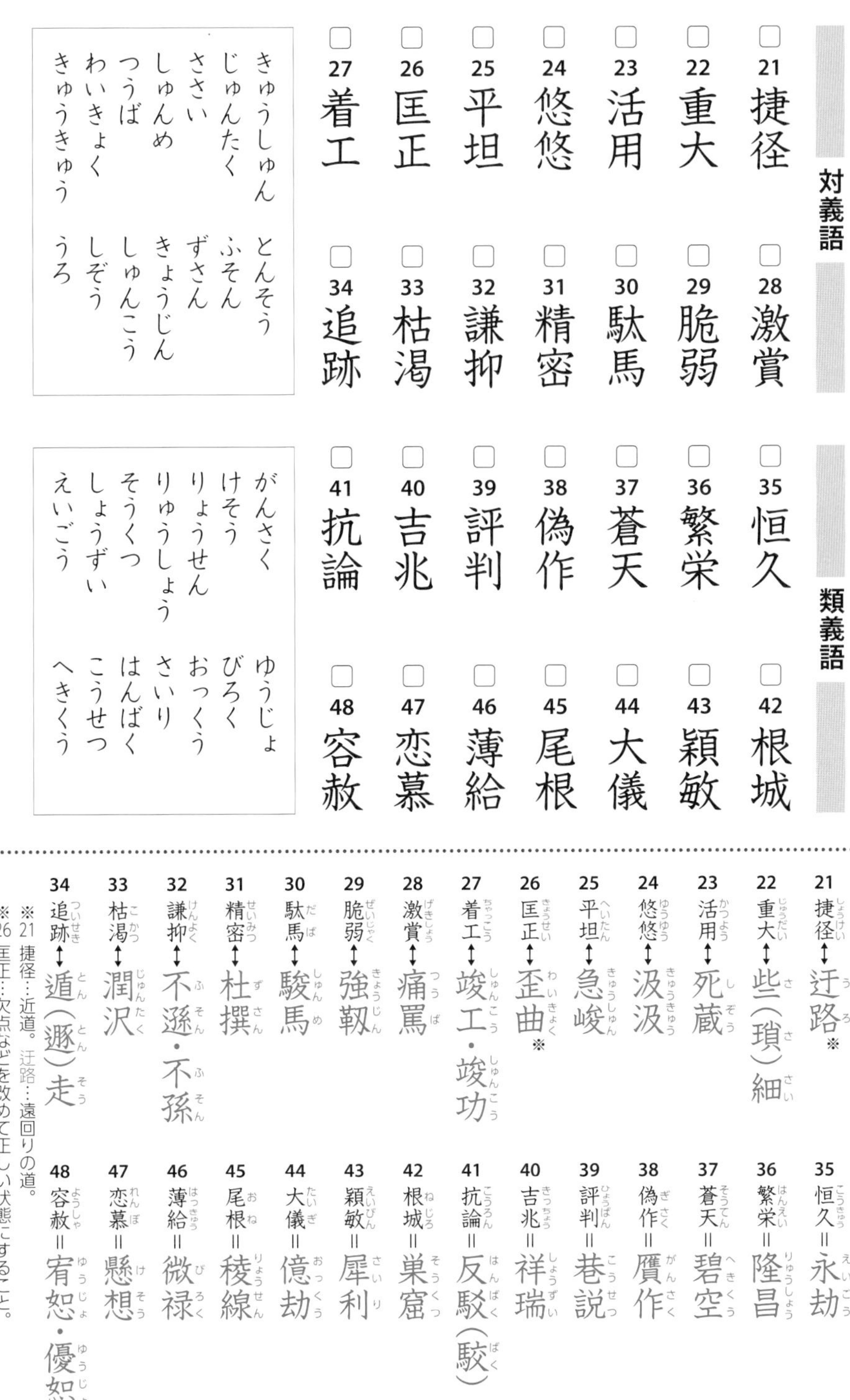

対義語

□21 捷径
□22 重大
□23 活用
□24 悠悠
□25 平坦
□26 匡正
□27 着工
□28 激賞
□29 脆弱
□30 駄馬
□31 精密
□32 謙抑
□33 枯渇
□34 追跡

きゅうしゅん　じゅんたく　ささい　しゅんめ　つうば　わいきょく　きゅうきゅう
とんそう　ふそん　ずさん　きょうじん　しゅんこう　しぞう　うろ

類義語

□35 恒久
□36 繁栄
□37 蒼天
□38 偽作
□39 評判
□40 吉兆
□41 抗論
□42 根城
□43 穎敏
□44 大儀
□45 尾根
□46 薄給
□47 恋慕
□48 容赦

がんさく　けそう　りょうせん　りゅうしょう　そうくつ　しょうずい　えいごう
ゆうじょ　びろく　おっくう　さいり　はんばく　こうせつ　へきくう

---

21 捷径(しょうけい)↔迂路(うろ)※
22 重大(じゅうだい)↔些(瑣)細(ささい)
23 活用(かつよう)↔死蔵(しぞう)
24 悠悠(ゆうゆう)↔汲汲(きゅうきゅう)
25 平坦(へいたん)↔急峻(きゅうしゅん)
26 匡正(きょうせい)↔歪曲(わいきょく)※
27 着工(ちゃっこう)↔竣工(しゅんこう)・竣功(しゅんこう)
28 激賞(げきしょう)↔痛罵(つうば)
29 脆弱(ぜいじゃく)↔強靱(きょうじん)
30 駄馬(だば)↔駿馬(しゅんめ)
31 精密(せいみつ)↔杜撰(ずさん)
32 謙抑(けんよく)↔不遜(ふそん)・不孫(ふそん)
33 枯渇(こかつ)↔潤沢(じゅんたく)
34 追跡(ついせき)↔遁(遯)走(とんそう)

35 恒久(こうきゅう)＝永劫(えいごう)
36 繁栄(はんえい)＝隆昌(りゅうしょう)
37 蒼天(そうてん)＝碧空(へきくう)
38 偽作(ぎさく)＝贋作(がんさく)
39 評判(ひょうばん)＝巷説(こうせつ)
40 吉兆(きっちょう)＝祥瑞(しょうずい)
41 抗論(こうろん)＝反駁(駮)(はんばく)
42 根城(ねじろ)＝巣窟(そうくつ)
43 穎敏(えいびん)＝犀利(さいり)
44 大儀(たいぎ)＝億劫(おっくう)
45 尾根(おね)＝稜線(りょうせん)
46 薄給(はっきゅう)＝微禄(びろく)
47 恋慕(れんぼ)＝懸想(けそう)
48 容赦(ようしゃ)＝宥恕(ゆうじょ)・優恕(ゆうじょ)

※21 捷径…近道。迂路…遠回りの道。
※26 匡正…欠点などを改めて正しい状態にすること。

出る順 A

対義語・類義語 4

何回も出題されている最重要問題！

制限時間20分

39点で合格

1回目 ／48点

2回目 ／48点

次の対義語、類義語を□の中から選び、漢字で記せ。□の中の語は一度だけ使うこと。

対義語

1 文治
2 斬新
3 碇泊
4 没落
5 凶兆

6 遵奉
7 失墜
8 富裕
9 祝賀
10 接着

ぶだん ぼっこう はくり じょうとう ずいしょう
はいち ばんかい ばつびょう ちょうとう ひっぱく

類義語

11 市井
12 魔手
13 営営
14 傾斜
15 排撃

16 出塵
17 絶壁
18 動向
19 放念
20 医者

すうせい そうが こうばい とんせい こうかん
きょうりん しし しだん けんがい あんど

解答

1 文治（ぶんち）↔武断（ぶだん）※
2 斬新（ざんしん）↔常套（じょうとう）
3 碇泊（ていはく）↔抜錨（ばつびょう）
4 没落（ぼつらく）↔勃興（ぼっこう）
5 凶兆（きょうちょう）↔瑞祥（ずいしょう）・瑞象（ずいしょう）※
6 遵奉（じゅんぽう）↔背馳（はいち）
7 失墜（しっつい）↔挽回（ばんかい）
8 富裕（ふゆう）↔逼迫（ひっぱく）※
9 祝賀（しゅくが）↔弔悼（ちょうとう）
10 接着（せっちゃく）↔剝離（はくり）

11 市井（しせい）＝巷間（こうかん）
12 魔手（ましゅ）＝爪牙（そうが）
13 営営（えいえい）＝孜孜（しし）
14 傾斜（けいしゃ）＝勾配（こうばい）
15 排撃（はいげき）＝指弾（しだん）
16 出塵（しゅつじん）＝遁（遯）世（とんせい）
17 絶壁（ぜっぺき）＝懸崖（けんがい）
18 動向（どうこう）＝趨勢（すうせい）
19 放念（ほうねん）＝安堵（あんど）・案堵（あんど）
20 医者（いしゃ）＝杏林（きょうりん）

※1 文治…教化・法令で統治すること。武断…武力で統治すること。
※5 瑞祥…吉兆。※8 逼迫…余裕がなくなること。

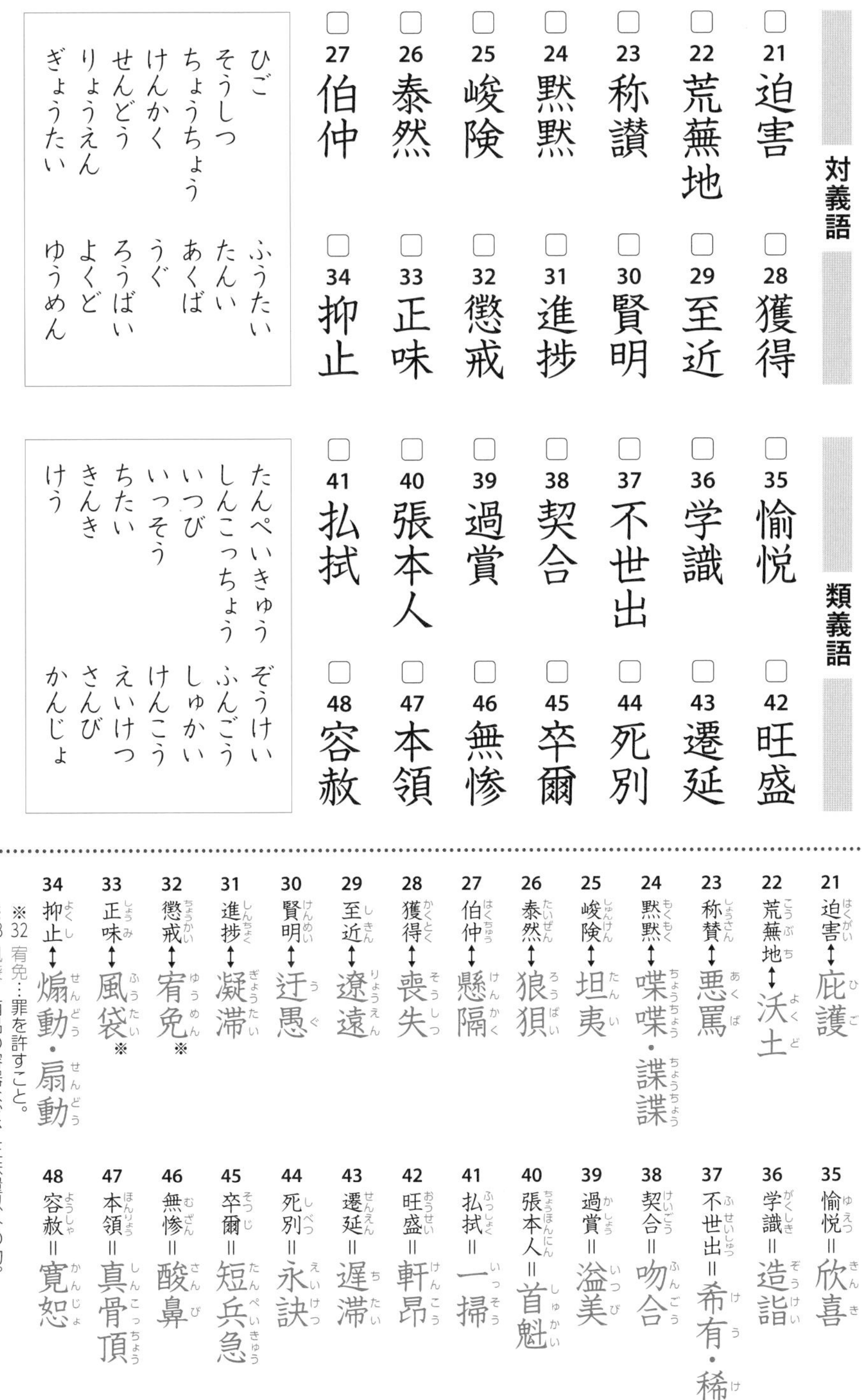

対義語

21 迫害
22 荒蕪地
23 称讃
24 黙黙
25 峻険
26 泰然
27 伯仲
28 獲得
29 至近
30 賢明
31 進捗
32 懲戒
33 正味
34 抑止

ひご　そうしつ　ちょうちょう　けんかく　せんどう　りょうえん　ぎょうたい
ふうたい　たんい　あくば　うぐ　ろうばい　よくど　ゆうめん

類義語

35 愉悦
36 学識
37 不世出
38 契合
39 過賞
40 張本人
41 払拭
42 旺盛
43 遷延
44 死別
45 卒爾
46 無惨
47 本領
48 容赦

たんぺいきゅう　しんこっちょう　いつび　いっそう　ちたい　きんき　けう
ぞうけい　ふんごう　しゅかい　けんこう　えいけつ　さんび　かんじょ

---

21 迫害（はくがい）↔庇護（ひご）
22 荒蕪地（こうぶち）↔沃土（よくど）
23 称賛（しょうさん）↔悪罵（あくば）
24 黙黙（もくもく）↔喋喋（ちょうちょう）・諜諜（ちょうちょう）
25 峻険（しゅんけん）↔坦夷（たんい）
26 泰然（たいぜん）↔狼狽（ろうばい）
27 伯仲（はくちゅう）↔懸隔（けんかく）
28 獲得（かくとく）↔喪失（そうしつ）
29 至近（しきん）↔遼遠（りょうえん）
30 賢明（けんめい）↔迂愚（うぐ）
31 進捗（しんちょく）↔凝滞（ぎょうたい）
32 懲戒（ちょうかい）↔宥免（ゆうめん）※
33 正味（しょうみ）↔風袋（ふうたい）※
34 抑止（よくし）↔煽動（せんどう）・扇動（せんどう）

※32 宥免…罪を許すこと。
※33 風袋…商品の容器など、正味量以外の物。

35 愉悦（ゆえつ）＝欣喜（きんき）
36 学識（がくしき）＝造詣（ぞうけい）
37 不世出（ふせいしゅつ）＝希有（けう）・稀有（けう）
38 契合（けいごう）＝吻合（ふんごう）
39 過賞（かしょう）＝溢美（いつび）
40 張本人（ちょうほんにん）＝首魁（しゅかい）
41 払拭（ふっしょく）＝一掃（いっそう）
42 旺盛（おうせい）＝軒昂（けんこう）
43 遷延（せんえん）＝遅滞（ちたい）
44 死別（しべつ）＝永訣（えいけつ）
45 卒爾（そつじ）＝短兵急（たんぺいきゅう）
46 無惨（むざん）＝酸鼻（さんび）
47 本領（ほんりょう）＝真骨頂（しんこっちょう）
48 容赦（ようしゃ）＝寛恕（かんじょ）

出る順 A

何回も出題されている最重要問題！

故事・成語・諺 1

制限時間15分

21点で合格

1回目 /26点

2回目 /26点

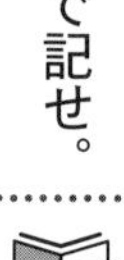
次の故事・成語・諺のカタカナの部分を漢字で記せ。

1 **センダン**は双葉より芳し。

2 **エンオウ**の契り。

3 天網**カイカイ**疎にして漏らさず。

4 元の**サヤ**に収まる。

5 **テップ**の急。

6 **コウゼン**の気を養う。

7 命長ければ**ホウライ**を見る。

8 **ホウオウ**群鶏と食を争わず。

9 一富士二鷹三**ナスビ**。

10 **キョウボク**は風に折らる。

11 昔とった**キネヅカ**。

解答と故事・成語・諺の意味

1 栴(旃)檀
大成する人は幼少のときからすぐれているというたとえ。「栴檀」は白檀の異称。白檀は双葉から香気を放つという意。

2 鴛鴦
夫婦が仲睦(むつ)まじいことのたとえ。「鴛鴦」はオシドリ。

3 恢恢・恢々
天の張る網は広くて目が粗いようだが、悪事を網の目から漏らすことはないというたとえ。「恢恢」は大きくて広い様子。

4 鞘
いったん仲たがいしたものが、元の間柄に戻る。

5 轍鮒
さし迫った危険・困窮。「轍鮒」は、轍(わだち)の水溜まりにいるフナのこと。

6 浩然
何の制約も受けない、おおらかで解放感に満ちた心持ちになること。

7 蓬莱
長生きしていれば思わぬ幸運にあうこともあるという意。「蓬莱」は仙人が住むという不老不死の霊山。

8 鳳凰
孤高を貫き俗世間を超越しているたとえ。鳥の王者である鳳凰は鶏とえさを取り合ったりしないことから。

9 茄子・茄
初夢に出てくると縁起がよいとされているもの。

10 喬木
図抜けて目立つ存在は、周囲から非難や攻撃を受けるというたとえ。「喬木」は高い木。

11 杵柄
若いうちに鍛えて身につけた技能や腕前が年老いてもなお衰えないこと。「杵柄」は餅などをつくときに使う「きね」の「え」の部分。

12 身から出た**サビ**。

13 **セイコク**を射る。

14 尋常の溝には**ドンシュウ**の魚なし。

15 **イソギワ**で船を破る。

16 **カデン**に履を納れず。

17 開いた口へ**ボタモチ**。

18 **カセイ**は虎よりも猛し。

19 洛陽の**シカ**を高める。

20 **ケサ**と衣は心に着よ。

21 **ケンカ**両成敗。

22 家貧しくして**コウシ**顕れ、世乱れて忠臣を識る。

23 理屈と**コウヤク**はどこにでもつく。

24 人間万事**サイオウ**が馬。

25 **サギ**を烏と言いくるめる。

26 貧賤の知は忘るべからず、**ソウコウ**の妻は堂より下さず。

---

12 錆(銹)
自分の犯した悪行の結果、自らを苦しめること。自業自得。

13 正鵠
的の中心を逃さずに命中すること。転じて、物事の核心を突いているたとえ。正鵠を失わず。

14 呑舟
どこにでもある小さな溝には舟をのみ込むような大魚はいない。小さな社会からは大人物は生まれないというたとえ。

15 磯際
あとほんの少しで成功するというところで失敗を犯してしまうこと。

16 瓜田
人から疑いを受けるような行為を慎めという戒め。瓜畑で靴を直そうとかがめば、瓜を盗むように見えることから。

17 牡丹餅
労せずして思いがけない幸運を得ることのたとえ。

18 苛政
重税や厳しい刑罰を行うむごい政治は人を食う虎よりも恐ろしい。

19 紙価
書籍の売れ行きがよいこと。晋の左思が三都賦を作ったとき、書き写す人が多くて洛陽で紙の値段が上がったことから。

20 袈裟
袈裟と衣は外見を飾るのではなく、心にまとうことで、はじめて本当の仏道信仰になるということ。

21 喧嘩・(諠譁)
争いをした者は、理非にかかわらず双方とも同じく罰するということ。

22 孝子
家が貧しいと親の苦労がわかる立派な子が現れ、世が乱れると真の忠義の臣がわかる。

23 膏薬
理屈をつけようとすればどうとでもつけられると、膏薬になぞらえて屁理屈や言い訳を非難する言葉。

24 塞翁
人生の吉凶や禍福は変転し予想できないから、災いも悲しむにあたらず幸いも喜ぶにあたらずということ。

25 鷺
白い鷺を黒い鳥だと言いくるめる意。白を黒というように、理を非に、または非を理にして言い分を飲ませること。

26 糟糠
貧しい時からの友達は忘れない、貧しい時から苦労を共にした妻は離縁しない。「糟糠」は酒粕と米糠。

出る順 A

何回も出題されている最重要問題！

故事・成語・諺 2

次の故事・成語・諺の**カタカナ**の部分を**漢字**で記せ。

1 **ガベイ**飢えを充たさず。
2 **シャカ**に宗旨なし。
3 **シュツラン**の誉れ。
4 一斑を見て**ゼンピョウ**をトす。
5 万緑**ソウチュウ**紅一点。
6 **ノレン**に腕押し。
7 枯れ木も山の**ニギ**わい。
8 一家は遠のく、**ノミ**は近寄る。
9 **ヒョウタン**相容れず。
10 親の欲目と他人の**ヒガメ**。
11 朝菌は**カイサク**を知らず。

解答と故事・成語・諺の意味

1 画餅
絵に描いた餅では空腹が満たされるはずがない。

2 釈迦
宗派同士の争いは無意味であるということ。仏教を開いた釈迦は、どの宗派に属すわけでもないことから。

3 出藍
教えを受けた弟子が教えた師より優れることのたとえ。青は藍より出でて藍より青し。

4 全豹
物事の一部を見てその全体を推し量ること。全豹一斑。

5 叢中
男性ばかりのなかに、ただ一人だけ女性がいること。紅一点。

6 暖簾
何の手ごたえもなく、張り合いがないことのたとえ。糠に釘。

7 賑(殷)
つまらないものでも、ないよりましであることのたとえ。歪み木も山の賑わい。

8 蚤
一族には疎んじられ、蚤には近寄られて食われる。落ちぶれた困窮生活のたとえ。

9 氷炭
性質が反対で、合わないことのたとえ。冷たい氷と熱い炭。

10 僻目
親は我が子を実際よりよく見てしまいがちであり、他人のことは実際よりも悪く見がちだということ。

11 晦朔
短命のたとえ。また、境遇の限られた者は広大な世界を理解できないこと。朝生えて夕方に枯れる朝菌（キノコ）は、ひと月の晦（みそか）も、朔（ついたち）も知らないという意。

12 **モウ**けぬ前の胸算用。
13 **ウケ**に入る。
14 玉の**コシ**に乗る。
15 重箱の隅を**ヨウジ**でほじくる。
16 **オウム**は能く言えども飛鳥を離れず。
17 **アメ**と鞭。
18 秋刀魚が出ると**アンマ**が引っ込む。
19 中流に舟を失えば**イッピョウ**も千金。
20 珍客も長座に過ぎれば**イト**われる。
21 **ブンボウ**牛羊を走らす。
22 一擲(てき)**ケンコン**を賭す。
23 **キカ**居くべし。
24 千丈の堤も**ギケツ**より崩れる。
25 **イチモツ**の鷹も放さねば捕らず。
26 **カコウ**有りといえども食らわずんばその旨きを知らず。

---

12 儲
まだ手に入ってもいない利益を当てにして、計画を思い描くこと。

13 有卦
運が向いてよいことばかりが続くこと。「有卦」は吉事が続く年回り。

14 輿(輦)
女性が、高い身分の人や金持ちの男性に嫁ぐことのたとえ。「輿」は貴族が用いた乗り物。

15 楊枝・楊子
非常に細かいことまで取り上げ、口うるさく言うたとえ。

16 鸚鵡
口は達者だが、行動が伴わないこと。鸚鵡は人間の言葉をまねるがやはり鳥でしかないことにたとえたもの。

17 飴
支配や指導の方法で、甘い扱いをして譲歩する一方で厳しく締めつけること。

18 按摩・案摩
栄養豊富な秋刀魚が出回るようになると、食べた人が元気になって按摩の出番がなくなる。

19 一瓢
つまらないものも状況次第では、大きな価値を持つことがあるというたとえ。ひょうたんが浮き袋代わりになる意。

20 厭
人の家を訪ねるときは、適当に切り上げて帰ることが大切であること。

21 蚊虻
蚊や虻のような小さな虫がたかって、牛や羊が走って逃げる。弱く小さいものが強大なものを動かすたとえ。

22 乾坤
自分の運に賭けて、思い切って行動に出ること。一か八か。さいころを一回投げて、天が出るか地が出るか賭ける意。

23 奇貨
機会はうまく利用すべきである。奇貨(珍しい品物)は買っておけば後日大きな利益を生む意。

24 蟻穴
ほんのわずかな不注意や油断が、大きな災厄の原因となるという戒め。

25 逸物
能力のある者でも、活用しなければ何の役にも立たないことのたとえ。「逸物」は特に優れた存在。

26 嘉肴・佳肴
聖人の立派な教えがあっても、学ぼうとしない者はそのよさを知ることができないというたとえ。「嘉肴」はおいしい料理、うまい酒のさかな。

出る順 A

故事・成語・諺 3

何回も出題されている最重要問題！

制限時間15分

21点で合格

1回目 ／26点

2回目 ／26点

次の故事・成語・諺の**カタカナ**の部分を**漢字**で記せ。

□ 1 禍福は**アザナ**える縄の如し。
□ 2 **ソバ**の花も一盛り。
□ 3 遠慮なければ**キンユウ**あり。
□ 4 瓢簞から**コマ**が出る。
□ 5 荒馬の**クツワ**は前からとれ。
□ 6 **ジュウバ**を殺して狐狸を求む。
□ 7 歳寒くして**ショウハク**の凋むに後るるを知る。
□ 8 燕雀安んぞ**コウコク**の志を知らんや。
□ 9 **コウヤ**の白袴。
□ 10 地獄の**サタ**も金次第。
□ 11 **コチョウ**の夢の百年目。

解答と故事・成語・諺の意味

1 糾(糺)
不幸と幸福とは、より合わせた縄のように交互にやってくるということ。

2 蕎麦
器量のあまりよくない娘でも、年頃にはそれなりに綺麗に、魅力的に見えるということ。

3 近憂
遠い将来のことを考えずにいると、近い将来に困ったことが起こる。

4 駒
思いもかけないことやありえないことが起こる。また冗談半分で言ったことが現実になる。「駒」は馬。

5 轡(銜・勒)
困難なことには、小細工を弄したりせず大胆に向かったほうがよいというたとえ。

6 戎馬
わずかな利益を上げるために、かえって大きな損失を受けること。「戎馬」は軍馬の意。

7 松柏
人の真価は、苦難のときに初めてわかることのたとえ。冬になっても松や柏は緑のままだということから。

8 鴻鵠
小人物には大人物の偉大な志は理解できないというたとえ。「鴻鵠」はオオトリやコウノトリ、大きな鳥を表す。

9 紺屋
他人のことに忙しく自分自身に手が回らないたとえ。自分の袴を染める暇もない染物屋の意。

10 沙汰
この世は何事でも金の力で何とかなるということ。

11 胡(蝴)蝶
晩年に人生をふりかえって夢であったかのように思うこと。「胡蝶の夢」は荘周がチョウになった夢を見て、自分がチョウになった夢を見る荘周なのか、荘周になった夢を見るチョウなのかわからなくなったという、『荘子』の故事。

12 牡丹に唐**ジシ**、竹に虎。

13 桜三月**ショウブ**は五月。

14 **カネ**や太鼓で探す。

15 門前**ジャクラ**を張る。

16 塗り箸で**ソウメン**を食う。

17 **サイシン**の憂え有りて朝に造(いた)るあたわず。

18 糠に**クギ**。

19 **トタン**の苦しみ。

20 渇しても**トウセン**の水を飲まず。

21 破れ鍋に**トじ**蓋。

22 門松は**メイド**の旅の一里塚。

23 裸で**ユズ**の木に登る。

24 **トビ**が鷹を生む。

25 付け焼き刃は**ナマ**りやすい。

26 死は或いは泰山より重く、或いは**コウモウ**より軽し。

---

12 獅子
取り合わせのよいもののたとえ。

13 菖蒲
花の見ごろをいった言葉。

14 鉦
大勢で大騒ぎしながら方々を探し回ること。

15 雀羅
来客もなくひっそりとさびれているさま。玄関先が、雀を捕る網を仕掛けられるほど静かだということから。

16 素麺・索麺
物事が思うようにならずやりにくいことのたとえ。塗り箸で素麺はすべって挟みにくいことから。

17 采薪・採薪
病気で朝廷に参上できない。「采薪の憂い」は薪を取りに行けない意で自分の病気をへりくだっていう言葉。

18 釘
まるで手ごたえもなく、効果のないことのたとえ。暖簾に腕押し。

19 塗炭
ひどい苦しみや苦難のたとえ。泥水や炭火にまみれるような苦しさの意。

20 盗泉
苦しい境遇でも、不正なことは決して行わないことのたとえ。孔子が盗泉という泉の水は飲まなかったという故事から。

21 綴
だれにでも相応のふさわしい配偶者があること。また、互いが似通った者同士であるたとえ。

22 冥土・冥途
めでたい門松も、立てるたびに年を重ねて着実に死に近づいているしるしといえるということ。

23 柚・柚子
無茶をすること。またひどく難儀なこと。棘だらけのユズの木に裸で登れば無傷ではいられないことから。

24 鳶(鵄・鴟)
平凡な親がすぐれた子を生むことのたとえ。

25 鈍
実力のない者が一時ごまかそうとしてもすぐぼろが出るたとえ。「付け焼き刃」はなまくら刀に鋼の刃を継ぎ足した刃。

26 鴻毛
人の命は、義にかなうかどうかによって、惜しむべき場合(重い命)と潔く捨てるべき場合(軽い命)とがある。「鴻毛」はおおとりの羽毛。

出る順 A

故事・成語・諺 4

何回も出題されている最重要問題！

制限時間15分

21点で合格

1回目　／26点

2回目　／26点

次の故事・成語・諺の**カタカナ**の部分を**漢字**で記せ。

- □ 1 大は小を兼ねるも**シャクシ**は耳掻きにならぬ。
- □ 2 **ヌ**れ手で粟。
- □ 3 戦を見て矢を**ハ**ぐ。
- □ 4 化けの皮が**ハ**がれる。
- □ 5 話に**オヒレ**を付ける。
- □ 6 **ミノ**になり笠になる。
- □ 7 自家**ヤクロウ**中の物。
- □ 8 **ルリ**の光も磨きがら。
- □ 9 点滴岩を**ウガ**つ。
- □ 10 **リョウキン**は樹を択ぶ。
- □ 11 **フクテツ**を踏む。

解答 と 故事・成語・諺の意味

1 杓子
大きいものは小さいものの代わりとして使えることが多いが、常にそうであるとは限らないこと。「杓子」はしゃもじ。

2 濡
ぬれた手で粟をつかめば粟粒がたくさんついてくるように、苦労せずに多くの利益を得ること。

3 矧
事が起こってからあわてて準備を始める愚かさのたとえ。泥縄。

4 剝
隠していた正体や本性、物事の真相がばれてしまうことのたとえ。

5 尾鰭
事実と違うことを付け加えて、話を誇張すること。

6 蓑（簑）
さまざまな手段でかばい、助けること。雨をしのぐ蓑や日をさえぎる笠にたとえたもの。

7 薬籠
自分の思うままに使える物や人のこと。自分の薬箱の中の薬は自由に使えることから。

8 琉璃・瑠璃
いくら素質がある者でも修練を積まなければ大成しないことのたとえ。

9 穿（鑽・鏨・鐫）
わずかなことでも重なると大事につながること。また、こつこつと努力を続ければついには成功することのたとえ。

10 良禽
賢者は仕えるのによい主君を選ぶことのたとえ。

11 覆轍
前の人の失敗を知りながら、同じ過ちを犯す愚かさをいう。「覆轍」は転倒した前の車のわだち（車輪の跡）の意。

□ 12 危うきこと**ルイラン**の如し。

□ 13 筆を誤りて**ハエ**を作る。

□ 14 **ノウチュウ**の錐。

□ 15 **アイサツ**は時の氏神。

□ 16 **アブハチ**取らず。

□ 17 野に**イケン**無し。

□ 18 **セイア**は以て海を語るべからず。

□ 19 靴を隔てて痒きを**カ**く。

□ 20 香**ジ**の下必ず死魚有り。

□ 21 衣食足りて**エイジョク**を知る。

□ 22 愛**オクウ**に及ぶ。

□ 23 風が吹けば**オケヤ**が儲かる。

□ 24 **キャラ**の仏に箔を置く。

□ 25 断じて行えば**キシン**も之を避く。

□ 26 **カイケイ**の恥を雪ぐ。

---

12 累卵
物事が不安定で危険な状態にあること。卵を積み重ねた状態のように危ない意。

13 蠅
誤って筆を落としてつけた墨の汚れを、うまく蠅に描きかえる意。過ちをうまく処理すること。

14 嚢中
すぐれた人物は、その才能が自然に外に現れること。錐を袋に入れても外へ突き出てくることにたとえたもの。

15 挨拶
争いごとの仲裁をしてくれる人には従うべきだということ。ここでの「挨拶」は仲裁の意味。

16 虻蜂
同時に二つのものをねらって、結局どちらも得られないこと。欲を出し過ぎて失敗することのたとえ。

17 遺賢
優秀な人物が集まって政治が行われており、国家が安定しているさま。民間に埋もれた人材がいない意。

18 井蛙
見識の狭い者には、世の中の広さを理解できないということ。

19 搔(抓・爬)
思うようにならず、もどかしいこと。じれったいこと。

20 餌
利益の影には必ず危険が伴うたとえ。また、利益に惑わされて身を滅ぼすことのたとえ。

21 栄辱
生活に余裕ができれば、道徳心が生まれて礼儀をわきまえるようになる。

22 屋烏
溺愛すること。相手を愛するあまり、その人の家の屋根に止まった烏まで好きになるという意。

23 桶屋
ある事象が原因となって、意外なところにまで影響が及ぶたとえ。

24 伽羅
よいものをいっそうよくすること。「伽羅」は最高級の香木。

25 鬼神
断固とした態度で行えば、どんな困難なことでも成功する。断行すれば鬼神でさえ避けていくという意。

26 会稽
敗戦などの屈辱を晴らし名誉を回復する。会稽山の戦いに敗れた越王が復讐を果たした故事から。

出る順

A

何回も出題されている最重要問題！

故事・成語・諺 5

制限時間15分

21点で合格

1回目 /26点

2回目 /26点

次の故事・成語・諺の**カタカナ**の部分を**漢字**で記せ。

- 1 慌てる**カニ**は穴へ這入れぬ。
- 2 **ガイコツ**を乞う。
- 3 魚の**フチュウ**に遊ぶが如し。
- 4 失策は人にあり、**カンジョ**は神にあり。
- 5 虻蜂取らず鷹の**エジキ**。
- 6 **キシン**矢の如し。
- 7 **コウサ**は拙誠に如かず。
- 8 味噌**コ**しで水を掬う。
- 9 **ホ**れて通えば千里も一里。
- 10 天地は万物の**ゲキリョ**、光陰は百代の過客。
- 11 河豚好きで**キュウ**※嫌い。

※11 やいと。

解答と故事・成語・諺の意味

1 蟹
何事もあわてて行うと失敗するというたとえ。

2 骸骨
辞職を願い出る。主君に仕えた身だが老いて骸骨のようになった体だけは返していただきたいという意。

3 釜中
迫っている危険や破滅に気づかず、のんきにしていることのたとえ。魚が釜の中で遊んでいるという意。

4 寛恕
人間は失敗を犯すものであり、人間の犯す罪を神は許して下さるという意。

5 餌食
二つのものを狙って失敗し、身を滅ぼすたとえ。虻も蜂も取れないで鷹の餌食になってしまう意。

6 帰心
家や故郷に一刻も早く帰りたいという気持ちのたとえ。

7 巧詐
たくみに偽りごまかすことは、つたなくとも誠実であることには及ばない。

8 漉（濾）
苦労しても、まるで効果が上がらないこと。また、手段を間違えれば努力も無駄になること。

9 惚
好きな相手の所へ通うのであれば、遠い道も近く感じられるということ。

10 逆旅
天地は万物が留まる宿屋、歳月は永遠の旅人という意。李白の詩の一節。

11 灸
平気で不摂生な生活をして、粋人ぶること。毒に当たるのも構わずにうまい河豚を食べる一方で、灸のような体の養生はおろそかにするという意。

12 **キンジョウ**に花を添える。
13 **キンラン**の契り。
14 火中の**クリ**を拾う。
15 白駒の**ゲキ**を過ぐるが若し。
16 握れば**コブシ**、開けば掌(てのひら)。
17 **コショウ**鳴らし難し。
18 百尺**カントウ**一歩を進む。
19 大行は**サイキン**を顧みず。
20 七皿食うて**サメクサ**い。
21 **ワサビ**と浄瑠璃は泣いて賞める。
22 **シシ**に鞭うつ。
23 **リカ**一枝春雨を帯ぶ。
24 **リッスイ**の余地も無い。
25 **シラン**の室に入るが如し。
26 **コウジ**魔多し。

12 錦上
もともと美しいものに、さらに美しい要素を重ね加えること。「錦上」はにしき(美しいもの)の上。

13 金蘭
親密な交際や、堅い友情のたとえ。その交わりの堅さは金を断つほどであり、その美しさは薫り高い蘭のようだという意。

14 栗
他人のためにあえて危険を冒すこと。また、困難なことを承知で取り組むこと。

15 隙
月日が過ぎるのが、驚くほど早いことのたとえ。時の経過は、白馬が壁の隙間を一瞬で走り抜けるようなものだという意。

16 拳
心の持ちようで、同じものでも様々に変化するということのたとえ。握れば人を殴る拳、開けば人をなでる掌。

17 孤掌
人は一人だけでは生きられない、成し遂げられないことのたとえ。ひとつのてのひらでは拍手できない意。

18 竿頭
頂点に達しているが、さらに努力して一歩を進めること。百尺の長い竿の先に達しているが、なお一歩を進める意。

19 細謹
大事業を成就しようとする者は、小さな事柄や欠点にはこだわらない。

20 鮫臭
さんざん食べたあとで、まずいとけちをつけること。

21 山葵(薑)
よいわさびは涙が出るほどに辛く、よい浄瑠璃は客を感動させ涙を誘うという意。

22 死屍
亡くなった人の生前の言行を非難したり攻撃したりすること。

23 梨花
美人が悩み悲しむ風情のたとえ。白居易の『長恨歌』より。

24 立錐
人がたくさん集まって、少しのすきまもない様子。「立錐」は錐のとがった先を立てる意。

25 芝蘭
立派な人と交際すると自然に良い影響を受けるというたとえ。「芝蘭」は香気を放つ植物。

26 好事
良いことにはとかく邪魔が入りがちだということ。また、好調なときに意外な落とし穴があるということ。

出る順 A

何回も出題されている最重要問題！

故事・成語・諺 6

制限時間15分

21点で合格

1回目　／26点

2回目　／26点

次の故事・成語・諺のカタカナの部分を漢字で記せ。

1 創業は易く**シュセイ**は難し。
2 嘘も誠も話の**テクダ**。
3 **シュウビ**を開く。
4 **シュンメ**痴漢を乗せて走る。
5 片手で**キリ**はもめぬ。
6 晩学といえども**セキガク**に昇る。
7 **ジジョ**の交わりを結ぶ。
8 修身**セイカ**治国平天下。
9 亀の年を鶴が**ウラヤ**む。
10 骨折り損の**クタビ**れ儲け。
11 眉に**ツバ**をつける。

解答 と 故事・成語・諺の意味

1 守成　新しく事業を始めることより、その事業を守り続けていく方が難しい。
2 手管　嘘も本当も話で人をあやつるかけひきのうちということ。嘘も方便。
3 愁眉　心配事や悩み事がなくなりほっとする。心配でしかめた眉が緩んで開くという意。
4 駿馬　美人がくだらない男と結婚することのたとえ。「痴漢」は愚かな男の意。
5 錐(鑽)　力を合わせることが大切だというたとえ。錐をもむには両手が必要であることから。
6 碩学　年をとってからの学問でも、広く深い知識を得ることはできるということ。
7 爾汝　特に親しく付き合うことのたとえ。「爾」も「汝」も、なんじの意。「おまえ」「貴様」と呼び合う親しい仲。
8 斉家　まず自分の行いを正し、家庭を整え、国家を治め、そして天下を平和にすべきだという儒教の政治観。
9 羨　欲望が限りないことのたとえ。寿命千年といわれる鶴が寿命万年とされる亀をうらやむ意。
10 草臥　努力のかいもなく少しも成果が上がらず、ただ疲れだけが残ること。
11 唾　だまされないよう用心し、疑いをもって警戒すること。

□ 12 **タイカン**は忠に似たり。

□ 13 人生、字を識るは**ユウカン**の始め

□ 14 **タカジョウ**の子は鳩を馴らす。

□ 15 **ジュシ**ともに謀るに足らず。

□ 16 **チョウモン**の一針。

□ 17 **チョッカン**は一番槍より難し。

□ 18 **アバタ**もえくぼ。

□ 19 鐘も**シュモク**の当たりがら。

□ 20 **エテ**に帆を揚げる。

□ 21 知らぬ神より**ナジ**みの鬼。

□ 22 外面似**ボサツ**、内心如夜叉。

□ 23 **ノウジ**畢われり。

□ 24 紺屋の**シロバカマ**。

□ 25 **バクギャク**の友。

□ 26 **カナエ**の軽重を問う。

---

12 **大姦(奸)**
本当の悪人は、巧みに自分の本性を隠して君主に取り入るので、まるで忠臣のように見えるということ。

13 **憂患**
人は文字を覚え学問を積むことで、かえって悩み苦しむようになるものだということ。

14 **鷹匠**
特に教えなくても、親の仕事は子供が自然に見聞きして覚えるということ。

15 **豎(孺)子・豎子**
思慮のない者が相手では、重大な相談をしても無駄だということ。「豎子」は青二才、若造。

16 **頂門**
人の急所を突いた的確で厳しい戒めのこと。頭頂部のつぼに行う鍼治療の意。

17 **直諫**
主君に忠告することの難しさをたとえた言葉。戦場で第一番に敵陣に切り込むより勇気が必要だという意。

18 **痘痕**
好きな相手のことは、欠点でも長所に見えるというたとえ。

19 **撞木**
こちらの接し方次第で、相手の反応も変わってくること。また、つきあう相手次第で良くも悪くもなること。

20 **得手**
得意なことを発揮できる機会が到来して勇んで行動を起こす。「得手」は得意とするわざ。

21 **馴染・(昵)**
どんな相手でも、まったく見知らぬ者より顔見知りのほうがよいということ。

22 **菩薩**
外面は優しく菩薩のようだが、心は夜叉のように邪悪だということ。女性が仏道の修行の妨げであることをいったもの。

23 **能事**
なすべきことはすべてやり尽くしたということ。「能事」はなすべき事。

24 **白袴**
他人のことに忙しいあまり、自身のことには手が回らないことのたとえ。

25 **莫逆**
きわめて親しい付き合い。「莫逆」は逆らうことなしの意で意見が合わぬことがないほど親しいということ。

26 **鼎**
権力者の能力や力量に疑いをはさみ、その地位をくつがえそうとすること。楚の荘王が周を軽んじて周の宝器である九鼎(きゅうてい)の大小・軽重を問うたという故事から。

出る順

A 故事・成語・諺 7

何回も出題されている最重要問題！

制限時間15分

21点で合格

1回目 ／26点

2回目 ／26点

次の故事・成語・諺のカタカナの部分を漢字で記せ。

1 ハシにも棒にも掛からぬ。

2 ハッサクは麦まんじゅうの食い終い。

3 ミジン積もって山となる。

4 三軍も帥を奪うべし、ヒップも志を奪うべからず。

5 ヒシヅルほど子ができる。

6 ヒョウタンに釣り鐘。

7 ヒルに塩。

8 富貴も淫する能わず、ヒンセンも移す能わず。

9 鴨がネギを背負って来る。

10 小智はボダイの妨げ。

11 富貴にして故郷に帰らざるは、シュウを着て夜行くがごとし。

解答と故事・成語・諺の意味

1 箸
ひどすぎて手の付けようがない。また、何のとりえもなく手ごたえがない。

2 八朔
八朔（八月一日）の節供には麦饅頭を作って食うが、その後はもう農作業が忙しくて休んでいられないということ。

3 微塵
小さくわずかなものでも、積もり重なれば大きくなること。

4 匹夫
三軍（大軍）の総大将を討ち取ることはできるが、身分の低いつまらない男でもその志を奪うことはできない。

5 菱蔓
子をたくさん持ち、栄えてめでたいこと。「菱蔓」はひしの根から出るつる。

6 瓢箪
大きさや重さが比べものにならないほど違うことのたとえ。

7 蛭
恐ろしいものや苦手なものに出会い、恐くて縮み上がるさまのたとえ。なめくじに塩。

8 貧賤
富貴で誘惑してもまどわすことはできず、貧賤で責められても志を変えさせることはできない。志操堅固な男子をいう。

9 葱
好都合なこと。おあつらえむき。鍋料理の材料がいっぺんにそろうところから。

10 菩提
小賢しい知恵は、かえって物事を成就するには妨げになること。「菩提」は悟りの境地。

11 繡
出世をしても、故郷に帰らなければ意味はない。まるで夜に錦を着飾って歩くようなものである。

12 買うはモラうに勝る。

13 ケガの功名。

14 ユウメイ境を異にする。

15 積善の家には必ずヨケイ有り。

16 リカに冠を正さず。

17 羊を亡(うしな)いてロウを補う。

18 国にイサめる臣あればその国必ず安し。

19 歓楽極まりてアイジョウ多し。

20 ロウソクは身を減らして人を照らす。

21 巧詐はセッセイに如かず。

22 イソのあわびの片思い。

23 飛鳥尽きて良弓蔵れ、狡兎死してソウク烹らる。

24 ヒゲも自慢のうち。

25 ユガみ木も山の賑わい。

26 欲のクマタカ股裂くる。

12 貰
自らの努力で手に入れることのほうが、人から恵みを受けるより価値があること。

13 怪我
間違ってしたことが、偶然よい結果を生むこと。

14 幽明
死別すること。あの世とこの世の境界を越えて別々になるという意。

15 余慶
善行を積み重ねた家には、子孫まで思いがけない幸福がおとずれる。

16 李下
疑いを受けるような行為は慎めという戒め。スモモの木の下で冠を直そうと手を上げると、実を盗むように見える意。

17 牢
失敗を犯してしまってからあわてて改めること。また、失敗してもすぐ直せば大事に至らずに済むということ。

18 諫(諍)
君主をいさめることのできる臣下がいるような国ならば、安泰であるという意。

19 哀情
喜びや楽しみが絶頂に達すると、その後にかえってかなしみの情が募ってくる。

20 蠟燭
自らを犠牲にして人のために尽くすたとえ。

21 拙誠
巧みに偽りごまかすことは、つたなくとも誠実であることには及ばない。

22 磯
一方的に慕っているだけで、相手は何とも思っていないこと。アワビの貝殻は片方だけであることから。

23 走狗
一時は重宝がられたものでも、用がなくなると捨てられることのたとえ。

24 卑下
表面では謙遜してみせても、実は自慢になっていること。過度の謙遜は自慢の一種であること。

25 歪
役に立たないものでも、ないよりましだというたとえ。枯れ木も山の賑わい。

26 熊鷹
欲が深すぎると身を滅ぼすというたとえ。クマタカが二頭のイノシシをつかんだところ、二頭は左右に別々に逃げ出し、クマタカが両方とも放さなかったため、股が裂けて死んでしまったという昔話から。

出る順 A

故事・成語・諺 8

何回も出題されている最重要問題！

制限時間15分

21点で合格

1回目　　/26点

2回目　　/26点

次の故事・成語・諺の**カタカナ**の部分を**漢字**で記せ。

□ 1 外面似菩薩、内心如**ヤシャ**。

□ 2 医者の薬も**サジカゲン**。

□ 3 膿んだら**ツブ**せ。

□ 4 一斑を見て全豹を**ボク**す。

□ 5 どじょう汁に**キンツバ**。

□ 6 田も遣ろう、**アゼ**も遣ろう。

□ 7 **センベン**を著ける。

□ 8 **ロギョ**の誤り。

□ 9 正直貧乏、横着**エイヨウ**。

□ 10 **コイ**の滝登り。

□ 11 **フヨウ**の顔、柳の眉。

解答 と 故事・成語・諺の意味

1 夜叉
外面は優しく菩薩のようだが、心は夜叉のように邪悪だということ。女性が仏道の修行の妨げであることをいったもの。

2 匙加減
何事も適度が大切だというたとえ。良い薬も分量が適切でないと効き目がないという意。

3 潰
災いは、思い切って原因を絶つほうが早く片がつくということ。

4 卜
物事の一部分だけを見て全体を推察する。豹の皮にある一つのまだら模様を見て豹全体を察する意。

5 金鍔
取り合わせが悪いこと。不似合いなこと。「金鍔」は水でこねて薄く延ばした小麦粉で餡を包んで焼いた和菓子。

6 畔・畦(畛)
かわいさのあまり、分別なく何もかも与えることをいう。

7 先鞭
他人より先に馬に鞭をあて、先に行って手柄を立てる意から。

8 魯魚
形が似た文字を見誤ったり書き間違えたりすること。「魯」と「魚」は形が似ていて間違えやすいことから。

9 栄耀・栄曜(燿)
正直な者は正直であるがゆえに貧乏をし、少々の悪事なら平気でやる横着者は、不当に利益を得て大いにさかえるものだ。

10 鯉
立身出世すること。また、とても勢いのよいこと。黄河上流の滝、竜門を登ることのできた鯉は竜になるという故事から。

11 芙蓉
美人の顔の形容。「芙蓉」はハスの美称。ハスの花のように美しい顔、柳の葉のようにほっそりした眉。

□ 12 **クラ**掛け馬の稽古。

□ 13 **キンパク**がはげる。

□ 14 爪の垢を**セン**じて飲む。

□ 15 櫂は三年、**ロ**は三月。

□ 16 **ウリ**の蔓に茄子はならぬ。

□ 17 敷居を**マタ**げば七人の敵あり。

□ 18 虎に翼、獅子に**ヒレ**。

□ 19 下手な**カジ**屋も一度は名剣。

□ 20 **サザエ**に金平糖。

□ 21 鳥窮すれば則ち**ツイバ**む。

□ 22 **クモ**の子を散らす。

□ 23 竜の髭を**ナ**で虎の尾を踏む。

□ 24 **イツミン**を挙ぐれば、天下の民、心を帰す。

□ 25 **ケイグン**の一鶴。

□ 26 未だ覚めず**チトウ**春草の夢、階前の梧葉已(すで)に秋声。

12 鞍
実際には役に立たない無駄な修業のたとえ。「鞍掛け馬」は木馬。木馬で乗馬の稽古をする意。

13 金箔
うわべの装いがはがれて隠れていた本性が現れること。めっきがはげる。

14 煎
立派な言行を少しでもまねる。すぐれた人の爪の垢を薬として飲んで、その人にあやかる意。

15 櫓
似たようなものでも習得にかかる時間に差があること。櫂の扱い方は櫓の扱い方に比べて難しいことから。

16 瓜
血筋は争えないこと。平凡な親からはすぐれた子は生まれないということ。

17 跨
社会に出るとなると多くの敵や競争相手に出会うというたとえ。

18 鰭
強い者が好条件を得て、さらに強くなること。鬼に金棒。

19 鍛冶
技術がつたない者でも根気よく続けていけば、まれによい仕事ができるというたとえ。

20 栄螺・拳螺
がんこ者同士を皮肉った言葉。互いにつのを突き合わせる様子から。

21 啄(啅)
切羽詰まったときには、弱者も大胆な行動に出るということ。

22 蜘蛛・蜘・蛛
大勢が四方へ散りぢりに逃げていくことのたとえ。

23 撫(撋・拊)
非常に危険な行為のたとえ。

24 逸(佚・軼)民
隠棲者を登用すれば、人心は政治に心を寄せる。「滅国を興し、絶世を継ぎ（滅びた国や家を再興して）」に続く言葉。

25 鶏群
多くの凡人の中に、飛び抜けて優秀な一人がいることのたとえ。

26 池塘
月日が経つのは早いということ。池塘（池の堤）に出る若草のような青年時代の夢がまだ覚めきらないうちに、階段の前の青桐の葉は、秋風に吹かれて音を立てているという意。

出る順

A 文章題 1

何回も出題されている最重要問題！

▼出題語句（過去24年間）

制限時間15分

31点で合格

1回目

38点

2回目

38点

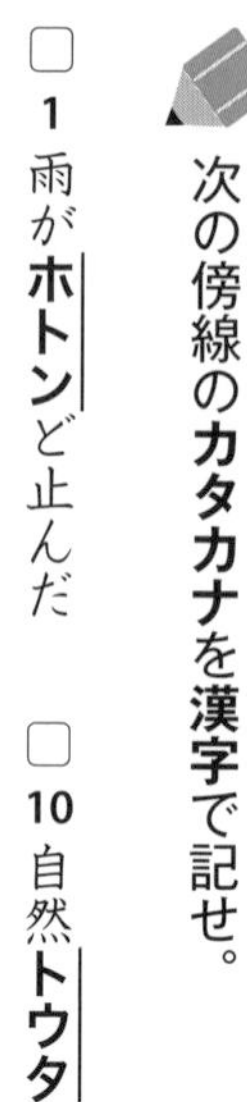

次の傍線の**カタカナ**を**漢字**で記せ。

1 雨が**ホトン**ど止んだ
2 **ヨウヤ**くできあがった
3 そろそろ来る**ハズ**だ
4 よい**ウワサ**のない人だ
5 **カンジ**として笑う
6 馬の**クツワ**を引く
7 **ゴジン**の知るところ
8 **ソウメイ**な少年
9 岸に**タド**り着いた
10 自然**トウタ**される
11 ほこりが**タ**まる
12 あるが**ママ**の姿
13 **タンス**の中を整理する
14 **ケダ**し名言なり
15 **キセン**貧富を問わず
16 合格への**ショウケイ**※
17 蛇が地を**ハ**う
18 口元が**ユガ**む

※16 近道。

解答 と 語句の意味

1 殆・幾
殆ど：おおかた。大部分。

2 漸
漸く：やっとのことで。何とか。

3 筈
当然そうであることの確信・確認の意。

4 噂
風説。評判。

5 莞爾
にっこりと微笑むさま。

6 轡（銜・勒）
馬の口にかませる手綱用の金具。

7 吾人
われわれ。われら。

8 聡明
かしこいこと。

9 辿
辿り着く：やっと目的地に行き着く。

10 淘汰
適応したものが生き残ること。

11 溜
溜まる：ものが集まる。積もる。

12 儘
変化のないこと。成り行きまかせ。

13 箪笥
衣類などを収納する家具。木製が多い。

14 蓋
蓋し：確かに。まさしく。

15 貴賤
身分の高い人と低い人。

16 捷径
近道。早道。

17 這
這う：腹ばいで進む。

18 歪
歪む：曲がったりねじれたりする。

次の波線の**漢字**の**読み**を**ひらがな**で記せ。

19 恰も鳥のごとし
20 彼は所謂天才である
21 況んや悪人をや
22 悉く虜となりにけり
23 惟うに人生は旅だ
24 頻りに後ろを見る
25 深慮が窺われる
26 頗る迷惑な話だ
27 愈決戦の時来たる
28 斯よりはましだ
29 而して再考するべし
30 点滴石を穿つ
31 これも亦仁なり
32 暫くお待ちください
33 窃かに窺う
34 概ね了解済みだ
35 偶、当人とすれ違う
36 天候に拘わらず
37 法も時に随う
38 子供は措いておこう

解答と語句の意味

19 あたか
恰も：まるで。まさしく。まさに。

20 いわゆる
世間に言われている。俗に言う。

21 いわ
況んや：なおさら。まして。

22 ことごと
悉く：すべて。

23 おも
惟うに：考えてみるに。

24 しき
頻り：ひっきりなし。むやみ。やたら。

25 うかが
窺う：推し量って知る。覗いて見る。

26 すこぶ
頗る：非常に。たいへん。

27 いよいよ
まさしく。ますます。とうとう。

28 これ
近いもの、話題のものを指し示す語。

29 しか・しこう
而して：そして。それから。

30 うが
穿つ：穴をあける。

31 また
同様に。その上に。

32 しばら
暫く：少しの間。

33 ひそ
窃か：人に知られないようにするさま。

34 おおむ
概ね：およそ。あらまし。だいたい。

35 たまたま
偶然。ちょうどその時。時折。

36 かか
拘わらず：～に関係なく。

37 したが
随う：その通りにする。追随する。

38 お
措く：ほうっておく。

出る順

A 文章題 2

▼出題語句（過去24年間）

何回も出題されている最重要問題！

制限時間15分

31点で合格

1回目 /38点

2回目 /38点

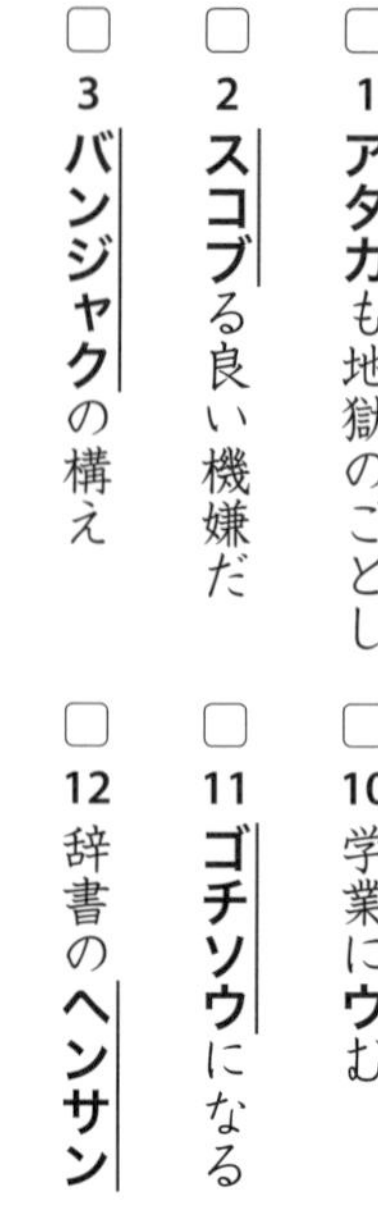

次の傍線部分の**カタカナ**を**漢字**で記せ。

1 **アタカ**も地獄のごとし
2 **スコブ**る良い機嫌だ
3 **バンジャク**の構え
4 **ギキョウ**の気風
5 **スサ**まじい騒音
6 **ビンショウ**な動作
7 **クボ**んだ箇所を埋める
8 **モロ**くも崩れ落ちた
9 **ヘンパ**な考え
10 学業に**ウ**む
11 **ゴチソウ**になる
12 辞書の**ヘンサン**
13 **キツネ**にばかされる
14 悪鬼の**チョウリョウ**
15 賞状を**ササ**げる
16 **ゴビュウ**を正す
17 綻(ほころ)びを**ツヅ**る
18 言う**マデ**もない

解答と語句の意味

1 恰・宛
恰も：まるで。まさしく。まさに。

2 頗
頗る：非常に。たいへん。

3 磐石・盤石
大きな岩。堅固で安定していること。

4 義侠
弱い者を助けること。男だて。

5 凄（凄）
凄まじい：はなはだしい。激しい。

6 敏捷
動作がすばやいこと。

7 窪・凹
窪む：低く落ち込む。へこむ。

8 脆
脆い：くずれやすい。こわれやすい。

9 偏頗
かたよっていること。不公平なこと。

10 倦
倦む：嫌になる。飽きる。

11 御馳走
食事でもてなしをすること。その料理。

12 編纂
材料を集めて整理し書物にすること。

13 狐
イヌ科の哺乳類。

14 跳梁（踉）
のさばりはびこること。

15 捧
捧げる：両手で目より高くして持つ。

16 誤謬
まちがえること。まちがい。

17 綴
綴る：つなぎ合わせる。

18 迄
迄もない：～する必要はない。

次の波線の**漢字**の**読み**を**ひらがな**で記せ。

- 19 漸く理解した
- 20 殆ど寝入っていた
- 21 忽ち消え失せる
- 22 嘗ての面影もない
- 23 見目麗しい殿上人
- 24 稗史の伝えるところ
- 25 思いの丈を述べる
- 26 則ち知至るの謂なり
- 27 俄かに寒くなる
- 28 這般の事情

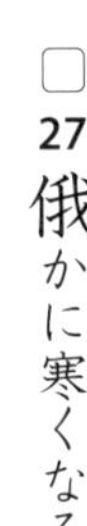

- 29 近頃稀な正直者だ
- 30 姑く心が痛んだ
- 31 夕日が梢にかかる
- 32 金星の耀き
- 33 戦後の苦難を凌いだ
- 34 廟堂の官吏
- 35 都の北方に連亘す
- 36 乍ち悪評が広まった
- 37 之をご覧なさい
- 38 恩恵を蒙る

解答と語句の意味

- 19 ようや　漸く：ようよう。やっと。かろうじて。
- 20 ほとん　殆ど：おおかた。大部分。
- 21 たちま　忽ち：またたく間。急に。
- 22 かつ　嘗て：以前。昔。
- 23 てんじょうびと　昇殿を許された貴族。堂上。
- 24 はいし　民間の言い伝え。
- 25 たけ　すべて。
- 26 いい　いわれ。呼び名。
- 27 にわ　俄か：突然。急に。不意に。
- 28 しゃはん　これら。この辺。このたび。
- 29 まれ　非常に珍しいさま。
- 30 しばら　姑く：しばし。
- 31 こずえ　木の枝の先端。
- 32 かがや　耀き：きらめき。
- 33 しの　凌ぐ：堪え忍ぶ。苦難を乗り越える。
- 34 びょうどう　朝廷。天下の政治をつかさどる所。
- 35 れんこう　長く連なりわたること。
- 36 たちま　乍ち：すぐ。急に。
- 37 これ　近称の指示代名詞。
- 38 こうむ　蒙る：身に受ける。

出る順 **A**

文章題 **3**

何回も出題されている最重要問題！

▼出題語句（過去24年間）

制限時間15分

31点で合格

1回目 ／38点

2回目 ／38点

次の傍線部分の**カタカナ**を**漢字**で記せ。

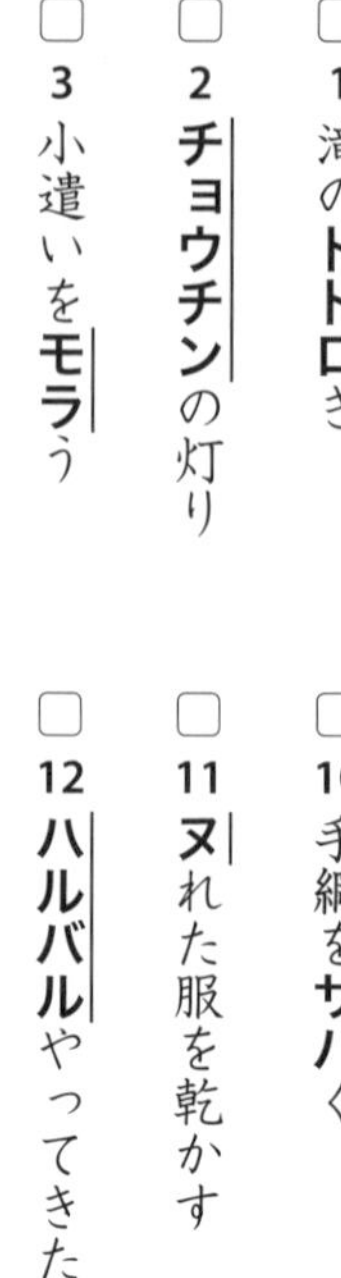

- □ 1 滝の**トドロ**き
- □ 2 **チョウチン**の灯り
- □ 3 小遣いを**モラ**う
- □ 4 情報が**サクソウ**する
- □ 5 草を**ナ**ぎはらう
- □ 6 痛みで身を**モダ**える
- □ 7 **ザッパク**な知識
- □ 8 手紙を**シタタ**める
- □ 9 **ユウトウ**に溺れる
- □ 10 手綱を**サバ**く
- □ 11 **ヌ**れた服を乾かす
- □ 12 **ハルバル**やってきた
- □ 13 国宝の**マキエ**の展示
- □ 14 **スス**払いの季節だ
- □ 15 赤**レンガ**の駅舎
- □ 16 **ガケ**に落ちる
- □ 17 **サイエン**の誉れ
- □ 18 **カンガイ**事業

解答と語句の意味

1 轟
轟き：鳴り響くこと。またその音。

2 提灯・挑灯
竹の骨に紙や布をはった照明具。

3 貰
貰う：人から与えられる。

4 錯綜
物事が複雑に入り組んでいること。

5 薙
薙ぐ：横に払って切り倒す。

6 悶
悶える：苦しくて身をねじり動かす。

7 雑駁（駮）
雑然としていて統一がないさま。

8 認
認める：文章を書き記す。

9 遊蕩
酒や女遊びなど遊興に耽ること。

10 捌
捌く：うまく扱う。

11 濡
濡れる：表面に水気がつく。

12 遥遥・遥々
遠く離れているさま。

13 蒔絵
漆の文様に金などを付着させる工芸。

14 煤
煙とほこりが混じった汚れ。

15 煉瓦
粘土に砂などを混ぜ焼き固めたもの。

16 崖
山腹などの険しく切り立った所。

17 才媛
高い教養・才能のある女性。

18 灌漑
水を引いて農地をうるおすこと。

次の波線の**漢字**の**読み**を**ひらがな**で記せ。

19 白髪の老爺
20 屢訪問する
21 雪を掻く
22 文章の要点を摑む
23 圧政を厭忌する
24 仮令珍説といえども
25 美貌で而も聡明だ
26 容貌魁梧なり
27 乾坤を定む
28 忽然と竜巻が襲った
29 最早これまでと思う
30 禅寺に参籠する
31 刺戟を与える
32 哲学的思惟の方法
33 縮緬の着物
34 碩学に疑問を問う
35 相好を崩す
36 老鶯の鳴く山の里
37 角を矯めて牛を殺す
38 他家に嫁する

解答と語句の意味

19 ろうや
年をとった男性。
20 しばしば
たびたび。しょっちゅう。
21 か
掻く：こするようにして取りのける。
22 つか
摑む：物事の重点をとらえる。
23 えんき
厭忌：いみ嫌うこと。
24 たとい・たとえ
仮に～だとしても。
25 しか
而も：その上に。それでも。
26 かいご
体が大きく立派なさま。
27 けんこん
易(えき)の卦(け)で乾と坤。天と地。
28 こつぜん
にわかに。突然。
29 もはや
もう。
30 さんろう
神社や寺院にこもって祈願すること。
31 しげき
生体に何らかの反応を起こさせること。
32 しい・しゆい
よく考えること。
33 ちりめん
一面に細かいしぼのある絹織物。
34 せきがく
修めた学問の深いこと。またその人。
35 そうごう
顔かたち。表情。
36 ろうおう
春が過ぎても鳴いているウグイス。
37 た
矯める：物の形を整える。良い形にする。
38 か
嫁する：嫁に行く。

出る順

A 文章題 4

何回も出題されている最重要問題！

▼出題語句（過去24年間）

制限時間15分

31点で合格

1回目 ／38点

2回目 ／38点

次の傍線部分の**カタカナ**を**漢字**で記せ。

- □ 1 帽子を**アミダ**にかぶる
- □ 2 **ゲセン**のやから
- □ 3 **キガ**を共にする
- □ 4 **クシ**で髪をとかす
- □ 5 **シシ**として学問する
- □ 6 六時に**ナンナン**とする
- □ 7 娘の命を**タク**する
- □ 8 **ドウケイ**を抱く
- □ 9 箪食**ヒョウイン**の生活
- □ 10 **モチロン**のことだが
- □ 11 **シバシバ**出入りする
- □ 12 **ジンエン**の稀少なる
- □ 13 優しく**アイブ**する
- □ 14 寺の**ガラン**を修繕する
- □ 15 **ヨロ**しく取り計らう
- □ 16 広く**ケンデン**された噂
- □ 17 **シシ**身中の虫
- □ 18 鋭利な**キリ**の先端

解答と語句の意味

1 阿弥陀
後頭部に傾けてかぶること。

2 下賤
身分が低いこと。卑しいこと。

3 起臥
起きることと寝ること。日々の生活。

4 櫛（梳）
髪をすいたり髪飾りにしたりする道具。

5 孜孜・（孳孳）
熱心に励むさま。

6 垂
垂とする：まさにそれになろうとする。

7 託・托
託する：人に頼む。まかせる。

8 憧憬
憧れる気持ち。憧れること。

9 瓢飲
箪食（たんし）瓢飲：簡素な飲食物。

10 勿論
言うまでもなく。無論。

11 屢・屢屢・数・数数
たびたび。

12 人煙
人が住む気配。人家。

13 愛撫
なでさすっていつくしむこと。

14 伽藍・迦藍
寺院の建物の総称。僧伽藍摩の略。

15 宜
宜しく：程よく。適当に。

16 喧伝
世間で盛んに言いたてること。

17 獅子
ライオン。ライオンに似た想像上の獣。

18 錐
木材に小さな穴をあける大工道具。

次の波線の**漢字**の**読み**を**ひらがな**で記せ。

19 無性に腹立たしい
20 土塵を立てて通った
21 大凡自由とは何ぞや
22 斯民を啓蒙する
23 喫飯畢わる
24 弱者を鞭つ態度
25 気が顛倒する
26 遠眼鏡を覗く
27 筆硯に親しむ
28 拳固を食らわせる
29 仁恕の心を示す
30 吃驚した表情
31 馬が荷車を曳く
32 縁なき屍を葬る
33 見事な神楽
34 大妓小妓が出揃う
35 怨敵を見つけ出す
36 鮒を釣る
37 謂れのない非難
38 努努忘れるべからず

解答と語句の意味

19 むしょう　無性に：むやみに。
20 どじん　つちぼこり。
21 おおよそ　そもそも。総じて。
22 しみん　天下の人々。
23 お　畢わる：おしまいになる。済む。
24 むちう　鞭つ：鞭で打つ。
25 てんとう　取り乱すこと。逆さになること。
26 とおめがね　望遠鏡や双眼鏡。
27 ひっけん　筆とすずり。文章を書くこと。
28 げんこ　握りこぶしのこと。
29 じんじょ　あわれみ深く思いやりがあること。
30 きっきょう　吃驚：驚くこと。びっくりすること。
31 ひ　曳く：物を引っ張る。近寄せる。
32 しかばね・かばね　死体。
33 かぐら　神社の祭礼で奏する歌舞。
34 たいぎしょうぎ　一人前の芸妓と半人前の芸妓。
35 おんてき　深く恨んでいる敵。
36 ふな　コイ科の淡水魚。
37 いわ　謂れ：理由。
38 ゆめゆめ　決して。少しも。夢にも。

出る順 A

文章題 5

何回も出題されている最重要問題！

▼出題語句(過去24年間)

制限時間15分
31点で合格
1回目
38点
2回目
38点

次の傍線部分のカタカナを漢字で記せ。

1 タツミの方角
2 トンチャクしない
3 ヒョウタンから駒
4 モンゼツせしめる
5 髪をカく時間もない
6 スイエンが立ち上る
7 アワを刈る
8 我が身をサイナむ
9 海の水をキッする
10 シュウトメと話す
11 お祭りのシシマイ
12 セイソな身なりの女性
13 微笑をタタえる
14 新聞を読みナガら
15 フウタクが鳴る音
16 ジイさんに諭される
17 手を強くツカむ
18 大仏のソンボウ

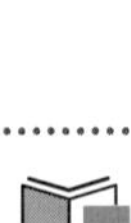

解答と語句の意味

1 辰巳・巽
辰と巳との中間の方角。南東。

2 頓着・頓著
深く心にかけること。執着すること。

3 瓢箪
瓢箪から駒：冗談が実現すること。

4 悶絶
悶え苦しんで気を失うこと。

5 掻(抓・爬)
掻く：くしけずる。

6 炊煙
炊事の煙。

7 粟
イネ科の一年草。食用とされる。

8 苛(嘖)
苛む：責めたてる。苦しめる。

9 吃・喫
吃する：飲む。吸う。

10 姑
夫あるいは妻の母。

11 獅子舞
獅子頭をかぶって舞う芸能。

12 清楚
清らかですっきりしているさま。

13 湛
湛える：表情を浮かべる。

14 乍
乍ら：並行して行われる意。

15 風鐸
仏堂などの軒につるす鐘形の風鈴。

16 爺・祖父
爺：男の老人。祖父：父母の父。

17 摑
摑む：しっかり握り持つ。手に入れる。

18 尊貌
尊い姿や顔。容貌を敬って言う語。

次の波線の**漢字**の**読み**を**ひらがな**で記せ。

19 稀有な才能
20 斯学の第一人者
21 大港、船舶を呑吐す
22 両親の膝下を離れる
23 枕頭に座る
24 仏塔を建立する
25 庭で堆肥を作る
26 籾を簸揚する
27 惟徳を是れ輔く
28 燦として輝く明星
29 孜々として働く
30 藪林で修行を積む
31 没義道な行為に怒る
32 深翠にさまよう
33 奮励が徒爾に終わる
34 資性穎慧にして温和
35 気忙しい日々を送る
36 月卿雲客を迎える
37 庇をくぐる
38 村爺の話を聞く

解答と語句の意味

19 けう　めったにない珍しいこと。
20 しがく　この学問。
21 どんと　飲んだり吐いたりすること。
22 しっか　庇護してくれる人のそば。膝の下。
23 ちんとう　まくらもと。枕上。
24 こんりゅう　築き上げること。
25 たいひ　わらなどを腐らせて作った肥料。
26 はよう　箕（農具）であおりあげて籾殻を除く。
27 ただ　～だけ。「徳のある者だけを助ける」。
28 さん　鮮やかに輝くさま。
29 しし　熱心につとめるさま。
30 そうりん　木の群がりはえている林。
31 もぎどう　人の道にはずれて不人情なこと。
32 しんすい　深い緑の森林。
33 とじ　無意味なこと。
34 えいけい　抜きんでて賢い。
35 きぜわ　気忙しい：気が急（せ）いて落ち着かない。
36 げっけい　宮廷に仕える公卿のこと。
37 ひさし　庇：のき。
38 そんや　村の老人。

出る順 **A**

文章題 6

何回も出題されている最重要問題！

▼出題語句（過去24年間）

制限時間15分

31点で合格

1回目　／38点

2回目　／38点

次の傍線部分の**カタカナ**を**漢字**で記せ。

- 1 脱帽し**イチユウ**※する
- 2 山影が**カス**む
- 3 **キキョウ**柄の浴衣
- 4 鶏群**コカク**
- 5 **ジゴ**※犬猿の仲となった
- 6 表現を**セイドン**する
- 7 **ホコロ**びを縫う
- 8 **ニギ**やかな会場
- 9 瓦で屋根を**フ**く

※1 おじぎ。　※5 それ以来。

- 10 **ユウキョウ**※の人
- 11 口汚く**ノノシ**る
- 12 **ダイヒョウ**肥満
- 13 目に涙**アフ**る
- 14 **ガゼン**興味が湧いた
- 15 年来の**キュウテキ**だ
- 16 **モモヒキ**をはく
- 17 **ノレン**をくぐる
- 18 髪を**ソヨ**がせる

※10 いさましくて男気に富むこと。

解答と語句の意味

1 一揖
軽くおじぎすること。会釈。挨拶。

2 霞（翳）
霞む：かすみがかかる。

3 桔梗
キキョウ科の多年草。

4 孤鶴
多くの中でずば抜けてすぐれた者。

5 爾後・而後
それ以来。そののち。

6 生呑
生のまま飲み込むこと。盗用すること。

7 綻
綻び：ほころびた所。

8 賑（殷）
賑やか：人が多く活気があるさま。

9 葺
葺く：板、瓦、茅などで屋根をおおう。

10 勇俠
勇敢で義俠心に富むこと。

11 罵
罵る：大声で非難する。

12 大兵
からだが大きいこと。

13 溢
溢る：「あふれる」の文語。

14 俄然
にわかに。急激に。

15 仇敵
憎んでいる相手。かたき。

16 股引
ズボンの下にはく防寒用下着。

17 暖簾
日除けや目隠しのため下げる布。

18 戦（嫋）
戦がす：風が軽い物を軽くゆらす。

次の波線の**漢字**の**読み**を**ひらがな**で記せ。

19 時流に阿る
20 緋縮緬の腰巻
21 欠伸が止まらない
22 雑言を浴びせる
23 幾何の恩を受けたか
24 坐ら世の動きを知る
25 田爺に道を問う
26 藪沢の小屋
27 結果論で云々言う
28 騒ぎを尻目に逃げる
29 畠の野菜を収穫する
30 神を冒瀆する行為
31 天晴れな武者振り
32 俗吏が跋扈（ばっこ）する
33 暴戻な振る舞い
34 湖の細漣が美しい絵
35 些かの隙もない
36 擾乱の責任をとる
37 一畝ばかりを耕す
38 鬱乎たる縄文杉

解答 と 語句の意味

19 おもね
阿る：へつらう。
20 ひぢりめん
緋色の縮緬。
21 あくび
眠いときなどにする呼吸運動。
22 ぞうごん・ぞうげん
悪口。
23 いくばく
数量・程度が不明であるさま。
24 いなが
坐ら：その場を動かないで。
25 でんや
いなかの老農夫。
26 そうたく
草木が生い茂っている湿地。
27 うんぬん
あれこれ言うこと。
28 しりめ
意識はしているものの無視すること。
29 はたけ・はた
穀物や野菜を栽培する農地。
30 ぼうとく
神聖なものなどをおとしめること。
31 あっぱ
天晴れな：見事な。
32 ぞくり
俗物の役人。
33 ぼうれい
道理にそむく行いをすること。
34 さいれん
細かく立つ波。さざなみ。
35 いささ
些か：ほんのすこし。わずか。
36 じょうらん
秩序を乱すこと。騒乱。
37 せ
一反の十分の一で約一アール。
38 うっこ
草木の茂っているさま。

出る順

A 文章題 7

何回も出題されている最重要問題!

▼出題語句(過去24年間)

制限時間15分

31点で合格

1回目 ／38点

2回目 ／38点

次の傍線部分の**カタカナ**を**漢字**で記せ。

1 **ジライ**行方が知れぬ
2 脱兎の**ゴト**く
3 **モノスゴ**き所
4 将来を**ユウモン**する
5 **タイセイ**の名画
6 **ダンナ**様が仰った
7 **イチ**早く駆けつける
8 **カイサイ**を叫ぶ
9 **キュウセンポウ**に立つ
10 馬に**マタ**がる
11 **ウヌボ**れが強い人だ
12 袴を**ハ**く
13 深い**タケヤブ**
14 蛇口を**ヒネ**る
15 **フンヌ**の形相
16 **ウヤムヤ**な結末
17 **ケイガイ**に拘泥しない
18 壁の**スキ**から見る

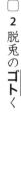

解答と語句の意味

1 爾来
それ以来。その後。

2 如・若
如く:〜のように。

3 物凄(凄)
物凄い:たいへんな。非常に不気味な。

4 憂悶(懣)
悩み苦しむこと。

5 泰西
西洋または西洋諸国。

6 旦那
奉公人などが主人を敬って言う語。

7 逸
逸早く:真っ先に。すばやく。

8 快哉
胸がすくこと。痛快なこと。

9 急先鋒
先頭に立って勢いよく行動する人。

10 跨(胯)
跨がる:両足ではさむようにして乗る。

11 自惚・己惚
自惚れ:うぬぼれる気持ち。自負。

12 穿
穿く:足を通して下半身につける。

13 竹藪
竹がたくさん生えている所。

14 捻・撚(拈・捫)
捻る:指先でつまんで回す。

15 憤(忿)怒
大いに怒ること。ふんど。

16 有耶無耶
物事がはっきりしないこと。

17 形骸
外形。精神のない形だけのもの。

18 隙
物と物との間。すきま。

出る順 A

読み / 表外の読み / 熟語と一字訓 / 共通の漢字 / 書き取り / 誤字訂正 / 四字熟語・書き / 四字熟語・意味 / 対義語・類義語 / 故事・成語・諺 / 文章題

次の波線の**漢字**の**読み**を**ひらがな**で記せ。

- □ 19 到着は午後の筈だ
- □ 20 山里に隠棲する
- □ 21 嬉戯する子を眺める
- □ 22 激昂して叫ぶ
- □ 23 此処彼処に花が咲く
- □ 24 罪人さえ庇蔭した
- □ 25 攪擾せらる精神
- □ 26 一廉の人物
- □ 27 厚い犀革を貫き通す
- □ 28 鍵穴から室内を覗く
- □ 29 発展の障碍
- □ 30 斯くの如く
- □ 31 宴席に芸妓を呼ぶ
- □ 32 鄭重にお断りする
- □ 33 世界に貫盈する
- □ 34 山稜に立つ鋒杉
- □ 35 陛下より賜る
- □ 36 荘厳華麗な交響曲
- □ 37 否塞的な状況に陥る
- □ 38 草履で出かける

解答と語句の意味

19 はず
当然そうあるべきだという意。

20 いんせい
俗世を離れてひっそりと暮らすこと。

21 きぎ
喜んで遊び戯れること。

22 げきこう・げっこう
はげしく憤ること。

23 かしこ
あそこ。

24 ひいん
かばうこと。

25 こうじょう・かくじょう
かき乱すこと。

26 ひとかど・いっかど
ひときわすぐれていること。一角。

27 さいかく
サイの革

28 のぞ
覗く：小さな穴や隙間からこっそり見る。

29 しょうがい
物事の成立や進行の妨げになること。

30 か
斯く：このように。この。これほど。

31 げいぎ
芸事で客をもてなす女性。芸者や芸子。

32 ていちょう
心がこもって礼儀正しく丁寧なさま。

33 かんえい
ある風潮や傾向が満ち渡ること。

34 ほこすぎ
矛（ほこ）のようにまっすぐ伸びた杉。

35 たまわ
賜る：「もらう」の謙譲語。

36 そうごん・しょうごん
おごそかで気高いこと。

37 ひそく
閉じてふさがること。閉塞。

38 ぞうり
鼻緒をすげた歯のない履物。

出る順 A

何回も出題されている最重要問題！

文章題 8

▼出題語句（過去24年間）

制限時間15分

31点で合格

1回目　　／38点

2回目　　／38点

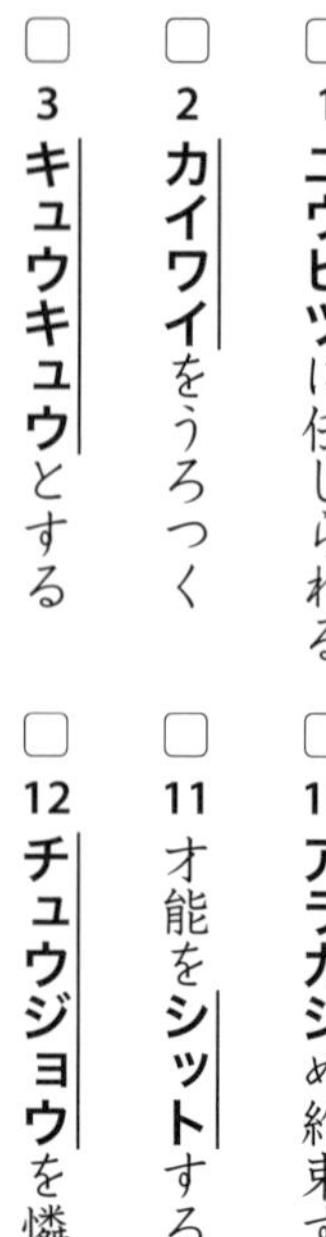

次の傍線部分の**カタカナ**を**漢字**で記せ。

- 1 **ユウヒツ**に任じられる
- 2 **カイワイ**をうろつく
- 3 **キュウキュウ**とする
- 4 **ゴバンジマ**の上着
- 5 往事を**シノ**ぶ
- 6 **カツ**ての名女優
- 7 春が**キザ**す
- 8 印鑑**ナイシ**署名
- 9 昆虫の**フン**
- 10 **アラカジ**め約束する
- 11 才能を**シット**する
- 12 **チュウジョウ**を憐れむ
- 13 崖を**ウカイ**する
- 14 **チリアクタ**のように
- 15 **キュウトウ**を脱する
- 16 **コウフン**を弄する
- 17 **シバ**を薪にする
- 18 **ソソ**と咲く花

解答と語句の意味

1 右筆・祐筆
貴人に仕え文書を作成する者。書記。

2 界隈
その辺り一帯。

3 汲汲・汲々
一つのことに集中して余裕のないさま。

4 碁盤縞
碁盤の目状の正方形の縞模様。

5 偲
偲ぶ：懐かしい気持ちで思い出す。

6 曽・嘗（曾）
曽て：以前。昔。

7 兆・萌
兆す：気配がある。芽生える。

8 乃至
もしくは。あるいは。

9 糞
動物が排出する固体状の排泄物。大便。

10 予
予め：前もって。

11 嫉妬・疾妬
うらやみ、ねたむこと。

12 衷情・中情
衷情…嘘、偽りのない心。中情…心中。

13 迂回
遠回りすること。

14 塵芥
ごみ。値打ちのないもの。

15 旧套
古くからの形式。ありきたりの方法。

16 口吻
物の言い方や□振り。□先。□元。

17 柴
小さい雑木。

18 楚楚・楚々
清らかで美しいさま。可憐なさま。

次の波線の**漢字の読みをひらがなで**記せ。

□ 19 採地を見回る
□ 20 人生乃ち成長の過程
□ 21 騒乱の萌動を見る
□ 22 軽忽にも紛失した
□ 23 一時款語す
□ 24 樵蘇往反す
□ 25 山里の一穂の煙
□ 26 義務を忽せにせり
□ 27 碇綱を巻き上げる
□ 28 藁人形を打ち付ける
□ 29 障子の桟を拭く
□ 30 娼妓と相択ぶ所なし
□ 31 楢の木のテーブル
□ 32 萱影に隠るる姿
□ 33 天子の君寵を受ける
□ 34 晩蟬の声が物悲しい
□ 35 富士山の麓に育つ
□ 36 倭絵を学ぶ
□ 37 豪宕な気風
□ 38 荘園の承嗣として

解答と語句の意味

19 さいち
領地。知行所。

20 すなわ
乃ち：つまり。

21 ほうどう・ぼうどう
物事の起こる兆候があること。

22 けいこつ
軽はずみなこと。

23 かんご
うちとけて語り合うこと。

24 しょうそ
薪を採り、草を刈ること。またその人。

25 いっすい
一本の穂。煙を穂に見立てていう語。

26 ゆるが
忽せ：おろそか。なおざり。

27 いかりづな
錨につける綱。

28 わらにんぎょう
藁で人間の形を模した人形。

29 さん
戸や障子の骨組み。

30 あいえら
相択ぶ：区別する。

31 なら
ブナ科の落葉もしくは常緑の高木。

32 けんえい
萱（ススキやチガヤ）の影。

33 くんちょう
主君から受ける寵愛。

34 ばんぜ[せ]ん・ひぐらし
夕ぐれに鳴く蟬。ひぐらし。

35 ふもと
山すそ。

36 やまとえ
日本の伝統的な絵画、絵画様式。

37 ごうとう
豪快で細事にこだわらないこと。

38 しょうし
あとを受け継ぐこと。受け継ぐ人。

出る順

A

文章題 9

▼出題パターン

何回も出題されている最重要問題！

8点で合格

1回目　　／10点

2回目　　／10点

次の傍線（1～5）のカタカナを漢字に直し、波線（ア～オ）の漢字の読みをひらがなで記せ。

その理由いかにと尋ぬるに初学入門の捷径[ア]はこれに限るよと降参人と見てとっていやに軽蔑した文句を並べる、**フショウ**[1]なりといえども軽少ながら鼻下に髯（ひげ）を蓄えたる男子に女の自転車で稽古をしろとは情ない、まあ落ちても善いから当り前の奴でやってみようと抗議を申し込む、もし採用されなかったら丈夫玉砕瓦全[イ]を恥ずとか何とか珍汾漢の気焔（きえん）を吐こうと暗に下拵（したごしらえ）に黙っている、とそれならこれにしようと、いとも見苦しかりける男乗をぞあてがいける、思えらく**ノウシャ**[2]筆を択[ウ]ばず、どうせ落ちるのだから車の美醜などは構うものかと、あてがわれたる車を重そうに引張り出す、不平なるは力を出して上からウンと押して見るとギーと鳴る事なり、伏して惟[エ]んみれば関節が**ユル**[3]んで油気がなくなった老朽の自転車に万里の**ハトウ**[4]を超えて遥遥[オ]と逢いに来たようなものである。自転車屋には恩給年限がないのか知らんとちょっと不審を起してみる、思うにその年限は疾ッ（と）くの昔に来ていて今まで物置の隅に閑居静養を専らにした奴に違ない、計らざりき東洋の**コカク**[5]に引きずり出され奔命に堪（たえ）ずして悲鳴を上るに至っては自転車の末路また憐むべきものありだがせめては降参の腹（はら）癒（いせ）にこの老骨をギューと云わしてやらんものをと乗らぬ先から当人はしきりに乗り気になる。

（出典／夏目漱石『自転車日記』より抜粋改変）

解答

- 1 不肖
- 2 能者
- 3 弛
- 4 波濤
- 5 孤客
- ア しょうけい
- イ がぜん
- ウ えら
- エ おも
- オ はるばる

出る順Bランク

最短で合格を決める重要問題!

過去24年間の出題データに基づく**「出る順」**です。
Bランクは、**最短で合格を決める重要問題**です。

出る順 B

読み 1

最短で合格を決める重要問題！

制限時間10分

37点で合格

1回目　／46点

2回目　／46点

次の傍線部分の**音読み**を**ひらがな**で記せ。

- □ 1 神社で愛息の**冥加**を願う。
- □ 2 まことに**屑屑**たる小人物だ。
- □ 3 **夙昔**の志が揺らぎつつある。
- □ 4 祭壇に向かい**叩首**する。
- □ 5 悪口に**勃如**として気色ばむ。
- □ 6 海辺の**濤声**が家まで届く。
- □ 7 **掩蔽**工作をしてひた隠した。
- □ 8 **欽定**憲法が制定された。
- □ 9 世界の民話を**集輯**する。
- □ 10 **只今**の一念に徹する。
- □ 11 太腿に**浮腫**ができた。
- □ 12 長河の**鰐魚**を蔵する所。
- □ 13 川の上流に**堰堤**を設ける。
- □ 14 番傘の表面に**桐油**を引く。
- □ 15 **酋領**に許可を願う。
- □ 16 宮中で**大嘗会**が催された。
- □ 17 出土した**菱花**鏡を陳列する。
- □ 18 腕のいい**輪輿**の職人を求む。
- □ 19 いつか**衿契**を為すに至った。
- □ 20 **暁闇**の中を駅に向かう。

解答と語句の意味

1 みょうが
知らずに受ける神仏の加護。

2 せつせつ
こせこせ、こまごま。

3 しゅくせき
昔から。以前から。

4 こうしゅ
頭を地面にすりつける礼。

5 ぼつじょ
むっとして顔色を変えるさま。

6 とうせい
波の音。

7 えんぺい
おおって見えなくすること。

8 きんてい
王の命令で制定すること。

9 しゅうしゅう
集めて編纂すること。

10 しこん
今この時。現在。

11 ふしゅ
むくみ。

12 がくぎょ
ワニの類。

13 えんてい
水を止める堤防。ダム。

14 とうゆ
アブラギリの種子から採った油。

15 しゅうりょう
部族のかしら。おさ。

16 だいじょうえ
天皇即位後初めての新嘗祭。

17 りょうか
菱花鏡：菱の花型に鋳た金属の鏡。

18 りんよ
車輪と車台。

19 きんけい
心を許しあった交際。

20 ぎょうあん
月が隠れ日が昇る間のやみ。

□21 命令に唯々として従うのみ。
□22 墨絵のような黛青の山々だ。
□23 将軍の御前まで膝行する。
□24 漢語を倭訓で読む。
□25 友人の妬心に悩まされる。
□26 甜瓜を均等に割る。
□27 侃侃如として人に接する。
□28 馨逸たる香りが漂う。

次の傍線部分の**訓読み**を**ひらがな**で記せ。

□29 国産種の鴇は絶滅した。
□30 店主は大儲けで夷顔だ。
□31 自ら靖んじ、自ら献ずる。※
□32 爾ごときにわかるものか。
□33 新米を丁寧に淘げる。
□34 神聖な場所を瀆す行為だ。
□35 堰かれて思いが更に募る。
□36 栄誉を讃えここに表する。
□37 裏口を杜いで退路を断つ。
□38 全土に亘って名が知られる。
□39 厩から愛馬を引き出す。
□40 見事な包丁捌きに感心する。
□41 着物の裾を纏る。
□42 諒に申し訳ない。
□43 烏鳴くを奈ともする無し。
□44 簀子に薄く広げ海苔を漉く。
□45 蹄を蹴立てて馬が疾駆する。
□46 先達を凌ぐ業績を残す。

※自分の心を靖んじて、その自分を社会に献じる。『書経』より。

---

21 いい
ひたすら。もっぱら。

22 たいせい
遠くの山や樹木の濃い青色。

23 しっこう
ひざまずいて進退すること。

24 わくん
日本よみ。国訓。

25 としん
ねたむ心。嫉妬心。

26 てんか
マクワウリの漢名。

27 かんかんじょ
温厚で物腰柔らかであること。

28 けいいつ
香りがすばらしいこと。

29 とき
コウノトリ目トキ科の鳥。

30 えびすがお
にこにことした笑顔。

31 やす
靖んじる：安らかにする。

32 なんじ
二人称の人代名詞。おまえ。

33 よな
淘げる：研ぐ。水中でより分ける。

34 けが
瀆す：きれいなものをよごす。

35 せ
堰く：流れや仲をさえぎる。

36 たた
讃える：ほめる。

37 ふさ
杜ぐ：ふたをする。閉じる。

38 わた
亘る：ある範囲まで及ぶ。

39 うまや
馬を飼う小屋。

40 さば
捌き：手際のよい処理。

41 まつ
纏る：まつり縫いをする。

42 まこと
たしかに。本当に。

43 いかん
奈とも：どうすることも。

44 す
漉く：溶いた原料を乾かす。

45 ひづめ
馬などの足にある角質の爪。

46 しの
凌ぐ：より優位になる。

出る順 B

読み 2

最短で合格を決める重要問題！

制限時間10分

37点で合格

1回目 ／46点

2回目 ／46点

次の傍線部分の**音読み**を**ひらがな**で記せ。

1 わが一族の**輯睦**を願う。

2 凍傷で指先が**壊死**する。

3 西半分を西日本と**汎称**する。

4 裏社会の**渠魁**が逮捕された。

5 誰でも知っている**名諺**だ。

6 炎症でリンパ腺が**腫脹**する。

7 決して**溢美**の言ではない。

8 小心な**怯夫**に過ぎない。

9 幼帝に代わり**簾政**を行う。

10 天地鬼神は**満盈**を悪む。

11 師に悟りの道を**諮諏**する。

12 **竈神**を迎える祭りを行う。

13 **卯酉**を結ぶ線を引く。

14 明け方まで漱石を**耽読**した。

15 **葺屋**の民家が散在する。

16 全国の**瓶酒**が棚に並ぶ。

17 天皇家の**王胤**とされる。

18 不道徳行為が**弥漫**している。

19 御前にて**廟議**が開かれる。

20 王は**穆清**の善政を施した。

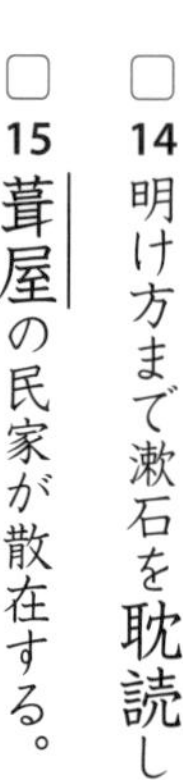

解答と語句の意味

1 しゅうぼく
和らいで睦まじくすること。

2 えし
生体組織の一部が死ぬこと。

3 はんしょう
広くひっくるめて呼ぶこと。

4 きょかい
おかしら。主に悪い集団の首領。

5 めいげん
名高い諺。

6 しゅちょう
からだの一部がはれること。

7 いつび
ほめ過ぎ。

8 きょうふ
臆病者。いくじなし。

9 れんせい
皇太后が政治を行うこと。

10 まんえい
十分に満ちること。

11 ししゅ
問いたずねて相談すること。

12 そうしん
かまどの神。台所の神。

13 ぼうゆう
東（卯）と西（酉）。

14 たんどく
夢中になって読むこと。

15 しゅうおく
かやぶきの屋根。

16 へいしゅ
びん詰めの酒。

17 おういん
王の子孫。

18 びまん
広がりはびこること。

19 びょうぎ
朝廷での評議。

20 ぼくせい
清らかで平和なこと。

21 一日中厨室で働く。
22 開戦に備え兵戟を調達する。
23 近什を取り集めて刊行する。
24 王朝の正閏を争う。
25 紙燭で穴蔵を照らす。
26 僻遠の地に左遷される。
27 まばゆいばかりの光耀だ。
28 いくらか残蟬の声がする。

次の傍線部分の**訓読み**を**ひらがな**で記せ。

29 評価は弥増して高くなった。
30 敵襲に備え自陣に壕を作る。
31 梯を掛けて屋根に登る。
32 腕利きの杢に作らせた。
33 岩礁を避けて面舵を切る。
34 来客もなく仕事が捗る。
35 巷ではもっぱらの評判だ。
36 正月に凧を揚げて遊ぶ。
37 科学の知識にはまるで蒙い。
38 建具に柾目の木材を使う。
39 錫の食器は便利で丈夫だ。
40 相手の事情も汲んでやろう。
41 御伽噺のお姫様のようだ。
42 有り金を叩いて買った。
43 鋤鍬を携えて畑へ出る。
44 仲裁に入って双方を宥める。
45 糠のような雨が降り続く。
46 麿、この歌の返しせん。

21 ちゅうしつ
台所。調理室。
22 へいげき
刀やほこ。武器。
23 きんじゅう
最近作った詩歌や文章。
24 せいじゅん
正統と閏統（正統でない系統）。
25 しそく
こよりに油をしみ込ませた灯火。
26 へきえん
遠く離れた場所。
27 こうよう
光り輝くこと。
28 ざんせん
秋にもまだ残っている蟬。
29 いや
いよいよ。ますます。
30 ほり
地面を掘って作る溝。
31 はしご
高所へ登る道具。
32 もく
大工。木工職人。
33 おもかじ
船首を右に向けるかじの取り方。
34 はかど
捗る：順調にどんどん進む。
35 ちまた
世間。世の中。
36 たこ
空へ高く揚げる玩具。
37 くら
蒙い：よく知らない。
38 まさめ
まっすぐ平行な木目。
39 すず
めっきやはんだに使う金属。
40 く
汲む：推し測る。
41 おとぎばなし
子供に聞かせる昔話。
42 はた
叩く：金を使い果たす。
43 すきくわ
農具。すきと、くわ。
44 なだ
宥める：静める。とりなす。
45 ぬか
精米時に出る種皮や胚芽。
46 まろ
古い一人称代名詞。麻呂。

出る順 B

読み 3

最短で合格を決める重要問題！

制限時間10分

37点で合格

1回目　／46点

2回目　／46点

次の傍線部分の**音読み**を**ひらがな**で記せ。

- 1 台所の一隅に釜竈を据える。
- 2 占領軍の臣妾となる。
- 3 デフレがますます昂進する。
- 4 ひたすら自彊する日々。
- 5 大戦が辛巳の年に起きた。
- 6 朝もやに煙る翠微を眺める。
- 7 妖冶な赤い唇に惑わされた。
- 8 弁疏することしきりである。
- 9 徐歩して柴荊を出づ。
- 10 引退して山村に幽栖する。
- 11 洲渚の枯葦が風に戦ぐ。
- 12 戎衣をなびかせて走る。
- 13 貧しい辺邑の出身だ。
- 14 哀憐の情を誘う物語だ。
- 15 枇杷が鈴なりに実をつける。
- 16 郷土の穎才と誉れが高い。
- 17 世俗を厭離し出家する。
- 18 卓上に瓶子が林立している。
- 19 劫火が末世を焼き尽くす。
- 20 北陸の要津として栄えた。

解答と語句の意味

1 ふそう　かまど。
2 しんしょう　他者に従属する者。
3 こうしん　度合いが高まること。
4 じきょう　自ら勉め励むこと。
5 しんし　かのとみ。干支の一八番目。
6 すいび　はるかに青くかすむ山。
7 ようや　なまめかしく美しいこと。
8 べんそ　言いわけ。弁解。
9 さいけい　粗末な家。しばやいばらの意。
10 ゆうせい　世間を離れ静かに暮らす。
11 しゅうしょ　州(す)の水ぎわ。
12 じゅうい　戦場に出るときの服装。
13 へんゆう　辺境にある村。片田舎。
14 あいれん　かなしみ、あわれむこと。
15 びわ　バラ科の常緑高木。
16 えいさい　鋭い才能。
17 お[え]んり　現世を嫌い離れること。
18 へいじ[し]　酒を入れる器。徳利。
19 ご[こ]うか　世界を焼き尽くす大火。
20 ようしん　交通・商業上の重要な港。

□ 21 御令婿様のご逝去の報。

□ 22 筆鋒鋭く問題を指摘する。

□ 23 偏頗な報道に苦言を呈する。

□ 24 肌膚がすべすべと美しい。

□ 25 雛鳥を翼蔽する。

□ 26 英彦として知られている。

次の傍線部分の訓読みをひらがなで記せ。

□ 27 穏やかな油凪となる。

□ 28 厳しい上り坂が続く。

□ 29 鼎の軽重を問う。

□ 30 財産の運用を托む。

□ 31 細い糸を撚ってひもを作る。

□ 32 神はすべてを宥したもう。

□ 33 杭打ちの作業は今日で終わる。

□ 34 乱るるも亦進む。

□ 35 蛭に血を吸われる。

□ 36 丙午の生まれは少ない。

□ 37 在庫がいっぺんに捌けた。

□ 38 かごの鳥が餌を啄む。

□ 39 細い道の阿に祠を見つけた。

□ 40 天は自ら助くる者を佑く。

□ 41 部屋を隈なく掃除する。

□ 42 彪模様の羽織を仕立てる。

□ 43 裏山で榎茸を採取した。

□ 44 甲子の年にできた野球場だ。

□ 45 草を鎌で薙ぎ払う。

□ 46 どんなに足掻いても無駄だ。

---

21 ごれいせい
他人の娘むこを敬った呼び方。

22 ひっぽう
文章や筆運びの勢い。

23 へんば[ぱ]
かたよっている。不公平。

24 きふ
はだ。皮膚。

25 よくへい
翼で覆うようにかばうこと。

26 えいげん
すぐれた人物。

27 あぶらなぎ
べたなぎ。

28 けわ
厳しい：きつい。きびしい。

29 かなえ
三本脚の鍋。王位の象徴。

30 たの
托む：まかせる。預ける。

31 よ
撚る：ねじって絡ませる。

32 ゆる
宥す：罪を免ずる。

33 くい
地中に打ち込む棒。

34 また
また。もう一度。

35 ひる
ヒル綱の環形動物。

36 ひのえうま
干支の四三番目。へいご。

37 さば・は
捌ける：物が売れる

38 ついば
啄む：鳥がつついて食べる。

39 くま
入り込んだ場所。

40 たす
佑く：手助けする。

41 くま
ものの隅。曲がり角。

42 まだら
まだら。トラの皮のような模様。

43 えのきだ[た]け
シメジ科の食用のキノコ。

44 きのえね
干支の一番目。かっし。

45 な
薙ぐ：横に打ち払う。

46 あが
足掻く：もがく。

出る順 B

読み 4

最短で合格を決める重要問題！

制限時間10分

37点で合格

1回目 ／46点

2回目 ／46点

次の傍線部分の**音読み**を**ひらがな**で記せ。

- □ 1 **於邑**して立ち尽くす。
- □ 2 **劫末**のごとき大惨事だ。
- □ 3 間諜に**訊鞠**を加える。
- □ 4 **神祇**をまつりお供えをする。
- □ 5 総代が答辞を**捧読**する。
- □ 6 幼少時から**慧悟**な子だった。
- □ 7 **鼠輩**など眼中にない。
- □ 8 **弄瓦**の御慶を申し上げます。
- □ 9 ここは旧陸軍の**造兵廠**跡だ。
- □ 10 畑に作物を**播植**する。
- □ 11 心身とも**凋残**した様子だ。
- □ 12 山の麓に**緑埜**が広がる。
- □ 13 **智嚢**を絞って対策を練る。
- □ 14 容疑者全員を**鞫訊**する。
- □ 15 **蠣殻**のまま火にかける。
- □ 16 **戊寅**の年に反乱が起こった。
- □ 17 滄海の**一粟**に過ぎぬ。
- □ 18 **衿帯**の要害の地だ。
- □ 19 草木が一面に**暢茂**する。
- □ 20 兄弟揃って**禰祖**に参拝する。

解答と語句の意味

1 おゆう
悲しみで気持ちがふさがるさま。

2 ごうまつ
世界の終わり。

3 じんきく
取り調べ、罪を問いただすこと。

4 じんぎ
天の神と地の神。

5 ほうどく
文書を両手で上げて読む。

6 けいご
かしこい。利発な。

7 そはい
つまらない連中。

8 ろうが
女子が誕生すること。

9 ぞうへいしょう
軍がもつ工場。

10 はしょく
種をまき、苗を植えること。

11 ちょうざん
衰えた様子。

12 りょくや
草木の茂る野原。

13 ちのう
知恵袋。ブレーン。

14 きくじん
取り調べて罪を問いただすこと。

15 れいかく
かきの貝殻。

16 ぼいん
つちのえとら。干支の一五番目。

17 いちぞく
一粒の粟。ごく小さい物。

18 きんたい
攻撃を受けにくい地勢。襟帯。

19 ちょうも
のびのびとおいしげること。

20 でいそ
父と祖先の御霊屋（みたまや）。

□ 21 芝は葱青と生い茂っている。
□ 22 刀と鉄楯を手に戦地へ赴く。
□ 23 蚤夜勉学に励み続けた。
□ 24 毀誉褒貶相半ばする。
□ 25 入会地で薪柴を得られる。
□ 26 茅葺き屋根を補葺する。

次の傍線部分の訓読みをひらがなで記せ。

□ 27 洪水がやっと捌けてきた。
□ 28 野点の行事が催される。
□ 29 謙は亨る。君子は終わり有り。※
□ 30 節分に柊と鰯を飾る。
□ 31 隣地との境に檜垣を立てる。
□ 32 長年の夢がついに叶った。
□ 33 裏手の山には笹藪がある。
□ 34 美しい苑の風景を楽しむ。
□ 35 卒爾乍らお願いいたします。
□ 36 舞台と客席を御簾で隔てる。
□ 37 秋の黍畑が黄色に染まる。
□ 38 人、木石に匪ず。
□ 39 椋の木陰で陽射しを避ける。
□ 40 葛縄でしっかり括る。
□ 41 檀が紅葉している。
□ 42 叢に毒虫が潜んでいる。
□ 43 喧騒を遁れて田舎に住む。
□ 44 弓を携え箭を背に出陣する。
□ 45 初対面の挨拶で思わず吃った。
□ 46 天地変化して草木蕃る。

※謙遜であれば通じる。君子であれば終わりを全うできる。『易経』より。

21 そうせい
草木が青々と茂る様子。

22 てつじゅん
鉄のたて。

23 そうや
朝早くから夜遅くまで。

24 きよほうへん
ほめたりけなしたりすること。

25 しんさい
たきぎ。

26 ほしゅう
つくろい直すこと。

27 は
捌ける：たまらずに流れる。

28 のだて
野外で催す茶会。

29 とお
亨る：通じる。支障なく行われる。

30 ひいらぎ
モクセイ科の常緑小高木。

31 ひがき
ひのきの板でつくった垣根。

32 かな
叶う：願いが実現する。

33 ささやぶ
笹が密生する所。竹藪。

34 その
草木を植えた場所。庭園。

35 なが
乍ら：～ではあるが。

36 みす
目の細かいすだれ。

37 きび
イネ科の一年草。実は食用。

38 あら
匪ず：～ではない。

39 むく
ニレ科のムクノキ。

40 かずらなわ
葛で作った縄。

41 まゆみ
ニシキギ科の落葉低木。

42 くさむら
草が群生した場所。

43 のが
遁れる：逃げる。回避する。

44 や
棒状の飛び道具。

45 ども
吃る：話すとき言葉がつかえる。

46 しげ
蕃る：生い茂る。

出る順 B

読み 5

最短で合格を決める重要問題！

制限時間10分

37点で合格

1回目　／46点

2回目　／46点

次の傍線部分の**音読み**を**ひらがな**で記せ。

1 打打発止とやり合う。
2 板場で烹煎の修業をする。
3 道路が溢水で通行できない。
4 まだ草藁の段階だ。
5 鉄杵を磨いて針とする。
6 旧弊を簸却し新時代を築く。
7 自らの檮昧を悔いる。
8 解決に摯実な努力を続ける。
9 弱者を翫弄するに等しい。
10 強靱な肉体と精神を持つ。
11 稚拙ながら蕪辞を呈する。
12 近在の家を残らず叩門した。
13 現地で兵士を傭役する。
14 国家機密を諜報する。
15 舞妓をお座敷に呼ぶ。
16 斧斤をふるい木を倒す。
17 爾後音信不通となっている。
18 弁護側は鋭く論駁した。
19 草屋に鶏黍の膳を設ける。
20 退職して煙霞の痼疾※を患う。

※煙霞の痼疾：自然を愛し旅を好む習性。

解答と語句の意味

1 ちょうちょう　強く打つ音が続くさま。
2 ほうせん　煮たり焼いたりする。料理。
3 いっすい　水があふれること。
4 そうこう　詩文の下書き。草稿。
5 てっしょ　鉄のきね。
6 はきゃく　払い捨てること。
7 とうまい　おろかなこと。
8 しじつ　心がこもりまじめなさま。誠実。
9 がんろう　慰みものにすること。
10 きょうじん　強くしなやかなこと。
11 ぶじ　自分の文章をさす謙譲語。
12 こうもん　人を訪ねること。
13 ようえき　雇い入れて使うこと。
14 ちょうほう　敵情をひそかに探ること。
15 ぶぎ　舞を舞う女性。まいこ。
16 ふきん　おの。まさかり。
17 じご　そののち。以後。
18 ろんばく　意見の誤りを攻撃すること。
19 けいしょ　客をもてなすこと。饗応。
20 えんか　煙と霞のこと。

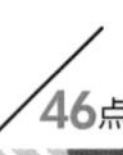

21 要人がテロの兇刃に倒れた。
22 時節柄御加餐ください。
23 中原逐鹿の様相を呈する。
24 平時に戎器の準備をする。
25 胤嗣の誕生を待ちわびる。
26 昂然と胸を張って答えた。

次の傍線部分の訓読みをひらがなで記せ。

27 柾の生け垣で敷地を区切る。
28 川を境に管轄を劃かつ。
29 湖面にかすかに漣が立つ。
30 酒を彊いるのはやめろ。
31 君の言い分は尤もだ。
32 雪が溶け草花が萌む。
33 登るに峨しい山道だ。
34 塙に立って市街を望む。
35 水族館で鋸鮫を見る。
36 行く手を碍げるものはない。
37 二梱の布団を荷台に積む。
38 天へと岨つ霊峰が見える。
39 その辻を渡ればすぐだ。
40 悪い予感が胸中に萌した。
41 怒りの焔を抑える。
42 這の賊、我を見たり。
43 隼が中空をよぎる。
44 国境の砦が襲撃された。
45 春秋鼎に盛んなり。
46 根掘り葉掘り穿りまわる。

---

21 きょうじん
人を殺す刃物。

22 かさん
相手の健康を願う語。

23 ちくろく
帝位を争うこと。

24 じゅうき
武器。兵器。

25 いんし
あとつぎ。嗣子。子孫。

26 こうぜん
意気の盛んな様子。

27 まさき
ニシキギ科の常緑低木。

28 わ
劃かつ：区分する。

29 さざなみ
細かく立つ波。

30 し
彊いる：無理にさせる。強いる。

31 もっと
道理に合う。当然。

32 めぐ
萌む：芽を出す。芽吹く。

33 けわ
峨しい：傾斜が急。険しい。

34 はなわ
山の突き出た所。小高い所。

35 のこぎりざめ
ツノザメ目の海魚。

36 さまた
碍げる：邪魔して止める。

37 ふたこ(う)り
梱：紐をかけた荷物。

38 そばだ
岨つ：ひときわ高く立つ。

39 つじ
道が十字に交わる所。

40 きざ
萌す：始まる気配がある。

41 ほのお
炎、火炎のこと。

42 こ
這の：この。これ。

43 はやぶさ
タカ目ハヤブサ科の鳥。

44 とりで
外敵を防ぐ出城。要塞。

45 まさ
今にも。ちょうどこれから。

46 ほじ(く)
穿る：しつこく探る。

出る順 B

読み 6

最短で合格を決める重要問題！

制限時間10分

37点で合格

1回目　／46点

2回目　／46点

次の傍線部分の**音読み**を**ひらがな**で記せ。

□ 1 防諜体制に予算を投じる。

□ 2 一年ぶりに臼杵を取り出す。

□ 3 春風の和穆を仰ぐ。

□ 4 師匠に詩文の斧正を請う。

□ 5 閣下のご機嫌をお伺いする。

□ 6 せせらぎから灘声が響く。

□ 7 同じ場所に豬滞したままだ。

□ 8 腕を撫して待ち構える。

□ 9 郁郁乎として文なる哉。

□ 10 梅林に鶯語がささめく。

□ 11 迺公が出向くまでもない。

□ 12 董狐の筆に倣う。

□ 13 将軍の落胤とうわさされる。

□ 14 尖鋭な主張を掲げる。

□ 15 邑宰に便宜を図ってもらう。

□ 16 名の蓬莱は神山に由来する。

□ 17 板を矩形にくり抜く。

□ 18 不完全な箇所を塡足した。

□ 19 腕利きの梓匠に依頼する。

□ 20 類なき英絢の妃であった。

解答と語句の意味

1 ぼうちょう　スパイ活動を防ぐこと。

2 きゅうしょ　うすときね。

3 わぼく　おだやかであること。

4 ふせい　詩文の添削を頼む謙辞。

5 こうか　身分の高い人への敬称。

6 だ[た]んせい　早瀬の流れの音。

7 ちょたい　停滞すること。

8 ぶ　撫す：なでる。さする。

9 いくいくこ　華やかで盛んなさま。

10 おうご　うぐいすの鳴き声。

11 だいこう　俺様。

12 とうこ　圧力に屈せず事実を記す。

13 らくいん　貴人が妾に生ませた子。

14 せんえい　思想や行動が過激なこと。

15 ゆうさい　村長。地域の長官、役人。

16 ほうらい　仙人が住むという想像上の山。

17 くけい　長方形。

18 てんそく　不足を補うこと。

19 ししょう　大工や建具工のこと。

20 えいけん　美しさが抜きんでていること。

21 屢次の災難で損害がかさむ。
22 時代を劃する発明となった。
23 巌頭に波が砕ける。
24 無事に胎児が分娩される。
25 蕨拳に朝露が降りている。
26 鹿茸を強壮薬に用いる。

次の傍線部分の**訓読み**を**ひらがな**で記せ。

27 勝って兜の緒を締める。
28 狡兎死して走狗烹らる。
29 森の木々が雨に濡う。
30 惟命令に従うのみだ。
31 早蕨が春の訪れを告げる。
32 昔は姥捨ての因襲があった。
33 一斉に凱を上げる。
34 舌が蕩けるような美味だ。
35 沫雪が路上を濡らす。
36 今年は旧暦では閏七月がある。
37 麹の働きで酒を醸造する。
38 草原を貫くように畷が続く。
39 菅薦を敷いた上に座る。
40 花の中心に雌蕊がある。
41 虎斑の旗を振って応援する。
42 衣服の袖が鉤型に裂けた。
43 之を董すに威を用てす。
44 それはひどく僻った見解だ。
45 繋ぎに余興を披露する。
46 惇いもてなしに感激する。

---

21 るじ
しばしば起こること。

22 かく
劃する：区分する。

23 がんとう
岩の突端。

24 ぶんべん
子を産むこと。出産。

25 けっけん
拳のような形のワラビの若芽。

26 ろくじょう
漢方薬となる鹿の袋角。

27 かぶと
頭部を防護する武具。

28 に
烹る：調味して煮る。

29 うるお
濡う：うるおう。水分を帯びる。

30 ただ
それ以外はない。

31 さわらび
芽を出し始めたワラビ。

32 うば
高齢の女性。老婆。

33 かちどき
戦勝の喜びの声。

34 とろ
蕩ける：溶けて軟らかくなる。

35 あわゆき
泡のようにすぐ溶ける雪。

36 うるう
暦法上、平年より日数または月数を多くさし入れること。

37 こうじ
麹菌を繁殖させた穀類。

38 なわて
真っすぐで長い道。田んぼ道。

39 すがごも
スゲで編んだむしろ。

40 めしべ
花にある種子を作る雌性の器官。

41 とらふ
虎皮と同じ黄と黒の模様。

42 かぎがた
先端が直角に曲がった形。

43 ただ
董す：監督する。見張る。

44 かたよ
僻る：一方に寄る。

45 つな
繋ぎ：次に移るまでの間。

46 あつ
惇い：情に厚い。真心がこもる。

出る順 B

読み 7

最短で合格を決める重要問題！

制限時間10分

37点で合格

1回目 ／46点

2回目 ／46点

次の傍線部分の**音読み**を**ひらがな**で記せ。

1 中国料理店で甜酒を飲む。
2 船は明朝抜錨の予定だ。
3 葵花の日に向かいて傾く。
4 朝食に芋粥を炊く。
5 事態はすでに逼急している。
6 垢衣をまとい旅を続ける。
7 禅寺で竹篦の戒めを受ける。
8 全財産を蕩尽する。
9 陣地の周囲に鹿柴を巡らす。
10 火災で全財産が烏有に帰す。
11 着物を衣桁に掛ける。
12 筆翰流るるが如し。
13 宛然たる列仙伝中の人物だ。
14 憐情に心が動かされる。
15 些事がもとで大問題になる。
16 鳴禽のさえずりに心が和む。
17 庭師に立木の揃刈を頼む。
18 山顛から下界を見下ろす。
19 芝生にじかに尻坐する。
20 話し好きな好好爺だ。

解答と語句の意味

1 てんしゅ　中国産の甘い酒。
2 ばつびょう　錨を上げて出帆すること。
3 きか　あおいの花。
4 うしゅく　イモを入れたおかゆ。
5 ひ(よ)っきゅう　さしせまっていること。
6 こうい・くえ　よごれた着物。
7 ちくへい・しっぺい　禅の修行で肩を打つ割り竹。
8 とうじん　使い果たすこと。
9 ろくさい　侵入を防ぐ垣。さかもぎ。
10 うゆう　全く何もないこと。
11 いこう　着物を掛ける道具。
12 ひっかん　筆。字を書くこと。
13 えんぜん　そっくりそのまま。
14 れんじょう　あわれむ心。
15 さじ　ささいなこと。小事。
16 めいきん　よい声で鳴く鳥。
17 せんがい　刈りそろえること。
18 さんてん　山のいただき。山頂。
19 こうざ　地に尻をつけて座ること。
20 こうこうや　善良でやさしいおじいさん。

21 その穎慧が注目を集める。
22 飛箭は的の中心を射抜いた。
23 大きな魚が水を呑吐する。
24 国境辺で紛擾が絶えない。
25 山腹に霞が揺曳している。
26 蓬髪の浪人者が現れた。

次の傍線部分の訓読みをひらがなで記せ。

27 見窄らしい服装。
28 黍餅の素朴な味を好む。
29 手で顔を掩い泣き伏す。
30 明けて朔の未明に決行する。
31 利鎌で草を薙ぎ払う。
32 城の周囲に濠をめぐらす。
33 通説だが、実は謬っている。
34 平らかなること砥の如く。
35 若草の嬬なき君。
36 戦いを止め戟を収める。
37 路傍の蕗に春の訪れを知る。
38 吉日に裳着を行う。
39 鶏の笹身を刺身で食べる。
40 旅先に何日か逗まる。
41 田の畦道を行くと近い。
42 色鮮やかな絢を織り出す。
43 論旨の概要は摑んだ。
44 師匠の下で三年間腕を琢く。
45 葦火が明々と川面に映える。
46 鴛鴦は雌雄の仲が良い。

---

21 えいけい
知恵がすぐれていること。
22 ひせん
飛ぶ矢。
23 どんと
のんだり吐いたりすること。
24 ふんじょう
ごたごたともめること。
25 ようえい
ゆらゆらとたなびくこと。
26 ほうはつ
よもぎのように乱れた髪。
27 みすぼ
見窄らしい：外観が貧弱である。
28 きびもち
キビでつくった餅。
29 おお
掩う：隠すように上にかぶさる。
30 ついたち
月の初日。
31 とが[か]ま
切れ味のよい鎌。
32 ほり
土地を掘って水を張った溝。
33 あやま
謬る：間違う。失敗する。
34 と
砥石。
35 つま
妻。連れ合い。
36 ほこ
両刃の剣。
37 ふき
キク科の多年草。
38 もぎ
成人女子に初めて裳を着せる儀式。
39 ささみ
鶏の上質の胸肉。
40 とど
逗まる：立ち去らず残る。
41 あぜみち
田の間の細道。
42 あや
美しい紋様。
43 つか
摑む：要点を確実にとらえる。
44 みが
琢く：学問や技芸を向上させる。
45 あしび
刈り取った葦を燃やす焚き火。
46 おし(どり)
カモ科の水鳥。

出る順 B

最短で合格を決める重要問題！

表外の読み

制限時間10分

39点で合格

1回目 ／48点

2回目 ／48点

次の傍線部分は常用漢字である。その**表外の読み**を**ひらがな**で記せ。

1 転た感慨の念に堪えない。
2 この件は都て私の責任だ。
3 予め御了承願います。
4 時が経って気持ちが和ぐ。
5 細やかな祝宴を設ける。
6 車で現場まで直走る。
7 八百万の神々がおわします。
8 尉の能面を壁に飾る。
9 逸る気持ちを抑えられない。
10 堪えられないおいしさだった。

11 よくできているが擬物だ。
12 維新政府で勲を立てた人だ。
13 謙った態度で接する。
14 姪が淑やかに振る舞っている。
15 万物の創造主を崇める。
16 薦被りを運び込ませる。
17 荘かに儀式が進行する。
18 徒疎かにできない。
19 寧ろ暑いくらいの陽気だ。
20 妄りに出歩いてはならない。

解答と語句の意味

1 うた　転た：ますます。いよいよ。
2 すべ　都て：すべて。全部。
3 あらかじ　予め：前もって。かねて。
4 な　和ぐ：穏やかになる。
5 ささ　細やか：小さくて控えめな。
6 ひた　いちずに。ひたすら。
7 よろず　すべての。万事の。
8 じょう　おきな。老人。
9 はや　逸る：あせる。
10 こた　堪える：がまんする。

11 まがい　にせもの。模造品。
12 いさお（し）　功績。手柄。
13 へりくだ　謙る：自分を低くする。
14 しと　淑やか：物静かで上品な様子。
15 あが　崇める：この上なく敬う。
16 こもかぶ　薦被り：薦で包んだ酒樽。
17 おごそ　荘か：いかめしく重々しい。
18 あだおろそ　徒疎か：いいかげん。
19 むし　寧ろ：どちらかといえば。
20 みだ　妄り：むやみ。やたら。

21 よからぬことを企んでいる。
22 大戯け者と一喝された。
23 倹やかな生活に満足する。
24 書道を克く解する。
25 移民がこの地を墾いた。
26 法の求めるところに遵う。
27 挑戦者を斥ける。
28 その話は措いて先に進もう。
29 泥に塗れて野良を耕す。
30 抑前提が間違っている。
31 二人は奇しくも同郷だった。
32 もう幾ど仕上がっています。
33 天井の梁が傾いでいる。
34 大学で哲学を攻めた。

35 惨ましい事故が起きた。
36 十字路を斜に横切る。
37 丹塗りの鳥居をくぐる。
38 国中に普く知れわたる。
39 私かに思いを寄せた女性だ。
40 右の頬に創の跡がある。
41 この目で確と見たのだ。
42 もう一度同じ件を読み直す。
43 娘を妻わせた先へ訪ねる。
44 序でに買い物をして帰る。
45 学業の成果を験す。
46 宝くじを散で買う。
47 水辺の葦が微かに戦ぐ。
48 親戚の伝を頼って求職する。

21 たくら
企む：もくろむ。
22 たわ
戯け：おろか。
23 つづま
倹やか：控えめ。質素。
24 よ
克く：非常に。十分。
25 ひら
墾く：荒れ地を切り開く。
26 したが
遵う：決まり通りにする。
27 しりぞ
斥ける：追い払う。
28 お
措く：除く。のける。
29 まみ
塗れる：からだ一面につく。
30 そもそも
まず。初めから。
31 く
奇しくも：偶然。不思議にも。
32 ほとん
幾ど：おおかた。
33 かし
傾ぐ：かたむく。
34 おさ
攻める：学問を身につける。

35 いた
惨ましい：痛々しい。
36 はす
ななめ。はすかい。
37 に
赤や朱。
38 あまね
普く：広く。すみずみまで。
39 ひそ
私か：こっそり。
40 きず
けが。傷。
41 しか
確と：はっきりと。
42 くだり
文章の一部や前に述べた事項。
43 めあ
妻わす：とつがせる。
44 つい
序でに：その機会に。
45 ため
験す：こころみる。
46 ばら
ばらばらにした状態。
47 そよ
戦ぐ：わずかに揺れる。
48 つて
てがかり。縁故。

出る順 B

最短で合格を決める重要問題！

熟語と一字訓 1

制限時間10分

36点で合格

1回目 ／44点

2回目 ／44点

次の熟語の読み（音読み）と、その語義にふさわしい訓読みを（送りがなに注意して）ひらがなで記せ。

- □ 1 諫死…諫める
- □ 2 煩擾…擾れる
- □ 3 周匝…匝る
- □ 4 遼遠…遼か
- □ 5 淳化…淳い
- □ 6 亨運…亨る
- □ 7 掩護…掩う
- □ 8 逼塞…逼る
- □ 9 播殖…播く
- □ 10 天佑…佑け
- □ 11 趨勢…趨く
- □ 12 啓蒙…蒙い
- □ 13 惹起…惹く
- □ 14 杜口…杜ぐ
- □ 15 怨誹…誹る
- □ 16 灌頂…灌ぐ
- □ 17 醇風…醇い
- □ 18 拘繫…繫ぐ

解答と熟語の意味

1 かんし…いさ
死をもっていさめること。

2 はんじょう…みだ
煩わしいほどにみだれること。

3 しゅうそう…めぐ
周囲をとりまくこと。

4 りょうえん…はる
はるかに遠いさま。

5 じゅんか…あつ
手厚く教えて感化すること。

6 こううん…とお
神に願いが通じること。

7 えんご…おお・かば
かばって危険から守ること。

8 ひっそく…せま
動きがとれないこと。ひっそり暮らすこと。

9 はしょく…ま
種をまき、苗を植えること。

10 てんゆう…たす
天のたすけ。天助。

11 すうせい…おもむ
全体の流れ。今後の成り行き。

12 けいもう…くら
人々に正しい知識を教え、導くこと。

13 じゃっき…ひ・まね
事件や問題をひきおこすこと。

14 とこう…ふさ
口をふさぎ、ものを言わないこと。

15 えんぴ…そし
悪口を言うこと。

16 かんじょう…そそ
水を頭頂にそそぐこと。仏教の儀式。

17 じゅんぷう…あつ
人情が厚く素直な習慣。

18 こうけい…つな
捕らえてつないでおくこと。

19 捧呈…捧げる
20 按摩…按える
21 佼人…佼しい
22 欽羨…欽む
23 輔弼…弼ける
24 惇朴…惇い
25 董理…董す
26 弘誓…弘い
27 頗僻…頗る
28 匡済…済う
29 亙古…亙る
30 峻嶺…峻い
31 禦侮…禦ぐ

32 穎悟…穎れる
33 猷念…猷る
34 卦兆…卦い
35 仰臥…臥す
36 坦夷…夷らか
37 夙成…夙い
38 編纂…纂める
39 蕪辞…蕪れる
40 豊穣…穣る
41 降魔…降す
42 斡流…斡る
43 瑞兆…瑞い
44 瀦水…瀦まる

19 ほうてい…ささ
ささげ持って差し出すこと。
20 あんま…おさ
体を揉んで筋肉の凝りを治す療法。
21 こうじん…うつく
美しい女性のこと。
22 きんせん…つつし
相手を敬い、うらやましく思うこと。
23 ほひつ…たす
天子の国政をたすけること。
24 じゅんぼく・とんぼく…あつ
素直で飾り気のないさま。
25 とうり…ただ
人々を監督し、取り締まること。
26 ぐぜい…ひろ
悟りと衆生救済のために菩薩が立てた誓願。
27 はへき…かたよ
考えがかたよること。
28 きょうさい…すく
悪や乱れをただして救うこと。
29 こうこ…わた
昔から今まで。永遠。
30 しゅんれい…たか
険しくて高い峰。
31 ぎょぶ…ふせ
敵からの侮りを防ぐこと。

32 えいご…すぐ
悟りが早く賢いこと。
33 ゆうねん…はか
考えたくらむこと。
34 かちょう…うらな
占いに現れた兆候のこと。
35 ぎょうが…ふ
あお向けに寝ること。
36 たんい…たい
土地などが平坦であること。またそのさま。
37 しゅくせい…はや
早くおとなびること。早熟。
38 へんさん…あつ
材料を集めて整理し書物にすること。
39 ぶじ…みだ・あ
自分の言葉や文をへりくだっていう語。
40 ほうじょう…みの
穀物が豊かにみのるさま。
41 ごうま…くだ
悪魔をおさえつけること。
42 あつりゅう…めぐ
めぐり流れること。移り変わること。
43 ずいちょう…めでた
めでたいことのあるきざし。吉兆。
44 ちょすい…た
水をためること。

出る順

B

熟語と一字訓 2

最短で合格を決める重要問題！

制限時間10分

36点で合格

1回目 /44点

2回目 /44点

次の**熟語**の**読み**（**音読み**）と、その**語義**にふさわしい**訓読み**を（送りがなに注意して）**ひらがな**で記せ。

1 騒擾…擾れる
2 親疏…疏い
3 栗然…栗く
4 赫灼…赫く
5 区劃…劃る
6 牽制…牽く
7 溢水…溢れる
8 禿筆…禿びる
9 臆説…臆る
10 寓意…寓ける
11 尤人…尤める
12 曝涼…曝す
13 稽停…稽る
14 娩痛…娩む
15 偓促…偓わる
16 輯睦…輯らぐ
17 敦信…敦い
18 晦蔵…晦ます

解答と熟語の意味

1 そうじょう…みだ
騒ぎを起こして秩序を乱すこと。

2 しんそ…うと
関係が親しいことと疎遠なこと。

3 りつぜん…おのの
恐れおののいて震えること。

4 かくしゃく…かがや
明るく光り輝くこと。

5 くかく…くぎ
土地などを区切った部分。

6 けんせい…ひ
相手を自由に行動させないこと。

7 いっすい…こぼ・あふ
水があふれ出ること。

8 とくひつ…ち
自分の文章をへりくだっていう語。

9 おくせつ…おしはか
根拠のない推測による意見。

10 ぐうい…かこつ
意味を別の物事に託して表すこと。

11 ゆうじん…とが
人をとがめること。

12 ばくりょう…さら
日や風に当てて湿気を飛ばすこと。

13 けいてい…とどこお
とどまること。とどめること。

14 べんつう…う
出産すること。

15 あくせ［さ・そ］く…かか
気ぜわしく落ち着かないこと。

16 しゅうぼく…やわ
穏やかで睦(むつ)まじいこと。

17 とんしん…あつ
あつく信ずること。

18 かいぞう…くら
目立たぬように隠すこと。

19 亮達…亮らか
20 戚容…戚える
21 遁走…遁れる
22 暢茂…暢びる
23 瀦溜…瀦まる
24 烹炊…烹る
25 敦朴…敦い
26 捺印…捺す
27 瑞雲…瑞い
28 恢廓…恢い
29 匝線…匝る
30 湛水…湛える
31 祁寒…祁いに

32 沈毅…毅い
33 大捷…捷つ
34 嘗薬…嘗める
35 萌生…萌す
36 欣快…欣ぶ
37 棲息…棲む
38 魁偉…魁きい
39 遠猷…猷る
40 繫駕…繫ぐ
41 纂述…纂める
42 沈澱…澱む
43 掠奪…掠める
44 歎傷…歎く

19 りょうたつ…あき
物事によく通じていること。

20 せきよう…うれ
悲しみなげく様子。うれいがお。

21 とんそう…のが
逃げ出すこと。逃走。

22 ちょうも…の
草木がのびのびと生長すること。

23 ちょりゅう…た
水をためること。

24 ほうすい…に
煮たきすること。料理。

25 とんぼく…あつ
人情に厚く飾り気のないこと。

26 なついん…お
印判をおすこと。

27 ずいうん…めでた
めでたいことの前兆として現れる雲。

28 かいかく…ひろ
広く大きいこと。

29 そうせん…めぐ
一定点の周りを回る渦巻形の平面曲線。

30 たんすい…たた
水田などに水をためること。

31 きかん…おお
厳しい寒さのこと。

32 ちんき…つよ
落ち着いていて物事に動じないこと。

33 たいしょう…か
圧倒的に勝つこと。大勝。

34 しょうやく…な
薬を飲ませる前に毒味をすること。

35 ほ[ぼ]うせい…きざ
物事の起こるきざしが現れること。

36 きんかい…よろこ
非常にうれしいこと。

37 せいそく…す
動物が住んでいること。

38 かいい…おお
体格や顔つきが大きく、たくましい。

39 えんゆう…はか
遠い将来まで見据えた計画。

40 けいが…つな
車に馬をつなぐこと。

41 さんじゅつ…あつ
材料を集めて文章にすること。

42 ちんでん…よど
液体に溶けないものが沈みたまること。

43 りゃくだつ…かす
力ずくで奪うこと。

44 たんしょう…なげ
なげき悲しむこと。

出る順 B 最短で合格を決める重要問題！

共通の漢字

制限時間15分

32点で合格

1回目 /40点

2回目 /40点

次の各組の二文の（　）には共通する漢字が入る。その読みを後の□から選び、常用漢字（一字）で記せ。

1 業者からの（　）応を断る。 （　）託金が必要だ。

2 （　）的な結末のドラマだ。 年末は仕事で繁（　）になる。

3 非常時に強（　）を発動する。 （　）高で鼻持ちならない男だ。

4 気（　）あふれる報道記者だ。 作者の叛（　）精神に共鳴する。

5 （　）興に物真似を披露する。 横で（　）視するだけだった。

6 （　）没した戦友を悼む。 攻撃主体の布（　）で臨む。

7 娯楽番組に食（　）気味だ。 事実無根の中（　）を受ける。

8 どうか御笑（　）ください。 （　）采の儀が行われる。

きょう・かん・けん・こつ・ざ・じょう・じん・のう・し・ぼう・しょう・げき

解答と熟語の意味

1 供
供応（きょうおう）：酒や食事でもてなすこと。
供託（きょうたく）：金銭や物品を一時差しだすこと。

2 劇
劇的（げきてき）：劇のように緊張、感動させるさま。
繁劇（はんげき）：きわめて忙しいこと。

3 権
強権（きょうけん）：国家がもつ強い権力。
権高（けんだか）：気位が高く人を見下すさま。見高。

4 骨
気骨（きこつ）：信念を曲げない強い気性。
叛骨（はんこつ）：権力などに逆らう気概。

5 座
座興（ざきょう）：宴席に興を添える芸や遊戯。
座視（ざし）：見ているだけで手出ししないこと。

6 陣
陣没（じんぼつ）：戦地で死ぬこと。
布陣（ふじん）：戦いの陣をかまえること。

7 傷
食傷（しょくしょう）：同じ事が続いて飽きてくること。
中傷（ちゅうしょう）：悪口で名誉を傷つけること。

8 納
御笑納（ごしょうのう）：笑ってお納めくださいという意。
納采（のうさい）：皇族が結納をとりかわすこと。

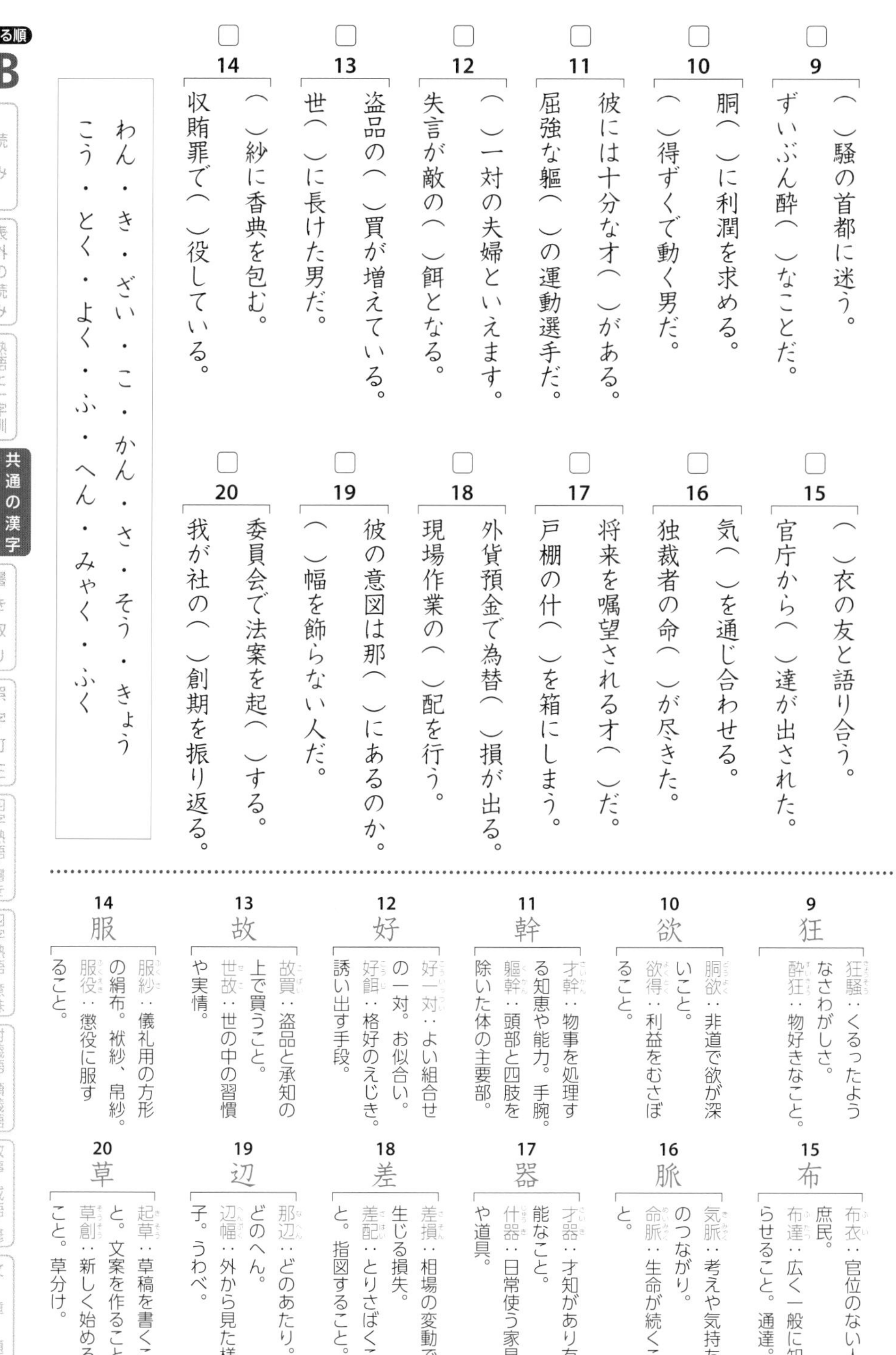

□ 9
(　)騒の首都に迷う。
ずいぶん酔(　)なことだ。

□ 10
胴(　)に利潤を求める。
(　)得ずくで動く男だ。

□ 11
彼には十分な才(　)がある。
屈強な軀(　)の運動選手だ。

□ 12
(　)一対の夫婦といえます。
失言が敵の(　)餌となる。

□ 13
盗品の(　)買が増えている。
世(　)に長けた男だ。

□ 14
(　)紗に香典を包む。
収賄罪で(　)役している。

わん・き・ざい・こ・かん・さ・そう・きょう
こう・とく・よく・ふ・へん・みゃく・ふく

□ 15
(　)衣の友と語り合う。
官庁から(　)達が出された。

□ 16
気(　)を通じ合わせる。
独裁者の命(　)が尽きた。

□ 17
将来を嘱望される才(　)だ。
戸棚の什(　)を箱にしまう。

□ 18
外貨預金で為替(　)損が出る。
現場作業の(　)配を行う。

□ 19
彼の意図は那(　)にあるのか。
(　)幅を飾らない人だ。

□ 20
委員会で法案を起(　)する。
我が社の(　)創期を振り返る。

---

9 狂
狂騒：くるったようなさわがしさ。
酔狂：物好きなこと。

10 欲
胴欲：非道で欲が深いこと。
欲得：利益をむさぼること。

11 幹
才幹：物事を処理する知恵や能力。手腕。
軀幹：頭部と四肢を除いた体の主要部。

12 好
好一対：よい組合せの一対。お似合い。
好餌：格好のえじき。誘い出す手段。

13 故
故買：盗品と承知の上で買うこと。
世故：世の中の習慣や実情。

14 服
服紗：儀礼用の方形の絹布。袱紗、帛紗。
服役：懲役に服すること。

15 布
布衣：官位のない人。庶民。
布達：広く一般に知らせること。通達。

16 脈
気脈：考えや気持ちのつながり。
命脈：生命が続くこと。

17 器
才器：才知があり有能なこと。
什器：日常使う家具や道具。

18 差
差損：相場の変動で生じる損失。
差配：とりさばくこと。指図すること。

19 辺
那辺：どのあたり。どのへん。
辺幅：外から見た様子。うわべ。

20 草
起草：草稿を書くこと。文案を作ること。
草創：新しく始めること。草分け。

出る順 B

書き取り 1

最短で合格を決める重要問題！

制限時間15分

36点で合格

1回目 ／44点

2回目 ／44点

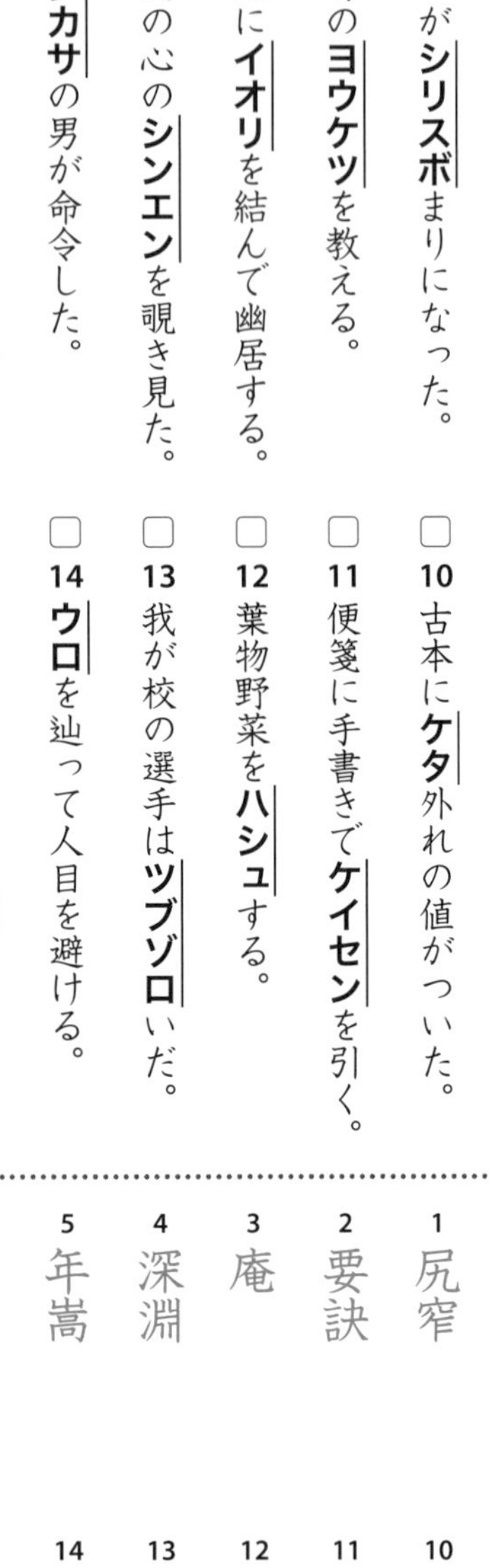

次の傍線部分の**カタカナ**を**漢字**で記せ。

1 勢いが**シリスボ**まりになった。

2 成功の**ヨウケツ**を教える。

3 深山に**イオリ**を結んで幽居する。

4 友人の心の**シンエン**を覗き見た。

5 **トシカサ**の男が命令した。

6 業者からの**マイナ**いを受け取る。

7 **ケイセキ**を多く含有する地層。

8 父は**ニンキョウ**物の映画を好む。

9 落ち武者が山里に**インセイ**する。

10 古本に**ケタ**外れの値がついた。

11 便箋に手書きで**ケイセン**を引く。

12 葉物野菜を**ハシュ**する。

13 我が校の選手は**ツブゾロ**いだ。

14 **ウロ**を辿って人目を避ける。

15 崩れた土砂が川を**セ**き止めた。

16 **セキツイ**動物の骨格標本が並ぶ。

17 社運の**リュウショウ**を祈願する。

18 陰暦は月の**エイキョ**で定めた。

解答

1 尻窄

2 要訣

3 庵

4 深淵

5 年嵩

6 賄・賂

7 珪(硅)石

8 仁侠・任侠

9 隠棲・隠栖

10 桁

11 罫線

12 播種

13 粒揃

14 迂路

15 堰・塞

16 脊椎

17 隆昌

18 盈虚※

※18 盈虚…月の満ち欠け。

□ 19 広く**ケンデン**された名作だ。
□ 20 工場の**バイエン**が目に染みる。
□ 21 金額**ウンヌン**の問題じゃない。
□ 22 祖父は盆栽**イジ**りが趣味だ。
□ 23 一羽の**シラサギ**が水田に立つ。
□ 24 **リンサン**を利用して洗剤を作る。
□ 25 建築物の**ヒナガタ**を作る。
□ 26 捕らわれて**ケイバク**の身となる。
□ 27 **ヤイト**の痕が背中に残る。
□ 28 **スゲガサ**を被って農作業に励む。
□ 29 庭に**ヤエムグラ**が茂っている。
□ 30 祖先の**レイビョウ**を訪れる。
□ 31 **カキョウ**の大物と対面する。

□ 32 **ハンバク**の余地がない正論だ。
□ 33 **ゴウ**を掘る工事に動員される。
□ 34 世界選手権の**ゼンショウ**戦。
□ 35 **ロッカン**神経痛で胸が苦しい。
□ 36 委員長が壇上に**マカ**り出た。
□ 37 **ヒシガタ**の花弁を染めた家紋。
□ 38 しばらく伯父の家に**キグウ**する。
□ 39 懐かしい時代に思いを**ハ**せる。
□ 40 道端の**カレン**な野花を摘む。
□ 41 郷里に**ヒッソク**して再起を待つ。
□ 42 まんまと敵の術中に**ハ**まった。
□ 43 散々**ホウトウ**して文無しになる。
□ 44 **ホウトウ**を組んで対立する。

---

19 喧伝
20 煤煙
21 云云・云々
22 弄
23 白鷺
24 燐酸
25 雛形・雛型
26 繋縛
27 灸
28 菅笠
29 八重葎
30 霊廟
31 華僑

32 反駁(駮)
33 濠・壕
34 前哨
35 肋間
36 罷
37 菱形
38 寄寓※
39 馳(駛・騁)
40 可憐
41 逼塞
42 塡(嵌)
43 放蕩
44 朋党

※38 寄寓…一時的に人の家に住むこと。仮のすまい。

出る順 **B**

書き取り 2

最短で合格を決める重要問題！

制限時間15分

36点で合格

1回目　／44点

2回目　／44点

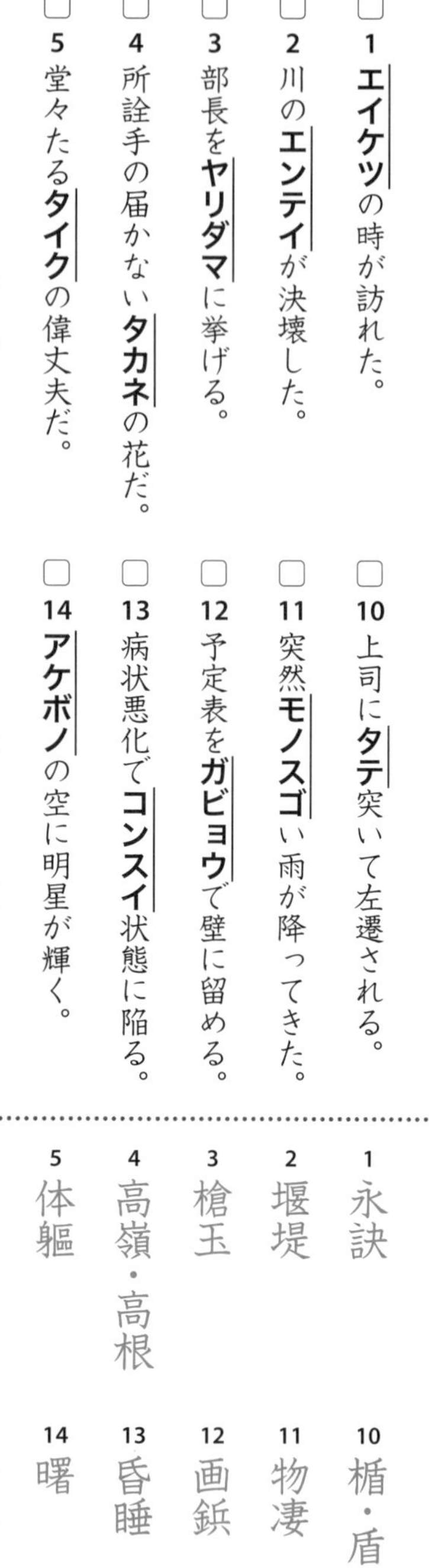

次の傍線部分の**カタカナ**を**漢字**で記せ。

1 **エイケツ**の時が訪れた。

2 川の**エンテイ**が決壊した。

3 部長を**ヤリダマ**に挙げる。

4 所詮手の届かない**タカネ**の花だ。

5 堂々たる**タイク**の偉丈夫だ。

6 観客の応援で**ガゼン**元気が出た。

7 飛行機の**ゴウオン**が響く。

8 日頃の**ウップン**を吐き出す。

9 **ガガ**たる山並みを仰ぎ見る。

10 上司に**タテ**突いて左遷される。

11 突然**モノスゴ**い雨が降ってきた。

12 予定表を**ガビョウ**で壁に留める。

13 病状悪化で**コンスイ**状態に陥る。

14 **アケボノ**の空に明星が輝く。

15 勝敗の**ブンスイレイ**となった。

16 **サイリ**な洞察で将来を予測する。

17 縁側に**コケ**玉をつるす。

18 双方の証言が**フンゴウ**した。

解答

1 永訣
2 堰堤
3 槍玉
4 高嶺・高根
5 体軀
6 俄然
7 轟音
8 鬱憤
9 峨峨・峨々
10 楯・盾
11 物凄
12 画鋲
13 昏睡
14 曙
15 分水嶺
16 犀利※
17 苔
18 吻合※

※16 犀利…刃物などが鋭いさま。才知が鋭いさま。
※18 吻合…ぴったり合うこと。

□ 19 この**カイワイ**では有名な店だ。
□ 20 勝敗が**コントン**としてきた。
□ 21 髭**ソ**りは毎朝の習慣だ。
□ 22 **フンヌ**の形相で襲い掛かる。
□ 23 心に**オリ**が溜まっているようだ。
□ 24 破損した**ガイシ**を交換する。
□ 25 名前を聞くだけで**ムシズ**が走る。
□ 26 大器の**ヘンリン**を見せた。
□ 27 **サケマス**漁船が北洋に出ていく。
□ 28 **チョコザイ**な口を利く若造だ。
□ 29 窓から見知らぬ顔が**ノゾ**く。
□ 30 **ボサツ**のような表情を浮かべた。
□ 31 **カモイ**から障子が外れる。
□ 32 **ザッパク**な議論は時間の浪費だ。
□ 33 弓に矢を**ハ**いで敵を狙う。
□ 34 今年で**ジリツ**の齢を迎える。
□ 35 空になったお**チョウシ**を振る。
□ 36 暴徒の**ソウガ**を危うく逃れた。
□ 37 切にご**カンジョ**を請う次第です。
□ 38 山腹には**シノダケ**が生い茂る。
□ 39 被災地に再建の**ツチオト**が響く。
□ 40 細い**シマガラ**が入った着物。
□ 41 正月に**ケマリ**の遊びを楽しむ。
□ 42 生徒達を**ヘンパ**なく扱う。
□ 43 **シッセキ**した部下の行方を捜す。
□ 44 孫の過ちを**シッセキ**する。

---

19 界隈
20 混(渾)沌
21 剃
22 憤(忿)怒
23 澱
24 碍子
25 虫酸・虫唾
26 片鱗
27 鮭鱒
28 猪口才
29 覗・窺(覘)
30 菩薩
31 鴨居
32 雑駁(駮)
33 矧
34 而立※
35 銚子
36 爪牙
37 寛恕
38 篠竹
39 槌音
40 縞柄
41 蹴鞠
42 偏頗※
43 失跡
44 叱責

※34 而立…三十歳のこと。 ※42 偏頗…不公平。

出る順 B

書き取り 3

最短で合格を決める重要問題！

制限時間15分

36点で合格

1回目　／44点

2回目　／44点

次の傍線部分の**カタカナ**を**漢字**で記せ。

1 論敵の主張を激しく**バク**する。
2 相手の言い訳に**アキ**れ返った。
3 我が国は**キタイ**に瀕している。
4 **ツタウルシ**の紅葉を愛でる。
5 妻の**ブンベン**に立ち会う。
6 縁日で**ワタアメ**を買う。
7 傷口に**ナンコウ**を塗る。
8 **イッキク**の水で喉を潤す。
9 世間から**ツマハジ**きされる。
10 紫の**キキョウ**が秋の野を染める。
11 **チリメン**で夏服を仕立てる。
12 **ビンショウ**な動きで跳躍する。
13 以上が事件の**テンマツ**です。
14 一対の**コマイヌ**が鎮座している。
15 馬の**テイテツ**を取り替える。
16 不倶戴天の**キュウテキ**に出会う。
17 地区大会の優勝校が**デソロ**った。
18 勝敗の**キスウ**が明らかになる。

解答

1 駁(駮)
2 呆(惘)
3 危殆
4 蔦漆
5 分娩
6 綿飴
7 軟膏
8 一掬※
9 爪弾
10 桔梗
11 縮緬
12 敏捷
13 顛末
14 狛犬・狛・高麗犬
15 蹄鉄
16 仇敵
17 出揃
18 帰趨※

※8 一掬…ひとすくい。 ※18 帰趨…ゆきつくところ。

出る順 B

□ 19 **ミノカサ**をつけて雨を防ぐ。
□ 20 **オモカジ**を切って暗礁を避ける。
□ 21 **キョウジン**な肉体に鍛え上げた。
□ 22 こいつは**モッケ**の幸いだ。
□ 23 **ショウノウ**の匂いが着物に付く。
□ 24 師は**トンコウ**な人柄で知られる。
□ 25 診察台の上に**ギョウガ**する。
□ 26 恋の**サヤア**てだ。
□ 27 最後に**ダイリビナ**を段に飾る。
□ 28 **ヤシャ**のように恐ろしい形相だ。
□ 29 目元に黒く**クマドり**を描く。
□ 30 遠路**ハルバル**やって来た。
□ 31 的をちらりと**イチベツ**した。

□ 32 百**ナイシ**二百万ほど必要だ。
□ 33 我が**ママ**な性格は親譲りだ。
□ 34 視野**キョウサク**を指摘される。
□ 35 **ショウカイ**機が低空で飛ぶ。
□ 36 男子生徒の**ドウケイ**の的だ。
□ 37 弟が**オイ**を連れてやって来た。
□ 38 大雨で川の**ミズカサ**が上がる。
□ 39 前途**リョウエン**たる旅路を行く。
□ 40 **ヒゾク**の一団が町を襲撃する。
□ 41 地域の**ケンペイ**率を定める。
□ 42 **シャハン**の事情で計画をやめる。
□ 43 **キリ**の下駄を新調する。
□ 44 **キリ**で刺されるような痛みだ。

19 蓑笠
20 面舵
21 強靱
22 勿怪・物怪
23 樟脳
24 敦厚
25 仰臥
26 鞘当
27 内裏雛
28 夜叉
29 隈(暈)取
30 遥遥・遥々
31 一瞥

32 乃至
33 儘
34 狭窄
35 哨戒
36 憧憬
37 甥
38 水嵩
39 遼遠
40 匪賊
41 建蔽・建坪
42 這般※
43 桐
44 錐

※42 這般…このような。このたび。

読み | 表外の読み | 熟語と一字訓 | 共通の漢字 | 書き取り | 誤字訂正 | 四字熟語・書き | 四字熟語・意味 | 対義語・類義語 | 故事・成語・諺 | 文章題

出る順 **B**

誤字訂正

最短で合格を決める重要問題！

制限時間20分

24点で合格

1回目 ／30点

2回目 ／30点

次の各文にまちがって使われている**同じ音訓の漢字**が**一字**ある。
上に誤字を、**下に正しい漢字**を記せ。

□ **1** 練達の伯楽が馴馳した駿馬だが、猶気性は荒く乗り熟すのは難しい。

□ **2** 社運を途した計画が成就して年度末の収支決算では黒字に転じた。

□ **3** 抜群の一番人気が慮外ながら人気薄の馬の後塵を排することになった。

□ **4** 震災後の街の賑わいが久に復するには膨大な費用と時間が必要だ。

□ **5** 長年に亘って県政を牽引した議員が満を辞して国政選挙に出馬した。

□ **6** 大晦日の掻き入れ時、蕎麦店の厨房は宛ら戦場のような慌ただしさだ。

□ **7** 捲土重来を期し巻き直しを図ってまず日常業務の礪行を手掛ける。

□ **8** 王妃の調臣として権勢を振るった舎人の零落した姿に憐憫を覚えた。

□ **9** 生涯の伴侶に永訣を告げた払暁、庖厨に入り独り林檎の皮を向く。

□ **10** 骨董の蒐集家として著名な作家が大名家の愛含した茶器を落札した。

□ **11** 地面に撒いた泡粒を啄みにきた小鳥達で裏庭は騒然たる有様だ。

□ **12** 惨敗した選手を慰侮する後援者の中には法曹界の重鎮の姿があった。

解答

1 馳→致　馴致(じゅんち)※

2 途→賭　賭(と)する

3 排→拝　拝(はい)する

4 久→旧　旧(きゅう)

5 辞→持　持(じ)す

6 掻→書　書(か)き入れ

7 巻→蒔　蒔(ま)き直(なお)し

8 調→寵　寵臣(ちょうしん)

9 向→剝　剝(む)く

10 含→翫・玩　愛翫(あいがん)

11 泡→粟　粟粒(あわつぶ)

12 侮→撫　慰撫(いぶ)

※1 馴致…人や習慣になれさせること。

□ 13 世継ぎ候補となった嫡男は一早く先代の遺臣たちを説得し自派に加えた。

□ 14 書架に並ぶ史書、字彙、経書等の典籍は皇帝の英覧に供したものだ。

□ 15 心を苛む厭汚感は領袖の悪事を告発できない怯弱な自分に由来している。

□ 16 亡き祖母の法事で菩提寺に縁籍や眷属が集まり、甥姪も顔を揃えた。

□ 17 全天を覆い尽くすが如き砂塵が舞い上がる蒙古の砂漠に黄混が訪れた。

□ 18 晩年は茅拭きの草庵で翠黛の風景を愛でつつ約やかな暮らしを送る。

□ 19 俳壇に登場当時は若輩者と蔑視されたが今や巨匠の勘禄さえ具えている。

□ 20 彼女は妖冶な容姿を御曹司に見初められ首尾よく玉の腰に乗った。

□ 21 金伯を多用した絢爛豪華な国宝の襖画に歓賞の声を禁じ得なかった。

□ 22 山懐に抱かれた静閑の地に隅居を構え、俗塵を遁れて晩年を過ごす。

□ 23 氾濫する啓盲書の大半は怒濤の如く流入する西洋文明を礼賛した。

□ 24 嫌騒の都会を遁走して静閑の地に暮らす裡に精神力も蘇生したようだ。

□ 25 戦後経済の伸暢を懸引した産業が凋落し貿易収支は赤字転落した。

□ 26 柳に風と堅肘張らず、無為徒食して荏苒と過ごすのもまた一興である。

□ 27 挨拶し案内を乞うと男は羽散臭げに一瞥をくれて奥へ姿を消した。

□ 28 天災で機能が麻痺した都市の瓦礫や塵壊を他の自治体で処理する。

□ 29 慢性的な腰痛で診察を受けたら、責梁から骨盤の歪みを指摘された。

□ 30 盂蘭盆には祖先の霊が至岸を訪れるといい、茄子や胡瓜で馬を象る。

---

13 一→逸　逸早く（いちはや）

14 英→叡　叡覧（えいらん）

15 汚→悪　厭悪（えんお）

16 籍→戚　縁戚（えんせき）

17 混→昏　黄昏（こうこん）

18 拭→葺　茅葺き（かやぶ）

19 勘→貫　貫禄（かんろく）

20 腰→輿（輦）　玉の輿（たま・こし）

21 伯→箔　金箔（きんぱく）

22 隅→寓　寓居（ぐうきょ）

23 盲→蒙　啓蒙（けいもう）

24 嫌→喧　喧騒（けんそう）

25 懸→牽　牽引（けんいん）

26 堅→肩　肩肘張る（かたひじは）

27 羽→胡　胡散臭げ（うさんくさ）

28 壊→芥　塵芥（じんかい）

29 責→脊　脊梁（せきりょう）

30 至→此　此岸（しがん）※

※30 此岸…仏教で現世のこと。↔彼岸

出る順 B

四字熟語・書き 1

最短で合格を決める重要問題！

制限時間15分

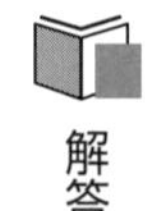

20点で合格

1回目 ／24点

2回目 ／24点

次の四字熟語の（　）に入る適切な語を後の□から選び、**漢字二字**で記せ。

□1 臥竜（　　　）馬腹

□2 （　　　）馬腹

□3 （　　　）惑衆

□4 （　　　）夕虚

□5 融通（　　　）

□6 中原（　　　）

□7 （　　　）群吠

□8 竹頭（　　　）

□9 （　　　）自大

□10 （　　　）絶壁

だんがい・やろう・ほうすう・ちょうべん
ようげん・ゆうけん・ぼくせつ・むげ
ちくろく・ちょうえい

解答と四字熟語の意味

1 臥竜鳳雛（がりょうほうすう）　才能はあるのに機会に恵まれず実力を発揮できない者。

2 長鞭馬腹（ちょうべんばふく）　強大な力も及ばないものがあること。鞭が長すぎて馬腹を打てない意。

3 妖言惑衆（ようげんわくしゅう）　あやしげなことを言いふらして、世人を惑わすこと。

4 朝盈夕虚（ちょうえいせききょ）　人生、人の世のはかないことのたとえ。

5 融通無碍（ゆうずうむげ）　考えや行動が、のびのびしてこだわりがないこと。
無（礙）

6 中原逐鹿（ちゅうげんちくろく）　群雄が天子の位を争うこと。地位をめぐって争うことのたとえ。

7 邑犬群吠（ゆうけんぐんばい）　つまらぬ者が、集まってうわさや悪口を言い立てること。

8 竹頭木屑（ちくとうぼくせつ）　役に立たないもの。また、役に立ちそうにないものでも粗末にしないこと。

9 夜郎自大（やろうじだい）　自分の力量を知らず、偉そうに振る舞うたとえ。

10 断崖絶壁（だんがいぜっぺき）　垂直に切り立った険しいがけ。逃げ場のない窮地。

11 名誉（　　　　）
12 粗酒（　　　　）
13 名声（　　　　）
14 熟読（　　　　）
15 未来（　　　　）
16 三者（　　　　）
17 磨穿（　　　　）
18 阿世（　　　　）
19 （　　　　）心猿
20 （　　　　）革命
21 （　　　　）還郷
22 一世（　　　　）
23 暗中（　　　　）
24 陶犬（　　　　）

いきん・えきせい・ばんかい・いば・そさん
かくかく・てっけん・きょくがく・がんみ
ていりつ・がけい・えいごう・ぼくたく
もさく

11 名誉挽回（めいよばんかい）　失った信用や名声を取り戻すこと。

12 粗酒粗餐（そしゅそさん）　粗末な酒と食事。「餐」は料理、食事。謙遜していう言葉。

13 名声赫赫（めいせいかくかく）　赫々　世間で良い評判が盛んに上がっていること。「赫赫」は盛んな勢い。

14 熟読玩味（じゅくどくがんみ）　翫味　文章をよく読んで、その意味をじっくり考えて味わうこと。

15 未来永劫（みらいえいごう）　未来にわたる、果てしなく長い年月。永遠。

16 三者鼎立（さんしゃていりつ）　三つの勢力が互いに対立していること。

17 磨穿鉄硯（ませんてっけん）　学問にたゆまず励むたとえ。「磨」はすり減らす、「穿」は穴をあける。

18 阿世曲学（あせいきょくがく）　真理を曲げて、権力や時流にこびへつらうこと。曲学阿世。

19 意馬心猿（いばしんえん）　煩悩や欲情に、心を乱され落ち着かないこと。

20 易姓革命（えきせいかくめい）　王朝の交代。天子の徳がなくなれば別の姓の天子に改まるという思想。

21 衣錦還郷（いきんかんきょう）　立身出世して、故郷へ帰ることのたとえ。

22 一世木鐸（いっせい（の）ぼくたく）　人々を教え導く指導者。

23 暗中模索（あんちゅうもさく）　摸索　手がかりもない中であれこれ試みること。目標に向かっての試行錯誤。

24 陶犬瓦鶏（とうけんがけい）　見た目だけ立派で、実際の役には立たないもののたとえ。

出る順 B

最短で合格を決める重要問題！

四字熟語・書き 2

制限時間15分

20点で合格

1回目　/24点

2回目　/24点

次の四字熟語の（　）に入る適切な語を後の□から選び、**漢字二字**で記せ。

1 （　　）雲客

2 推本（　　）

3 （　　）万里

4 論功（　　）

5 （　　）豚児

6 図南（　　）

7 熱願（　　）

8 （　　）暮蚊

9 （　　）一如

10 純情（　　）

げっけい・こうしょう・そげん・はとう
ちょうよう・けいえい・ほうよく・れいてい
けいさい・かれん

解答と四字熟語の意味

1 月卿雲客（げっけいうんかく）
高い身分の人。「月卿」は三位以上の公卿。「雲客」は雲の上の人、殿上人。

2 推本遡源（すいほんそげん）
物事の根源を探し求めること。根本を推察して根源にさかのぼる意。
溯源

3 波濤万里（はとうばんり）
はるか海の向こうの外国。また、遠い異国までの航路。

4 論功行賞（ろんこうこうしょう）
功績、手柄の程度を調べて、それに応じた賞を与えること。

5 荊妻豚児（けいさいとんじ）
自分の妻子を謙遜していう語。「荊妻」はいばらのかんざしをさした妻。

6 図南鵬翼（となん(の)ほうよく）
大きく飛躍して、大事を成し遂げようというたとえ。

7 熱願冷諦（ねつがんれいてい）
熱心に願い求め、冷静に本質を見極めること。「諦」は明らかにすること。

8 朝蠅暮蚊（ちょうようぼぶん）
くだらぬ人物がはびこること。朝の蠅と夕方の蚊。

9 形影一如（けいえいいちにょ）
仲むつまじい夫婦のたとえ。また、心の善悪がその行動に表れるたとえ。

10 純情可憐（じゅんじょうかれん）
素直で清らかで愛らしいさま。

11 内股（　　）（　　）
12 唇歯（　　）（　　）
13 錦心（　　）（　　）
14 春蛙（　　）（　　）
15 堂塔（　　）（　　）
16 （　　）（　　）十菊
17 （　　）（　　）尚武
18 （　　）（　　）進退
19 動静（　　）（　　）
20 六根（　　）（　　）
21 （　　）（　　）舜木
22 秋風（　　）（　　）
23 稲麻（　　）（　　）
24 （　　）（　　）鳳雛

こうやく・しゅうぜん・しゅっしょ・うんい
しょうじょう・らくばく・ほしゃ・ぎょうこ
しゅうこう・りくしょう・ちくい・きんけん
りんし・がらん

11 内股膏薬（うちまたこうやく）
自分の意見がなく、あっちについたり、こっちについたりする人。

12 唇歯輔車（しんしほしゃ）
一方が滅べば他方も成り立たなくなる関係のたとえ。

13 錦心繡口（きんしんしゅうこう）
美しくすぐれた思いと言葉。詩文の才能にすぐれているたとえ。

14 春蛙秋蟬（しゅんあしゅうぜん）
無用の言論。うるさいだけで役に立たない言論。

15 堂塔伽藍（どうとうがらん）（迦藍）
寺院の建物の総称。建物が立ち並ぶ大寺院。

16 六菖十菊（りくしょうじゅうぎく）
必要な時期に遅れて役に立たないもののたとえ。

17 勤倹尚武（きんけんしょうぶ）
勤勉で倹約し、武芸を尊ぶこと。

18 出処進退（しゅっしょしんたい）
役職にとどまるか、辞めるかの身の処し方。

19 動静云為（どうせいうんい）
人の言動のこと。「動静」は日常の行動、立ち居振る舞い。「云為」は言行。

20 六根清浄（ろっこんしょうじょう）
仏教で欲望や迷いを断ち切り、心身ともに清らかになること。

21 尭鼓舜木（ぎょうこしゅんぼく）
善言はよく聞き入れよというたとえ。尭帝の太鼓と舜帝の木札の故事より。

22 秋風落莫（しゅうふうらくばく）（落漠（寞））
勢いがなくなりものさびしい様子。秋風がものさびしく吹く様子。

23 稲麻竹葦（とうまちくい）
人や物がたくさん集まっていて群がっている様子。

24 麟子鳳雛（りんしほうすう）
すぐれた資質のある、前途有望な子供のたとえ。

出る順 B

四字熟語・書き 3

最短で合格を決める重要問題！

制限時間15分

20点で合格

1回目 /24点

2回目 /24点

次の四字熟語の（　）に入る適切な語を後の□から選び、**漢字二字**で記せ。

□1（　　）神工

□2 首鼠（　　）

□3 点滴（　　）

□4（　　）沈魚

□5 眼高（　　）

□6（　　）為楽

□7（　　）地久

□8（　　）頓挫

□9（　　）顛倒

□10（　　）寸長

てんちょう・よくよう・かんり・じゃくめつ
しゅてい・せんせき・せきたん・らくがん
りょうたん・きふ

解答と四字熟語の意味

1 鬼斧神工（きふしんこう）
人間業とは思えぬようなすばらしい技芸。鬼の斧、神の細工の意。

2 首鼠両端（しゅそりょうたん）
どっちつかずの態度。鼠が穴から首だけ出して左右をうかがう意。

3 点滴穿石（てんてきせんせき）
小さな力も、積み重なれば大きな力となるたとえ。

4 落雁沈魚（らくがんちんぎょ）
絶世の美女。魚は恥じて沈み隠れ、雁は見とれて落ちるほどの美女。

5 眼高手低（がんこうしゅてい）
理想が高く実力が及ばないこと。見る目はあるが創作力は低いこと。

6 寂滅為楽（じゃくめついらく）
仏教で煩悩を滅した悟りの境地が真の楽しみの世界である意。

7 天長地久（てんちょうちきゅう）
天地は永遠であること。物事が終わることなくいつまでも続くこと。

8 抑揚頓挫（よくようとんざ）
言葉や文章の調子を上げたり下げたり、勢いを急に変えたりすること。

9 冠履顛倒（かんりてんとう）
地位や立場が逆であること。価値や秩序が乱れていること。

10 尺短寸長（せきたんすんちょう）
誰にでも長所と短所は必ずあるということ。

□11 通暁（　　）（　　）

□12（　　）踊躍（　　）

□13 瓦鶏（　　）（　　）

□14（　　）玉樹（　　）

□15 朝秦（　　）（　　）

□16（　　）保身（　　）

□17（　　）抽薪

□18 七堂（　　）（　　）

□19 丁丁（　　）（　　）

□20（　　）春意（　　）

□21（　　）不抜（　　）

□22 自然（　　）（　　）

□23 知小（　　）（　　）

□24（　　）無頼

とうた・ほうとう・ちょうたつ・めいてつ
とうけん・ふてい・がらん・はっし・やきん
しらん・まんこう・かっこ・ぼうだい・ぼそ

---

11 通暁暢達（つうぎょうちょうたつ）
事柄に詳しく、言葉がのびやかで行き届いていること。

12 冶金踊躍（やきんようやく）
今の立場に満足できないこと。溶けた金属がるつぼから出ようとする意。

13 瓦鶏陶犬（がけいとうけん）
見た目だけ立派で、実際の役には立たないもののたとえ。

14 芝蘭玉樹（しらんぎょくじゅ）
すぐれた人材や子弟。一族一門からすぐれた人物を輩出すること。

15 朝秦暮楚（ちょうしんぼそ）
居所が定まらないこと。主義主張が変わる人。朝は秦、夕方は楚にいる。

16 明哲保身（めいてつほしん）
賢明で道理に明るく、身を誤らないこと。巧妙な処世術にもいう。

17 釜底抽薪（ふていちゅうしん）
問題の解決には根本原因を取り除かなければいけないというたとえ。

18 七堂伽藍（しちどうがらん）
寺の主要な七つの堂。また、七つの堂を備えた大きな寺。

19 丁丁発止（ちょうちょうはっし）
激しく議論し合うさま。また刀で激しく切り合うさま。

20 満腔春意（まんこうしゅんい）
全身に幸せな気分が満ちていること。人を祝う言葉。

21 確乎不抜（かっこふばつ）
確固
意志がしっかりしていて、物事に動じないこと。

22 自然淘汰（しぜんとうた）
自然界の条件に適応する生物が残る。「淘汰」は劣ったものを除くこと。

23 知小謀大（ちしょうぼうだい）
小さな知力、見識で、大きなことを企てること。

24 放蕩無頼（ほうとうぶらい）
酒や女におぼれて素行が悪いこと。

出る順 B

最短で合格を決める重要問題！

四字熟語・意味

制限時間15分

22点で合格

1回目　／27点

2回目　／27点

次の**解説・意味**にあてはまる四字熟語を下の□から選び、その**傍線部分だけの読み**を**ひらがな**で記せ。

□ 1 とりとめがなくてあてにならないこと。
□ 2 学ぶ者と学ばぬ者との差は大きい。
□ 3 ごくつぶし。
□ 4 極度に差があること。
□ 5 自由自在に弁舌をふるうこと。
□ 6 追いつめられた弱者が反撃すること。
□ 7 痩せた土地の形容。
□ 8 勢いよく生長するさま。
□ 9 見識が極めて狭いこと。
□ 10 非常な悲しみ。
□ 11 世の中が平和に治まる。

【1～11の選択肢】

管中窺豹　刑鞭蒲朽
黄茅白葦　雲竜井蛙
泣血漣如　禾黍油油
横説竪説　繋風捕影
一竜一猪
窮鼠噛猫
酒嚢飯袋

解答　▼は全体の読み

1 けいふう　▼けいふうほえい
2 いっちょ　▼いちりゅ[よ]ういっちょ
3 しゅのう　▼しゅのうはんたい
4 せいあ　▼うんりょうせいあ
5 じゅせつ　▼おうせつじゅせつ
6 ごうびょう　▼きゅうそごうびょう
7 こうぼう　▼こうぼうはくい
8 かしょ　▼かしょゆうゆう
9 きひょう　▼かんちゅうきひょう
10 れんじょ　▼きゅうけつれんじょ
11 ほきゅう　▼けいべんほきゅう

□ 12 学問芸術などが滅びてなくなること。
□ 13 苦学のたとえ。
□ 14 故郷をなつかしむ。
□ 15 老人の若々しいこと。
□ 16 美しい女性の形容。
□ 17 凋落の先触れ。
□ 18 自業自得に同じ。
□ 19 書き物に手抜かりや誤りが多いこと。
□ 20 末節に捉われず根源の把握に努める。
□ 21 大人物は欠点を隠せる度量がある。
□ 22 生来、言葉巧みで行動が機敏なこと。
□ 23 天下泰平の世。
□ 24 学問を究めると道理も自ら会得される。
□ 25 歳月がたちまち過ぎ去ること。
□ 26 幼児のこと。また、幼児のいたずら。
□ 27 無謀なことを企てて無駄に終わる。

【12～27の選択肢】

兎走烏飛　塗抹詩書　曲眉豊頬　舜日尭年　水到渠成　資弁捷疾　杜黙詩撰　凋零磨滅　綱挙網疏　山藪蔵疾

精衛填海　穿壁引光　胡馬北風　梧桐一葉　向天吐唾　鶴髪童顔

12 ちょうれい ▼ちょうれいまめつ
13 せんぺき ▼せんぺきいんこう
14 こば ▼こばほくふう
15 かくはつ ▼かくはつどうがん
16 ほうきょう ▼きょくびほうきょう
17 ごとう・ごどう ▼ごと[ど]ういちよう
18 とだ ▼こうてんとだ
19 しさん・しせん ▼ともくしさ[せ]ん
20 もうそ ▼こうきょもうそ
21 さんそう ▼さんそうぞうしつ
22 しょうしつ ▼しべんしょうしつ
23 しゅんじつ ▼しゅんじつぎょうねん
24 きょせい ▼すいとうきょせい
25 とそう ▼とそううひ
26 とまつ ▼とまつししょ
27 てんかい ▼せいえいてんかい

出る順 **B**

最短で合格を決める重要問題！

対義語・類義語 1

39点で合格

1回目 ／48点

2回目 ／48点

次の**対義語**、**類義語**を□の中から選び、**漢字**で記せ。□の中の語は一度だけ使うこと。

対義語

□ 1 他人

□ 2 軟弱

□ 3 模糊

□ 4 論難

□ 5 煩悩

□ 6 微賤

□ 7 真作

□ 8 寛容

□ 9 放任

□ 10 配下

けんき　がんさく　ぼだい　きょうこう　しゅかい　はんばく　しゅんげん　めいりょう　しんせき　かんしょう

類義語

□ 11 脱俗

□ 12 悠揚

□ 13 大書

□ 14 来歴

□ 15 錬成

□ 16 急逝

□ 17 口調

□ 18 迎合

□ 19 暴漢

□ 20 茅屋

そうあん　ついじゅう　とくひつ　いんとん　とんし　きょうと　えんかく　しょうよう　こうふん　とうや

解答

1 他人（たにん）↔親戚（しんせき）

2 軟弱（なんじゃく）↔強硬（きょうこう）

3 模糊（もこ）↔明瞭（めいりょう）

4 論難（ろんなん）↔反駁（駮）（はんばく）

5 煩悩（ぼんのう）↔菩提（ぼだい）

6 微賤（びせん）↔顕貴（けんき）※

7 真作（しんさく）↔贋作（がんさく）

8 寛容（かんよう）↔峻厳（しゅんげん）

9 放任（ほうにん）↔干渉（かんしょう）

10 配下（はいか）↔首魁（しゅかい）

※6 微賤…地位・身分が低い。顕貴…地位・身分が高い。

11 脱俗（だつぞく）＝隠遁（遯）（いんとん）

12 悠揚（ゆうよう）＝従容（しょうよう）・縦容（しょうよう）

13 大書（たいしょ）＝特筆（とくひつ）

14 来歴（らいれき）＝沿革（えんかく）

15 錬成（れんせい）＝陶冶（とうや）

16 急逝（きゅうせい）＝頓死（とんし）

17 口調（くちょう）＝口吻（こうふん）

18 迎合（げいごう）＝追従（ついじゅう）

19 暴漢（ぼうかん）＝凶徒（きょうと）・兇徒（きょうと）

20 茅屋（ぼうおく）＝草庵（菴）（そうあん）

対義語

21 飛躍
22 優柔
23 放縦
24 恩愛
25 多幸
26 雄飛
27 覚醒
28 還俗
29 明朗
30 愁傷
31 熟視
32 先祖
33 閑散
34 瞬間

しふく　こういん　いちべつ　えんこん　じせい　こんすい　えいごう
はんげき　はっこう　かだん　いんうつ　きんかい　ひっそく　ていはつ

類義語

35 苦慮
36 鉄面皮
37 洞察力
38 青二才
39 不審
40 衰微
41 感化
42 過誤
43 傑出
44 平定
45 全快
46 根城
47 素朴
48 自儘

ちょうらく　くんせん　ほうし　けいがん　じゅんしん　へいゆ　たくえつ
ごびゅう　ふしん　じゅし　はれんち　がじょう　ちんぶ　うろん

---

21 飛躍（ひやく）↔逼塞（ひっそく）
22 優柔（ゆうじゅう）↔果断（かだん）
23 放縦（ほうじゅう）↔自制（じせい）
24 恩愛（おんあい）↔怨恨（えんこん）
25 多幸（たこう）↔薄幸（はっこう）・薄倖（はっこう）
26 雄飛（ゆうひ）↔雌伏（しふく）
27 覚醒（かくせい）↔昏睡（こんすい）
28 還俗（げんぞく）↔剃髪（ていはつ）・薙髪（ていはつ）
29 明朗（めいろう）↔陰鬱（いんうつ）・陰欝（いんうつ）
30 愁傷（しゅうしょう）↔欣快（きんかい）
31 熟視（じゅくし）↔一瞥（いちべつ）
32 先祖（せんぞ）↔後胤（こういん）
33 閑散（かんさん）↔繁劇（はんげき）※
34 瞬間（しゅんかん）↔永劫（えいごう）

35 苦慮（くりょ）＝腐心（ふしん）
36 鉄面皮（てつめんぴ）＝破廉恥（はれんち）
37 洞察力（どうさつりょく）＝慧眼（けいがん）
38 青二才（あおにさい）＝豎子（じゅし）※
39 不審（ふしん）＝胡乱（うろん）・烏乱（うろん）
40 衰微（すいび）＝凋落（ちょうらく）・彫落（ちょうらく）
41 感化（かんか）＝薫染（くんせん）
42 過誤（かご）＝誤謬（ごびゅう）
43 傑出（けっしゅつ）＝卓越（たくえつ）
44 平定（へいてい）＝鎮撫（ちんぶ）
45 全快（ぜんかい）＝平癒（へいゆ）・平愈（へいゆ）
46 根城（ねじろ）＝牙城（がじょう）
47 素朴（そぼく）＝純真（じゅんしん）
48 自儘（じまま）＝放恣（ほうし）（肆）

※33 繁劇…きわめて忙しいこと。多忙。
※38 豎子…未熟者。青二才。子供。

出る順 B

対義語・類義語 2

最短で合格を決める重要問題！

制限時間20分

39点で合格

1回目 　/48点

2回目 　/48点

次の対義語、類義語を□の中から選び、漢字で記せ。□の中の語は一度だけ使うこと。

対義語

1 還俗
2 騒擾
3 称讃
4 永劫
5 大度
6 黄昏
7 欣快
8 豊稔
9 混同
10 斬新

きょうりょう　ふつぎょう
きょうこう　あんたい
しゅんべつ　ちんとう
しゅうしょう　せつな
しっせき　とんせい

類義語

11 寝台
12 監視
13 別懇
14 細大
15 両雄
16 機敏
17 危地
18 没入
19 脅迫
20 人民

びんしょう　そうせい
きょうかつ　ちんせん
ここう　がしょう
そうへき　こさい
ばくぎゃく　しょうかい

解答

1 還俗（げんぞく）↔遁（邂）世（とんせい）
2 騒擾（そうじょう）↔安泰（あんたい）
3 称讃（しょうさん）↔叱責（しっせき）
4 永劫（えいごう）↔刹那（せつな）
5 大度（たいど）↔狭量（きょうりょう）
6 黄昏（たそがれ）↔払暁（ふつぎょう）
7 欣快（きんかい）↔愁傷（しゅうしょう）
8 豊稔（ほうじん）↔凶荒（きょうこう）※
9 混同（こんどう）↔峻別（しゅんべつ）
10 斬新（ざんしん）↔陳套（ちんとう）※

11 寝台（しんだい）＝臥床（がしょう）
12 監視（かんし）＝哨戒（しょうかい）
13 別懇（べっこん）＝莫逆（ばくぎゃく）
14 細大（さいだい）＝巨細（こさい）
15 両雄（りょうゆう）＝双璧（そうへき）
16 機敏（きびん）＝敏捷（びんしょう）
17 危地（きち）＝虎口（ここう）
18 没入（ぼつにゅう）＝沈潜（ちんせん）
19 脅迫（きょうはく）＝恐喝（きょうかつ）
20 人民（じんみん）＝蒼生（そうせい）

※8 豊稔…作物が豊かにみのること。※10 陳套…ふるくさいこと。

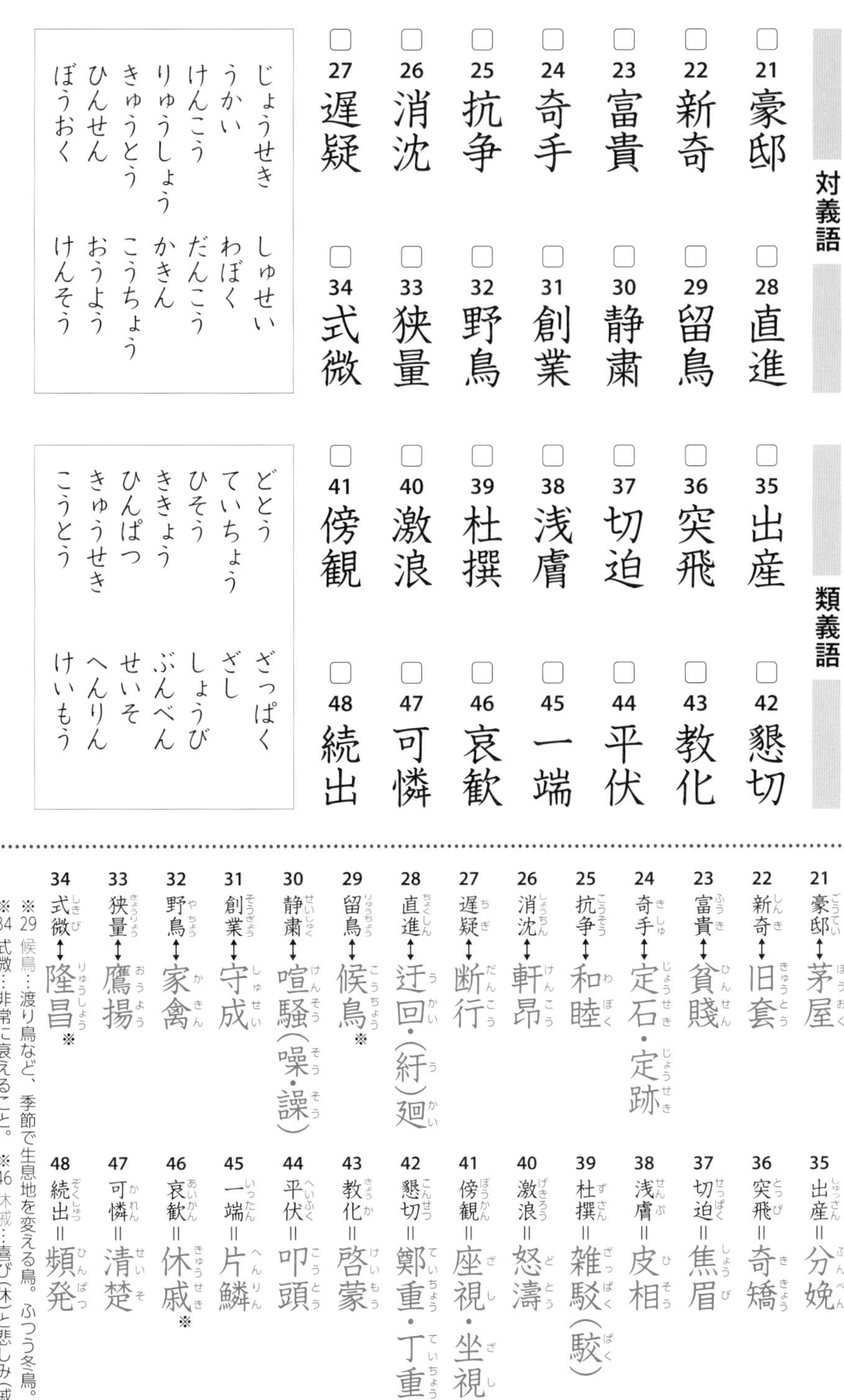

対義語

21 豪邸
22 新奇
23 富貴
24 奇手
25 抗争
26 消沈
27 遅疑
28 直進
29 留鳥
30 静粛
31 創業
32 野鳥
33 狭量
34 式微

じょうせき　うかい　けんこう　りゅうしょう　きゅうとう　ひんせん　ぼうおく
しゅせい　わぼく　だんこう　かきん　こうちょう　おうよう　けんそう

類義語

35 出産
36 突飛
37 切迫
38 浅膚
39 杜撰
40 激浪
41 傍観
42 懇切
43 教化
44 平伏
45 一端
46 哀歓
47 可憐
48 続出

どとう　ていちょう　ひそう　ききょう　ひんぱつ　きゅうせき　こうとう
ざっぱく　ざし　しょうび　ぶんべん　せいそ　へんりん　けいもう

---

21 豪邸(ごうてい)↔茅屋(ぼうおく)
22 新奇(しんき)↔旧套(きゅうとう)
23 富貴(ふうき)↔貧賤(ひんせん)
24 奇手(きしゅ)↔定石(じょうせき)・定跡(じょうせき)
25 抗争(こうそう)↔和睦(わぼく)
26 消沈(しょうちん)↔軒昂(けんこう)
27 遅疑(ちぎ)↔断行(だんこう)
28 直進(ちょくしん)↔迂回(うかい)・(紆(う))廻(かい)
29 留鳥(りゅうちょう)↔候鳥(こうちょう)※
30 静粛(せいしゅく)↔喧騒(けんそう)(噪(そう)・譟(そう))
31 創業(そうぎょう)↔守成(しゅせい)
32 野鳥(やちょう)↔家禽(かきん)
33 狭量(きょうりょう)↔鷹揚(おうよう)
34 式微(しきび)↔隆昌(りゅうしょう)※

35 出産(しゅっさん)＝分娩(ぶんべん)
36 突飛(とっぴ)＝奇矯(ききょう)
37 切迫(せっぱく)＝焦眉(しょうび)
38 浅膚(せんぷ)＝皮相(ひそう)
39 杜撰(ずさん)＝雑駁(ざっぱく)(駮(ぱく))
40 激浪(げきろう)＝怒濤(どとう)
41 傍観(ぼうかん)＝座視(ざし)・坐視(ざし)
42 懇切(こんせつ)＝鄭重(ていちょう)・丁重(ていちょう)
43 教化(きょうか)＝啓蒙(けいもう)
44 平伏(へいふく)＝叩頭(こうとう)
45 一端(いったん)＝片鱗(へんりん)
46 哀歓(あいかん)＝休戚(きゅうせき)※
47 可憐(かれん)＝清楚(せいそ)
48 続出(ぞくしゅつ)＝頻発(ひんぱつ)

※29 候鳥…渡り鳥など、季節で生息地を変える鳥。ふつう冬鳥。
※34 式微…非常に衰えること。　※46 休戚…喜び(休)と悲しみ(戚)。

出る順 B

最短で合格を決める重要問題！

故事・成語・諺 1

制限時間15分

21点で合格

1回目 ／26点

2回目 ／26点

次の故事・成語・諺の**カタカナ**の部分を**漢字**で記せ。

- □ 1 爪の**アカ**を煎じて飲む。
- □ 2 気を吐き**マユ**を揚ぐ。
- □ 3 わが物食えば**カマド**将軍。
- □ 4 **カンリ**を貴んで頭足を忘る。
- □ 5 湯の**ジギ**は水になる。
- □ 6 大河を手で**セ**く。
- □ 7 **テンキ**洩漏すべからず。
- □ 8 **ヌカ**に釘。
- □ 9 車を借る者は之を**ハ**せ、衣を借る者は之を被る。
- □ 10 金を山に蔵し、珠を**フチ**に蔵す。
- □ 11 六親和せずして**コウジ**有り。

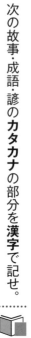

解答 と 故事・成語・諺の意味

1 **垢**
立派な言行を少しでもまねる。すぐれた人の爪の垢を薬として飲んで、その人にあやかる意。

2 **眉**
意気盛んで活気のあるさま。

3 **竈**
貧しくとも自分の働きで食べているのなら、誰はばかることのない立派な一家の主だということ。

4 **冠履**
細かいことにこだわり根本を忘れること。冠や履き物を重んじて本体となる頭や足を忘れている意。

5 **辞儀・辞宜**
遠慮も時と場合を考えるべきだというたとえ。入浴を遠慮して譲り合ううちに湯が冷めてしまう意。

6 **堰・塞**
不可能なことをするたとえ。大河を手でせき止めようとする意。

7 **天機**
重大な秘密は何があっても人にもらしてはならない。「天機」は万物を造る天のからくり。転じて、秘中の秘。

8 **糠（粳）**
手ごたえがないこと、効果のないことのたとえ。暖簾に腕押し。

9 **馳（駛・騁）**
人から借りた物でも、借りている間は思うままに使用できるので、粗略に扱いがちであるということ。

10 **淵**
物欲を離れた清い心をいう。黄金も珠玉も元来あったところに置いたままにしておくという意。

11 **孝慈**
親子、兄弟、夫婦の六親の間で不和が生じると、孝行や慈しむ心が必要となる。孝慈が取り沙汰されるのは、六親が和合していない証である。

12 日、西山にせまりて気息**エンエン**たり。

13 朝に**コウガン**ありて夕べに白骨となる。

14 **チャガラ**も肥になる。

15 薪は割って**タ**け、米はついて食え。

16 **エンジャク**鳳を生まず。

17 難に臨みて兵を**イ**る。

18 自慢の**クソ**は犬も食わぬ。

19 尺璧を貴ばずして**スンイン**を重んず。

20 **リョウジョウ**の君子。

21 **タ**めるなら若木のうち。

22 **キョウキン**を開く。

23 **セイトク**の士は乱世にうとんぜらる。

24 千里の馬は常に有れども**ハクラク**は常には有らず。

25 **チョウアイ**昂じて尼になす。

26 猩猩(しょうじょう)は血を惜しむ、**サイ**は角を惜しむ、日本の武士は名を惜しむ。

---

12 **奄奄・奄々**
年老いて死期が迫っているたとえ。太陽が西の山に沈もうとしている意から。

13 **紅顔**
この世は無常で人の生死は予測できないことをいう。「紅顔」は元気な若者。

14 **茶殻**
世の中に役に立たない物は存在しないというたとえ。

15 **焚**
薪は細く割った方が火つきがよい、米はよくついた方がうまいし、消化もよいということ。

16 **燕雀**
凡人の親からは非凡な子は生まれないというたとえ。蛙の子は蛙。

17 **鋳**
事が迫ってから準備をしても間に合わないたとえ。戦争が起こってから武器を作る意。

18 **糞**
自慢ばかりしている者は誰からも相手にされない。

19 **寸陰**
直径一尺もある大きな宝玉よりも、わずかな時間を大切にする。

20 **梁上**
泥棒。また、ねずみの異称。はり（棟を支える横木）の上にいる君子。

21 **矯**
悪い癖や欠点は幼少のうちに直すべきである。「矯める」は曲げたり伸ばしたりして良い形に直す意。

22 **胸襟**
心に思っていることを打ち明ける。

23 **盛徳**
立派な徳を持った人間は、乱世において は嫌われ遠ざけられる。

24 **伯楽**
有能な人材はたくさんいるが、人物を見抜き育てる指導者は少ない。「伯楽」は中国周代の、馬を見分ける名人。

25 **寵愛**
度が過ぎた溺愛は本人のためにならない。娘をかわいがるあまり嫁にやる機会を失って尼にしてしまうという意。

26 **犀**
どんな者でも大切に守り通すべきものがあるというたとえ。「猩猩」は中国の想像上の動物。

出る順 B

最短で合格を決める重要問題！

故事・成語・諺 2

制限時間15分

21点で合格

1回目　／26点

2回目　／26点

次の故事・成語・諺の**カタカナ**の部分を**漢字**で記せ。

1 **コウセン**の路上老少無し。

2 君子**ホウチュウ**に入るに忍びず。

3 大勇は**キョウ**なるが如く大智は愚なるが如し。

4 **シックイ**の上塗りに借金の目塗り。

5 **ムケイ**の言は聴くことなかれ。

6 両**テンビン**を掛ける。

7 **スイトウ**を以て太山を堕(こぼ)つ。

8 **スス**掃きの米びつ。

9 難波の葦は伊勢の浜**オギ**。

10 旅の犬が尾を**スボ**める。

11 佳景に**チョウジョク**皆忘る。

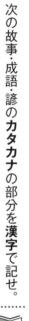

解答と故事・成語・諺の意味

1 黄泉
死は年齢に関係なくおとずれるということ。あの世への道を歩く者に老若の区別はない意。

2 庖厨
君子は生き物の命を奪うことが忍び得ず、調理場に入らないということ。

3 怯
真の勇者は軽率に人と争わないので臆病者のように見え、真の知者は利口ぶらないので愚者に見える。

4 漆喰
その場しのぎで長くもたないこと。漆喰の上塗りも借金も長く持たない。「目塗り」は継ぎ目に塗る、隙間を埋める意。

5 無稽
根拠のない話には耳を傾けるなという戒め。「無稽」は考える根拠がまるでないこと。

6 天秤
どちらを選んでも損にならないようにしようと考えること。

7 錐刀
微力なのに強大な相手に立ち向かう。「太山」は中国にある泰山のこと。小さな刃物で大山を切り崩す意。

8 煤
隅におけない、というしゃれ。いつも台所の隅に置いてある米びつも大掃除には隅から動かすという意から。

9 荻
物の呼び名や風俗・習慣などは、土地によって違ってくること。

10 窄(歙)
家では威張っているが外ではまるで意気地がなくなる人のたとえ。内弁慶。

11 寵辱
素晴らしい景色を前にすると名誉や恥辱などは忘れてしまうものだ。

□ 12 **ホラ**と喇叭(らっぱ)は大きく吹け。

□ 13 **カナヅチ**の川流れ。

□ 14 **セッタ**の裏に灸。

□ 15 身体**ハップ**之を父母に受く。

□ 16 やはり野に置け**レンゲ**草。

□ 17 **キョウゲン**は徳の賊。

□ 18 **ハック**の隙を過ぐるが若し。

□ 19 **セキヒン**洗うが如し。

□ 20 香炉峰の雪は**スダレ**をかかげて看る。

□ 21 飛鳥尽きて**リョウキュウ**蔵る。

□ 22 **バクシュウ**の嘆。

□ 23 麦藁**タコ**に祭鱧(まつりはも)。

□ 24 **ウロ**の争い。

□ 25 霜を履んで**ケンピョウ**至る。

□ 26 人は**ギョウシュン**にあらず、何ぞ事事によく善を尽くさん。

12 **法螺**
嘘をつくなら大きな嘘をつけ。人が信じないような大ぼらなら人も傷つけず腹も立たないということ。

13 **金槌・金鎚**
頭が上がらないこと。また、出世する見込みがないこと。かなづちを水に入れると柄は浮いても頭から沈むことから。

14 **雪駄**
長居している客を早く帰らせるまじない。「ほうきを逆さに立てる」と同様。

15 **髪膚**
人の体はそのすべてを父母から授かったものであるから、大切にしなければならないということ。

16 **蓮華**
物事にはふさわしい環境があること。レンゲは野原で咲かせておくのが一番美しいという意。

17 **郷原**
道徳家を装う者はかえって徳をそこなう者である。「郷原」は道徳家を装って郷里の評判を得ようとする俗物。

18 **白駒**
白馬が走り過ぎるのを隙間から見るように、歳月が過ぎるのは驚くほど早いものである。

19 **赤貧**
ひどく貧しくて洗い流したように何もないさま。

20 **簾**
香爐峰の雪景色はすだれを上げて寝間から眺めるのがよい。唐の詩人、白居易の詩の一節。

21 **良弓**
飛ぶ鳥がいなくなると、良い弓も仕舞い込まれる。用がなくなると捨てられることのたとえ。

22 **麦秀**
故国の滅亡を嘆くこと。旧都の跡に麦が生い茂っている様子を嘆いた故事から。

23 **蛸(鮹・鱆)・章魚**
旬の時季をいった言葉。タコは、麦の収穫の頃、ハモは夏祭りの頃がうまいという意。

24 **烏鷺**
囲碁の異名。黒石をカラス、白石をサギに見立てた言葉。

25 **堅氷**
災難の小さな兆候が現れたら、やがて大きな災難が来る。霜を踏む季節を経て、堅い氷の張る季節が来る意。

26 **尭舜**
人は誰もが聖人君子というわけではない。ただ何事に対しても誠実に全力を尽くすのみである。尭と舜は中国の名君。

出る順 B

故事・成語・諺 3

最短で合格を決める重要問題！

制限時間15分

21点で合格

1回目　／26点

2回目　／26点

次の故事・成語・諺の**カタカナ**の部分を**漢字**で記せ。

□ 1 泥中の**ハチス**。

□ 2 酒は天の**ビロク**。

□ 3 河童の**カンゲイコ**。

□ 4 **シノ**を乱す雨。

□ 5 盗人**タケダケ**しい。

□ 6 **マト**まる家には金もたまる。

□ 7 **イハツ**を継ぐ。

□ 8 **クボ**き所に水溜まる。

□ 9 昔は**ヤリ**が迎えに来た。

□ 10 **バンジャク**の安き。

□ 11 私聴すれば耳をして**ロウ**せしむ。

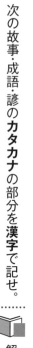

解答 と 故事・成語・諺の意味

1 蓮
汚れた環境に影響されず清らかさを保っているたとえ。

2 美禄
酒は天からの贈り物だとほめたたえた言葉。「美禄」はよい給与、高禄。

3 寒稽古
他人から見れば辛そうに見えても、本人にとっては何でもないことのたとえ。

4 篠
強い風とともに激しく降る雨。「篠」は群がり生える竹の一種。

5 猛猛・猛々
悪事をとがめられた者が逆に居直ったり平然としていたりするさまを罵って言う言葉。

6 纏
夫婦や家族が円満な家には、金もたまっていく。

7 衣鉢
弟子が奥義や業績を受け継ぐこと。仏法を継いだ証に衣と鉢が師僧から弟子へと手渡されたことから。

8 窪・凹
条件のよいところに、人や物が自然に集まること。

9 槍・鎗・鑓
今は落ちぶれているが、昔は槍持が迎えに来たほどの名門であった。

10 盤石・磐石
非常に堅固で安定していること。「盤石」は大きな岩で、きわめて堅固なことのたとえ。

11 聾
自分に都合のいい言葉しか聞こうとしないと、大事な意見を聞き逃すことになる。

□ 12 負け犬の**トオボ**え。
□ 13 **サイハイ**を振る。
□ 14 **シャベ**る者は半人足(はんにんそく)。
□ 15 **ホシャ**相依る。
□ 16 **カンジン**の前には機巧を言うことなかれ。
□ 17 蟷螂ひじを怒らして**シャテツ**に当たる。
□ 18 一敗地に**マミ**れる。
□ 19 焼け**ボックイ**に火がつく。
□ 20 禽鳥百を数うると雖(いえど)も**イッカク**に如かず。
□ 21 文章は**ケイコク**の大業、不朽の盛事。
□ 22 **ビワ**が黄色くなると医者が忙しくなる。
□ 23 **ボタン**に唐獅子、竹に虎。
□ 24 盤根**サクセツ**に遇いて利器を知る。
□ 25 **チョウベン**馬腹に及ばず。
□ 26 直きを友とし諒を友とし**タブン**を友とするは益なり。

---

12 **遠吠**
臆病で弱い者が陰で虚勢を張ったり悪口を言ったりすることのたとえ。

13 **采配**
陣頭に立って指図すること。戦場で指揮官が采配（合図をする道具）を振り動かしたことから。

14 **喋（喃）**
しゃべりながら仕事をする者は、半人前の仕事しかできないということ。

15 **輔車**
互いに助け合い、切り離せない関係にあることのたとえ。「輔車」は頬骨と歯茎、一説に車の添え木と車。

16 **奸人・姦人**
悪人にからくりを教えると、悪用することを考えるので言ってはいけない。

17 **車轍**
自分の力を顧みずに強者に歯向かうこと。身の程をわきまえない強がり。「蟷螂」はかまきり。

18 **塗**
一度の勝負で完敗すること。「地に塗れる」は戦死者が泥にまみれるという意。

19 **木杭・棒杭**
別れた男女が再び恋愛関係に戻る。燃えさしの木に再び火がつきやすい意。

20 **一鶴**
力ない者が多く集まっても力のある者ひとりに及ばない。

21 **経国**
すぐれた文章を作ることは国の大事業で、永久に伝えられるべき事業である。

22 **枇杷**
初夏になると病人が増えることをいう。

23 **牡丹**
絵になる取り合わせのよいもののたとえ。梅に鶯。紅葉に鹿。

24 **錯節**
困難にぶつかった時に真の実力がわかる。「盤根錯節」は絡まった根や入り組んだ木の節。「利器」はよく切れる刃物。

25 **長鞭**
強大な力をもってしても、どうにもできないことのたとえ。長い鞭でも馬の腹は打てないという意。

26 **多聞**
素直で正直な者、誠実な者、物知りな者は、交際して有益な友人であるということ。

出る順 **B** 最短で合格を決める重要問題！

故事・成語・諺 4

制限時間15分

21点で合格

1回目　／26点

2回目　／26点

次の故事・成語・諺の**カタカナ**の部分を**漢字**で記せ。

- □ 1 知者は未だ**キザ**さざるに見る。
- □ 2 **タマキ**の端無きが如し。
- □ 3 **セキヘキ**宝に非ず寸陰是競う。
- □ 4 尾を**トチュウ**に曳く。
- □ 5 **ワイロ**には誓紙を忘る。
- □ 6 至貴は**シャク**を待たず。
- □ 7 **カンタン**相照らす。
- □ 8 錆に腐らせんより**ト**で減らせ。
- □ 9 **モッケ**の幸い。
- □ 10 百年**カセイ**を俟つ。
- □ 11 匕首に**ツバ**を打ったよう。

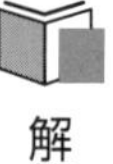

解答 と 故事・成語・諺の意味

1 **萌・兆**
知恵者はきざしが現れる前に察することができる。先見の明。

2 **手纏・環（鐶）**
めぐりめぐっていつまでも終わらないたとえ。「手纏」は玉や鈴などを紐に通した腕飾り。

3 **尺璧**
大きな宝玉より、わずかな時間の方が大切であるという戒め。

4 **塗中**
仕官せず自由に暮らす方がいいということ。亀は死んで占いに使われるより、泥のなかに尾をひいて生きる方を望む。

5 **賄賂**
かたい約束や誓いも、目前の利益や欲望には勝てないこと。賄賂を前にすると、神に記した誓いの文句を忘れてしまう意。

6 **爵**
真の貴さに爵位などは不要であるということ。

7 **肝胆**
心の底を打ち明けて親しく付き合うこと。「肝胆」は肝臓と胆嚢のことで、中国で心の働きをすると考えられていた。

8 **砥**
与えられた命や能力を無駄にせず、社会のために役立てよという戒め。刀は錆びさせるより砥いで使えという意。

9 **勿怪・物怪**
思いがけない幸福。幸運にも。勿怪（もののけ）と出会うことは予測できないことから。

10 **河清**
あてのないことを空しく待つたとえ。濁っている中国の黄河が清く澄むのを待つ意。

11 **鍔**
釣り合いが取れず不調和なもののたとえ。「匕首」はつばのない短刀。

□ 12 **ホクシン**其の所に居て衆星之に共う。

□ 13 **キセン**の分かつところは行いの善悪にあり。

□ 14 **トウリ**もの言わざれども下自ら蹊を成す。

□ 15 **ミダ**の光も金次第。

□ 16 大海は**アクタ**を択ばず。

□ 17 負け相撲の痩せ**シコ**。

□ 18 虎の能く狗を服する所以のものは**ソウガ**なり。

□ 19 **ホンケ**還りの三つ子。

□ 20 **ウ**の真似をする烏。

□ 21 越鳥南枝に巣くい、**コバ**北風にいななく。

□ 22 **タタ**くに小を以てすれば、則ち小鳴す。

□ 23 **キリン**も老いては駑馬に劣る。

□ 24 **キコ**の勢い。

□ 25 公家の達者は歌、**ケマリ**。

□ 26 **ズキン**と見せて頬かぶり。

---

12 北辰
善政を行えば人民が自然と帰服する。北極星は変わらぬ位置にいるが多くの星がこれを中心に回転する意。

13 貴賤
人の尊さや卑しさは、地位や身分によるのではなく、行いの善悪によって決まるものであること。

14 桃李
徳のある人物には自然に人が慕い寄ること。その花と実に人が集まってモモとスモモの下に自然と道ができる意。

15 弥陀
金銭の威力の大きさをいう。阿弥陀如来のありがたいご利益も賽銭の多寡で決まるという意。

16 芥
度量が広く、どんな相手でも差別なく受け入れるというたとえ。「芥」はゴミ。大海は塵を択ばず。

17 四股
負けてから強がる情けないさまをいう。相撲に負けた後でしこを踏んでも力強さを感じない意。

18 爪牙
君主は、法と徳をもって家臣を統率すべきであるということ。法と徳をツメとキバにたとえた言葉。「狗」は犬。

19 本卦
年老いて子供のように無邪気になること。「本卦還り」は還暦（数え年で六一歳）のこと。

20 鵜
自分の能力を考えず人の真似をすると、失敗することのたとえ。鵜の真似をする烏は溺れる意。

21 胡馬
故郷は忘れがたいものだということ。「越鳥」は南の越から渡ってきた鳥。「胡馬」は北の胡で生まれた馬。

22 叩（扣）
わずかな努力だけでは大きな成果は得られないことのたとえ。小さくたたけば小さな音でしか鳴らない意。

23 麒麟・（騏驎）
すぐれた人も、老いては凡人にも及ばなくなるということ。「騏驎」は一日に千里も走るという駿馬。

24 騎虎
やりかけた以上、中途でやめるわけにはいかなくなること。トラに乗ったら降りられなくなる意。

25 蹴鞠
朝廷貴族の得意なことは和歌と蹴鞠くらいなもので、ほかに能がないということ。

26 頭巾
見た目は立派だが、実際の内容は粗末であることのたとえ。

出る順 B

最短で合格を決める重要問題！

文章題 1

▼出題語句（過去24年間）

制限時間15分

31点で合格

1回目　／38点

2回目　／38点

次の傍線部分の**カタカナ**を**漢字**で記せ。

1 百花も**チョウラク**す
2 鍵穴から**ノゾ**く
3 国の隅々の**ヘキソン**
4 **ソモソモ**無駄だ
5 細漣を**トショウ**する
6 **シッヘン**※まで水が増す
7 **ウンヌン**すべきでない
8 母国へ**ガイセン**する
9 賊軍の**キョカイ**

※6 ひざのあたり。

10 **サラサ**の着物
11 縦**ジマ**のシャツ
12 **ソセイ**術を施す
13 **チョウアイ**を受ける
14 三つ**ドモエ**の戦い
15 **エイリョ**に従う
16 苦境を**シノ**ぐ
17 **インプウ**汚俗
18 **フクハイ**に敵を受ける

解答と語句の意味

1 凋落・彫落
花や葉が落ちること。おちぶれること。

2 覗・窺（覘）
覗く：すき間や穴からこっそり見る。

3 僻（辟）村
都会から遠く離れた村。

4 抑々・抑
もともと。根本的に。始めから。

5 徒渉・渡渉
川などを歩いて渡ること。

6 膝辺
ひざのあたり。

7 云云・云々
口をはさむこと。とやかく言うこと。

8 凱旋
戦いに勝って帰ること。

9 巨魁・渠魁
おかしら。主に悪い集団の首領。

10 更紗
文様をプリントした布。

11 縞
筋で構成された模様の総称。

12 蘇（甦）生
生き返ること。よみがえること。

13 寵愛
下の者を特にかわいがること。

14 巴
物が円状にめぐり巻くさま。

15 叡慮
天子・天皇の意思・気持ち。

16 凌・陵
凌ぐ：苦痛や困難を耐えしのぶ。

17 淫風
みだらな風習や風俗。

18 腹背
前と後ろ。

次の波線の**漢字の読み**を**ひらがな**で記せ。

19 十八歳を一期として
20 必ずしも萌起せざる
21 濠を巡らせる
22 鶴首して待つ
23 萌黄色の着物
24 八卦炉から飛び出す
25 熊虎の如き獣
26 塘を一夜で築いた
27 赤子の如く弄ばるる
28 鴨子を追う
29 老圃に土を問う
30 諸々の事情
31 罫を引く
32 爪尖で歩く
33 高足駄を履く
34 爽然たる薫風が吹く
35 井然たる町並み
36 清泉が湧く
37 行灯の火がゆれる
38 擢んでた才能

解答 と 語句の意味

19 いちご
生まれてから死ぬまで。一生。生涯。

20 ほうき
物事が起こり現れること。

21 ほり
城の周囲に設けた堀。

22 かくしゅ
今か今かと待ちわびること。

23 もえぎ
鮮やかな黄緑色。

24 はっけろ・はっかろ
道教の神、太上老君が使用する炉。

25 ゆうこ
クマとトラ。

26 つつみ
土手。堤防。

27 もてあそ
弄ぶ：手でいじる。人をなぶる。

28 おうし
カモの子供。

29 ろうほ
年取った耕作人（野菜の作り手）。

30 もろもろ
多くのもの。さまざまなもの。

31 けい
紙上に一定間隔で引いた線。

32 つまさき
足の指の先。足先。

33 たかあしだ
歯の高い足駄。高下駄。

34 そうぜん
心身のさわやかなさま。

35 せいぜん
整然。

36 わ
湧く：水などが地中から出る。

37 あんどん・あんどう
中に油皿を入れた照明具。

38 ぬき
擢んでる：ひときわすぐれる。

出る順 B

最短で合格を決める重要問題！

文章題 2

▼出題語句（過去24年間）

制限時間15分

31点で合格

1回目　／38点

2回目　／38点

次の傍線部分の**カタカナ**を**漢字**で記せ。

□ 1 **ヘキチ**に赴任する
□ 2 激しく**セ**き込む
□ 3 **コサイ**となく申告する
□ 4 **コウゼン**の気を養う
□ 5 豆を**シャクシ**ですくう
□ 6 和船を**コ**ぐ
□ 7 **ツタ**がからまる学舎
□ 8 万里の**ハトウ**
□ 9 国宝の**ボサツ**像
□ 10 前途**リョウエン**な計画
□ 11 **ハイカグラ**が立つ
□ 12 意味を**ベンベツ**する
□ 13 **エイジ**※の遺体
□ 14 **カワヒモ**で結ぶ
□ 15 **ノコギリ**の刃
□ 16 道路下の**コウキョ**
□ 17 林檎を握り**ツブ**す
□ 18 **ソウクウ**を見上げる

※13 赤ん坊。

解答と語句の意味

1 僻（辟）地　都会から遠く離れた地。
2 咳（喘・嗽）　咳き込む：続けて強くせきが出る。
3 巨細　大きいことと小さいこと。委細。
4 浩然　心が広くゆったりとしているさま。
5 杓子　しゃもじ。
6 漕　漕ぐ：櫓や櫂で船を進める。
7 蔦　ブドウ科の落葉性ツル植物。
8 波濤　高い波。大波。
9 菩薩　衆生救済のため修行に励む人。
10 遼遠　はるかに遠いこと。
11 灰神楽　湯水をこぼして灰が吹き上がること。
12 弁別　物事の本質をしっかりと区別すること。
13 嬰児　生まれたばかりの赤ん坊。乳児。
14 革紐・皮紐　革で作ったひも。
15 鋸　鋼板に歯形を刻んだ切断用の工具。
16 溝渠　水を流すみぞ。
17 潰　潰す：形を崩す。だめにする。
18 蒼空　青い空。

次の波線の**漢字**の**読み**を**ひらがな**で記せ。

□19 朋友遠方より来たる
□20 原理原則に背馳する
□21 釜中の魚の如し
□22 爪牙を磨く
□23 叢立てる葦の林
□24 櫛比したる町家
□25 客車を聯結する
□26 賢者たる所以だ
□27 花の盛りの杏園
□28 隈無く探す

□29 女色に溺らせんとす
□30 鞍壺に躍り上がる
□31 偶々、持参していた
□32 葛籠に入れた花
□33 友と倶に修行に励む
□34 心中を諒察する
□35 都に工房が叢起した
□36 寵辱栄枯の相
□37 変易することを禁ず
□38 頭一つ挺けている

解答と語句の意味

19 ほうゆう
友人。

20 はいち
くいちがうこと。

21 ふちゅう
かまの中。

22 そうが
つめときば。武器。

23 むらだ
叢立つ：群生する。

24 しっぴ
櫛の歯のようにすき間なく並ぶさま。

25 れんけつ
一続きになるようにつながること。

26 ゆえん
わけ。理由。

27 きょうえん
アンズを植えた畑や庭。

28 くま
隈無く：残らず。余すところ無く。

29 おぼ
溺らす：溺れさせる。

30 くらつぼ
鞍の、人がまたがる部分。

31 たまたま
偶然に。

32 つづら
ツヅラフジのつるで編んだ蓋つき籠。

33 とも
倶に：いっしょに。

34 りょうさつ
相手の立場・事情を思いやること。

35 そうき
たくさんのものが起こる。

36 ちょうじょく
栄えることと落ちぶれること。

37 へんえき
変わること。また、変えること。

38 ぬ
挺く：抜け出る。引き抜く。

出る順 B

文章題 3

最短で合格を決める重要問題！

▼出題語句（過去24年間）

制限時間15分

31点で合格

1回目 ／38点

2回目 ／38点

次の傍線部分の**カタカナ**を**漢字**で記せ。

- ☐ 1 **シャクゼン**たる事実
- ☐ 2 **バレイショ**を掘る
- ☐ 3 厚顔無恥に**アキ**れる
- ☐ 4 窓に**スダレ**が下がる
- ☐ 5 群雄の**カクチク**
- ☐ 6 **ムケイ**な空想
- ☐ 7 未来**エイゴウ**
- ☐ 8 山車の**カジボウ**
- ☐ 9 **ケイユウ**で暮らす
- ☐ 10 **アンドン**の灯が照らす
- ☐ 11 若葉が**デソロ**った。
- ☐ 12 **ソウゼン**たる顔色
- ☐ 13 藩閥の**ソウガ**となる
- ☐ 14 **ハイノウ**を背負う
- ☐ 15 **ホウチュウ**を遠ざける
- ☐ 16 運命に**モテアソ**ばれる
- ☐ 17 **カツガン**の士
- ☐ 18 **ヤクジ**を与える

解答と語句の意味

1 灼然
明確なさま。輝くさま。

2 馬鈴薯
ジャガイモ。

3 呆（惘）
呆れる：あまりにひどいと驚く。

4 簾
竹や葦を編んで吊り下げたもの。

5 角逐
互いに争うこと。

6 無稽
根拠がないこと。またそのさま。

7 永劫
きわめて長い年月。永久。

8 梶棒
人力車や荷車を引くための長い棒。

9 京邑
みやこ。

10 行灯
蠟燭や油脂を燃料とした照明具。

11 出揃
出揃う：残らず全部が場に出てくる。

12 蒼然
青々としているさま。また薄暗いさま。

13 爪牙
手先となって働く者。

14 背嚢
背に負う方形のかばん。

15 庖厨
台所。炊事場。

16 弄・玩・翫
弄ぶ：手でいじる。思うままに扱う。

17 活眼
物の道理や本質を見極める眼識。

18 薬餌
病人の薬と食事。または薬。

次の波線の**漢字**の**読み**を**ひらがな**で記せ。

19 夙志を遂げる
20 甲斐がない仕事
21 廃娼運動に尽力する
22 膳椀を取り出した
23 手術の痕
24 渠は出奔した
25 暗碧の海
26 深く浩歎する
27 維納（ウィーン）は音楽の淵藪だ
28 叔姪のごとく親しむ
29 鶴、九皐に鳴く
30 喋々と弁じる
31 赫々たる陽光
32 流暢な中国語
33 棚を吊る
34 濃艶な踊り子の舞
35 細事に拘泥する
36 流石に無理な話だ
37 閃耀に目がくらむ
38 塾生を鋳冶する

解答 と 語句の意味

19 しゅくし
若年の頃からの志。長年の望み。
20 かい
することで得られる値打ち。効果。
21 はいしょう
公娼制度を廃止すること。
22 ぜんわん
膳と椀。また、食器類の総称。
23 あと
はっきり残ったしるし。痕跡。
24 かれ・かしら
彼（三人称代名詞）・首領。
25 あんぺき
黒みを帯びた青色。
26 こうたん
ひどく嘆くこと。
27 えんそう
中心として栄えている所。淵叢。
28 しゅくてつ
叔父と姪。
29 きゅうこう
深い谷底。
30 ちょうちょう
しきりにしゃべるさま。
31 かくかく・かっかく
光り輝くさま。
32 りゅうちょう
言葉が滑らかでよどみないこと。
33 つ
吊る：高い所で支えて下へ垂らすこと。
34 のうえん
あでやかで美しいこと。
35 こうでい
拘ること。
36 さすが
そうはいうもののやはり。
37 せんよう
かがやき。光り輝くこと。
38 ちゅうや
教育により人格を鍛錬すること。

読み 表外の読み 熟語と一字訓 共通の漢字 書き取り 誤字訂正 四字熟語・書き 四字熟語・意味 対義語・類義語 故事・成語・諺 文章題

出る順 **B**

最短で合格を決める重要問題！

文章題 4

▼出題語句（過去24年間）

制限時間15分

31点で合格

1回目 ／38点

2回目 ／38点

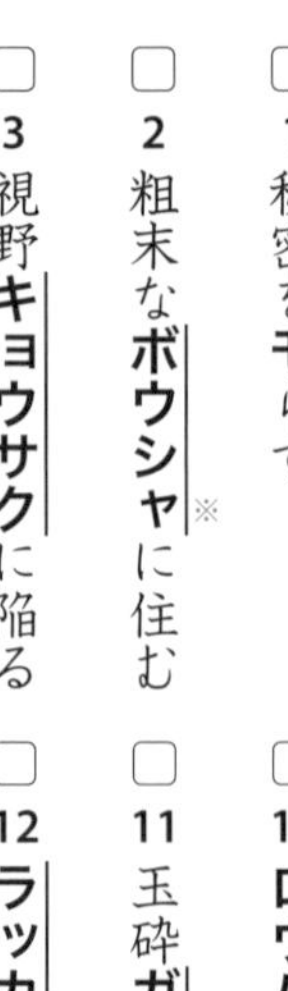

次の傍線部分の**カタカナ**を**漢字**で記せ。

1 秘密を**モ**らす

2 粗末な**ボウシャ**※に住む

3 視野**キョウサク**に陥る

4 **ゴクツブ**しと罵る

5 **シュンゲン**な態度

6 顔面**ソウハク**

7 **ワダチ**を追う

8 **バイエン**が立ち込める

9 **ホウトウ**の死を悼む

※2 あばら家。

10 **ロウバイ**した様子

11 玉砕**ガゼン**

12 **ラッカン**が見られる

13 **イヤ**な気分

14 **カヤブ**き屋根の修繕

15 **キョウリ**をよぎる

16 **イママデ**寝ていた

17 **オモムロ**に口を開いた

18 **ゾウジョウマン**な人

解答と語句の意味

1 洩・漏（泄）
洩らす：こぼす。秘密を表に出す。

2 茅舎
あばら家。茅屋（ぼうおく）。

3 狭窄
せまくすぼまっていること。

4 穀潰
穀潰し：無為徒食のやから。

5 峻厳
非常にいかめしく厳しいこと。

6 蒼白
血の気がなく青白いこと。

7 轍・軌
車輪の跡。

8 煤煙（烟）
石炭などの燃焼で出る煤や煙。

9 朋党
主義や利害を同じくする仲間。

10 狼狽
あわてふためくこと。うろたえること。

11 瓦全
無為に生き永らえること。

12 落款
書画にしるす作者の署名押印。

13 厭・嫌
きらうさま。

14 茅葺・萱葺
茅葺き：茅で屋根を葺くこと。

15 胸裡・胸裏
心の中。

16 今迄
過去から現在まで。

17 徐
挙動がゆったりと落ち着いているさま。

18 増上慢
自己を過信して思い上がること。

出る順 B

次の波線の**漢字**の**読み**を**ひらがな**で記せ。

19 丁卯の年に生まれた
20 縦令無理でも挑む
21 里に響く砧の音
22 アルミ製の金椀
23 如何なる場合も
24 紬の紋付を着る
25 蛙声が聞こえる
26 手塩にかけた愛弟子
27 事件の鍵を握る人物
28 蓋物に入れた菓子
29 両の手で水を掬する
30 腹癒せに壁を殴った
31 拳を振り上げる
32 就中英語が重要だ
33 師の高義を欽慕す
34 四海心を繋げる
35 家路を辿る
36 宏壮な邸宅
37 詮考し来る
38 技芸の淵叢たる都

解答 と 語句の意味

19 ていぼう・ひのとう
干支（えと）の一。

20 たとい・たとえ
もし～でも。仮に。

21 きぬた
布を槌で打ち、柔らかくするための台。

22 かなわん・かなまり
金属製の椀。

23 いか
こうだと決めかねる状態。どのよう。

24 つむぎ
紬糸で織られた絹織物。

25 あせい
カエルのなく声。

26 まなでし
かわいがっている弟子。

27 かぎ
問題解決のための重要な手がかり。

28 ふたもの
蓋のある器。

29 きく
掬する：手で水などをすくいとる。

30 はらい
腹癒せ：怒りを他に向け晴らすこと。

31 こぶし
手を握り締めたもの。

32 なかんずく
その中でも。とりわけ。

33 きんぼ
敬い慕うこと。

34 か
繋げる：つなげる。引っ掛ける。

35 たど
辿る：道筋に沿い進む。探り求めて行く。

36 こうそう
建物などが広くて立派なこと。

37 せんこう
人物や才能をはかり、考えること。

38 えんそう
中心として栄えている所。淵藪。

文章題 5

最短で合格を決める重要問題！

▼出題語句（過去24年間）

制限時間15分

31点で合格

1回目　／38点

2回目　／38点

次の傍線部分の**カタカナ**を**漢字**で記せ。

1 **テンジク**伝来の書物
2 主将に**バッテキ**された
3 **ホラ**を吹く
4 鋭い**ロンポウ**
5 平安**カンテキ**の生活
6 一室に**ロウキョ**する
7 **エンセイ**主義
8 **スゲガサ**を被る
9 **キンシュウ**の衣
10 泥酔して**コンスイ**した
11 罪を**ジョ**する
12 一同**ソロ**って
13 事情が**テンメン**する
14 **ハンバク**を加える
15 二十**マイル**進む
16 非礼を**ワ**びる
17 **ユウダ**に時を過ごす
18 **シオザケ**を焼く

解答と語句の意味

1 天竺
中国、日本、朝鮮でのインドの古称。

2 抜擢
多人数の中から特に選んで用いること。

3 法螺
大げさに言うこと。誇張した自慢。

4 論鋒
議論のほこ先。議論の勢い。

5 閑適
心静かに楽しむこと。またそのさま。

6 籠居
外に出ないで家に閉じこもること。

7 厭世
世の中を嫌なものと思うこと。

8 菅笠
スゲの葉で編んだ笠。

9 錦繡
美しい衣服や織物。美しい言葉や花。

10 昏睡
前後不覚に眠り込むこと。

11 恕
恕する：許す。

12 揃
揃う：一箇所に集まる。一致する。

13 纏綿
複雑に入り組んでいること。

14 反駁（駮）
他人の主張・非難に対し論じ返すこと。

15 哩・英里
一マイル＝約一・六〇九キロメートル。

16 詫
詫びる：あやまる。

17 遊惰
遊びなまけること。

18 塩鮭
塩漬けにしたサケ。

出る順 B

次の波線の**漢字**の**読み**を**ひらがな**で記せ。

19 緋色の欄楯
20 如意輪観音の安置
21 時代の好尚
22 俺とお前の仲
23 余人の欣羨する所だ
24 乱篠を伐採する
25 樹梢に声がする
26 浅渚に遊ぶ
27 所詮叶わぬ恋
28 風濤を表現した音楽
29 精衛海を塡む
30 日向に布団を干す
31 次の階梯へ進む
32 蒼ざめた顔
33 貨幣を鋳造する
34 袂を嚙んで泣く
35 岨みちを歩く
36 座禅して垢心を去る
37 この頓痴気め
38 碩儒に就学す

解答と語句の意味

19 らんじゅん
らんかん。
20 にょいりん
如意宝珠と法輪で衆生を救う観音。
21 こうしょう
このみ。嗜好。流行。
22 おれ
男子が用いるぞんざいな一人称。
23 きんせん
非常にうらやましがること。
24 らんしょう
乱れ生えた篠竹。
25 じゅしょう
樹木のこずえ。
26 せんしょ
浅い波うち際。
27 かな
叶う：願いが実現する。
28 ふうとう
風と波。
29 うず
塡む：うめる。
30 ひなた
日の当たっている場所。
31 かいてい
物事を学ぶ段階。物事の発展する過程。
32 あお
草の青い色。草木が茂るさま。
33 ちゅうぞう
金属を鋳型に流してものを作ること。
34 か
嚙む：上下の歯の間に強くはさむ。
35 そば
岨みち：険しい山道。
36 こうしん
心の垢。煩悩のこと。
37 とんちき
とんま。まぬけ。
38 せきじゅ
学問の深い儒学者。大学者。

出る順

B 文章題 6

最短で合格を決める重要問題！

▼出題パターン

制限時間5分

8点で合格

1回目 ／10点

2回目 ／10点

次の傍線（1〜6）の**カタカナ**を**漢字**に直し、波線（ア〜エ）の**漢字**の**読み**を**ひらがな**で記せ。

風は昔も強く吹いたのだが、吹き寄せて積み上げる砂小石は、近代に入ってますます増加した。いわゆる**チョウテイキョクホ**[1]の**フウコウ**[2]のごときも、おいおいに改まらざるをえなかったのである。草木はこれによって第一の影響を受けた。今日**クウバク**[3]の荒浜に、生き残っている草の花などを見ると、負けて帰ってきた勇士を見るの思いがある。日向の南の海岸を行くと、岩の**蔭**[ア]に隠れてなおいろいろの南らしい植物が生存している。その間を縫うて繁茂する葵葉（あおば）の朝顔などは、おそらくは中ごろ民家の園から逃げて出たものではなく、われわれがまだこの花を**栽**[イ]えて賞美しなかった時代から、すでにこの付近の天然を占拠したこと、たとえば熊襲（くまそ）・隼人（はやと）のごときものであったろう。昼顔なども今は畠に入り**路傍**[ウ]に出で、やつれた**カレン**[4]の姿を見せているが、それはただ埋没の災を避けんとして、海から逃げ去る後影（うしろかげ）であろうと思う。浜に**這**[エ]う植物としては、葉の表が平らですべりよく、枝に力があって花をささえるもの、たとえば蔓荊（はまごう）のごときが永く生殖した。ただし手に**ツマ**[5]めば花の香は強烈に過ぎ、木の形も荒くれているためにわずかに浦人が実を採って枕に入れるくらいで、通例はこれを顧みるものがないのだが、中央部以西の海岸の風景には、松を除けばこの物が最も多く**サンヨ**[6]する。

（出典／柳田国男『雪国の春』より抜粋改変）

解答

- □ 1 長汀曲浦
- □ 2 風光
- □ 3 空漠
- □ 4 可憐
- □ 5 摘
- □ 6 参与
- □ ア かげ
- □ イ う
- □ ウ ろぼう
- □ エ は

出る順Cランク

合格圏突入！コレであなたも漢字博士

過去24年間の出題データに基づく**「出る順」**です。Cランクまで覚えれば、**合格圏に突入**。漢字博士の仲間入りができます。

出る順

C

合格圏突入！コレであなたも漢字博士

読み 1

次の傍線部分の**音読み**を**ひらがな**で記せ。

□ 1 高い塀に匝囲されている。
□ 2 衿喉に位置する城に籠もる。
□ 3 宝玉が燦然と輝く。
□ 4 慧敏な対応が求められる。
□ 5 この先は蕃境の地となる。
□ 6 部下の巽言に教えられる。
□ 7 鼠盗にがまぐちを取られた。
□ 8 朱色の顔料に辰砂を用いる。
□ 9 全国有数の潟湖である。
□ 10 渚宮の東面煙波冷ややか。
□ 11 温和で敦朴な人柄だ。
□ 12 戦後は水団がご馳走だった。
□ 13 細部まで知悉している。
□ 14 剃度して仏門に入る。
□ 15 文化財に指定された廟宇だ。
□ 16 今後の方針を詮議する。
□ 17 山で自然薯を掘り出す。
□ 18 凄艶な演技に息を呑む。
□ 19 虞犯少年とみなされた。
□ 20 ざわざわと松濤が過ぎる。

解答と語句の意味

1 そうい　まわりをとりかこむこと。
2 きんこう　要害の地のたとえ。衿と喉元。
3 さんぜん　鮮やかに輝くさま。
4 けいびん　知恵があり反応がすばやい。
5 ばんきょう　蛮人の住む土地。
6 そんげん　婉曲な、へりくだった言葉。
7 そとう　こそどろ。
8 しんしゃ　水銀の硫化鉱物。赤色顔料の材料。
9 せきこ　海と切り離されてできた湖。
10 しょきゅう　湖北省江陵にあった楚の襄王の離宮。問題文は白居易の詩の一節。
11 とんぼく　飾り気がなく情があつい。
12 すいとん　小麦粉の団子を入れた汁物。
13 ちしつ　知りつくすこと。
14 ていど　髪を剃り仏道に入ること。
15 びょうう　霊を祭る建物。
16 せんぎ　評議して明らかにすること。
17 じねんじょ　ヤマノイモの別名。
18 せいえん　恐ろしいほど艶やかな様子。
19 ぐはん　罪を犯すおそれがあること。
20 しょうとう　松に吹く風を波にたとえた語。

制限時間10分

37点で合格

1回目　／46点

2回目　／46点

次の傍線部分の**訓読み**を**ひらがな**で記せ。

21 貨物船が湊泊している。
22 ご列席の諸彦に告ぐ。
23 狙公がサルに橡を配る。
24 事情はしかと諒した。
25 聖なる地を汚瀆する。
26 被疑者を警察署に勾引する。
27 人付き合いを厭わしく思う。
28 篠が突くように雨が降る。
29 交番で道を訊ねた。
30 室内の空気が澱んでいる。
31 穀を取って箕で簸る。
32 中国語を嚙ったことがある。
33 右回りに三度匝って参拝する。
34 朝焼けの空に茜雲が浮かぶ。
35 沼岸に蒲の穂が揺れる。
36 盈ちた月が煌々と輝く。
37 肱を枕にごろりと寝る。
38 薪を井桁に積み上げる。
39 波の沫でずぶ濡れになる。
40 我が物食えば竈将軍。
41 埠に連絡船が着いた。
42 頰が痩けて人相が変わる。
43 ただ只管前進あるのみだ。
44 時節を窺い雌伏している。
45 怯じることなく立ち向かう。
46 人影に怯えて立ちすくむ。

21 そうはく
船が集まり泊まること。
22 しょげん
男性一般に呼びかける敬称。
23 そこう
猿回し。
24 りょう
諒する：とがめない。
25 おとく
けがすこと。
26 こういん
捕らえて無理に連れていくこと。
27 いと
厭う：嫌がる。避ける。
28 しの
群生する細い竹の一種。
29 たず
訊ねる：問う。人に聞く。
30 よど
澱む：流れず動かない。
31 ひ
簸る：穀粒からくずを除く。
32 かじ
嚙る：ごく一部分だけ学ぶ。
33 めぐ
匝る：周囲を回る。取り巻く。
34 あかねぐも
太陽の光であかね色を呈した雲。
35 がま
ガマ科の多年草。
36 み
盈ちる：いっぱいになる。
37 ひじ
上腕と前腕をつなぐ関節。
38 いげた
井の字の形。
39 しぶき
飛び散る水の粒。
40 かまど
竈将軍：一家の主人。
41 はとば
船着き場。
42 こ
痩ける：やせ細る。
43 ひたすら
いちずに。ただそれだけを。
44 うかが
窺う：好機を待つ。
45 お
怯じる：こわがる。ひるむ。
46 おび
怯える：びくびくする。

出る順 C 読み 2

合格圏突入！ コレであなたも漢字博士

制限時間10分

37点で合格

1回目 ／46点

2回目 ／46点

次の傍線部分の**音読み**を**ひらがな**で記せ。

1 隣近所に**牒状**を送る。

2 連絡の**濡滞**を陳謝する。

3 なだらかな**岡陵**が続く。

4 **跨線橋**で駅向こうへ行く。

5 官軍を**呪罵**する。

6 **青黛**の衣を着ている。

7 **長袖**よく舞い多銭よく買う。※

8 銛を打ち込み**串殺**する。

9 中央にあるのが**雌蕊**だ。

10 都内では有数の**花圃**だ。

※袖が長いと舞が美しく見え銭が多いと商売ができる。資力の豊かなものが成功しやすいたとえ。

11 **穎異**の人と評される。

12 **畦丁**が手を振っている。

13 **斯道**の大家に教えを乞う。

14 拙い出来映えを**歎**ずる。

15 **窅冥**の山に入る。

16 **粥薬**で療養する。

17 **閤**を閉じて過ちを思う。

18 中流の**砥柱**※の如き人物だ。

19 祖父の**緩頰**を煩わす。

20 罪人を**貰赦**する。

※激しい黄河の流れの中にそそり立つ石のように、乱世にあっても毅然として節義を守る人のこと。

解答と語句の意味

1 ちょうじょう
回覧する書面。

2 じゅたい
とどこおること。遅滞。

3 こうりょう
小高い土地。おか。

4 こせんきょう
線路の上をまたぐ橋。

5 じゅば
のろい、ののしること。

6 せいたい
濃い青色。

7 ちょうしゅう
長い袖。長袖の衣を着た人。

8 せんさつ
くしざしにして殺す。

9 しずい
めしべ。

10 かほ
花畑。花園。

11 えいい
才知にすぐれていること。

12 けいてい
畑を耕す農夫。畑作り。

13 しどう
専門の分野。この方面。

14 たん
歎ずる：なげく。ため息をつく。

15 とうめい
暗くて、果てがわからないこと。

16 しゅくやく
薬となるおかゆ。薬膳粥。

17 こう
くぐり戸。女性の寝室。宮殿。

18 しちゅう
黄河の中に立っている石の名前。

19 かんきょう
自分のことを人に話してもらうこと。

20 せいしゃ
罪に落とすことを控える。ゆるす。

21 原告団に捷報が届く。
22 占卜の術で方針を定める。
23 大空に紙鳶を揚げる。
24 一気に城内へ撞入する。
25 雛孫をかわいがる。
26 算を乱して潰走する。

次の傍線部分の訓読みをひらがなで記せ。

27 魂の常闇に陥る。
28 類似品を数段挺く性能だ。
29 眼下は千尋の谷である。
30 勾玉は三種の神器の一つだ。
31 世間の辛酸を嘗める。
32 捕らえた罪人の背を鞭つ。
33 準備を疏かにしない。
34 衿元の乱れを直す。
35 日々たゆまず彊める。
36 鋭い鋒先を向ける。
37 売れ行きは捗捗しくない。
38 幼いころに疹にかかった。
39 田に水を漑ぐ。
40 地中から薯を掘り出す。
41 ずいぶん篦太い奴だ。
42 旬の縞鯵を賞味する。
43 墝い地面を掘り起こす。
44 あるべき姿に匡す。
45 故郷の生家を偲ぶ。
46 裏で諜し合わせておく。

21 しょうほう
勝利の知らせ。勝報。
22 せんぼく
占い。
23 しえん
凧。いかのぼり。
24 と［ど］うにゅう
突き進むこと。
25 すうそん
幼い孫。
26 かいそう
戦闘で負けてばらばらに逃げる。

27 とこやみ
永遠の闇。
28 ぬ
挺く：他よりすぐれている。
29 ちひろ
非常に深い。非常に長い。
30 まがたま
湾曲型の古代の装身具。
31 な
嘗める：なめる。味わう。
32 むちう
鞭つ：むちを打つ。
33 おろそ
いいかげん。なおざり。
34 えり
衣服の首回りの縁。
35 つと
彊める：努力する。
36 ほこ
両刃の剣。
37 はかばか
捗捗しい：うまく進む。
38 はしか
発疹性の感染症。
39 そそ
漑ぐ：流し込む。引き入れる。
40 いも
いも類の総称。
41 のぶと
篦太い：ずぶとい。ふてぶてしい。
42 しまあじ
アジ科の海水魚。
43 かた
墝い：土が固まっているさま。
44 ただ
匡す：正しくする。
45 しの
偲ぶ：懐かしく思い出す。
46 しめ
諜す：秘かに探る。

出る順 C

読み 3

合格圏突入！ コレであなたも漢字博士

制限時間10分

37点で合格

1回目　／46点

2回目　／46点

次の傍線部分の**音読み**を**ひらがな**で記せ。

1 神輿を担ぎ練り歩く。
2 首の腫物に悩まされる。
3 吃緊の問題となっている。
4 晴れた日に蔵書を曝書する。
5 摺扇で風を送る。
6 鷹隼高く飛ぶ。
7 新たな叢書が刊行される。
8 ご叱正をお願いいたします。
9 蠅頭細書で書きつける。
10 窪隆がないように仕上げる。
11 演奏に先立ち律呂を調える。
12 鎌利なる新月を見上げる。
13 著作集が梓行される。
14 こんな古い西諺がある。
15 周辺諸国の首長を冊封する。
16 稔熟を祈願する。
17 穿柳の人と称えられる。
18 これで嫌疑は払拭された。
19 醇乎たる心で精進する。
20 嬋娟たる美女が現れた。

解答と語句の意味

1 しんよ　みこし。
2 しゅもつ　できもの。はれもの。
3 きっきん　差し迫った重大なこと。
4 ばくしょ　書物を虫干しすること。
5 しょうせん　折りたためる扇。
6 ようしゅん　鷹（たか）と隼（はやぶさ）。
7 そうしょ　同形式の一連の書物。
8 しっせい　文章などをしかって正すこと。
9 ようとう　きわめて細かい文字。
10 わりゅう　くぼんだ所と盛り上がった所。
11 りつりょ　音階。音の調子。
12 れんり　鎌のように鋭いこと。
13 しこう　書物を出版すること。上梓。
14 せいげん　西洋のことわざ。
15 さくほう　中国の天子による爵位授与。
16 じんじゅく　穀物がよく実ること。
17 せんりゅう　柳の葉を穿つこと。弓の名手。
18 ふっしょく・ふっしき　きれいにふくこと。一掃。
19 じゅんこ　まじりけがない。純粋。
20 せんけん　美しくみやびやかなさま。

21 政界に貨賂が横行している。

22 書笈を背に全国行脚する。

23 夏は葛衣を着て過ごした。

24 葱翠たる山々を眺める。

25 日本古典文学の豊かな翰藻。

26 遺跡から箭頭が出土した。

次の傍線部分の訓読みをひらがなで記せ。

27 畠物は天候の影響を受ける。

28 浅葱の羽織を着る。

29 生け垣に黒橿を植える。

30 一粒胤の息子を可愛がる。

31 行政の実態を按べる。

32 京の洛を散策する。

33 賤の方からうかがいます。

34 被害は各地に迄んだ。

35 体を洗うのに糠袋を使う。

36 縞柄の着物を着る。

37 燦らかさに目を奪われた。

38 思いもよらない禄いだ。

39 野蒜の酢味噌和(あ)えを食べる。

40 英語教育が昌んである。

41 たわけた僻事に過ぎない。

42 展望台の四阿で一服する。

43 老い曝えた姿をさらす。

44 幼い帝の擁立を猷る。

45 川の水に麻布を晒す。

46 夜間に枕子を摸る。

---

21 かろ
金品による頼みごと。賄賂。

22 しょきゅう
書物を運ぶ背負い箱。

23 かつい
葛の布でつくった衣。

24 そうすい
草木が青々と茂るさま。

25 かんそう
詩歌や文章。

26 せんとう
矢の先端。やじり。

27 はた(け)もの
畑でできる野菜類。

28 あさぎ
緑を帯びた薄い藍色。

29 くろがし
樹皮が黒いカシの総称。

30 ひとつぶだね
自分のただひとりの子。

31 しら
按べる：確かめる。

32 みやこ
京都の異名。

33 しず
自分を謙称する代名詞。

34 およ
迄ぶ：ある所・時・状態に達する。

35 ぬかぶくろ
肌を洗う糠の入った袋。

36 しまがら
縞の模様。

37 あき
燦らか：明るく鮮やかなさま。

38 さいわ
天から与えられる恵み。幸い。

39 のびる
ユリ科の多年草。

40 さか
勢いがよいさま。

41 ひがごと
事実に反すること。まちがい。

42 あずまや
柱と屋根だけの休息小屋。

43 さらば
曝える：やせ衰える。

44 はか
猷る：計略をめぐらす。

45 さら
晒す：水洗いや薬で白くする。

46 さぐ
摸る：探す。手探りする。

表外の読み

制限時間10分

39点で合格

1回目　／48点

2回目　／48点

次の傍線部分は常用漢字である。その**表外の読み**を**ひらがな**で記せ。

- □ 1 ただ徒に齢を重ねる。
- □ 2 委しい状況はまだ不明だ。
- □ 3 陛下のおそば近くに事える。
- □ 4 実に手紙を書いて送る。
- □ 5 砂糖の山に蟻が集っている。
- □ 6 夜の帳が町を包んでいく。
- □ 7 運を負んで大博打に出る。
- □ 8 身に覚えのない科を負う。
- □ 9 太だ迷惑な話だ。
- □ 10 方に出掛けるところだった。
- □ 11 円かな午睡を楽しむ。
- □ 12 経緯を諦らかに調べた。
- □ 13 第一位の人に亜ぐ序列だ。
- □ 14 子女を拐す犯罪が増加する。
- □ 15 園内を轄まるのが役目だ。
- □ 16 寛い心でお許しください。
- □ 17 この国の将来を患える。
- □ 18 豆腐屋で雁擬を買う。
- □ 19 禍福は糾える縄のごとし。
- □ 20 肯えて戦地に赴く。

解答と語句の意味

1 いたずら
むだに。

2 くわ
委しい：こと細か。

3 つか
事える：奉仕する。官職に就く。

4 まめ
まじめにはげむこと。

5 たか
集る：群がる。

6 とばり
隔てるために垂らす布。

7 たの
負む：あてにする。

8 とが
罪。非難されること。

9 はなは
太だ：とても。非常に。

10 まさ
方に：今にも。ちょうど。

11 まど
円か：穏やかなさま。

12 つまび
諦らか：事細かなさま。

13 つ
亜ぐ：そのあとに続く。次の。

14 かどわか
拐す：さらう。誘拐する。

15 とりし
轄まる：管理する。

16 ひろ
寛い：度量が大きい。

17 うれ
患える：心配する。

18 がんもどき
雁擬：豆腐料理の一つ。

19 あざな
糾う：糸をより合わせる。

20 あ
肯えて：わざわざ。

21 固有の文化を尚んでいる。
22 生活必需品をすべて斉える。
23 荷台の品物に薦をかける。
24 注意が疎かになっていた。
25 初めての子を妊った。
26 師の教えに戻ることになる。
27 羅の衣を身にまとう。
28 鰻は滑ってつかみにくい。
29 古本屋で偶見つけた。
30 コンクリートの表面を削る。
31 国王の隣室に侍る。
32 国の政治を掌にする。
33 怒髪天を衝く。
34 敵陣の様子をこっそり斥う。

35 伝言を託かって参りました。
36 原稿を朱筆で訂す。
37 凍て付いた雪道を走る。
38 逃亡者を一晩だけ匿う。
39 篤い友情に感謝する。
40 強大な権力を伐った。
41 野菜を庭に埋けて保存する。
42 子どもの人権を擁る。
43 飲酒運転の廉で免停になる。
44 ほんの戯れごとに過ぎない。
45 今ではまるで朽れた産業だ。
46 仕事に追われ気持ちも荒む。
47 すっかり心を鎖している。
48 肯ずる気配もない。

21 とうと・たっと
尚ぶ：敬い大切にする。
22 ととの
斉える：きちんとそろえる。
23 こも
むしろ。
24 おろそ
疎か：いい加減。なおざり。
25 みごも
妊る：子を宿す。妊娠する。
26 もと
戻る：そむく。違える。
27 うすぎぬ・うすもの
薄地の絹織物。
28 ぬめ
滑る：ぬるぬるすること。
29 たまたま
偶然に。ちょうどその時。
30 はつ
削る：薄く削りとる。
31 はべ
侍る：近くに付き従う。
32 たなごころ
自分の思い通りに支配する。
33 つ
衝く：突き当たる。
34 うかが
斥う：様子をさぐる。

35 ことづ
託かる：言いつかる。
36 ただ
訂す：文章の誤りを直す。
37 い
凍て付く：こおりつく。
38 かくま
匿う：ひそかに隠す。
39 あつ
篤い：心のこもった。
40 ほこ
伐る：自慢する。
41 い
埋ける：土にうめる。
42 まも
擁る：守り助ける。
43 かど
原因や理由となること。
44 ざ
戯れ：ふざけること。
45 すた
朽れる：勢いが衰える。
46 すさ
荒む：やけになり荒れる。
47 とざ
鎖す：閉じ込める。
48 がえん
肯ずる：承知する。

出る順 C

熟語と一字訓

合格圏突入！ コレであなたも漢字博士

制限時間10分

36点で合格

1回目

／44点

2回目

／44点

次の熟語の**読み**（**音読み**）と、その**語義**にふさわしい**訓読み**を（送りがなに注意して）**ひらがな**で記せ。

□ 1 鍾愛…鍾める
□ 2 叡哲…叡い
□ 3 莫逆…莫い
□ 4 劫掠…劫かす
□ 5 舛互…舛く
□ 6 嘉瑞…嘉い
□ 7 晦渋…晦い
□ 8 繡閣…繡しい
□ 9 尤物…尤れる
□ 10 恢偉…恢きい
□ 11 渥彩…渥う
□ 12 掬飲…掬う
□ 13 鞠問…鞠べる
□ 14 歎賞…歎える
□ 15 昏倒…昏む
□ 16 郁郁…郁しい
□ 17 亨通…亨る
□ 18 凋落…凋む

解答と熟語の意味

1 しょうあい…あつ
深く愛すること。大切にすること。

2 えいてつ…かしこ・さと
すぐれてかしこいこと。

3 ばくぎゃく・ばくげき…な
きわめて親しい間柄のこと。

4 きょうりゃく・ごうりゃく…おびや
脅して奪い取ること。

5 せんご…そむ
誤ること。過ち。

6 かずい…よ
めでたいしるし。吉兆。

7 かいじゅう…くら
文章がむずかしくわかりにくいこと。

8 しゅうこう…うつく
美しく飾った御殿。

9 ゆうぶつ…すぐ
特にすぐれたもの。逸品。

10 かいい…おお
大きくて目立つこと。

11 あくさい…うるお
美しい色つや。

12 きくいん…すく
手ですくって飲むこと。

13 きくもん…とりしら・しら
罪をしらべて問いただすこと。

14 たんしょう…たた
感心してほめたたえること。賞嘆。

15 こんとう…くら
めまいがして倒れること。失神。

16 いくいく…かぐわ
文化の盛んなこと。香気の良いこと。

17 こうつう…とお
すべて順調に進むこと。

18 ちょうらく…しぼ
おとろえること。おちぶれること。

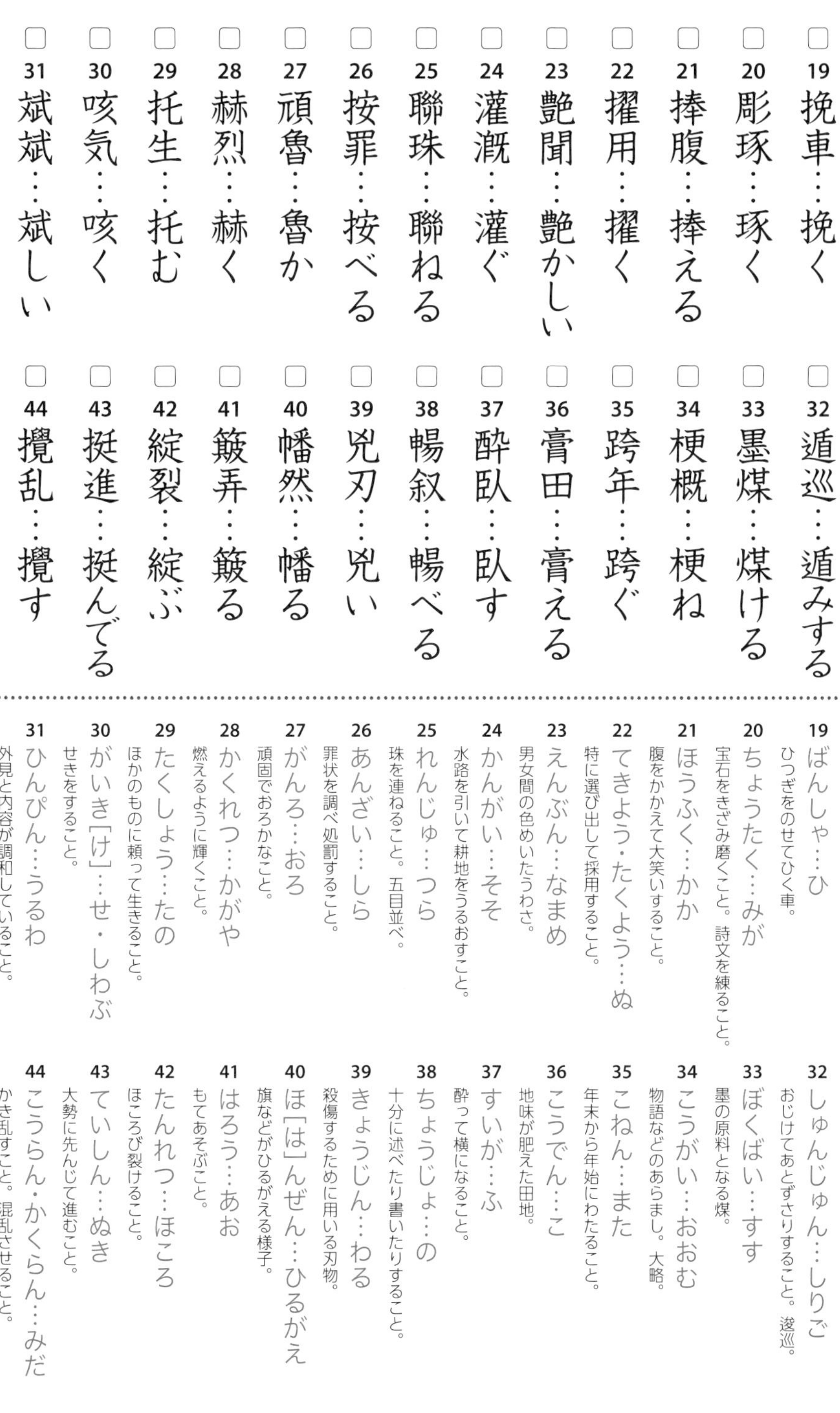

□ 19 挽車…挽く
□ 20 彫琢…琢く
□ 21 捧腹…捧える
□ 22 擢用…擢く
□ 23 艶聞…艶かしい
□ 24 灌漑…灌ぐ
□ 25 聯珠…聯ねる
□ 26 按罪…按べる
□ 27 頑魯…魯か
□ 28 赫烈…赫く
□ 29 托生…托む
□ 30 咳気…咳く
□ 31 斌斌…斌しい

□ 32 遁巡…遁みする
□ 33 墨煤…煤ける
□ 34 梗概…梗ね
□ 35 跨年…跨ぐ
□ 36 膏田…膏える
□ 37 酔臥…臥す
□ 38 暢叙…暢べる
□ 39 兇刃…兇い
□ 40 幡然…幡る
□ 41 簸弄…簸る
□ 42 綻裂…綻ぶ
□ 43 挺進…挺んでる
□ 44 攪乱…攪す

---

19 ばんしゃ…ひ
ひつぎをのせてひく車。

20 ちょうたく…みが
宝石をきざみ磨くこと。詩文を練ること。

21 ほうふく…かか
腹をかかえて大笑いすること。

22 てきよう・たくよう…ぬ
特に選び出して採用すること。

23 えんぶん…なまめ
男女間の色めいたうわさ。

24 かんがい…そそ
水路を引いて耕地をうるおすこと。

25 れんじゅ…つら
珠を連ねること。五目並べ。

26 あんざい…しら
罪状を調べ処罰すること。

27 がんろ…おろ
頑固でおろかなこと。

28 かくれつ…かがや
燃えるように輝くこと。

29 たくしょう…たの
ほかのものに頼って生きること。

30 がいき[け]…せ・しわぶ
せきをすること。

31 ひんぴん…うるわ
外見と内容が調和していること。

32 しゅんじゅん…しりご
おじけてあとずさりすること。逡巡。

33 ぼくばい…すす
墨の原料となる煤。

34 こうがい…おおむ
物語などのあらまし。大略。

35 こねん…また
年末から年始にわたること。

36 こうでん…こ
地味が肥えた田地。

37 すいが…ふ
酔って横になること。

38 ちょうじょ…の
十分に述べたり書いたりすること。

39 きょうじん…わる
殺傷するために用いる刃物。

40 ほ[は]んぜん…ひるがえ
旗などがひるがえる様子。

41 はろう…あお
もてあそぶこと。

42 たんれつ…ほころ
ほころび裂けること。

43 ていしん…ぬき
大勢に先んじて進むこと。

44 こうらん・かくらん…みだ
かき乱すこと。混乱させること。

出る順 C

共通の漢字

合格圏突入！ コレであなたも漢字博士

制限時間15分

32点で合格

1回目 ／40点

2回目 ／40点

次の各組の二文の（　）には**共通**する漢字が入る。その読みを後の□から選び、**常用漢字（一字）**で記せ。

1
（　）外の高い評価を得る。
国民の輿（　）を担う総理だ。

2
（　）腔の怒りを覚える。
偉業が（　）天下に知られる。

3
顧問役は財界の宿（　）だ。
（　）残の日々を送っている。

4
もう悪い習慣とは（　）別する。
首長の専（　）にゆだねる。

5
弟の家は（　）呼の間にある。
関係各位から（　）弾を受ける。

6
気（　）奄々としてたどり着く。
父が長大（　）をもらした。

7
金額を符（　）で知らせる。
乱（　）本を取り替えてもらう。

8
代表的な（　）踏派の詩人だ。
御（　）庇をこうむる。

ゆい・こう・し・そく・けつ・た・まん・ろう
けん・おん・ちょう・ぼう

解答と熟語の意味

1 望
望外（ぼうがい）：望み以上のよい結果。
輿望（よぼう）：世間から寄せられる期待。

2 満
満腔（まんこう）：体じゅうに満ちること。全身。
満天下（まんてんか）：世の中全体。国中。世界中。

3 老
宿老（しゅくろう）：経験豊かな老巧な人。武家の重臣。
老残（ろうざん）：老いぼれて生きながらえること。

4 決
決別（けつべつ）：きっぱりと別れること。
専決（せんけつ）：ひとりの考えで決めること。

5 指
指呼（しこ）：指さして呼ぶこと。
指弾（しだん）：つまはじき。非難、排斥すること。

6 息
気息（きそく）：呼吸。いき。
長大息（ちょうたいそく）：長く大きいため息。

7 丁
符丁（ふちょう）：仲間だけに通じる言葉。隠語。
乱丁（らんちょう）：ページの順序が乱れていること。

8 高
高踏（こうとう）：世俗を離れ気高く身を処すること。
高庇（こうひ）：他人からの庇護を敬っていう語。

9 会長の（　）遇を得て出世する。（　）謀をめぐらせ勝利へ導く。

10 爾（　）親しい付き合いだ。師の御（　）駕を賜る。

11 政府の柱（　）として活躍した。薬（　）効なく病状が進む。

12 御（　）労を願い恐縮です。科学は長（　）の進歩を遂げた。

13 難題が（　）在している。政界は（　）魔殿といわれている。

14 強欲で因（　）な金貸しである。部下に謝るのも（　）腹だ。

15 臆（　）もなくやってきた。何とも（　）妖な事態となった。

16 （　）日を選んで挙行する。話が（　）境に入ってきた。

17 新事業に参（　）する。（　）然とした違いが見られる。

18 本日は（　）学の士が集まった。時間つぶしに（　）個の本です。

19 母が頓（　）な声を上げた。一休は風（　）の士である。

20 穎（　）した才の持ち主である。老師は世俗を超（　）している。

か・きょう・こう・ごう・せき・そく・み・かく
ち・ふく・めん・らい・あい・そつ・だつ

9 知
知遇：厚く待遇されること。
知謀：知恵のあるみごとな計略。

10 来
爾来：それ以来。それからのち。
来駕：やってくることを敬っていう語。

11 石
柱石：国家などを支える重要な人物。
薬石：種々の薬や治療法。

12 足
御足労：先方に来てもらった際の尊敬語。
長足：物事の進み方がはやいこと。

13 伏
伏在：隠れて存在していること。
伏魔殿：悪魔がひそむ殿堂。陰謀の場。

14 業
因業：頑固で無情なこと。
業腹：腹が立つこと。しゃくにさわること。

15 面
臆面：気おくれした顔つき。
面妖：奇妙なこと。怪しいこと。

16 佳
佳日：よい日。めでたい日。
佳境：興味を感じさせる場面。

17 画
参画：事業などの計画に加わること。
画然：区別がはっきりしている様子。

18 好
好学：学問を好むこと。
好個：ちょうどよいこと。うってつけ。

19 狂
頓狂：場にそぐわない言動をするさま。
風狂：常軌を逸していること。

20 脱
穎脱：才能が特にすぐれていること。
超脱：普通の範囲、程度を越えること。

出る順 C

書き取り 1

合格圏突入！ コレであなたも漢字博士

制限時間15分

36点で合格

1回目 ／44点

2回目 ／44点

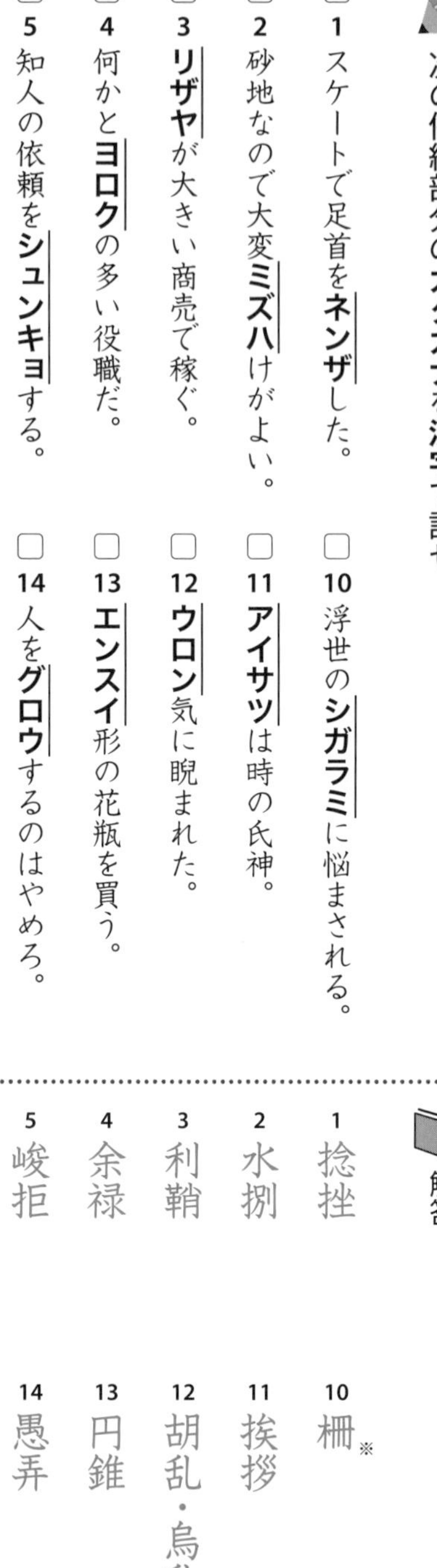

次の傍線部分の**カタカナ**を**漢字**で記せ。

1 スケートで足首を**ネンザ**した。

2 砂地なので大変**ミズハ**けがよい。

3 **リザヤ**が大きい商売で稼ぐ。

4 何かと**ヨロク**の多い役職だ。

5 知人の依頼を**シュンキョ**する。

6 **ホウマツ**候補が何人も出馬する。

7 融通**ムゲ**な発想をする。

8 **バレイショ**を薄く切る。

9 **ショウチュウ**の珠の如くに育てる。

10 浮世の**シガラミ**に悩まされる。

11 **アイサツ**は時の氏神。

12 **ウロン**気に睨まれた。

13 **エンスイ**形の花瓶を買う。

14 人を**グロウ**するのはやめろ。

15 **サイバシ**で人数分を取り分ける。

16 **ロウ**せずして大金を得た。

17 圧政に対して民衆が**ホウキ**した。

18 改札は**コセンキョウ**の向こうだ。

解答

1 捻挫
2 水捌
3 利鞘
4 余禄
5 峻拒
6 泡沫
7 無碍
8 馬鈴薯
9 掌中
10 柵※
11 挨拶
12 胡乱・烏乱
13 円錐
14 愚弄
15 菜箸
16 労
17 蜂起
18 跨線橋

※10 柵…邪魔、束縛するもの。水流をせき止める杭の意。

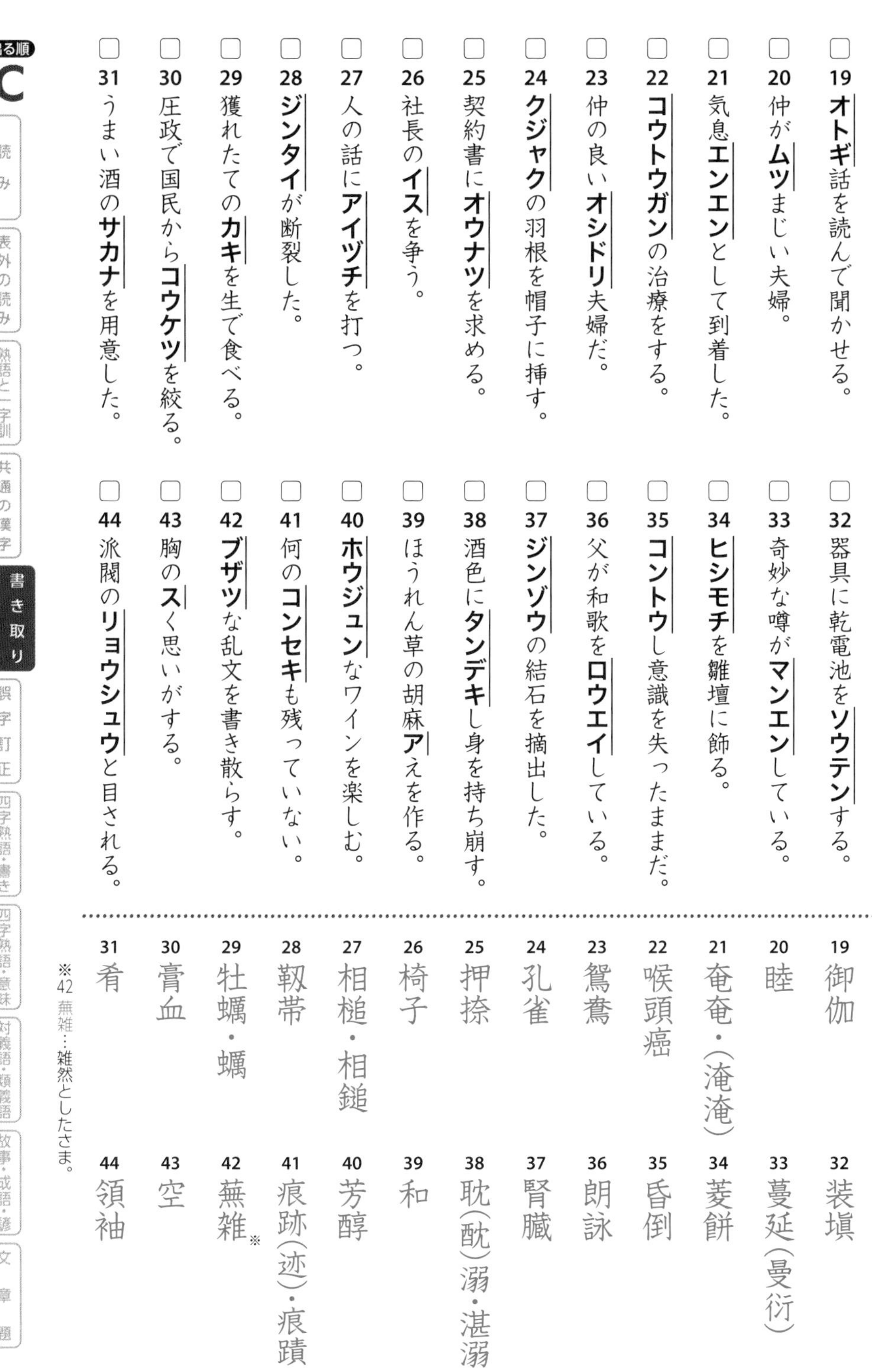

□ 19 **オトギ**話を読んで聞かせる。
□ 20 仲が**ムツ**まじい夫婦。
□ 21 気息**エンエン**として到着した。
□ 22 **コウトウガン**の治療をする。
□ 23 仲の良い**オシドリ**夫婦だ。
□ 24 **クジャク**の羽根を帽子に挿す。
□ 25 契約書に**オウナツ**を求める。
□ 26 社長の**イス**を争う。
□ 27 人の話に**アイヅチ**を打つ。
□ 28 **ジンタイ**が断裂した。
□ 29 獲れたての**カキ**を生で食べる。
□ 30 圧政で国民から**コウケツ**を絞る。
□ 31 うまい酒の**サカナ**を用意した。
□ 32 器具に乾電池を**ソウテン**する。
□ 33 奇妙な噂が**マンエン**している。
□ 34 **ヒシモチ**を雛壇に飾る。
□ 35 **コントウ**し意識を失ったままだ。
□ 36 父が和歌を**ロウエイ**している。
□ 37 **ジンゾウ**の結石を摘出した。
□ 38 酒色に**タンデキ**し身を持ち崩す。
□ 39 ほうれん草の胡麻**ア**えを作る。
□ 40 **ホウジュン**なワインを楽しむ。
□ 41 何の**コンセキ**も残っていない。
□ 42 **ブザツ**な乱文を書き散らす。
□ 43 胸の**ス**く思いがする。
□ 44 派閥の**リョウシュウ**と目される。

---

19 御伽
20 睦
21 奄奄・(淹淹)
22 喉頭癌
23 鴛鴦
24 孔雀
25 押捺
26 椅子
27 相槌・相鎚
28 靱帯
29 牡蠣・蠣
30 膏血
31 肴
32 装塡
33 蔓延(蔓衍)
34 菱餅
35 昏倒
36 朗詠
37 腎臓
38 耽(酖)溺・湛溺
39 和
40 芳醇
41 痕跡(迹)・痕蹟
42 蕪雑※
43 空
44 領袖

※42 蕪雑…雑然としたさま。

出る順 C

合格圏突入！ コレであなたも漢字博士

書き取り 2

次の傍線部分の**カタカナ**を**漢字**で記せ。

1 魚を**クシ**に刺して焼く。
2 **ホウジョウ**な稔りの秋を迎える。
3 しつこい宣伝に**ヘキエキ**する。
4 鳥の**ハクセイ**が飾られている。
5 現状を**トウカンシ**した策である。
6 山の**フモト**でテントを張った。
7 **カンゼン**するところのない名文。
8 厚手の**ガイトウ**で寒さに備える。
9 先生は当地に**ユカリ**が深い。
10 会社の**テイカン**を見直してみた。
11 **ガンゼ**無い子供のようだった。
12 扉の**チョウツガイ**が軋んでいる。
13 酔って**ロレツ**が回らない。
14 祖父は**ボクネンジン**だった。
15 **ホウガ**金で寺の本堂を再建した。
16 隣町にうまい**ソバ**屋がある。
17 **ボッコン**鮮やかに詩をかいた。
18 風船に気体を**ジュウテン**する。

制限時間15分

36点で合格

1回目 ／44点

2回目 ／44点

解答

1 串
2 豊穣
3 僻(辟)易
4 剝製
5 等閑視
6 麓
7 間然
8 外套
9 縁・所縁
10 定款
11 頑是
12 蝶番
13 呂律
14 朴念仁
15 奉加※
16 蕎麦
17 墨痕
18 充塡

※15 奉加…寺社に金品を寄付すること。

19 雪解けの原に山菜が**メグ**む。
20 **シイ**的な言動が目に余る。
21 **ショウヨウ**として判決を聞く。
22 屋上へは**ハシゴ**で上る。
23 裏庭に雑草が**ハビコ**っている。
24 **ミカン**を一山買って帰る。
25 識者三人の**テイダン**が行われた。
26 ほっと安堵の**タ**め息をつく。
27 とても**シュコウ**できない計画だ。
28 **ケンペイ**ずくで命令する。
29 **コサイ**漏らさず調べ上げる。
30 大学で英文学を**センコウ**した。
31 **センベイ**が焼ける匂いがする。

32 もはや**コウコ**の憂いもない。
33 **ワキメ**もふらずに通り過ぎた。
34 蕎麦湯を入れる**ユトウ**を買った。
35 空から**モウキン**が獲物を狙う。
36 暗い所では**ドウコウ**が広がる。
37 **ショウツキ**命日に供養を行う。
38 甚だ**ムナクソ**の悪い話だ。
39 彼とは**コンリンザイ**関わらない。
40 **フンパン**ものの対策である。
41 遠足で**ショウニュウドウ**へ行く。
42 生涯の**ハンリョ**に出会った。
43 激しい腹痛に**モンゼツ**する。
44 **ホウキ**十八歳の美女である。

19 萌
20 恣（肆）意
21 従容・縦容
22 梯子・梯
23 蔓・蔓延
24 蜜柑
25 鼎談
26 溜
27 首肯
28 権柄
29 巨細
30 専攻
31 煎餅

32 後顧
33 脇目
34 湯桶
35 猛禽
36 瞳孔
37 祥月
38 胸糞
39 金輪際
40 噴飯
41 鍾乳洞
42 伴侶
43 悶絶
44 芳紀※

※44 芳紀…女性の若く美しい頃。

出る順 C

誤字訂正

次の各文にまちがって使われている**同じ音訓の漢字**が**一字**ある。**上に誤字を、下に正しい漢字**を記せ。

1 差少乍ら御礼の印ですと懐中から正絹の服紗に包まれた品を取り出した。

2 私粛する作家の滋味掬すべき随筆に人生を愉しむ秘訣が潜んでいた。

3 粗毎日、囲炉裏の自在鍵に吊るした鉄瓶で常用の漢方薬を烹煎する。

4 檜風呂の柚子湯に身を浸し、柑橘系の郁郁たる香りを存分に賞含する。

5 伐採、蔓切り、萱刈り、鎌研ぎ、自然薯掘りと山仕事は貫断なく続いた。

6 爆風は傲音と共に群衆を薙ぎ倒し、店内は阿鼻叫喚の有様となった。

7 犯人の足跡は骨然と消失し執念深く追駆してきた刑事を啞然とさせた。

8 当代に比類なき積儒として、また翰林の領導者としても声望が高い。

9 社会を危殆に瀕せしめたとして暴動の旋動者には騒擾罪が適用された。

10 晩餐会での首相の素忽な振る舞いは両国のメディアで物議を醸した。

11 息咳き切って石段を駆け上がると、椙の古木が立つ神社の境内に出た。

12 土壌学で比隣を絶する業績を立てた稀代の碩学に紫綬褒章が贈られた。

1回目 ／30点

2回目 ／30点

解答

1 差→些 些少（さしょう）

2 粛→淑 私淑（ししゅく）※

3 鍵→鉤 自在鉤（じざいかぎ）

4 含→翫・玩 賞翫（しょうがん）

5 貫→間 間断（かんだん）

6 傲→轟 轟音（ごうおん）

7 骨→忽 忽然（こつぜん）

8 積→碩 碩儒（せきじゅ）

9 旋→煽・扇 煽動（せんどう）

10 素→粗・楚 粗忽（そこつ）

11 咳→急 息急き（いきせき）

12 隣→倫 比倫（ひりん）※

※2 私淑…ひそかに師として学ぶこと。
※12 比倫…比類。

□ 13 捷報に沸く町の中を、勲功を上げた軍勢が隊互を組んで凱旋する。

□ 14 疑義を質す壇家総代に事の顛末を巨細に示して漸く誤解を解いた。

□ 15 小職の如き樗材でも夙夜弛まぬ努力を惜しまず事業に提身してきた。

□ 16 離島航路の改善を目的に就航した高速艇が埠頭に碇舶している。

□ 17 湾内を埋め尽くす蒙古の軍船は天裕というべき暴風の襲来で潰滅した。

□ 18 現場を宰領する党梁の法被に股引きの粋な身形に惚れ惚れする。

□ 19 急灘を下る筏は丸太を藤弦で適当に結索しただけの大雑把な造りだった。

□ 20 瀆職の確固たる証拠を眼前にしても、全くの濡れ絹だと惚けている。

□ 21 珊瑚礁の美しいこの海峡に凄惨な爆発の痕跡は未塵もない。

□ 22 俳壇の重鎮に付正を請うべく書状を添えて自作の句集を進呈した。

□ 23 肥桶に墳尿を汲んで運ぶ役目だけは御免蒙りたいと思ったものだ。

□ 24 卿相は笠に懸かった態度で失態を演じて狼狽している諸大夫を叱咤した。

□ 25 門閥優先の藩風を廃し、広く藩内の賢才を破格の報禄で登用した。

□ 26 蒙春酷寒の候、田畔に群れ咲く水仙の楚楚とした姿が目を惹きつける。

□ 27 過疎地の予望を担う若き医師は辣腕を揮って忽ち罹患率を引き下げた。

□ 28 旬を迎えた蕨や芹に千切りの蒲鉾を加えた卵閉じを蕎麦に被せる。

□ 29 宰相の答弁は国民の期待に背き、只管因循姑息な頓辞に終始した。

□ 30 顛幅した前車の轍の跡を戒めに計画が頓挫しないよう留意されたい。

---

13 互→伍　隊伍（たいご）
14 壇→檀　檀家（だんか）
15 提→挺　挺身（ていしん）
16 舶→泊　碇泊（ていはく）
17 裕→祐・佑　天祐（てんゆう）
18 党→棟　棟梁（とうりょう）
19 弦→蔓　藤蔓（ふじづる）
20 絹→衣　濡れ衣（ぬれぎぬ）
21 未→微　微塵（みじん）
22 付→斧　斧正（ふせい）
23 墳→糞　糞尿（ふんにょう）
24 笠→嵩　嵩（かさ）
25 報→俸　俸禄（ほうろく）
26 蒙→孟　孟春（もうしゅん）
27 予→輿　輿望（よぼう）
28 閉→綴　卵綴じ（たまごとじ）
29 頓→遁（遯）　遁辞（とんじ）※
30 幅→覆　顛覆（てんぷく）

※29 遁辞…言い逃れ。逃げ口上。

出る順 C

合格圏突入！ コレであなたも漢字博士

四字熟語・書き 1

制限時間15分

20点で合格

1回目　／24点

2回目　／24点

次の四字熟語の（　）に入る適切な語を後の□から選び、**漢字二字**で記せ。

□1 格物（　　）
□2 （　　）無稽
□3 （　　）零墨
□4 （　　）斉駆
□5 （　　）大儒
□6 （　　）相承
□7 （　　）打坐
□8 （　　）俗語
□9 （　　）事定
□10 蚕食（　　）

げいどん・だんかん・こうとう・がいかん・せきがく・しし・へいが・へいだん・しかん・ちち

解答と四字熟語の意味

1 格物致知（かくぶつちち）　知識を極めて（致知）、物事の道理を極めつくす（格物）こと。

2 荒唐無稽（こうとうむけい）　でたらめで非現実的なこと。

3 断簡零墨（だんかんれいぼく）　文書の断片、切れ端。また、ちょっとした書き物。

4 並駕斉駆（へいがせいく）　実力・能力・地位などに差がないこと。一台の馬車を数頭の馬で引っ張って駆ける意。

5 碩学大儒（せきがくたいじゅ）　すぐれた学識を持つ学者。奥義をきわめた大学者。

6 師資相承（しししそうしょう）　師の教えや技芸を弟子が受け継いでいくこと。

7 只管打坐（しかんたざ）　祇管　雑念を捨てて一心に座禅すること。

8 平談俗語（へいだんぞくご）　日常の会話で出る普通の言葉。「平談」はふだんの会話。

9 蓋棺事定（がいかんじてい）　死んだあとになって（棺に蓋をして）人の評価が定まるということ。

10 蚕食鯨呑（さんしょくげいどん）　強国が弱小国の領土をどんどん侵略すること。蚕が桑の葉を食い、鯨が小魚を呑みこむ意。

□ 11 （　　）積玉（　　）

□ 12 文質（　　）（　　）

□ 13 河図（　　）（　　）

□ 14 （　　）危言（　　）

□ 15 （　　）煮鶴（　　）

□ 16 （　　）楽土（　　）

□ 17 河山（　　）（　　）

□ 18 採薪（　　）（　　）

□ 19 前虎（　　）（　　）

□ 20 （　　）曲筆（　　）

□ 21 山河（　　）（　　）

□ 22 （　　）佳人（　　）

□ 23 舌端（　　）（　　）

□ 24 臥薪（　　）（　　）

こうろう・ぶぶん・きゅうすい・しょうたん
ひんぴん・おうどう・さいし・げったん
そうぼう・ふんきん・たいれい・きんたい
らくしょ・たいきん

---

11 堆金積玉（たいきんせきぎょく）
莫大な富を集めること。貴金属や珠玉を積み上げるという意。

12 文質彬彬（ぶんしつひんぴん）
彬々
外面の美しさと、内面の質が調和していること。

13 河図洛書（かとらくしょ）
中国古代伝説上の図や文字の「河図」と「洛書」。非常に珍しく、価値のある図書のたとえ。

14 草茅危言（そうぼうきげん）
民間からの国政への批判。「草茅」は草むら・在野、「危言」は厳しい論。

15 焚琴煮鶴（ふんきんしゃかく）
殺風景なこと。また、風流心のないこと。琴を焼いて鶴を煮る意。

16 王道楽土（おうどうらくど）
王道によって政治が行われている平和で理想的な土地。

17 河山帯礪（かざんたいれい）
帯(厲)
永久に変わらない堅い誓約のたとえ。黄河が帯のように細く、高い泰山が砥石のように平たくなるまで。

18 採薪汲水（さいしんきゅうすい）
自然の中で質素に暮らすこと。薪を採り、谷川の水を汲むことから。

19 前虎後狼（ぜんここうろう）
災難や危害が次々とやってくること。前には虎、後ろに狼がいる意。

20 舞文曲筆（ぶぶんきょくひつ）
必要以上に言葉を飾りつけ、事実を曲げて書くこと。

21 山河襟帯（さんがきんたい）
山が襟のように取り囲み、川が帯のように流れ、自然の要害をなしていること。

22 才子佳人（さいしかじん）
才知のすぐれた男性と美しい女性。理想的な男女の取り合わせをいう。

23 舌端月旦（ぜったんげったん）
口先で人を批評すること。後漢の許劭(きょしょう)が月初めに人物批評をした故事から。

24 臥薪嘗胆（がしんしょうたん）
成功を期して、長く苦難を耐え忍ぶこと。薪に寝て苦い肝をなめる意。

出る順 C

合格圏突入！ コレであなたも漢字博士

四字熟語・書き 2

制限時間15分

20点で合格

1回目 ／24点

2回目 ／24点

次の四字熟語の（　）に入る適切な語を後の□から選び、**漢字二字**で記せ。

□1 （　　）盗鐘
□2 （　　）行歩
□3 （　　）名人
□4 披星（　　）
□5 円木（　　）
□6 （　　）復礼
□7 街談（　　）
□8 （　　）錯節
□9 （　　）玉骨
□10 （　　）累累

けいちん・こっき・たいげつ・せきし・ざが
こうせつ・ばんこん・ひょうき・えんじ
しし

解答と四字熟語の意味

1 掩耳盗鐘（えんじとうしょう） 耳を塞いで鐘を盗む。浅はかな考えで自分を欺いて悪事を働くこと。

2 坐臥行歩（ざがこうほ） 座臥 立ち居振る舞いのこと。座ったり、寝たり、歩いたりする意。

3 碩師名人（せきしめいじん） 功績のある学者や有名人。「碩師」は大学者。「名人」は名声のある人。

4 披星戴月（ひせいたいげつ） 朝から晩まで、一生懸命働くこと。「披星」は早朝、「戴月」は夜遅く。

5 円木警枕（えんぼくけいちん） 勉学に励むこと。司馬光は丸太を枕にして寝る間を惜しみ学問に励んだという故事から。

6 克己復礼（こっきふくれい） 自分の欲望に打ち勝って、礼儀にかなった言動をすること。

7 街談巷説（がいだんこうせつ） 世間のいい加減な評判。

8 盤根錯節（ばんこんさくせつ） （槃）根 複雑で解決が困難であること。「盤根」は曲がった根。「錯節」は入り組んだ節。

9 氷肌玉骨（ひょうきぎょっこつ） 美女の形容。または、梅の花のたとえ。

10 死屍累累（ししるいるい） 死体が一面に積み重なって、むごたらしい様子。

11 積善（　　）
12 （　　）菩提
13 （　　）霧散
14 宏大（　　）
15 生死（　　）
16 白虹（　　）
17 運否（　　）
18 （　　）陸離
19 （　　）活剣
20 杯酒（　　）
21 （　　）兎走
22 （　　）堅固
23 （　　）切切
24 （　　）百出

こうさい・うんしゅう・かいえん・はたん
うひ・かんじつ・てんぷ・じだい・けんろう
せいどん・むへん・せいせい・ぼんのう
よけい

11 積善余慶（せきぜん（の）よけい）
善い行いを積んだ家には、子孫にもその恩恵があるということ。

12 煩悩菩提（ぼんのうぼだい）
煩悩（迷い）と菩提（悟り）は一体。迷いは悟りの第一歩であること。

13 雲集霧散（うんしゅうむさん）
雲や霧のように群がったり、なくなったりすること。

14 宏大無辺（こうだいむへん）
広々として限りがないさま。

15 生死事大（しょうじじだい）
生死を越え悟りを開くことはいま生きている時しかないという教え。

16 白虹貫日（はく［っ］こうかんじつ）
心が天に通じること。戦乱の兆候。白い虹が太陽を貫く意。

17 運否天賦（うんぷてんぷ）
運不運は天の定め次第ということ。

18 光彩陸離（こうさいりくり）
光采
まばゆい光が入り乱れ、目もくらむばかりに美しいさま。

19 生呑活剥（せいどんかっぱく）
他人の詩や文章を自分のものとしてそのまま使うこと。

20 杯酒解怨（はいしゅかいえん）
互いに酒を酌み交わすことで怨みを解きほぐすこと。

21 烏飛兎走（うひとそう）
あっという間に月日が過ぎていくこと。

22 堅牢堅固（けんろうけんご）
守りが非常に固くて、容易に破れないこと。

23 凄凄切切（せいせいせつせつ）
（悽悽）
悲しげで、物寂しいさま。凄切を強調した語。

24 破綻百出（はたんひゃくしゅつ）
言動や物事に、ほころびや欠点が次から次へと出てくること。

出る順 C

合格圏突入！ コレであなたも漢字博士

四字熟語・意味

制限時間15分

22点で合格

1回目 /27点

2回目 /27点

次の**解説・意味**にあてはまる四字熟語を下の□から選び、その**傍線部分だけの読み**を**ひらがな**で記せ。

□ 1 頭抜けた詩文の才能。

□ 2 才能有る人物が他所に流出する。

□ 3 運に恵まれること。

□ 4 何事においても人には実力の差がある。

□ 5 賢哲を尊んでいう。

□ 6 立派な官吏の留任を願う。

□ 7 無駄な努力。

□ 8 情味がなく近付きにくいさま。

□ 9 建築、造営を盛んに行う。

□ 10 出世間※の生き方。

□ 11 用済みの者が無惨に始末される。

※煩悩にまみれたこの迷いの世界を超越していること。

【1～11の選択肢】

杓子果報　凋氷画脂　朝穿暮塞　兎死狗烹　侯覇臥轍　枯木寒巌　楚材晋用

遠塵離垢　相碁井目　泰山梁木　七歩八叉

解答　▼は全体の読み

1 はっさ　▼しちほはっさ

2 しんよう　▼そざいしんよう

3 しゃくし　▼しゃくしかほう

4 せいもく　▼あいごせいもく

5 りょうぼく　▼たいざんりょうぼく

6 がてつ　▼こうはがてつ

7 ちょうひょう　▼ちょうひょうがし

8 かんがん　▼こぼくかんがん

9 ちょうせん　▼ちょうせんぼそく

10 りく　▼おんじんりく

11 くほう　▼としくほう

□ 12 奇才や珍しい物を探すたとえ。
□ 13 多士済済たるさま。
□ 14 官能を刺激するみだらな音楽。
□ 15 宮殿の質素なさま。
□ 16 見識が無く無教養な人物。
□ 17 風雅な生活の形容。
□ 18 狩猟をすること。
□ 19 高い地位に上り、日の目をみること。
□ 20 その人の権威や実力をうたがう。
□ 21 何ものにもとらわれぬ自在な境地。
□ 22 筆勢が自在なこと。
□ 23 親孝行のたとえ。
□ 24 怠け者、手の施しようのないもの。
□ 25 敵につけ入る機会を与えない。
□ 26 このうえない真心、忠誠心。
□ 27 建物が密集錯雑していること。

【12～27の選択肢】

珠聯璧合　出谷遷喬　問鼎軽重　老萊斑衣　土階茅茨　馬牛襟裾　梅妻鶴子　折衝禦侮　飛鷹走狗　遊戯三昧

朽木糞土　鉤心闘角　竜跳虎臥　鉄網珊瑚　鄭衛桑間　碧血丹心

12 さんご ▼てつもうさんご
13 しゅれん ▼しゅれんへきごう
14 ていえい ▼ていえいそうかん
15 ぼうし ▼どかいぼうし
16 きんきょ ▼ばぎゅうきんきょ
17 かくし ▼ばいさいかくし
18 ひよう ▼ひようそうく
19 せんきょう ▼しゅっこくせんきょう
20 もんてい ▼もんていけいちょう
21 ゆげ ▼ゆげざんまい
22 こが ▼りゅ［よ］うちょうこが
23 ろうらい ▼ろうらいはんい
24 ふんど ▼きゅうぼくふんど
25 ぎょぶ ▼せっしょうぎょぶ
26 へきけつ ▼へきけつたんしん
27 こうしん ▼こうしんとうかく

出る順 **C**

合格圏突入！コレであなたも漢字博士

対義語・類義語

制限時間20分

39点で合格

1回目　／48点

2回目　／48点

次の**対義語**、**類義語**を□の中から選び、**漢字**で記せ。□の中の語は一度だけ使うこと。

対義語

□1 顕貴
□2 絶息
□3 蒼白
□4 悲傷
□5 怜利
□6 寛大
□7 勤労
□8 広漠
□9 弊習
□10 斬新

びせん　こうちょう　ちんぷ　しゅんれつ　きょうさく　そせい　きんえつ　ろどん　ゆうとう　じゅんぷう

類義語

□11 寄留
□12 落成
□13 田畑
□14 仰天
□15 吉祥
□16 垂死
□17 盛衰
□18 尽日
□19 機知
□20 不審

ひんし　きっきょう　しゅんこう　うさん　しゅくや　ずいそう　のうほ　かぐう　とんさい　えいきょ

解答

1 顕貴(けんき)↔微賤(びせん)
2 絶息(ぜっそく)↔蘇(甦)生(そせい)
3 蒼白(そうはく)↔紅潮(こうちょう)
4 悲傷(ひしょう)↔欣悦(きんえつ)
5 怜利(れいり)↔魯鈍(ろどん)
6 寛大(かんだい)↔峻烈(しゅんれつ)
7 勤労(きんろう)↔遊蕩(ゆうとう)
8 広漠(こうばく)↔狭窄(きょうさく)
9 弊習(へいしゅう)↔淳風(じゅんぷう)・醇風(じゅんぷう)
10 斬新(ざんしん)↔陳腐(ちんぷ)

11 寄留(きりゅう)＝仮寓(かぐう)※
12 落成(らくせい)＝竣工(しゅんこう)・竣功(しゅんこう)
13 田畑(たはた)＝農圃(のうほ)
14 仰天(ぎょうてん)＝喫驚(きっきょう)・吃驚(きっきょう)
15 吉祥(きちじょう)＝瑞相(ずいそう)
16 垂死(すいし)＝瀕死(ひんし)
17 盛衰(せいすい)＝盈虚(えいきょ)
18 尽日(じんじつ)＝夙夜(しゅくや)※
19 機知(きち)＝頓才(とんさい)
20 不審(ふしん)＝胡散(うさん)

※11 寄留…一時的に他人の家に住むこと。仮寓…仮住まい。
※18 尽日・夙夜…一日中。

対義語

□21 枯渇
□22 出立
□23 惰弱
□24 曝露
□25 楽天
□26 精緻
□27 絶賛
□28 該博
□29 偽筆
□30 軽侮
□31 濃艶
□32 攪乱
□33 弥縫
□34 灌木

ざっぱく　しんせき　こたん　ごうき　えんせい　ばとう　はたん
とうりゅう　いふ　ちんぶ　いんぺい　おういつ　もうまい　きょうぼく

類義語

□35 争覇
□36 世間
□37 長命
□38 帝都
□39 対立
□40 不抜
□41 同僚
□42 牢記
□43 雌雄
□44 葛藤
□45 閑居
□46 脱落
□47 敗残
□48 堪能

けいし　らくご　めいき　ふたいてん　れんたつ　れいらく　こうこ
ちんじゅ　ゆうせい　ほうばい　そうこく　もんちゃく　ひんぼ　ちくろく

---

21 枯渇（こかつ）↔横溢（おういつ）
22 出立（しゅったつ）↔逗留（とうりゅう）
23 惰弱（だじゃく）↔豪毅（ごうき）・剛毅（ごうき）
24 曝露（ばくろ）↔陰蔽（いんぺい）・隠蔽（いんぺい）
25 楽天（らくてん）↔厭世（えんせい）
26 精緻（せいち）↔雑駁（ざっぱく）（駮（ぱく））
27 絶賛（ぜっさん）↔罵倒（ばとう）
28 該博（がいはく）↔蒙（もう）（曚（もう）・矇（もう））昧（まい）
29 偽筆（ぎひつ）↔真跡（しんせき）・真蹟（しんせき）
30 軽侮（けいぶ）↔畏怖（いふ）
31 濃艶（のうえん）↔枯淡（こたん）
32 攪乱（かくらん）↔鎮撫（ちんぶ）※
33 弥縫（びほう）↔破綻（はたん）
34 灌木（かんぼく）↔喬木（きょうぼく）※

※32 鎮撫…乱をしずめ人心を安定させること。
※34 灌木…低木。喬木…高木。

35 争覇（そうは）＝逐鹿（ちくろく）
36 世間（せけん）＝江湖（こうこ）
37 長命（ちょうめい）＝椿寿（ちんじゅ）
38 帝都（ていと）＝京師（けいし）
39 対立（たいりつ）＝相克（そうこく）
40 不抜（ふばつ）＝不退転（ふたいてん）
41 同僚（どうりょう）＝朋輩（ほうばい）・傍輩（ほうばい）
42 牢記（ろうき）＝銘記（めいき）
43 雌雄（しゆう）＝牝牡（ひんぼ）
44 葛藤（かっとう）＝悶（もん）（捫（もん））著（ちゃく）・悶着（もんちゃく）
45 閑居（かんきょ）＝幽棲（ゆうせい）・幽栖（ゆうせい）
46 脱落（だつらく）＝落伍（らくご）・落後（らくご）
47 敗残（はいざん）＝零落（れいらく）
48 堪能（たんのう）＝練達（れんたつ）

出る順 C

故事・成語・諺 1

合格圏突入！ コレであなたも漢字博士

制限時間15分

21点で合格

1回目 /26点

2回目 /26点

次の故事・成語・諺の**カタカナ**の部分を**漢字**で記せ。

□ 1 **ヤクジ**に親しむ。

□ 2 **キセキ**に入る。

□ 3 紅旗征**ジュウ**吾が事に非ず。

□ 4 冠履を貴んで**トウソク**を忘る。

□ 5 盲亀の浮木、**ウドンゲ**の花。

□ 6 **エイジ**の貝を以て巨海を測る。

□ 7 **ミス**を隔てて高座を覗く。

□ 8 腹の皮が張れば目の皮が**タル**む。

□ 9 礼儀は**フソク**に生じ、窃盗は貧窮に起こる。

□ 10 **アリ**の思いも天に届く。

□ 11 **ホラ**ヶ峠をきめこむ。

解答と故事・成語・諺の意味

1 薬餌
病気がちなこと。病弱な体であること。「薬餌」は病人の薬と食事。

2 鬼籍
死亡すること。「鬼籍」は地獄の閻魔大王が持っている死者の台帳。

3 戎
紅旗（朝廷の旗）をたてた征戎（外敵を征圧する戦）であろうと、私には関係のないことである。藤原定家の言葉。

4 頭足
細かいことにこだわり根本を忘れること。冠や履き物を重んじるあまり本体となる頭や足を忘れる意。

5 優曇華
めったにない幸運や偶然のたとえ。盲亀が浮木に出会うことと、三千年に一度咲くうどんげの花。

6 嬰児
到底できないことのたとえ。幼児が貝殻で海水をくみ出して水量を測るという意。

7 御簾
思うようにならず、もどかしいことのたとえ。「御簾」は宮殿や社寺で用いるすだれ。「高座」は天皇や将軍が座る席。

8 弛
おなかがいっぱいになると自然と眠くなるということ。

9 富足
生活にゆとりがあれば礼儀もわきまえる、貧しければ盗みをするようにもなるということ。

10 蟻
微力な者でも一途に努力すれば望みを実現できるというたとえ。

11 洞
形勢をうかがい優勢な方に荷担しようと様子を見る態度。筒井順慶が洞ヶ峠で豊臣方か明智方かと日和見した故事から。

□ 12 **ヨウリュウ**の風に吹かるるが如し。
□ 13 **マリ**と手と歌は公家の業。
□ 14 **エツボ**に入る。
□ 15 **ウド**の大木。
□ 16 陰徳あれば**ヨウホウ**あり。
□ 17 **キッチュウ**の楽しみ。
□ 18 **シンエン**に臨んで薄氷をふむが如し。
□ 19 澹泊の士は必ず**ノウエン**の者の疑うところとなる。
□ 20 人を犯す者は**ランボウ**の患いあり。
□ 21 **ケシ**の中に須弥山あり。
□ 22 馬革に**シカバネ**をつつむ。
□ 23 秋の日は**ツルベ**落とし。
□ 24 瓜の**ツル**には茄子はならぬ。
□ 25 **カユ**腹も一時。
□ 26 生は**ジンコウ**なり、死生は昼夜たり。

12 楊柳
何事も適当にあしらって逆らわないこと。柳に風と受け流す。

13 鞠(毬)
公家(朝廷貴族)のたしなみ。鞠は蹴鞠、手は書道、歌は和歌。

14 笑壺
思い通りになって大いに喜ぶこと。大喜びして笑い転げること。「壺」は容器の壺ではなく、急所、要所。

15 独活
図体だけ大きくて役に立たないもののたとえ。成長したウドは、食用にも建物の資材にも使えないことから。

16 陽報
人知れずよい行いをする者には、必ずよい報いが目に見えて現れるということ。

17 橘中
囲碁や将棋をする楽しみ。大きなタチバナの実を割ると、中で二人の仙人が碁を楽しんでいたという故事から。

18 深淵
深い淵をのぞきこむ時、また薄い氷の上を歩く時のように、慎重に行動すること。また危険に直面していること。

19 濃艶
欲のない淡泊な人は、欲深くしつこい人から何かと疑われるようになる。

20 乱亡
他国(他人)を侵略・迫害した者は、その報いで自らが乱れ滅びることになるものである。

21 芥子・(罌粟)
小さいものの中に大きなものが含まれるということ。ちっぽけな自分の中に一つの世界が存在するということ。

22 屍(尸)
戦死すること。死ぬ覚悟で戦場に赴くこと。古代中国では、戦死者の遺骸を馬の皮に包んで送ったことから。

23 釣瓶
秋の日は急に暮れるということ。井戸に落ちるつるべの速さにたとえた言葉。

24 蔓
血筋は争えないこと。平凡な親からはとくにすぐれた子は生まれないということ。

25 粥(糜・餬・鬻)
おかゆを食べたくらいでは体に力が入らないが、それでも一時しのぎにはなるということ。

26 塵垢
生命というのはちりやあかと同じものであり、生から死へ移るのは昼から夜になるのと同じことである。荘子の言葉。

出る順 C

合格圏突入！コレであなたも漢字博士

故事・成語・諺 2

制限時間15分

21点で合格

1回目 ／26点

2回目 ／26点

次の故事・成語・諺の**カタカナ**の部分を**漢字**で記せ。

□ 1 海中より盃中に**デキシ**する者多し。
□ 2 **ミノカサ**を着て人の家に入らぬもの。
□ 3 古今に通せざるは馬牛にして**キンキョ**す。
□ 4 **ムグラ**の雫、萩の下露。
□ 5 声**リョウジン**を動かす。
□ 6 大道廃れて**ジンギ**有り。
□ 7 **トウコ**の筆。
□ 8 長口上は**アクビ**の種。
□ 9 **タクアン**のおもしに茶袋。
□ 10 児孫の為に**ビデン**を買わず。
□ 11 土用**ウシ**に鰻。

解答と故事・成語・諺の意味

1 溺死
海でおぼれて死ぬより酒を飲み過ぎて死ぬ人の方が多いということ。

2 箕笠・蓑笠
雨で濡れたみのかさを着て人の家に入ると、水滴で汚してしまうので、外で脱いでから入れということ。

3 襟裾
古今の道理を解さない無学な人は、馬や牛が衣服を着たようなものである。

4 葎
吉野川その水上を尋ぬれば葎の雫、萩の下露。吉野川の源流も、生い茂る雑草のしずく、萩の茂みの下の露である。

5 梁塵
歌声がすぐれているたとえ。中国で、魯の虞公が歌をうたうと、梁の上のちりまでが動いたという故事による。

6 仁義
世の中の秩序や道理が失われたから、仁義（道徳）を説く必要が生まれたということ。

7 董狐
権力、権勢を恐れずに、歴史の真実を書き記すこと。「董狐」は晋の歴史記録官。

8 欠・欠伸
長い話は聴いている人を飽きさせるだけであるから慎んだほうがよいということ。

9 沢庵
効き目がないことのたとえ。たくあんを漬けるときに軽い茶袋を乗せても重しにはならない意。糠に釘。石に灸。

10 美田
子孫に財産を残すと、それに頼って努力をしないので、あえて財産は残さない。西郷隆盛の詩に見える言葉。

11 丑
夏の土用の丑の日には、夏バテ防止のために滋養のある鰻を食べるとよいとする風習。

- [ ] 12 **コヒョウ**は其の爪を外にせず。
- [ ] 13 一片の**ヒョウシン**玉壺に在り。
- [ ] 14 **ツナ**がぬ舟の浮きたる例（ためし）も、げにあやなし。
- [ ] 15 **ヨシ**の髄から天を覗く。
- [ ] 16 水到りて**キョ**成る。
- [ ] 17 口中の**シオウ**。
- [ ] 18 **ハキョウ**再び照らさず。
- [ ] 19 掃き**ダ**めに鶴。
- [ ] 20 **ガイダ**珠を成す。
- [ ] 21 眼光**シハイ**に徹す。
- [ ] 22 傘と**チョウチン**は戻らぬつもりで貸せ。
- [ ] 23 **コケ**の後思案。
- [ ] 24 座敷の**チリトリ**団扇ですます。
- [ ] 25 身体は**バショウ**の如し、風に従って破れ易し。
- [ ] 26 濡れ手で**アワ**。

---

12 虎豹
本当に才能や実力がある者は、それをみだりに誇示したりしないということ。

13 氷心
富や名声を求めず、清く澄みきった心や行いのこと。玉の壺に入れた一片の氷のように清らかな心の意。

14 繋・係・維
源氏物語の一節。つながないと船が漂っていってしまうように、男がふらふらと浮気をするというのも本当に面白くない。

15 葦（蘆・葭）
自分の狭い見識で物事を論じたり判断したりすることのたとえ。細いヨシの茎を通して世界を見る意。

16 渠
条件が整えば、自然に物事が成就すること。または学問を積めば徳が備わること。「渠」は溝の意。

17 雌黄
言ったことを直ぐ訂正すること。口から出まかせを言うこと。「雌黄」は中国で黄紙の誤字を塗り消すのに用いた顔料。

18 破鏡
別れた夫婦・男女など、いったん損なわれた関係は元通りにならないというたとえ。覆水盆に返らず。

19 溜
つまらない所に、すぐれたものや美しいものがあることのたとえ。ごみ溜めに鶴。

20 咳唾
詩文の才能が非常に秀でていることのたとえ。口から出た言葉が珠のような名句である意。

21 紙背
書物の内容を真意まで理解することのたとえ。字句の背後にある深い意味をも読み取る意。

22 提灯・挑灯
傘と提灯は貸しても返してもらえない場合が多いことをいったもの。

23 虚仮
愚か者は必要なときに知恵が出ず、事が過ぎてから考えが浮かぶものだということ。「虚仮」は思慮の浅いこと。

24 塵取
祝い事を身内だけで済ますこと。内輪（内祝い）をかけたしゃれ。ちり取りの代わりに団扇（うちわ）で済ますの意。

25 芭蕉
身体というのは、バショウ（バナナに似た植物）の大きな葉のように壊れやすいものである。

26 粟
何の苦労もせずに多くの利益を得ることのたとえ。濡れた手で粟をつかめば粟粒がたくさんついてくることから。

出る順 C

合格圏突入！コレであなたも漢字博士

文章題 1

▼出題語句（過去24年間）

制限時間15分

31点で合格

1回目 ／38点

2回目 ／38点

次の傍線部分の**カタカナ**を**漢字**で記せ。

□ 1 **ガンクツ**に閉じ籠もる
□ 2 **キンジュウ**にも劣る
□ 3 **コンメイ**した世界情勢
□ 4 **タナゴコロ**を指す
□ 5 **ウズタカ**く盛る
□ 6 **テンテイ**する灯り
□ 7 黒**ブチ**の子犬
□ 8 **チントウ**に立つ
□ 9 **カンボク**の多い庭園
□ 10 儒家の始祖**コウキュウ**
□ 11 精神力の**オウイツ**
□ 12 **ガンロウ**物として扱う
□ 13 しじみの**ミソシル**
□ 14 気息を**ツ**く
□ 15 お酒の**ジョウリュウ**
□ 16 **コケ**の生えた庭石
□ 17 周囲に**デンパ**した
□ 18 **ハンモン**して眠れぬ

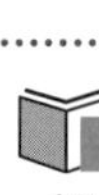

解答と語句の意味

1 岩窟・巌窟
岩の穴。岩屋。ほら。

2 禽獣
鳥やけだもの。鳥獣。

3 昏迷・混迷
筋道が不明なほど複雑であること。

4 掌
掌を指す：明白なことのたとえ。

5 堆
堆い：盛り上がって高い。

6 点綴
物がほどよく散らばっていること。

7 斑・駁
色が混じってまだらになっているさま。

8 枕頭
枕元。枕上。

9 灌木
低い木。

10 孔丘
孔子のこと。丘は名。

11 横溢
あふれるほど盛んなこと。

12 翫弄・玩弄
おもちゃ。なぐさみもの。

13 味噌汁
だし汁に味噌を溶かした汁。

14 吐
吐く：口からはき出す。

15 蒸留・蒸溜
溶液から液体を分離する操作。

16 苔（蘚）
湿地などに生える丈の低い植物。

17 伝播
伝わり広がること。

18 煩悶
いろいろと苦しみ悩むこと。

次の波線の**漢字**の**読み**を**ひらがな**で記せ。

□19 怪巌奇石の景観
□20 承知した由
□21 巾着を取り出す
□22 芙蓉の花が開く
□23 煙が揺曳している
□24 正しく理める
□25 机の抽斗を開ける
□26 寂滅を祈願す
□27 官吏を斥罵した
□28 突爾として泉湧く

□29 神輿を担ぐ
□30 堰を切ったように泣く
□31 符牒でやりとりする
□32 座敷に端座する
□33 容子を見守る
□34 妙案が閃く
□35 興醒めした顔
□36 蟬の声が五月蠅い
□37 柴扉を開ける
□38 伽藍様式の粋

解答と語句の意味

19 かいがん
あやしい大きな石。岩。

20 よし
物事の来歴。聞いた話や事情。

21 きんちゃく
口を紐で締める小さな袋。

22 ふよう
アオイ科の落葉低木。美女のたとえ。

23 ようえい
ゆらゆらとたなびくこと。

24 おさ
理める：道理にかなう形に整える。

25 ひきだし
抜き差しできる物入れ。

26 じゃくめつ
悟りの境地。涅槃。

27 せきば
退けて罵ること。

28 とつじ
突然。

29 かつ
担ぐ：物を肩にのせ支える。

30 せき
流れをせき止める構造物。

31 ふちょう
仲間内でのみ通用する言葉や印。

32 たんざ
姿勢を正して座ること。

33 ようす
目で見えるその場の状態。様子。

34 ひらめ
閃く：思い浮かぶ。きらめく。揺れ動く。

35 きょうざ
興醒め：面白味や興味がなくなること。

36 うるさ
五月蠅い：音が大きい。しつこい。

37 さいひ
しばで作った質素な門。また侘しい家。

38 がらん
寺院の主要建物群。

出る順 C

合格圏突入！コレであなたも漢字博士

文章題 2

▼出題語句（過去24年間）

制限時間15分

31点で合格

1回目 ／38点

2回目 ／38点

次の傍線部分の**カタカナ**を**漢字**で記せ。

1 魚獣**キンチョウ**
2 **カマド**の火をたやすな
3 **コック**勉励
4 **ボタン**の花
5 名画を**ガンゾウ**する
6 **カネモウ**けのオがある
7 **コンセキ**をとどめる
8 **カラ**くも間に合う
9 **タイエイ**の風を憂う
10 政局が**コントン**とする
11 両親の**ヒゴ**の下
12 **ムク**な少女
13 少し**バカ**りの米
14 **サイガイ**も無い大洋
15 **ボタモチ**を食べる
16 **キトウ**を捧げる
17 **キンリン**※を描いた名画
18 **サガ**たる剣山

※17 きんのうろこ。

解答と語句の意味

1 禽鳥
鳥。鳥類。

2 竈（竃）
土や煉瓦で作った、煮たきする設備。

3 刻苦
自らの心身を苦しめて努力すること。

4 牡丹
ボタン科の落葉低木。

5 贋造
あるものに似せてつくること。贋作。

6 金儲
金儲け：金をもうけること。

7 痕跡（迹）・痕蹟
何事かが起こったあと。形跡。

8 辛
辛くも：やっとのことで。

9 退嬰
新しい事に取り組む意欲がないこと。

10 混（渾）沌
入りまじって区別がつかないさま。

11 庇護
かばい守ること。

12 無垢
けがれがなく純真なこと。

13 許
許り：～だけ。～のみ。

14 際涯
かぎり。はて。

15 牡丹餅
おはぎ。

16 祈禱
神仏の加護を求めて祈ること。

17 金鱗
金色のうろこ。美しい魚。

18 嵯峨
山などが高く険しいさま。

次の波線の**漢字**の**読み**を**ひらがな**で記せ。

19 互いに琢磨する
20 激痛に悶える
21 独活を茹でる
22 奪略の大罪を贖う
23 過去の経験に鑑みる
24 爾来続々来朝す
25 版画を摺る
26 厭になる
27 清楚な服装
28 憂畏苦痛の生活
29 恩賜の煙草
30 己未年の五月
31 渠等の主張を認める
32 不肖の弟子
33 諦めること勿れ
34 見栄で邸宅を買った
35 水も洩らさぬ非常線
36 唯彼の人を恋うのみ
37 前例に倣う
38 はなはだしい謬見

解答 と 語句の意味

19 たくま
技量や学徳を磨くため努力すること。

20 もだ
悶える：苦痛のあまり身をよじる。

21 うど
ウコギ科の多年草。

22 だつりゃく
力ずくで奪い取ること。掠奪。

23 かんが
鑑みる：先例や規範に照らして考える。

24 じらい
ある事があって以来。その後。

25 す
摺る：布などに模様や柄をこすり出す。

26 いや
欲しない。きらいだ。飽きる。

27 せいそ
清らかですっきりしているさま。

28 ゆうい
憂い恐れること。心配事。

29 おんし
天皇から物を賜ること。

30 きび・つちのとひつじ
五六番目の干支の組み合わせ。

31 かれら
彼等。

32 ふしょう
師に似ず、才能が無く愚かなこと。

33 なか
勿れ：してはいけない。

34 みえ
実際以上によく見せようとする態度。

35 も
洩らす：こぼす。隙間から外に出す。

36 ただ
もっぱら。たった。

37 なら
倣う：まねる。

38 びゅうけん
間違った考えや意見。

読み
表外の読み
熟語と一字訓
共通の漢字
書き取り
誤字訂正
四字熟語・書き
四字熟語・意味
対義語・類義語
故事・成語・諺
文章題

出る順 C

合格圏突入！コレであなたも漢字博士

文章題 3

▼出題語句（過去24年間）

制限時間15分

31点で合格

1回目　／38点

2回目　／38点

次の傍線部分の**カタカナ**を**漢字**で記せ。

□ 1 **チリ**も積もれば山
□ 2 **ダイビュウ**のある説
□ 3 **ショウソウ**の作家
□ 4 **ロウラク**せられる
□ 5 社会の**ボクタク**
□ 6 名君の**カンシン**として
□ 7 **シシ**相承の関係
□ 8 **ゲタ**の音がする
□ 9 世にも**マレ**な出来事
□ 10 **クウソ**な論争
□ 11 敵将は**カクド**した
□ 12 **スベカ**らく愛すべし
□ 13 切磋**タクマ**※する
□ 14 **カケ**に勝つ
□ 15 **ヒッケン**に親しむ
□ 16 **モクトウ**を捧げる
□ 17 **オウム**返しに聞いた
□ 18 国内に**シンジュン**する

※13 仲間同士で協力したり競ったりして、技量や学徳を高め合うこと。

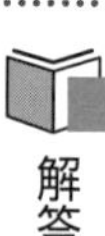

解答と語句の意味

1 塵
ごみ。くず。不要になったもの。

2 大謬
大きな誤り。

3 少壮
若くて意気盛んなこと。

4 籠絡
人を手なずけて思いどおりに操ること。

5 木鐸
世の人に警告を発し、教え導く人。

6 諫臣
主君を諫める家臣。

7 師資
師（と頼むこと）。また師匠と弟子。

8 下駄
鼻緒のある木製のはきもの。

9 稀・希（罕）
非常に珍しいさま。

10 空疎・空疏
形だけで内容や実質がないこと。

11 嚇怒・赫怒
はげしくおこること。

12 須
須らく：当然。

13 琢磨
技量や学徳をみがくため努力すること。

14 賭
勝負で金品の授受を決めること。

15 筆硯・筆研
ふでとすずり。文章を書くこと。

16 黙禱
無言で祈りを捧げること。

17 鸚鵡
鸚鵡返し：言葉をそのまま返すこと。

18 浸潤
次第に染み込んで広がっていくこと。

次の波線の**漢字**の**読み**を**ひらがな**で記せ。

19 晴嵐梢を鳴らす
20 瓢簞から駒が出る
21 横槍を入れる
22 何本もの河川が湊まる
23 地獄の牛頭馬頭
24 虎の尾を履む
25 斧で杉を伐る
26 忌ま忌ましい男だ
27 藤蔓で作ったかご
28 殆うく溺れるところ
29 浅間の大麓を望む
30 旧誼のよしみ
31 村から娘子を集める
32 塵垢を風呂で落とす
33 爾に与えたる衣
34 汚醜を極めた風采
35 女官の裳
36 牽連する他の事件
37 紫檀の琵琶
38 爾後、会っていない

解答と語句の意味

19 せいらん
晴れた日の山風。
20 ひょうたん
ウリ科の一年草。その果実で作った器。
21 よこやり
第三者がわきから口出しすること。
22 あつ
湊まる：一箇所に寄る。
23 ごずめず
牛や馬の頭をした鬼。地獄の獄卒。
24 ふ
履む：足でその上に乗る。
25 き
伐る：樹木を断つ。
26 い
忌ま忌ましい：しゃくにさわる。
27 ふじづる
藤のつる。
28 あや
殆うく：かろうじて。やっとのことで。
29 たいろく
大きな山麓。
30 きゅうぎ
昔のなじみ。
31 じょうし
むすめ。
32 じんこう
ちりとあか。
33 なんじ
おまえ。
34 おしゅう
よごれてきたないこと。
35 も・もすそ
古代、下半身にまとった衣類。
36 けんれん
連なり続くこと。
37 したん
家具材などに重用される常緑広葉樹。
38 じご
ある事があってからのち。そののち。

出る順 C

文章題 4

合格圏突入！ コレであなたも漢字博士

▼出題パターン

制限時間 5分

8点で合格

1回目 ／10点

2回目 ／10点

次の傍線（1〜6）のカタカナを漢字に直し、波線（ア〜エ）の漢字の読みをひらがなで記せ。

僧侶が纏う金襴の1ケサなどは、その最もいゝ例ではないか。今日町中（まちなか）にある多くの寺院は大概本堂を大衆向きに明るくしてあるから、あゝ云う場所では2イタズらにケバケバしいばかりで、どんな人柄な高僧が着ていても有難味を感じることはめったにないが、由緒あるお寺の古式に則った佛事に列席してみると、皺（しわ）だらけな老僧の皮膚と、佛前の3トウミョウの明滅と、あの金襴の地質とが、いかによく調和し、いかに荘厳味を増しているかが分るのであって、それと云うのも、4マキエの場合と同じように、派手な織り模様の大部分を闇が隠してしまい、たゞ金銀の糸がときどき少しずつ光るようになるからである。それから、これは私一人だけの感じであるかも知れないが、およそ日本人の皮膚に能5イショウほど映りのいゝものはないと思う。云うまでもなくあのイショウには随分絢爛なものが多く、金銀が豊富に使ってあり、しかもそれを着て出る能役者は、歌舞伎俳優のようにお白粉を塗ってはいないのであるが、日本人特有の赧（あか）みがかった褐色の肌、或は黄色味をふくんだ象牙色の地顔があんなに魅力を発揮する時はないのであって、私はいつも能を見に行く度毎に感心する。金銀の織り出しや6シシュウのある袿（うちき）のア類もよく似合うが、濃い緑色や柿色のイ素襖、水干、ウ狩衣の類、白無地のエ小袖、大口等も実によく似合う。

（出典／谷崎潤一郎『陰翳礼讃』より抜粋改変）

解答

1 袈裟
2 徒
3 燈明・灯明
4 蒔絵
5 衣裳・衣装
6 刺繍

ア たぐい
イ すおう
ウ かりぎぬ
エ こそで

【準 1 級】模擬試験

本試験そっくりの模擬試験問題で腕試し

準1級

日本漢字能力検定 第1回 模擬試験問題

氏名

制限時間 60分

合格点 160点

得点 ／200

㈠ 次の傍線部分の読みをひらがなで記せ。
1～20は音読み、21～30は訓読みである。

1点×30問 ／30

1 貝母の鱗茎を漢方に用いる。（　）
2 這箇の消息は誰も知らない。（　）
3 時代の波に簸弄される。（　）
4 深夜の公園で警官に誰何された。（　）
5 旧暦では約三年ごとに閏月を置く。（　）
6 村の家々から砧声が響く。（　）
7 旧弊から蟬脱せしめる。（　）
8 我が家は徳川家の後胤にあたる。（　）
9 優渥なるお約束をつかわされた。（　）
10 頁岩は薄く層状に割れやすい。（　）
11 師僧に徽号が贈られた。（　）
12 祁寒の地に赴任することとなった。（　）
13 箕子は象箸玉杯を戒めた。（　）
14 都邑においても疫病が見られる。（　）
15 本塾は学問の藪沢である。（　）
16 きわめて穆実な青年である。（　）
17 秋風に禾穎がそよいでいる。（　）
18 じっと岸荻を眺めている。（　）
19 山伏がかぶる帽子を兜巾という。（　）
20 家柄を超えて杵臼の交を結ぶ。（　）
21 靭やかな革の感触を楽しむ。（　）
22 遅刻を尤められて逆上した。（　）
23 蔀を上げて雪見をしていた。（　）
24 哨がいない隙を狙う。（　）
25 葎をかきわけて先に進む。（　）
26 甑で米を蒸している。（　）
27 心労が澱のように溜まっている。（　）
28 弟子の喜びは、迺ち師の喜びである。（　）
29 菰を掛けた荷車が通り過ぎた。（　）
30 笥子の器物に飯を盛る。（　）

(二) 次の傍線部分は常用漢字である。その**表外の読み**を**ひらがな**で記せ。　1点×10問　/10

1 鈍色の衣を身にまとう。（　　）
2 擦り切れた領をつくろう。（　　）
3 和漢の籍に親しむ。（　　）
4 頭上に藤の英が下がる。（　　）
5 陛の下まで進み出る。（　　）
6 実に手紙を書いて送る。（　　）
7 名を取るか将実利を取るか。（　　）
8 一席設けて日比の精勤を労う。（　　）
9 両家の弥栄を祈り杯を乾す。（　　）
10 枝を離れた葉が迅瀬を流れる。（　　）

(三) 次の**熟語**の**読み**（**音読み**）と、その**語義**にふさわしい**訓読み**を（送りがなに注意して）**ひらがな**で記せ。　1点×10問　/10

ア 1 委悉（　　）…2 委しい（　　）
イ 3 汎称（　　）…4 汎い（　　）
ウ 5 奉戴（　　）…6 戴く（　　）
エ 7 允可（　　）…8 允す（　　）
オ 9 輿望（　　）…10 輿い（　　）

(四) 次の各組の二文の（　）には**共通**する漢字が入る。その読みをそれぞれ後の□から選び、**常用漢字**（**一字**）で記せ。　2点×5問　/10

1
倉（　）に結論を出すべきではない。
（　）爾ながら伺います。

2
襲撃された家の中は酸（　）を極めていた。
平賀源内はコピーライターの（　）祖とされる。

3
（　）嬰的な思想を批判する。
（　）勢をなかなか挽回できない。

4
（　）日を選んで開業する。
この地方の（　）肴で客をもてなす。

5
やり方が迂（　）である。
私（　）を図る人物ではない。

び・そつ・は・たい・ち・きょく・めん・か

模擬試験

▶解答は236・237ページ

(五) 次の傍線部分の**カタカナ**を**漢字**で記せ。

2点×20問 /40

1 神前に恭しく**ヌカ**ずく。（　）
2 心ない言葉に**イラ**だつ。（　）
3 最後の希望も**ツイ**えてしまった。（　）
4 文学史に**サンゼン**と輝く名作である。（　）
5 土鍋で米を**カシ**ぐ。（　）
6 **アマドイ**が枯れ葉で詰まった。（　）
7 **オオゲサ**に考えないほうがよい。（　）
8 建物がいくらか**カシ**いでいる。（　）
9 秋野菜の**ハシュ**期がやってきた。（　）
10 新しいソフトで仕事が**ハカド**る。（　）
11 明眸皓歯な上級生に**アコガ**れる。（　）
12 **クツベラ**が折れてしまった。（　）
13 妻は**ホリュウ**の質で寝込みがちだ。（　）
14 和紙を**ス**く技術を伝承する。（　）
15 怒っている弟を**ナダ**める。（　）
16 **カサ**に懸かって攻撃してきた。（　）
17 国民は現政権に**ジュンチ**されている。（　）
18 叔父は**カショク**の道に長じている。（　）
19 紛争解決の**ショコウ**が見え始めた。（　）
20 朝から夜も**ショコウ**に至るまで働く。（　）

(六) 次の各文にまちがって使われている**同じ音訓の漢字**が一字ある。**上に誤字**を**下に正しい漢字**を記せ。

2点×5問 /10

1 鴛鴦の契りを結んだ新郎が恵比寿顔を湛えたままの華飾の典だった。（　）（　）
2 瑛航される難破船が突風に煽られ紺碧の海に蛇行する白い航跡を残す。（　）（　）
3 肋間神経痛の平癒を只管祈りつつ山懐の湯治場に到留を続けた。（　）（　）
4 嘗て技術革新に先鞭をつけた新興企業の後陣を拝する屈辱を嘗めた。（　）（　）
5 傘寿の曽祖母が何喰わぬ顔で徒轍もない法螺を吹くのには啞然とした。（　）（　）

(七) 次の**問1**と**問2**の四字熟語について答えよ。

問1 次の四字熟語の（　）に入る適切な語を後の□から選び、**漢字二字**で記せ。

2点×10問　／20

1 （　　）群吠

2 （　　）西望

3 （　　）豚児

4 （　　）走牛

5 （　　）蜜語

6 膏火（　　）

7 長汀（　　）

8 街談（　　）

9 疾風（　　）

10 情緒（　　）

きょくほ・とうき・ぶんぼう・てんげん
ゆうけん・じせん・こうご・けいさい
どとう・てんめん

問2 次の1～5の**解説・意味**にあてはまる四字熟語を後の□から選び、その**傍線部分だけの読み**を**ひらがな**で記せ。

2点×5問　／10

1 行動、運命を共にする。（　　）

2 都合よくこじつける。（　　）

3 亡国の嘆き。（　　）

4 無風流であること。（　　）

5 日月のこと。（　　）

脣歯輔車・一蓮托生・牽強附会
尭風舜雨・麦秀黍離・焚琴煮鶴
金烏玉兎・白虹貫日

(八) 次の1～5の対義語、6～10の類義語を後の□から選び、漢字で記せ。□の中の語は一度だけ使うこと。

2点×10問 ／20

対義語

1 違背（　　）
2 追従（　　）
3 顕貴（　　）
4 尊崇（　　）
5 鎮撫（　　）

類義語

6 経緯（　　）
7 逐電（　　）
8 自儘（　　）
9 錬成（　　）
10 剃髪（　　）

てんまつ・じゅんぽう・ほうし・とうや
けいぶ・かくらん・しゅっぽん・かんげん
らくしょく・びせん

(九) 次の故事・成語・諺のカタカナの部分を漢字で記せ。

2点×10問 ／20

1 理屈とコウヤクはどこにでもつく。（　　）
2 オウムは能く言えども飛鳥を離れず。（　　）
3 朝菌はカイサクを知らず。（　　）
4 命長ければホウライを見る。（　　）
5 イハツを継ぐ。（　　）
6 コショウ鳴らし難し。（　　）
7 シランの室に入るが如し。（　　）
8 水到りてキョ成る。（　　）
9 センダンは双葉より芳し。（　　）
10 テップの急。（　　）

㈩ 文章中の傍線（1〜5）のカタカナを漢字に直し、波線（ア〜コ）の漢字の読みをひらがなで記せ。

2点×5問
1点×10問
/20

A 絢爛（けんらん）の域を超えて平淡に入るは自然の順序である。我らは昔し赤ん坊と呼ばれて赤いべべを着せられた。大抵のものは絵画（にしきえ）のなかに生い立って、四条派の淡彩から、雲谷流の墨画に老いて、ついに**カンオケ**[1]のはかなきに親しむ。顧みると母がある、姉がある、菓子がある、**コイ**[2]の幟（のぼり）がある。顧みれば顧みるほど華麗（はなやか）である。小野さんは趣が違う。自然の径路を逆しまにして、暗い土から、根を振り切って、日の透る波の、明るい**ナギサ**[3]へ漂うて来た。――坑[ア]の底で生れて一段ごとに美しい浮世へ近寄るためには二十七年かかった。二十七年の歴史を過去の節穴から**ノゾ**[4]いて見ると、遠くなればなるほど暗い。

（出典／夏目漱石『虞美人草』より抜粋改変）

B 其西（そのにし）の行きどまりは築き上げた品川堀の堤の藪[イ]だたみになって、其上から遠村近落の樫[ウ]の森や松原を根占（ねじめ）にして、高尾小仏から甲斐東部の連山が隠見出没して居る。冬は白く、春は夢の様に淡く、秋の夕（ゆうべ）は紫に、夏の夕立後はまさまさと青く近寄って来る山々である。近景の大きな二本松が此山の鏈（くさり）を突破して居る。

此山の鏈を伝うて南東へ行けば、富士を冠した相州連山の御国山（みくにやま）から南端の鋭い頭をした大山まで唯一目に見られる筈[エ]だが、此辺で所謂[オ]富士南に豪農の防風林の高い杉の森があって、正に富士を隠して居る。少し杉を伐ったので、冬は白いものが人を焦[※カ]らす様にちらちら透いて見えるのが、却[キ]って懊悩（おうのう）の種になった。あの杉の森がなかったら、と彼は幾度思うたかも知れぬ。然[ク]し此頃では、唯[ケ]其杉の伐[コ]られんことを是（こ）れ恐るゝ様になった。下枝を払った百尺もある杉の八九十本、**ウツゼン**[5]として風景を締めて居る。

※カ いらいらさせる。

（出典／徳冨蘆花『みゝずのたはこと』より抜粋改変）

1（　　）　ア（　　）　カ（　　）
2（　　）　イ（　　）　キ（　　）
3（　　）　ウ（　　）　ク（　　）
4（　　）　エ（　　）　ケ（　　）
5（　　）　オ（　　）　コ（　　）

▶解答は236・237ページ

準1級 日本漢字能力検定 第2回 模擬試験問題

氏名

制限時間 60分

合格点 160点

得点 /200

(一) 次の傍線部分の読みをひらがなで記せ。
1〜20は音読み、21〜30は訓読みである。

1点×30問 /30

1 退職後、実家で荏苒と日を送る。（　　）
2 稗史の研究者として名高い。（　　）
3 禿筆をなめて一文を草する。（　　）
4 秋風に禾穂がなびいている。（　　）
5 華美に絢飾せるドレスを好まず。（　　）
6 横書きの文字を蟹行文字と呼ぶ。（　　）
7 夙夜新薬の研究に勤しんでいる。（　　）
8 自軍の矛戟が折れ欠けてしまった。（　　）
9 綾子の訪問着を来て出かける。（　　）
10 私どもが云為すべき事柄でない。（　　）
11 旧弊を匡正すべく奮闘す。（　　）
12 師匠の自宅を叩扉する。（　　）
13 雨が乾いた圃畦を潤す。（　　）
14 山間の村に竈煙が立ち上っている。（　　）

15 辛丑の年に吉事ありというお告げだ。（　　）
16 大臣からの嘉猷ありと聞く。（　　）
17 土砂が川を堰塞して湖ができた。（　　）
18 陛下の芝眉を拝する。（　　）
19 門を挟んで彼此相対する。（　　）
20 孜孜として研究に励む。（　　）
21 峪の村が水没してしまった。（　　）
22 廈社内で問題が起きていた。（　　）
23 村はずれの一軒の苫屋に案内された。（　　）
24 椴松が深山に自生している。（　　）
25 最も本殿に近いものを瑞垣と呼ぶ。（　　）
26 篦太い性格の兄であった。（　　）
27 学思行、相須って良となす。（　　）
28 坐に昔のことを思い出した。（　　）
29 土が墟いので杭が打てない。（　　）
30 堰かれて募る恋の情という。（　　）

(二) 次の傍線部分は常用漢字である。その**表外の読み**を**ひらがな**で記せ。

1点×10問 /10

1 完成まで百年を閲した。（　　）
2 回想する件で感動した。（　　）
3 楓と松が参差と枝をさしかわす。（　　）
4 草原で虫の集く声を聴いていた。（　　）
5 引っ越し先で生活用品を斉えた。（　　）
6 身を清めて神を斎き奉る。（　　）
7 老いの遊びに書をたしなむ。（　　）
8 剰え雪まで降ってきた。（　　）
9 努努忘るることなかれ。（　　）
10 元の原稿と初校紙を校べる。（　　）

(三) 次の**熟語**の**読み**（**音読み**）と、その**語義**にふさわしい**訓読み**を（送りがなに注意して）**ひらがな**で記せ。

1点×10問 /10

ア 1 嬰鱗（　　）… 2 嬰れる（　　）
イ 3 紛擾（　　）… 4 擾れる（　　）
ウ 5 郁郁（　　）… 6 郁しい（　　）
エ 7 亨通（　　）… 8 亨る（　　）
オ 9 佼人（　　）… 10 佼しい（　　）

(四) 次の各組の二文の（　）には**共通する漢字**が入る。その読みをそれぞれ後の□から選び、**常用漢字（一字）**で記せ。

2点×5問 /10

1
故郷に（　）臥し詩作に耽った。
大統領が敵国に（　）順した。

2
別れを悲しんで（　）涙に咽ぶ。
社長の座を巡って（　）闘が続いた。

3
年代物の（　）醇なワインを味わう。
ご（　）恩には必ず報います。

4
禅僧の墨（　）が展示されている。
事（　）を見れば明らかなことだ。

5
自然の（　）理に反している。
知識は真理に包（　）される。

せき・ほう・こ・がく・いん・き・あん・せつ

模擬試験

▶解答は238・239ページ

(五) 次の傍線部分の**カタカナ**を**漢字**で記せ。

2点×20問 /40

1 **ニラ**とレバーを炒める。（　）
2 **メシベ**の先端に柱頭がある。（　）
3 **ガガ**たる山並みが続いている。（　）
4 時計を**イジ**って壊してしまった。（　）
5 **ヒゾク**が略奪の限りを尽くした。（　）
6 **ルリ**色に光る湖に舟を浮かべる。（　）
7 **クマドり**を描いた役者が登場した。（　）
8 **カマボコ**工場を見学した。（　）
9 台風で鉄塔が**ナ**ぎ倒された。（　）
10 **ケイバク**を解かれて自由の身となる。（　）
11 **キキョウ**な振る舞いが目立つ。（　）
12 **サイリ**な観察力で新発見をした。（　）
13 浮世とは**ケンゼツ**した世界であった。（　）
14 戦没者に**モクトウ**を捧げる。（　）
15 **ケイカク**が取れて穏やかになった。（　）
16 **ウンカ**の如き羽虫の大群が飛ぶ。（　）
17 五百人**ナイシ**六百人ほど集めてくれ。（　）
18 核廃絶を**ショキ**する。（　）
19 先人の**ソウハク**を嘗める。（　）
20 顔面**ソウハク**で立ち尽くしていた。（　）

(六) 次の各文にまちがって使われている**同じ音訓の漢字**が一字ある。**上に誤字を下に正しい漢字を**記せ。

2点×5問 /10

1 夜の帳の中、街路樹に羅旋状に巻きついた電飾が燦然と輝いている。（　）（　）
2 羽織袴を身に纏った恰腹の良い紳士が徐に席を立ち挨拶を述べた。（　）（　）
3 湛然たる大河を遡航すると現地民が数敬する険峻な霊山が現れた。（　）（　）
4 夏季休暇は僻遠な山麓の質素な邑里に滞在して宏然の気を養いたい。（　）（　）
5 逆境での悠遥迫らぬ態度と融通無碍な対応に心底感嘆した次第だ。（　）（　）

(七) 次の**問1**と**問2**の四字熟語について答えよ。

問1 次の四字熟語の（　）に入る適切な語を後の□から選び、**漢字二字**で記せ。

2点×10問　／20

1 （　　）凝議
2 （　　）錦繡
3 （　　）瓢飲
4 （　　）浄土
5 （　　）名人
6 阿鼻（　　）
7 自家（　　）
8 鱗次（　　）
9 伏竜（　　）
10 天神（　　）

せきし・ごんぐ・ほうすう・たんし
りょうら・ちぎ・きゅうしゅ・きょうかん
しっぴ・どうちゃく

問2 次の**1**～**5**の**解説・意味**にあてはまる四字熟語を後の□から選び、その**傍線部分だけの読み**を**ひらがな**で記せ。

2点×5問　／10

1 この世ならぬ美声の主。（　　）
2 友人を思う情が深いこと。（　　）
3 男子が志を立てること。（　　）
4 勉強に励み続けること。（　　）
5 卑小な輩がはびこること。（　　）

一虚一盈・朝蠅暮蚊・桑弧蓬矢
迦陵頻伽・臨淵羨魚・屋梁落月
亡羊補牢・磨穿鉄硯

 ▶解答は238・239ページ

(八) 次の**1**〜**5**の**対義語**、**6**〜**10**の**類義語**を後の□から選び、**漢字**で記せ。□の中の語は一度だけ使うこと。

2点×10問 ／20

対義語

1 安寧（　　）
2 昧旦（　　）
3 公平（　　）
4 得度（　　）
5 強靱（　　）

類義語

6 勃発（　　）
7 乱脈（　　）
8 一期（　　）
9 腹心（　　）
10 図星（　　）

ひっせい・ここう・きたい・じゃっき
ぶざつ・せいこく・へんぱ・こうこん
ぜいじゃく・げんぞく

(九) 次の故事・成語・諺の**カタカナ**の部分を**漢字**で記せ。

2点×10問 ／20

1 天網**カイカイ**疎にして漏らさず。（　　）
2 **カデン**に履を納れず。（　　）
3 闇夜に烏、雪に白**サギ**。（　　）
4 **イチモツ**の鷹も放さねば捕らず。（　　）
5 **ソバ**の花も一盛り。（　　）
6 **ジュウバ**を殺して狐狸を求む。（　　）
7 **ワサビ**と浄瑠璃は泣いて賞める。（　　）
8 積善の家には必ず**ヨケイ**有り。（　　）
9 **リカ**一枝春雨を帯ぶ。（　　）
10 盲亀の浮木、**ウドンゲ**の花。（　　）

(十) 文章中の傍線(1～5)のカタカナを漢字に直し、波線(ア～コ)の漢字の読みをひらがなで記せ。

2点×5問
1点×10問
/20

A 残暑の夕日が一しきり夏の盛よりも烈しく、ひろびろした河面一帯に燃え立ち、殊更に大学のテイコ[※1]の真白なペンキ塗の板目に反映していたが、タチマち燈(ともしび)の光の消えて行くようにあたりは全体に薄暗く灰色に変色して来て、満ち来る夕汐の上を滑って行く荷船の帆のみが真白く際立った。と見る間もなく初秋の黄昏は幕の下るように早く夜に変った。流れる水がいやに眩(まぶ)しくきらきら光り出して、渡船に乗っている人の形をくっきりと墨絵のように黒く染め出した。堤の上に長く横わる葉桜の木立は此方(こなた)の岸から望めば恐しいほど真暗になり、一時は面白いように引きつづいて動いていた荷船はいつの間にか一艘(いっそう)残らず上流の方に消えてしまって、釣の帰りらしい小舟がところどころ木の葉のように浮いているばかり、見渡す隅田川は再びひろびろとしたばかりか静に淋しくなった。遥か川上の空のはずれに夏の名残を示す雲の峰が立っていて細い稲妻が絶間なくヒラメいては消える。

※1 ボートを保管をするための建物。

(出典/永井荷風『すみだ川』より抜粋改変)

B お芳は愈気後れのしたように古い新聞紙の包みを一つ、茶の間へ膝を入れる前にそっと台所の隅へ出した。折から洗いものをしていたお松はせっせと手を動かしながら、水々しい銀杏返しに結ったお芳を時々尻目に窺ったりしていた。が、この新聞紙の包みを見ると、更に悪意のある表情をした。それは又実際文化竈や華奢(きゃしゃ)な皿小鉢と調和しない悪臭を放っているのに違いなかった。お芳はお松を見なかったものの、少くともお鈴の顔色に妙なけはいを感じたと見え、「これは、あの、ニンニクでございます」と説明した。それから指をカんでいた子供に「さあ、坊ちゃん、お時宜なさい」と声をかけた。男の子は勿論玄鶴(げんかく)がお芳に生ませた文太郎だった。その子供をお芳が「坊ちゃん」と呼ぶのはお鈴には如何にも気の毒だった。

(出典/芥川龍之介『玄鶴山房』より抜粋改変)

1 (　　) 2 (　　) 3 (　　) 4 (　　) 5 (　　)

ア (　　) イ (　　) ウ (　　) エ (　　) オ (　　)

カ (　　) キ (　　) ク (　　) ケ (　　) コ (　　)

模擬試験

▶解答は238・239ページ

第1回 模擬試験問題【標準解答】

▼問題224ページ

制限時間 60分

合格点 160点

得点 /200

(一) 読み

1	2	3	4	5	6	7	8	9	10	11	12	13	14
ばいも	しゃこ	はろう	すいか	じゅんげつ	ちんせい	せんだつ	こういん	ゆうあく	けつがん	きごう	きかん	ぞうちょ	とゆう

(二) 表外の読み

1	2	3	4	5	6	7	8	9	10
にび	えり	ふみ	はなぶさ	きざはし	まめ	はた	ひごろ	いやさか	じんらい

1点×10問 /10

(四) 共通の漢字

1	2	3	4	5
卒	鼻	退	佳	曲

2点×5問 /10

(五) 書き取り

1	2	3	4	5
額	苛	潰・弊	燦(粲)然	炊・(爨)

(六) 誤字訂正

	1	2	3	4	5
誤	飾	瑛	到	陣	徒
正	燭	曳	逗	塵	途

2点×5問 /10

(七) 四字熟語 問1 書き取り

1	2	3	4	5
邑犬	東窺	荊妻	蚊虻	甜言

(八) 対義語・類義語

1	2	3	4	5	6	7	8	9	10
遵奉	諫言	微賤	軽侮	攪乱	顚末	出奔	放恣	陶冶	落飾

2点×10問 /20

(十) 文章題 書き取り

1	2	3	4	5
棺桶	鯉	渚	覗(覘)・窺	鬱然 / 欝然 / 蔚然

2点×5問 /10

(十) 文章題 読み

ア	イ	ウ
あな	やぶ	かし

15	16	17	18	19	20	21	22	23	24	25	26	27	28	29	30
そうたく	ぼくじつ	かえい	がんてき	ときん	しょきゅう	しな	とが	しとみ	みはり	むぐら	こしき	おり	すなわ	こも	けこ・けご

1点×30問 /30

(三) 熟語と一字訓

ア		イ		ウ		エ		オ	
1	2	3	4	5	6	7	8	9	10
いしつ	くわ	はんしょう	ひろ	ほうたい	いただ	いんか	ゆる	よぼう	おお

1点×10問 /10

6	7	8	9	10	11	12	13	14	15	16	17	18	19	20
雨樋	大袈裟	傾	播種	捗	憧・憬	靴箆	蒲柳	漉・抄	宥	嵩	馴致	貨殖	曙光	初更

2点×20問 /40

6	7	8	9	10
自煎	曲浦	巷語	怒濤	纏綿

2点×10問 /20

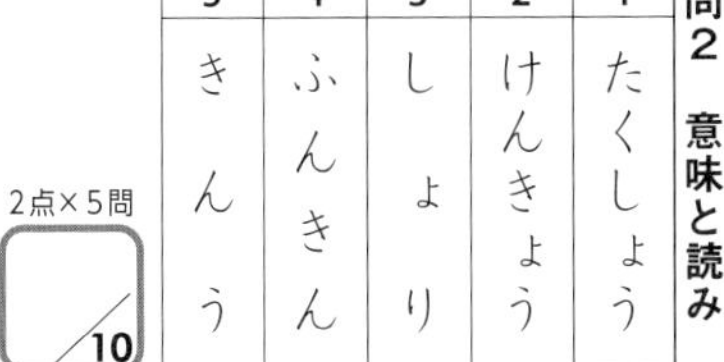

(七) 四字熟語

問2 意味と読み

1	2	3	4	5
たくしょう	けんきょう	しょり	ふんきん	きんう

2点×5問 /10

(九) 故事・成語・諺

1	2	3	4	5	6	7	8	9	10
膏薬	鸚鵡	晦朔	蓬莱	衣鉢	孤掌	芝蘭	渠	栴(旃)檀	轍鮒

2点×10問 /20

エ	オ	カ	キ	ク	ケ	コ
はず	いわゆる	じ	かえ	しか	ただ	き

1点×10問 /10

第2回 模擬試験問題【標準解答】

▼問題230ページ

制限時間 60分

合格点 160点

得点 /200

(一) 読み

1	2	3	4	5	6	7	8	9	10	11	12	13	14
じんぜん	はいし	とくひつ	かすい	けんしょく	かいこう	しゅくや	ぼうげき	りんず	うんい	きょうせい	こうひ	ほけい	そうえん

(二) 表外の読み

1	2	3	4	5	6	7	8	9	10
けみ	くだり	しんし	すだ	ととの	いつ	すさ	あまつさ	ゆめゆめ	くら

1点×10問 /10

(四) 共通の漢字

1	2	3	4	5
帰	暗	芳	跡	摂

2点×5問 /10

(五) 書き取り

1	2	3	4	5
韮	雌蕊	峨峨・峨々	弄	匪賊

(六) 誤字訂正

1	2	3	4	5
羅	腹	数	宏	遥
螺	幅	崇	浩	揚

2点×5問 /10

(七) 四字熟語

問1 書き取り

1	2	3	4	5
鳩首	綾羅	簞食	欣求	碩師

(八) 対義語・類義語

1	2	3	4	5	6	7	8	9	10
危殆	黄昏	偏頗(陂)	還俗	脆弱	惹起	蕪雑	畢生	股肱	正鵠

2点×10問 /20

(十) 文章題

書き取り

1	2	3	4	5
艇庫	忽	閃	蒜・大蒜	噛

2点×5問 /10

(十) 文章題

読み

ア	イ	ウ	エ
はげ	ゆうしお	たそがれ・こうこん	さび

1点×30問　/30

15	16	17	18	19	20	21	22	23	24	25	26	27	28	29	30
しんちゅう	かゆう	えんそく	しび	ひし	しし	はざま	しばしば	とまや	とどまつ	みずがき	のぶと	ま	そぞろ	かた	せ

(三) 熟語と一字訓

1点×10問　/10

ア		イ		ウ		エ		オ	
1	2	3	4	5	6	7	8	9	10
えいりん	ふ	ふんじょう	みだ	いくいく	かぐわ	こうつう	とお	こうじん	うつく

2点×20問　/40

6	7	8	9	10	11	12	13	14	15	16	17	18	19	20
瑠璃・琉璃	隈(暈)取	蒲鉾	薙	繋縛	奇矯	犀利	懸絶	黙禱	圭角	雲霞	乃至	庶幾	糟粕	蒼白

2点×10問　/20

6	7	8	9	10
叫喚	撞着・撞著	櫛比	鳳雛	地祇

(七) 四字熟語

問2 意味と読み

2点×5問　/10

1	2	3	4	5
びんが	おくりょう	ほうし	ません	ちょうよう

(九) 故事・成語・諺

2点×10問　/20

1	2	3	4	5	6	7	8	9	10
恢恢・恢々	瓜田	鷺	逸物	蕎麦	戎馬	山葵(薑)	余慶	梨花	優曇華

1点×10問　/10

オ	カ	キ	ク	ケ	コ
いよいよ	いちょう	うかが	かまど	もちろん	いか

◉著者プロフィール

オフィス海（おふぃす・かい）

◉――学習参考書、問題集、辞典、資格試験対策本等の企画執筆を行う企画制作会社。1989年設立。「いちばんわかりやすくて役に立つ教材」の制作に心血を注いでいる。
著書：『史上最強SPI＆テストセンター超実戦問題集』『史上最強一般常識＋時事一問一答問題集』『史上最強のFP２級AFPテキスト』『史上最強のFP２級AFP問題集』『史上最強の宅建士テキスト』（ナツメ社）ほか多数。

企画執筆　中村達夫、松村淳子
データ分析　佐伯のぞみ、松村敦子
編集協力　國安誠人、國安陽子、中村由利子、松浦文彦、（株）聚珍社
編集担当　原 智宏（ナツメ出版企画株式会社）

本書に関するお問い合わせは、書名・発行日・該当ページを明記の上、下記のいずれかの方法にてお送りください。電話でのお問い合わせはお受けしておりません。

・ナツメ社webサイトの問い合わせフォーム
https://www.natsume.co.jp/contact
・FAX（03-3291-1305）
・郵送（下記、ナツメ出版企画株式会社宛て）

なお、回答までに日にちをいただく場合があります。正誤のお問い合わせ以外の書籍内容に関する解説・受験指導は一切行っておりません。あらかじめご了承ください。

ナツメ社Webサイト
https://www.natsume.co.jp
書籍の最新情報（正誤情報を含む）はナツメ社Webサイトをご覧ください。

史上最強の漢検マスター準１級問題集

2012年 8 月10日　第1版第 1 刷発行
2015年 1 月 1 日　第2版第 1 刷発行
2021年 3 月 1 日　第3版第 1 刷発行
2024年11月 1 日　第3版第13刷発行

著　者　オフィス海
発行者　田村正隆

発行所　株式会社ナツメ社
東京都千代田区神田神保町1-52　ナツメ社ビル１F（〒101-0051）
電話　03(3291)1257（代表）　FAX　03(3291)5761
振替　00130-1-58661

制　作　ナツメ出版企画株式会社
東京都千代田区神田神保町1-52　ナツメ社ビル３F（〒101-0051）
電話　03(3295)3921（代表）

印刷所　TOPPANクロレ株式会社

ISBN978-4-8163-6978-0　Printed in Japan

〈定価はカバーに表示してあります〉
〈落丁・乱丁本はお取り替えします〉

別冊

史上最強の漢検マスター
準1級問題集

過去24年間の
出題回数と用例付き

準1級
漢字音訓表

赤シートでチェックできる！

ナツメ社

準１級漢字音訓表【過去24年間の出題回数と用例付き】……1

本表には**「標準字体」**を掲載し、**「許容字体」**のあるものは左端の通し番号に※印をつけて、68ページの「許容字体一覧」に掲載した。また、**過去24年間の読みと書きの出題回数**を白抜き数字で表示した。

準１級漢字音訓表には一般にはあまり用いない漢字や読み方が多数入っており、また過去の出題回数が０回の漢字も多い。**特に「異体字」として掲載されている漢字、「字義」として掲載されている読み方はこれまでほとんど出題例が見られない**ことに注意したい。

異体字の例：兕（呪の異体字）、崕（崖の異体字）

異体字で唯一出題があったのは「埜」（野の異体字）の１回だけ。

字義の例：宕（ほらあな）、斡（つかさどる）

字義は準１級漢字音訓表には掲載されているが、『漢検漢字辞典』（日本漢字能力検定協会）などには掲載されていない読み方が多い。

これまで出題０回の漢字、読み方でも出題される可能性がないとは言えないが、全てを丸暗記するより、出題回数が１回以上のものを覚えていくほうが効率的な学習ができることは確かである。

過去の出題問題に加えて**出題が予想される用例**を掲載してあるので、読みはもちろん、書き取りもできるようにしておきたい。

準１級漢字【許容字体一覧】……68

漢字検定では、「標準字体」と「許容字体」のどちらで書いても正解となる。また、字体の差ではなく「デザイン差」による違い（＊で示した）も正解となる。本表には許容字体とデザイン差、どちらも掲載した。

表外の読み（本冊未掲載分）……72

出題回数が少ないため、本冊の問題ページでは割愛した「常用漢字表の表外の読み」を掲載した。

共通の漢字（本冊未掲載分）……76

出題回数が少ないため、本冊の問題ページでは割愛した「共通の漢字」のうちの難問を掲載した。

準１級【漢字音訓索引】……78

「準1級漢字音訓表」の漢字を検索しやすいよう五十音順に配列した。

準1級漢字音訓表

過去24年間の出題回数と用例付き

01 読み問題の出題回数　01 書き問題の出題回数

No.	▼出題回数	漢字	✔ 主な出題語句と用例	【音読み】	【訓読み】	下線部の読み方
		▼一（いち）				
1	02 01	丑	□己丑の年 □土用の丑	【チュウ】	【うし】	きちゅう・つちのとうし うし
2	05 00	丞	□丞相は官職の一つ □殿を丞ける	【ショウ】 【ジョウ】	【たす】ける	じょうしょう たす
		▼ノ（の、はらいぼう）				
3	09 02	乃	□乃公出でずんば □電話乃至手紙	【ダイ】 【ナイ】	【の】 【すなわ】ち 【なんじ】	だいこう ないし
4	07 00	之	□之字路を辿る □之とそれ／之の本	【シ】	【これ】【こ】の 【の】 【ゆ】く	しじろ これ／こ
5	07 01	乍	□乍雨／乍ち現れた □我乍ら傑作だ	【サ】	【たちま】ち 【なが】ら	さう／たちま なが
6	05 01	乎	□断乎として □確乎不抜	【コ】	【か】 【や】 【を】【かな】	だんこ かっこふばつ
		▼乚（おつ）				
7	00 00	也	□可也な収入	【ヤ】	【なり】 【や】【か】 【また】	かなり
		▼二（に）				
8	05 03	云	□云云すべきでない □動静云為	【ウン】	【い】う	うんぬん どうせいうんい
9	09 00	亙	□高峰が聯亙する □三日に亙る会議	【コウ】	【わた】る	れんこう わた

No.	▼出題回数		✔ 主な出題語句と用例	【音読み】	【訓読み】	下線部の読み方
10	02 00	亘	□ 南に連亘する山 □ 武芸十八般に亘る	【コウ】 【セン】	【わた】る	れんこう わた
11	07 09	些	□ 些末な失策 □ 些か納得し難い	【サ】	【いささ】か 【すこ】し	さまつ いささ
▼ 亠	（なべぶた、けいさんかんむり）					
12	04 00	亥	□ 辛亥革命 □ 亥月／亥の刻	【ガイ】	【い】	しんがいかくめい がいげつ／い
13	05 00	亦	□ 我も亦仏なり	【エキ】	【また】	また
14	04 03	亨	□ 万事亨通なる □ 吉にして亨る	【キョウ】 【コウ】 【ホウ】	【とお】る 【に】る	ばんじこうつう とお
15	04 00	亮	□ 亮闇が明けた □ 亮らかな差	【リョウ】	【あき】らか 【すけ】	りょうあん あき
▼ 人	（ひと） 亻 （にんべん）					
16	00 04	仇	□ 仇敵を倒す □ 恩を仇で返す	【キュウ】	【かたき】 【あだ】 【つれあい】	きゅうてき あだ
17	01 00	什	□ 什器を扱う店 □ 近什を取り集める	【ジュウ】	【とお】	じゅうき きんじゅう
18	00 00	仔	□ 仔細な検討 □ 仔かな用件	【シ】	【た】える 【こま】か 【こ】	しさい こま
19	00 00	伊	□ 伊太利 □ 伊達巻	【イ】	【かれ】 【これ】 【ただ】	いたりあ だてまき
20	00 06	伍	□ 列強に伍する	【ゴ】	【くみ】 【いつ】つ	ご
21	04 09	伽	□ 堂塔伽藍 □ 伽羅／御伽噺	【カ】 【ガ】 【キャ】	【とぎ】	どうとうがらん きゃら／おとぎばなし
22	01 04	佃	□ 佃作に励む □ 畑を佃す／佃煮	【テン】 【デン】	【たがや】す 【つくだ】 【か】り	でんさく たがや／つくだに

▼出題回数		✔ 主な出題語句と用例	【音読み】	【訓読み】	下線部の読み方
23	03 10	佑	天佑神助 天の佑け	【ウ】【ユウ】	【たす】ける【たす】け	てんゆうしんじょ たす
24	00 00	伶	伶利な少年 小伶しい真似	【レイ】	【さか】しい【わざおぎ】	れいり こざか
25	08 00	侃	侃侃と訴えた 侃い口調	【カン】	【つよ】い	かんかん つよ
26	01 00	佼	画壇の佼人 佼しい顔	【コウ】	【うつく】しい	こうじん うつく
27	06 04	俄	俄然有利になる 俄分限	【ガ】	【にわ】か【にわか】	がぜん にわかぶんげん
※28	00 07	俠	任俠映画 御俠な娘	【キョウ】	【おとこだて】【きゃん】	にんきょう おきゃん
29	05 00	俣	道が俣になっている 二俣に分かれる		【また】	また ふたまた
30	04 00	倭	倭語を解する 倭魂	【イ】【ワ】	【やまと】	わご やまとだましい
※31	03 09	倶	囲碁の倶楽部 倶に学ぶ	【ク】【グ】	【とも】に	くらぶ とも
※32	06 11	倦	倦怠感 攻め倦む／倦む	【ケン】	【う】む【あ】きる【あぐ】む【つか】れる	けんたいかん あぐ／う
33	01 02	倖	射倖心を煽る 倖いにして	【コウ】	【さいわ】い【へつら】う	しゃこうしん さいわ
34	01 00	偓	偓促働く 事件に偓わる	【アク】	【かか】わる	あくせ［さ・そ］く かか
35	02 04	偲	往時を偲ぶ	【シ】	【しの】ぶ	しの
36	01 00	傭	兵士を傭役する 兵士を傭う	【ヨウ】	【やと】う	ようえき やと
37	00 01	僑	華僑の教え 異国に僑する	【キョウ】	【やど】る【かりずまい】	かきょう かりずまい

※印の漢字には許容字体（68ページ参照）があります。以下同。

▼出題回数		✔ 主な出題語句と用例	【音読み】	【訓読み】	下線部の読み方
38 06 13	僻	□ 僻見／僻った考え □ 僻事を並べる	【ヘキ】 【ヘイ】	【かたよ】る 【ひが】む 【ひめがき】	へきけん／かたよ ひがごと
39 04 07	儘	□ 気儘な一人旅 □ 予想が儘く外れる	【ジン】	【ことごと】く 【まま】	きまま ことごと
※40 06 08	儲	□ 皇儲の御誕生 □ 儲かる仕事	【チョ】	【そえ】 【もう】ける 【たくわ】える	こうちょ もう

▼儿（ひとあし、にんにょう）

41 09 02	允	□ 允当なる訳語 □ 通行を允す	【イン】	【まこと】 【まこと】に 【ゆる】す【じょう】	いんとう ゆる
42 02 01	兇	□ 兇刃に倒れる □ 兇い奴ら	【キョウ】	【わる】い 【おそ】れる	きょうじん わる
※43 15 08	兎	□ 兎角亀毛 □ 脱兎の如く	【ト】	【うさぎ】	とかくきもう だっと
44 06 00	兜	□ 兜巾をつけた山伏 □ 兜の緒を締める	【トウ】 【ト】	【かぶと】	ときん かぶと

▼八（はち）ノ丶（は）

45 00 00	其	□ 其の一	【キ】	【そ】の 【それ】	そ

▼冫（にすい）

※46 01 07	冴	□ 冴え渡る青空	【ゴ】	【さ】える	さ
※47 09 07	凋	□ 凋零した名家 □ 風船が凋む	【チョウ】	【しぼ】む	ちょうれい しぼ
48 06 09	凌	□ はるかに凌駕する □ 雲を凌ぐ山頂	【リョウ】	【しの】ぐ	りょうが しの

▼几（つくえ）

	▼出題回数		✔ 主な出題語句と用例	【音読み】	【訓読み】	下線部の読み方
49	07 00	凧	凧揚げ		【たこ】	たこ
50	10 00	凪	朝凪の海 海は凪いでいる		【なぎ】 【な】ぐ	あさなぎ な
51	00 06	凰	鳳凰 空を飛ぶ凰	【オウ】 【コウ】	【おおとり】	ほうおう おおとり
52	03 09	凱	凱歌／凱を上げる 風が凱らぐ	【カイ】 【ガイ】	【かちどき】 【やわ】らぐ	がいか／かちどき やわ
	▼	凵	（うけばこ、かんがまえ）			
※53	00 03	函	封書を投函する 函の中に函れる	【カン】	【い】れる 【はこ】 【よろい】	とうかん はこ／い
	▼	刂	（りっとう）			
54	02 06	剃	剃髪落飾 髭を剃る	【テイ】	【そ】る	ていはつらくしょく そ
55	08 00	劃	劃然とした違い 部屋を劃る	【カク】	【わ】かつ 【くぎ】る	かくぜん くぎ
56	03 00	劉	蔵書を劉覧する 言葉を劉ねる	【リュウ】	【ころ】す 【つら】ねる	りゅうらん つら
	▼	力	（ちから）			
57	06 13	劫	劫初より変わらず 劫かす／劫め取る	【キョウ】 【コウ】 【ゴウ】	【おびや】かす 【かす】める	ごうしょ おびや／かす
	▼	勹	（つつみがまえ）			
58	00 00	勺	十勺で一合になる	【シャク】		じっしゃく
59	03 06	勿	勿体ぶった話し方 憚ること勿れ	【モチ】 【ブツ】	【なか】れ	もったい なか

出題回数		主な出題語句と用例	【音読み】	【訓読み】	下線部の読み方
60 00 00	匁	匁の単位で量る		【もんめ】【め】	もんめ

▼ 匕（ひ）

出題回数		主な出題語句と用例	【音読み】	【訓読み】	下線部の読み方
61 02 05	匙	金で作った薬匙 匙を投げる	【シ】	【さじ】	やくし さじ

▼ 匚（はこがまえ）

出題回数		主な出題語句と用例	【音読み】	【訓読み】	下線部の読み方
62 08 00	匡	政治の匡弼 姿勢を匡す	【キョウ】	【ただ】す 【すく】う	きょうひつ ただ
63 01 01	匪	匪賊 人に匪ず	【ヒ】	【わるもの】 【あら】ず	ひぞく あら

▼ 十（じゅう）

出題回数		主な出題語句と用例	【音読み】	【訓読み】	下線部の読み方
64 00 00	廿	廿万円	【ジュウ】	【にじゅう】	にじゅうまんえん

▼ 卜（と、うらない）

出題回数		主な出題語句と用例	【音読み】	【訓読み】	下線部の読み方
65 06 01	卜	卜占 将来を卜う	【ホク】 【ボク】	【うらな】う 【うらな】い	ぼくせん うらな
66 06 05	卦	卦体が悪い 卦いが当たる	【カ】 【ケ】	【うらな】う 【うらな】い	けたい うらな

▼ 卩（ふしづくり）

出題回数		主な出題語句と用例	【音読み】	【訓読み】	下線部の読み方
67 08 04	叩	叩頭して詫びる 地を叩く	【コウ】	【たた】く 【はた】く 【ひか】える	こうとう たた
68 04 05	卯	卯飲一杯 卯の花	【ボウ】	【う】	ぼういんいっぱい う
※69 03 04	卿	卿相雲客 御三卿	【ケイ】 【キョウ】	【きみ】 【くげ】	けいしょううんかく ごさんきょう

▼出題回数		✔ 主な出題語句と用例	【音読み】	【訓読み】	下線部の読み方

▼ 厂 （がんだれ）

	出題回数	漢字	主な出題語句と用例	音読み	訓読み	下線部の読み方
70	11 06	厭	厭離穢土 苦労を厭わない	【エン】 【オン】 【ヨウ】	【おさ】える 【いと】う 【あ】きる 【いや】	お[え]んりえど いと
※71	13 00	厩	厩舎を改築する 厩の掃除をする	【キュウ】	【うまや】	きゅうしゃ うまや
※72	09 05	厨	厨子／厨房 厨を改修する	【チュウ】 【ズ】	【くりや】 【はこ】	ずし／ちゅうぼう くりや

▼ 又 （また）

	出題回数	漢字	主な出題語句と用例	音読み	訓読み	下線部の読み方
73	02 07	叉	音叉／夜叉 手を叉く	【サ】 【シャ】	【また】【さ】す 【こまね】く 【こまぬ】く	おんさ／やしゃ こまね[ぬ]
※74	02 00	叛	叛逆／謀叛 主君に叛く	【ハン】 【ホン】	【そむ】く 【はな】れる	はんぎゃく／むほん そむ
75	04 02	叡	叡聞／叡覧 叡い方法	【エイ】	【かしこ】い	えいぶん／えいらん かしこ
76	07 04	叢	叢雲 叢の虫たち	【ソウ】	【くさむら】 【むら】がる	そううん·むらくも くさむら

▼ 口 （くち、くちへん）

	出題回数	漢字	主な出題語句と用例	音読み	訓読み	下線部の読み方
77	04 00	叶	叶和／叶意 夢を叶える	【キョウ】	【かな】う	きょうわ／きょうい かな
78	03 01	只	只管打坐／只者 只管無事を祈る	【シ】	【ただ】	しかんたざ／ただもの ひたすら
79	04 02	吃	吃音／吃驚 吃りが治った	【キツ】	【ども】る 【く】う 【す】う	きつおん／きっきょう ども
80	05 00	吊	吊架線 提灯を吊り下げる	【チョウ】	【つ】る 【つる】す	ちょうかせん つ
81	00 00	吋	1吋は25.4粍	【スン】 【トウ】	【インチ】	インチ

▼出題回数		✔ 主な出題語句と用例	【音読み】	【訓読み】	下線部の読み方
82 00 03	吾	□ 吾人 □ 吾が輩／吾亦紅	【ゴ】	【われ】 【わ】が	ごじん わ／われもこう
※83 07 15	呑	□ 活剝生呑 □ 息を呑む	【トン】 【ドン】	【の】む	かっぱくせいどん の
84 03 03	吠	□ 蜀犬吠日 □ 犬が吠える	【ハイ】 【バイ】	【ほ】える	しょっけんはいじつ ほ
85 05 04	吻	□ 激しい口吻 □ 紅をひいた吻	【フン】	【くちさき】 【くちびる】	こうふん くちびる
86 01 04	呆	□ 呆然／呆れる □ 呆気にとられる	【ホウ】 【ボウ】 【タイ】	【あき】れる 【おろ】か	ぼうぜん／あき あっけ
87 00 00	呪	「呪」の異体字	【ジュ】 【シュウ】	【のろ】う【のろ】い 【まじな】う 【まじな】い	
88 03 06	咳	□ 咳唾珠を成す □ 咳止め	【カイ】 【ガイ】	【せき】【せ】く 【しわぶき】 【しわぶ】く	がいだ せき
89 03 06	哉	□ 善哉 □ 快哉を叫ぶ	【サイ】	【かな】 【や】 【か】	ぜんざい かいさい
※90 02 03	哨	□ 大会の前哨戦 □ 哨に立つ	【ショウ】	【みはり】	ぜんしょうせん みはり
91 00 01	哩	□ 1哩は1760ヤード	【リ】	【マイル】	マイル
92 03 13	啄	□ 啐啄同時 □ 餌を啄む	【タク】 【トク】	【ついば】む	そったくどうじ ついば
※93 01 04	啞	□ 啞然とする □ 啞いとばす	【ア】 【アク】	【ああ】 【わら】う	あぜん わら
94 02 08	啐	□ 啐啄の機 □ ひなの啐	【サイ】 【ソツ】	【な】める 【なきごえ】	そったく なきごえ
95 01 07	喬	□ 喬木／喬い山 □ 喬った態度	【キョウ】	【たか】い 【おご】る	きょうぼく／たか おご
96 03 09	喧	□ 世に喧伝された □ カエルが喧しい	【ケン】	【かまびす】しい 【やかま】しい	けんでん かまびす・やかま

出題回数		主な出題語句と用例	【音読み】	【訓読み】	下線部の読み方
97	03 04	喋	喋喋と弁じる よく喋る男	【チョウ】	【しゃべ】る 【ふ】む	ちょうちょう しゃべ
※98	00 01	喰	漆喰を塗る 小言を喰らう		【く】う 【く】らう	しっくい く
99	11 07	嘉	嘉猷／重陽の嘉節 神の嘉する業	【カ】	【よ】い 【よみ】する	かゆう／かせつ よみ
100	13 07	嘗	臥薪嘗胆 嘗める／嘗て	【ショウ】 【ジョウ】	【な】める 【かつ】て 【こころ】みる	がしんしょうたん な／かつ
※101	00 04	嘩	喧嘩 嘩しい鳴き声	【カ】	【かまびす】しい	けんか かまびす
※102	00 00	嘘	嘘言癖 嘘をつくな	【キョ】	【ふ】く【は】く 【すすりな】く 【うそ】	きょげん うそ
※103	00 02	噌	味噌 噌しい騒音	【ソウ】 【ソ】	【かまびす】しい	みそ かまびす
※104	00 04	噂	噂をすれば影	【ソン】	【うわさ】	うわさ
105	07 00	噺	小噺をする		【はなし】	こばなし
106	00 00	噸	2噸トラック		【トン】	トン
※107	03 00	嚙	嚙みつく リンゴを嚙る	【ゴウ】	【か】む 【かじ】る	か かじ
※108	03 08	嚢	嚢中の錐 嚢に土を詰める	【ノウ】 【ドウ】	【ふくろ】	のうちゅう ふくろ

▼ 囗 （くにがまえ）

出題回数		主な出題語句と用例	【音読み】	【訓読み】	下線部の読み方
109	04 01	圃	薬圃を営む／圃畦 圃に苗を植える	【ホ】	【はた】 【はたけ】	やくほ／ほけい はたけ

▼ 土 （つち、つちへん、どへん）

▼出題回数			✔ 主な出題語句と用例	【音読み】	【訓読み】	下線部の読み方
110	10 05	坐	□ 行住坐臥 □ 坐らにして／坐に	【ザ】	【すわ】る【いなが】ら 【そぞろ】に【いま】す 【おわ】す【ましま】す	ぎょうじゅうざが いなが／そぞろ
111	00 03	圭	□ 手紙を圭復する □ 言動が圭つ	【ケイ】	【たま】 【かどだ】つ	けいふく かどだ
112	07 03	坤	□ 乾坤一擲 □ 坤の方角	【コン】	【つち】 【ひつじさる】	けんこんいってき ひつじさる
113	02 15	坦	□ 虚心坦懐 □ 坦らかな心	【タン】	【たい】ら	きょしんたんかい たい
114	01 06	尭	□ 尭舜の善政 □ 徳が尭い	【ギョウ】	【たか】い	ぎょうしゅん たか
115	07 14	垢	□ 寒垢離を取る □ 手垢／泥で垢れる	【コウ】 【ク】	【あか】【よご】れる 【けが】れる 【はじ】	かんごり てあか／よご
116	00 05	埴	□ 埴輪が並ぶ □ 埴生の宿	【ショク】	【はに】	はにわ はにゅう
117	01 06	埠	□ 埠頭で釣りをする □ 埠に船が着く	【フ】	【つか】 【はとば】	ふとう はとば
118	01 00	埜	「野」の異体字 □ 緑埜で休む	【ヤ】 【ショ】	【の】 【いなかや】 【いや】しい	りょくや
119	10 03	堰	□ 川の水を堰塞する □ 思いが堰かれる	【エン】	【せき】 【いせき】 【せ】く	えんそく せ
※120	01 12	堵	□ 堵列した警官隊 □ 堵の如し	【ト】	【かき】	とれつ と
121	00 00	堺	□ 大阪の堺市	【カイ】	【さかい】	さかい
122	02 00	塙	□ 地面が塙い □ 塙に立つ松の木	【カク】 【コウ】	【かた】い 【はなわ】	かた はなわ
※123	04 01	塘	□ 池塘春草の夢 □ 池の塘	【トウ】	【つつみ】	ちとうしゅんそう つつみ
124	09 12	塵	□ 和光同塵 □ 甑中に塵を生ず	【ジン】	【ちり】	わこうどうじん ちり

No.	▼出題回数	漢字	✔ 主な出題語句と用例	【音読み】	【訓読み】	下線部の読み方
125	03 02	壕	壕舎 空壕をめぐらす	【ゴウ】	【ほり】	ごうしゃ からぼり
	▼	士	（さむらい）			
126	02 00	壬	壬申の乱 壬の方角	【ジン】 【ニン】	【みずのえ】 【おもね】る	じんしん みずのえ
※127	09 01	壺	唾壺／漏壺の水位 陶器の壺	【コ】	【つぼ】	だこ／ろうこ つぼ
	▼	夕	（た、ゆうべ）			
128	19 01	夙	夙夜芸を磨く 夙に学に励む	【シュク】	【つと】に 【はや】い 【まだき】	しゅくや つと
	▼	大	（だい）			
129	04 01	夷	坦夷なる大道 夷らかな土地 夷講	【イ】	【たい】らか 【たい】らげる 【ころ】す 【うずくま】る 【おご】る 【えびす】【えみし】	たんい たい えびすこう
130	04 12	奄	全土を奄有した 奄ちのうちに奄う	【エン】	【おお】う 【ふさ】がる 【たちま】ち	えんゆう たちま／おお
131	01 12	套	旧套墨守 布を套ねる	【トウ】	【かさ】ねる 【おお】い	きゅうとうぼくしゅ かさ
	▼	女	（おんな、おんなへん）			
132	08 00	妓	芸妓／老妓の舞 舞妓	【ギ】	【わざおぎ】 【あそびめ】 【こ】	げいぎ／ろうぎ まいこ・ぶぎ
133	06 08	姑	姑息／小姑 その件は姑くおく	【コ】	【しゅうとめ】【しゅうと】【おんな】 【しばら】く	こそく／こじゅうと(め) しばら
134	04 00	妾	姫妾を鍾愛する 本妻と妾	【ショウ】	【めしつかい】 【めかけ】 【わらわ】	きしょう めかけ

	▼出題回数		✔ 主な出題語句と用例	【音読み】	【訓読み】	下線部の読み方
135	00 00	姐	姐御 姐さん	【ソ】 【シャ】	【あね】 【あねご】 【ねえ】	あねご あね・ねえ
136	02 00	娃	宮娃 娃しい女官	【ア】 【アイ】	【うつく】しい	きゅうあい うつく
137	05 03	姦	姦詐／姦計 姦しい声	【カン】	【よこしま】 【みだら】 【かしま】しい	かんさ／かんけい かしま
138	09 00	姪	兄弟の孫は姪孫 甥姪	【テツ】	【めい】	てっそん せいてつ・おいめい
139	02 00	姥	姥目樫を植える 姥捨山	【ボ】 【モ】	【うば】 【ばば】	うばめがし うばすてやま
140	00 00	娟	娟い女性	【オウ】	【みめよ】い	みめよ
※141	02 03	娩	分娩の予定日 子を娩む	【ベン】	【う】む 【うつく】しい	ぶんべん う
142	02 00	娼	廃娼運動 娼妓を呼ぶ	【ショウ】	【あそびめ】	はいしょう しょうぎ
143	03 00	婁	婁絡 関係を婁ぐ	【ル】 【ロウ】	【つな】ぐ 【つな】がれる	るらく・ろうらく つな
144	01 03	嬉	嬉々として話す 嬉しい出来事	【キ】	【たの】しむ 【うれ】しい 【あそ】ぶ	きき うれ
145	05 12	嬰	嬰鱗 逆鱗に嬰れる	【エイ】	【めぐ】る 【ふ】れる 【あかご】	えいりん ふ
146	01 00	嬬	嬬をめとる	【ジュ】	【つま】 【よわ】い	つま

▼ 子 （こ、こへん）

147	04 10	孟	孟母三遷の教え 孟春の候	【モウ】 【ボウ】 【マン】	【はじ】め	もうぼさんせん もうしゅん

▼ 宀 （うかんむり）

	▼出題回数		✔ 主な出題語句と用例	【音読み】	【訓読み】	下線部の読み方
148	02 01	宏	宏図／宏壮 宏い土地	【コウ】	【ひろ】い 【おお】きい	こうと／こうそう ひろ
149	00 00	宋	宋儒 宋音	【ソウ】		そうじゅ そうおん
150	00 00	宍	宍肉を焼く	【ジク】 【ニク】	【しし】	ししにく
151	06 00	宕	豪宕な気性 宕冥の山に入る	【トウ】	【ほしいまま】 【ほらあな】	ごうとう とうめい
152	03 11	宥	宥恕／宥和 罪を宥す	【ユウ】	【ゆる】す 【なだ】める	ゆうじょ／ゆうわ ゆる
153	06 00	寅	庚寅の年 寛文二年壬寅	【イン】	【つつし】む 【とら】	こういん・かのえとら じんいん
154	04 10	寓	寓話／寓居 動物に寓けた話	【グ】 【グウ】	【よ】せる【やど】る 【かりずまい】 【かこつ】ける	ぐうわ／ぐうきょ かこつ
155	02 08	寵	時代の寵児 寵みを受ける	【チョウ】	【めぐ】む 【めぐ】み 【いつく】しむ	ちょうじ めぐ
	▼	小	（しょう）			
156	10 03	尖	新分野の尖兵 尖い爪尖	【セン】	【とが】る 【するど】い 【さき】	せんぺい するど／つまさき
	▼	尢	（だいのまげあし）			
157	18 00	尤	なかなかの尤物 人を尤めるな	【ユウ】	【とが】める 【もっと】も 【すぐ】れる	ゆうぶつ とが
	▼	尸	（かばね、しかばね）			
158	03 08	屍	死屍累々 生ける屍	【シ】	【しかばね】 【かばね】	ししるいるい しかばね
※159	09 05	屑	竹頭木屑 不屑／屑い態度	【セツ】	【いさぎよ】い 【くず】	ちくとうぼくせつ ふせつ／いさぎよ

番号	▼出題回数	漢字	✔主な出題語句と用例	【音読み】	【訓読み】	下線部の読み方
※160	12 01	屢	屢述に及ぶ 屢海外へ出かける	【ル】	【しばしば】	るじゅつ しばしば

▼山（やま、やまへん）

番号	▼出題回数	漢字	✔主な出題語句と用例	【音読み】	【訓読み】	下線部の読み方
161	09 00	岨	岨峻／山々が岨つ 岨づたいの山道	【ソ】	【そば】 【そばだ】つ	そしゅん／そばだ そば[わ]
162	00 00	岱	岱宗 岱山	【タイ】		たいそう たいざん
※163	01 02	峨	峨峨たる稜線 峨しい岩山	【ガ】	【けわ】しい	がが けわ
164	02 13	峻	峻別 峻く峻しい山道	【シュン】	【たか】い【けわ】しい【おお】きい 【きび】しい	しゅんべつ たか／けわ
165	00 00	峯	秀峯を眺める そびえ立つ峯	【ホウ】	【みね】 【やま】	しゅうほう みね
166	00 00	崕	「崖」の異体字	【ガイ】	【がけ】	
167	01 09	嵩	嵩高な山 嵩高な物言い	【シュウ】 【スウ】	【かさ】 【かさ】む 【たか】い	すうこう かさだか
※168	00 01	嵯	嵯峨たる峰 嵯嵯として立つ	【サ】	【けわ】しい	さが ささ
169	00 00	嶋	嶋に渡る	【トウ】	【しま】	しま
170	00 02	嶺	再編の分水嶺 嶺が連なる	【リョウ】 【レイ】	【みね】	ぶんすいれい みね
171	06 01	巌	巌栖する 巌しい岩山	【ガン】	【けわ】しい 【いわ】 【いわお】【がけ】	がんせい けわ

▼己（おのれ）

番号	▼出題回数	漢字	✔主な出題語句と用例	【音読み】	【訓読み】	下線部の読み方
172	06 01	巳	上巳を祝う 辰巳の方角	【シ】	【み】	じょうし たつみ・しんし

No.	出題回数	漢字	主な出題語句と用例	【音読み】	【訓読み】	下線部の読み方
173	00 03	巴	巴調の歌 巴投げ	【ハ】	【ともえ】 【うずまき】	はちょう ともえな
※174	03 10	巷	街談巷語 巷の噂	【コウ】	【ちまた】	がいだんこうご ちまた
175	08 01	巽	巽位に進む／巽言 巽は東南の方角	【ソン】	【たつみ】 【ゆず】る	そんい／そんげん たつみ

▼ 巾（はば、はばへん、きんべん）

No.	出題回数	漢字	主な出題語句と用例	【音読み】	【訓読み】	下線部の読み方
※176	06 00	匝	周匝／匝囲 諸国を匝る	【ソウ】	【めぐ】る	しゅうそう／そうい めぐ
177	03 00	帖	画帖／手帖に記す 半帖の和紙	【チョウ】 【ジョウ】	【かきもの】 【た】れる 【やす】める	がじょう／てちょう はんじょう
178	02 00	幌	幌をかける	【コウ】	【ほろ】	ほろ
179	02 00	幡	幡然として改める 旗が幡る	【ハン】 【マン】 【ホン】	【はた】 【のぼり】 【ひるがえ】る	はんぜん・ほんぜん ひるがえ

▼ 广（まだれ）

No.	出題回数	漢字	主な出題語句と用例	【音読み】	【訓読み】	下線部の読み方
180	00 00	庄	庄司 庄屋	【ショウ】 【ソウ】	【いなか】 【むらざと】	しょうじ しょうや
181	05 08	庇	部下を庇護する 弱者を庇う	【ヒ】	【ひさし】 【かば】う	ひご かば
182	06 00	庚	庚申	【コウ】	【かのえ】 【とし】	こうしん・かのえさる
※183	02 02	庖	庖厨からの匂い 庖丁で切る	【ホウ】	【くりや】	ほうちゅう ほうちょう
184	01 03	庵	草庵を結ぶ 山中の庵に暮らす	【アン】	【いおり】	そうあん いおり
185	05 00	廓	社会の廓清 廓の面影を残す	【カク】	【ひろ】い【ひろ】げる【むな】しい 【くるわ】	かくせい くるわ

▼出題回数		✔主な出題語句と用例	【音読み】	【訓読み】	下線部の読み方
※186 06 00	廠	陸軍の廠舎 工廠の跡地	【ショウ】	【かりや】 【うまや】 【しごとば】	しょうしゃ こうしょう
※187 10 01	廟	廟堂を建てる 廟宇の改修	【ビョウ】	【たまや】【みたまや】【おもてごてん】【やしろ】	びょうどう びょうう
▼	廴	（えんにょう、いんにょう）			
188 03 10	廻	輪廻転生する 廻向する	【カイ】 【エ】	【まわ】す【まわ】る 【めぐ】る 【めぐ】らす	りんねてんしょう えこう
▼	弓	（ゆみ、ゆみへん）			
189 06 00	弘	弘法大師 弘誓を立てる	【コウ】 【グ】	【ひろ】い 【ひろ】める	こうぼうだいし ぐぜい
190 01 00	弗	弗弗の臣 弗箱	【フツ】 【ホツ】	【ドル】 【…ず】	ふつふつ ドルばこ
191 04 15	弛	方針が弛廃する 一張一弛	【シ】 【チ】	【たる】む 【ゆる】む 【たゆ】む	しはい いっちょういっし
192 10 00	弼	主君の弼匡 君主を弼ける	【ヒツ】	【たす】ける 【たす】け 【すけ】	ひっきょう たす
193 05 01	彊	ひたすら自彊する 彊い記憶力	【キョウ】	【つよ】い 【つと】める 【し】いる	じきょう つよ
▼	彡	（さんづくり）			
194 04 00	彦	英彦として 織姫と彦星	【ゲン】	【ひこ】	えいげん ひこぼし
195 03 00	彪	彪蔚 彪模様	【ヒュウ】 【ヒョウ】	【あや】 【まだら】	ひょ[ゅ]ううつ まだらもよう
196 05 02	彬	文質彬彬	【ヒン】	【あき】らか 【そな】わる	ひんぴん
▼	彳	（ぎょうにんべん）			

出題回数		主な出題語句と用例	【音読み】	【訓読み】	下線部の読み方
※197 08 00	徽	胸に徽章をつける 徽号を贈られる	【キ】	【よ】い 【しるし】	きしょう きごう

心（こころ）　忄（りっしんべん）

出題回数		主な出題語句と用例	【音読み】	【訓読み】	下線部の読み方
198 12 08	忽	忽然と姿を消す 忽せ／忽ち	【コツ】	【ゆるが】せ 【たちま】ち	こつぜん ゆるが／たちま
199 06 05	怯	卑怯な奴 敵の勢いに怯む	【キョウ】 【コウ】	【おび】える 【お】じる 【ひる】む	ひきょう ひる
200 00 00	怜	怜悧な秀才	【レイ】	【さと】い	れいり
※201 03 07	恢	天網恢恢／恢廓 恢い／恢きい	【カイ】	【おお】きい 【ひろ】い	かいかい／かいかく ひろ／おお
202 11 06	恰	恰幅の良い紳士 恰も鳥のように	【カッ】 【コウ】	【あたか】も	かっぷく あたか
203 07 08	恕	敵を宥恕する 罪を恕す	【ショ】 【ジョ】	【おもいや】る 【ゆる】す	ゆうじょ ゆる
204 15 04	悉	悉皆成仏 悉く図に当たる	【シツ】	【つく】す 【ことごと】く 【つぶさ】に	しっかいじょうぶつ ことごと
205 02 02	悌	孝悌忠信	【ダイ】 【テイ】	【やわ】らぐ	こうていちゅうしん
206 07 02	惟	思惟／惟えらく 惟師に従う	【イ】 【ユイ】	【おも】う 【これ】 【ただ】	しい／おも ただ
207 00 06	惚	恍惚とした表情 遊び惚ける	【コツ】	【ほ】れる【ほう】ける【ぼ】ける 【とぼ】ける	こうこつ ほう
208 01 00	惣	惣菜を買う 惣領息子	【ソウ】	【すべ】て	そうざい そうりょう
209 03 04	惇	惇朴な男 惇い情け	【ジュン】 【トン】	【あつ】い 【まこと】	じゅんぼく あつ
210 01 10	悶	悶絶／苦悶 悶え苦しむ	【モン】	【もだ】える	もんぜつ／くもん もだ

番号	▼出題回数	漢字	✔ 主な出題語句と用例	【音読み】	【訓読み】	下線部の読み方
211	01 08	惹	問題を惹起する 惹く	【ジャク】 【ジャ】	【ひ】く 【まね】く	じゃっき ひ・まね
※212	08 01	愈	愈出番がきた 傷が愈える	【ユ】	【いよいよ】 【い】える 【い】やす	いよいよ い
213	10 01	慧	敏慧なる者 智慧がある	【ケイ】 【エ】	【さと】い 【かしこ】い	びんけい ちえ
214	00 00	慾	慾望を抑える 愛が慾しい	【ヨク】	【ほっ】する	よくぼう ほ
※215	04 04	憐	可憐／憐察 衆生を憐れむ	【レン】	【あわ】れむ 【あわ】れみ	かれん／れんさつ あわ

▼ 戈 （ほこづくり、ほこがまえ）

番号	▼出題回数	漢字	✔ 主な出題語句と用例	【音読み】	【訓読み】	下線部の読み方
216	05 00	戊	戊辰の戦役 戊寅の年	【ボ】 【ボウ】	【つちのえ】	ぼしん ぼいん・つちのえとら
217	05 04	戎	朔風が戎衣を吹く 十日戎	【ジュウ】	【えびす】【いくさ】 【おお】きい【おお】い【つわもの】	じゅうい とおかえびす
218	03 00	或	或問形式 或る日／或いは	【ワク】	【あ】る 【ある】いは	わくもん あ／ある
219	10 00	戟	剣戟／刺戟 戟の達人	【ケキ】 【ゲキ】	【ほこ】	けんげき／しげき げき・ほこ

▼ 扌 （てへん）

番号	▼出題回数	漢字	✔ 主な出題語句と用例	【音読み】	【訓読み】	下線部の読み方
220	10 06	托	一蓮托生 用事を托む	【タク】	【お】す 【お】く 【たの】む	いちれんたくしょう たの
221	00 06	扮	扮飾決算 うわべを扮う	【ハン】 【フン】	【よそお】う 【かざ】る	ふんしょく よそお
222	04 04	按	按摩／按排する よく按べる	【アン】	【おさ】える 【かんが】える 【しら】べる	あんま／あんばい しら
※223	03 04	挺	身を挺して救う 時流を挺いている	【テイ】 【チョウ】	【ぬ】く 【ぬき】んでる	てい ぬ

	▼出題回数		✔ 主な出題語句と用例	【音読み】	【訓読み】	下線部の読み方
224	05 09	捌	☐ 着物の裾を捌く ☐ 水捌けの悪い土地	【ハチ】 【ハツ】 【ベツ】	【さば】く 【さば】ける 【は】ける【は】かす	さば は
※225	07 04	挽	☐ 名誉挽回 ☐ 臼で挽く	【バン】	【ひ】く	めいよばんかい ひ
226	12 01	掩	☐ 城砦を掩撃する ☐ 筵で掩う	【エン】	【おお】う 【かば】う 【たちま】ち	えんげき おお
227	10 01	掬	☐ 水を掬する ☐ 足を掬われる	【キク】	【すく】う 【むす】ぶ	きく すく
※228	04 16	捲	☐ 鉄棒を捲握する ☐ 腕捲り／暦を捲る	【ケン】	【ま】く【まく】る 【めく】る 【いさ】む	けんあく まく／めく
229	05 10	捷	☐ 捷報が届く／大捷 ☐ 戦に捷つ	【ショウ】	【か】つ 【はや】い	しょうほう／たいしょう か
230	07 02	捺	☐ 署名して捺印する ☐ 印を捺す	【ダツ】 【ナツ】	【お】す	なついん お
231	04 06	捧	☐ 信任状の捧呈 ☐ 捧げ持つ	【ホウ】	【ささ】げる 【かか】える	ほうてい ささ
232	10 00	掠	☐ 掠奪 ☐ 疑念が心を掠めた	【リャク】 【リョウ】	【かす】める【かす】る【かす】れる【さら】う【むちう】つ	りゃくだつ かす
※233	01 07	揃	☐ 庭木の揃刈 ☐ 枝ぶりを揃える	【セン】	【そろ】う 【そろ】える 【そろ】い	せんがい そろ
234	10 01	揖	☐ 揖拝する ☐ 揖揖たる羽虫の群	【ユウ】 【シュウ】	【ゆず】る 【へりくだ】る 【あつ】まる	ゆうはい しゅうしゅう
※235	05 04	掻	☐ 隔靴掻痒 ☐ 背中を掻く	【ソウ】	【か】く	かっかそうよう か
※236	03 07	摑	☐ 首席を摑取する ☐ 鷲摑みにする	【カク】	【つか】む	かくしゅ わしづか
※237	05 00	摺	☐ 江戸の摺扇 ☐ 摺り足で歩く	【ショウ】 【ロウ】	【たた】む【ひだ】 【す】る 【くじ】く	しょうせん す
238	01 01	摸	☐ 摸造紙幣 ☐ 手摸りで進む	【モ】 【バク】 【ボ】	【さぐ】る 【うつ】す	もぞう てさぐ

▼出題回数		✔ 主な出題語句と用例	【音読み】	【訓読み】	下線部の読み方
※239	03 07 撰	杜撰脱漏 受賞作の撰定	【セン】 【サン】	【えら】ぶ	ずさんだつろう せんてい
240	00 03 撒	撒水車 餌を撒く	【サツ】 【サン】	【ま】く	さんすい ま
241	05 15 撞	自家撞著 鐘を撞く	【トウ】 【ドウ】 【シュ】	【つ】く	じかどうちゃく つ
242	01 01 撚	撚糸加工 糸を撚る	【デン】 【ネン】	【ひね】る 【よ】る 【よ】り	ねんし よ
243	04 09 播	播種期 花壇に種を播く	【ハ】 【バン】	【ま】く 【し】く 【さすら】う	はしゅき ま
244	03 09 撫	撫育／愛撫 撫で肩	【フ】 【ブ】	【な】でる	ぶいく／あいぶ な
※245	08 08 擢	人員を擢用する 群を擢く	【タク】 【テキ】	【ぬ】く 【ぬき】んでる	てきよう·たくよう ぬ
246	11 03 擾	擾化する／騒擾 擾らす／擾れる	【ジョウ】	【な】らす【みだ】れる【わずら】わしい 【さわ】ぐ	じょうか／そうじょう な／みだ
※247	02 04 攪	敵を攪乱する 陣形を攪す	【コウ】 【カク】	【みだ】す 【ま】ぜる	かくらん·こうらん みだ

▼ 攵 （のぶん）

248	05 05 孜	孜孜として励む 節制に孜める	【シ】	【つと】める	しし つと
249	06 05 敦	敦厚な人柄 情に敦い	【トン】	【あつ】い 【とうと】ぶ	とんこう あつ

▼ 文 （ぶん、ぶんにょう）

250	01 03 斐	甲斐性がある男	【ヒ】	【あや】	かいしょう
251	04 00 斌	文質斌斌たり 斌しい姫様	【ヒン】	【うるわ】しい	ひんぴん うるわ

▼出題回数		主な出題語句と用例	【音読み】	【訓読み】	下線部の読み方

▼斗（とます）

	出題回数	漢字	主な出題語句と用例	【音読み】	【訓読み】	下線部の読み方
252	01 09	斡	就職の斡旋／斡流 各所を斡る	【アツ】 【カン】	【めぐ】る 【つかさど】る	あっせん／あつりゅう めぐ

▼斤（きん、おのづくり）

	出題回数	漢字	主な出題語句と用例	【音読み】	【訓読み】	下線部の読み方
253	03 02	斧	斧正を請う 斧で木を切る	【フ】	【おの】	ふせい おの
254	13 00	斯	斯学の権威 斯の／斯くの如し	【シ】	【こ】の【これ】 【か】く 【か】かる	しがく こ／か

▼方（ほう、ほうへん、かたへん）

	出題回数	漢字	主な出題語句と用例	【音読み】	【訓読み】	下線部の読み方
255	01 00	於	於転婆 気於邑する	【オ】	【お】いて 【お】ける	おてんば おゆう

▼日（ひ、ひへん、にちへん）

	出題回数	漢字	主な出題語句と用例	【音読み】	【訓読み】	下線部の読み方
256	04 07	旭	旭日昇天	【キョク】	【あさひ】	きょくじつしょうてん
257	06 06	昂	意気軒昂 感情が昂る	【コウ】 【ゴウ】	【たかぶ】る 【あ】がる 【たか】い	いきけんこう たかぶ
258	01 12	昏	昏睡状態に陥る 陽光に目が昏む	【コン】	【く】れ 【くら】い 【くら】む	こんすい くら
259	01 05	昌	商売が繁昌する その国昌んなり	【ショウ】	【さか】ん 【うつく】しい 【みだ】れる	はんじょう さか
260	01 00	晃	晃晃たる照明 蛍が晃る	【コウ】	【あき】らか 【ひか】る	こうこう ひか
261	01 00	晋	晋書は唐代の官撰	【シン】	【すす】む	しんじょ
262	03 00	晒	庭で晒書する 店晒しの案件	【サイ】	【さら】す	さいしょ たなざら

▼出題回数		✔ 主な出題語句と用例	【音読み】	【訓読み】	下線部の読み方
※263 08 11	晦	□ 深く晦匿する □ 晦に市が立つ	【カイ】	【みそか】【つごもり】【くら】い【くら】ます	かいとく みそか
264 01 00	智	□ 智嚢を絞る □ 彼はとても智い	【チ】	【ちえ】 【さと】い	ちのう さと
265 08 05	暢	□ 雑草が暢茂する □ 暢べる／暢気	【チョウ】	【の】びる 【とお】る 【の】べる	ちょうも の／のんき
266 00 07	曙	□ 曙光がさす □ 春は曙	【ショ】	【あけぼの】	しょこう あけぼの
267 08 00	曝	□ 曝書 □ 書物を日に曝す	【バク】 【ホク】	【さら】す 【さら】ける 【さらば】える	ばくしょ さら

▼ 日 （ひらび、いわく）

268 06 06	曳	□ 曳白を恥じる □ 屋台を曳く	【エイ】	【ひ】く	えいはく ひ
269 06 00	沓	□ 都会の雑沓 □ 沓巻金物の職人	【トウ】	【かさ】なる 【むさぼ】る 【くつ】	ざっとう くつまき

▼ 月 （つき、つきへん）

270 01 05	朋	□ 朋友と酒を飲む □ 竹馬の朋	【ホウ】	【とも】 【なかま】	ほうゆう とも
271 04 05	朔	□ 朔北の地に遊ぶ □ 朔の未明に出発	【サク】	【ついたち】 【きた】	さくほく ついたち

▼ 木 （き、きへん）

272 07 01	杏	□ 令名高い杏林だ □ 杏仁豆腐	【キョウ】 【アン】	【あんず】	きょうりん あんにん·きょうにん
273 05 02	杖	□ 山伏の錫杖 □ 杖をついて歩く	【ジョウ】	【つえ】	しゃくじょう つえ
274 08 06	杜	□ 杜撰な経理 □ 杜氏の技	【ト】 【ズ】	【と】じる【ふさ】ぐ 【やまなし】 【もり】	ずさん とうじ・とじ

▼出題回数		✔ 主な出題語句と用例	【音読み】	【訓読み】	下線部の読み方
※275 01 08	杓	杓子定規 杓で水を汲む	【シャク】 【ヒョウ】	【ひしゃく】 【しゃく】う	しゃくしじょうぎ ひしゃく
276 06 13	李	李下に冠を正さず 李の花	【リ】	【すもも】 【おさ】める	りか すもも
277 03 00	杢	美しい杢目模様 杢糸で刺繡する		【もく】	もくめ もくいと
278 01 01	杭	天杭 杭を打ち込む	【コウ】	【わた】る 【くい】	てんこう くい
279 08 05	杵	杵臼の交わり 杵で餅をつく	【ショ】	【きね】	しょきゅう きね
280 01 04	枇	枇で髪をとかす	【ヒ】 【ビ】	【さじ】 【くし】	くし
281 01 04	杷	枇杷の実	【ハ】	【さらい】	びわ
282 01 06	柑	柑橘系の匂い	【カン】	【みかん】 【こうじ】	かんきつけい
283 06 01	柴	鹿柴をめぐらす 柴門／柴荊を出ず	【サイ】	【しば】 【まつ】り 【ふさ】ぐ	ろくさい さいもん／さいけい
284 00 00	柘	柘の印鑑	【シャ】	【やまぐわ】 【つげ】	つげ
※285 02 00	柊	柊葉の状 柊を植える	【シュウ】	【ひいらぎ】	しゅうよう ひいらぎ
286 00 00	柁	南に柁をとる	【タ】 【ダ】	【かじ】	かじ
287 01 03	柏	柏槙の大木 柏手を打つ	【ハク】 【ビャク】	【かしわ】	びゃくしん かしわで
288 00 02	柚	柚餅子を作る 柚の香り	【ユ】 【ユウ】	【ゆず】	ゆべし ゆず
289 12 00	栂	大栂が立ち並ぶ		【とが】 【つが】	おおつ［と］が

※許容字体あり		✔ 主な出題語句と用例	【音読み】	【訓読み】	下線部の読み方
290	03 00 柾	柾目の板 柾の生け垣		【まさ】 【まさき】	まさめ まさき
291	02 00 桓	桓武天皇 島内に盤桓する	【カン】		かんむ ばんかん
292	00 02 桔	桔梗の花	【キツ】 【ケツ】		ききょう
293	00 00 桂	月桂樹を育てる 桂離宮	【ケイ】	【かつら】	げっけいじゅ かつらりきゅう
294	00 09 栴	栴檀は双葉より芳し	【セン】		せんだん
295	03 01 桐	桐油を引いた紙 桐のたんす	【ドウ】 【トウ】	【きり】 【こと】	とうゆ きり
296	02 02 栗	身体栗栗とする 影に栗く	【リツ】 【リ】	【くり】 【おのの】く 【きび】しい	りつりつ おのの
297	03 01 栖	幽栖／隠栖 仙人の栖む山	【サイ】 【セイ】	【す】む 【すみか】	ゆうせい／いんせい す
298	04 00 梧	梧右は手紙の脇付 梧桐一葉	【ゴ】	【あおぎり】	ごゆう ごどういちよう
299	02 08 梱	荷物を梱包する 二梱の荷物	【コン】	【こり】 【こうり】 【しきみ】	こんぽう ふたこ(う)り
300	08 05 梓	本を上梓する 梓にちりばめる	【シ】	【あずさ】 【はんぎ】 【だいく】	じょうし あずさ
301	03 07 梢	末梢神経 梢の上の鳥	【ショウ】	【こずえ】 【かじ】	まっしょう こずえ
302	05 02 梯	雲梯を渡る 梯を登る	【タイ】 【テイ】	【はしご】	うんてい はしご
303	03 03 桶	鉄桶水を漏らさず 桶屋が儲かる	【トウ】	【おけ】	てっとう おけや
304	00 01 梶	梶棒を引く	【ビ】	【かじ】 【こずえ】	かじぼう

※許容字体あり			✔ 主な出題語句と用例	【音読み】	【訓読み】	下線部の読み方
305	06 09	梁	梁上の君子 木の梁を渡す	【リョウ】	【はり】 【うつばり】 【はし】【やな】	りょうじょう はり
306	06 02	棲	田園に棲遅する 氷河に棲む生き物	【セイ】	【す】む 【すみか】	せいち す
307	00 00	棉	棉花の栽培	【メン】	【わた】	めんか
308	02 00	椋	庭の椋の木 椋鳥が群れ飛ぶ	【リョウ】	【むく】	むく むくどり
309	02 00	椀	椀飯振舞 汁椀を買い揃える	【ワン】	【はち】	おうばんぶるまい しるわん
310	05 00	椙	椙の枝を切る		【すぎ】	すぎ
311	05 00	椛	椛のような手		【もみじ】	もみじ
312	00 00	楳	楳の実を拾う	【バイ】	【うめ】	うめ
※313	01 00	楢	楢の床材	【シュウ】 【ユウ】	【なら】	なら
314	03 01	楯	鉄楯を構える 上司に楯突く	【ジュン】	【たて】	てつじゅん たてつ
315	04 16	楚	朝秦暮楚 楚楚とした美人	【ソ】	【いばら】 【しもと】 【むち】【すわえ】	ちょうしんぼそ そそ
316	09 01	椿	前代未聞の椿事 椿油	【チン】	【つばき】	ちんじ つばきあぶら
317	00 00	楠	大きな楠	【ナン】	【くすのき】	くすのき
318	00 00	楓	楓葉が赤く染まる 楓の木を植える	【フウ】	【かえで】	ふうよう かえで
319	00 05	楊	楊枝を刺す 楊の枝で作る	【ヨウ】	【やなぎ】	ようじ やなぎ

▼出題回数		✔ 主な出題語句と用例	【音読み】	【訓読み】	下線部の読み方
320	03 00 椴	椴松の家具	【タン】【ダン】	【とど】【とどまつ】	とどまつ
321	01 00 榎	榎が花をつけた	【カ】	【えのき】	えのき
322	00 00 榛	荊榛の林 榛色の壁	【シン】	【はしばみ】【はり】【くさむら】	けいしん はしばみいろ
323	00 02 槍	槍術の稽古 槍玉に挙がる	【ソウ】	【やり】	そうじゅつ やりだま
※324	00 06 槌	鉄槌をくだす 木槌／槌音	【ツイ】	【つち】【う】つ	てっつい きづち／つちおと
325	01 00 槙	柏槙の盆栽 槙肌を詰める	【シン】【テン】	【まき】	びゃくしん まい[き]はだ
326	00 02 樺	白樺の林を歩く	【カ】	【かば】	しらかば
※327	04 00 榊	真榊を供える		【さかき】	まさかき
328	00 00 槻	槻はニレ科の木だ	【キ】	【つき】	つき
329	00 01 樟	樟脳の産地 樟の巨木	【ショウ】	【くす】【くすのき】	しょうのう くすのき
330	07 00 樗	樗材の私ではございますが	【チョ】	【おうち】	ちょざい
※331	00 05 樋	雨樋の修理	【トウ】	【ひ】【とい】	あまどい
332	06 00 樫	樫の木の机		【かし】	かし
333	02 06 橘	柑橘類の果実 橘中の楽しみ	【キツ】	【たちばな】	かんきつるい きっちゅう
334	04 02 樵	樵歌が響く 樵が木を樵る	【ショウ】【ゾウ】	【きこり】【こ】る【きこ】る	しょうか きこり／こ・きこ

▼出題回数			主な出題語句と用例	【音読み】	【訓読み】	下線部の読み方
335	00 / 00	橡	橡の実の煎餅	【ショウ】	【とち】【くぬぎ】【つるばみ】	とち
※336	00 / 00	樽	樽酒を用意する	【ソン】	【たる】	たるざけ
※337	00 / 03	楕	楕円を描く	【ダ】	【こばんがた】	だえん
※338	04 / 02	檜	檜扇を持つ貴族 檜舞台に立つ	【カイ】	【ひのき】【ひ】	ひおうぎ ひのきぶたい
339	01 / 00	橿	橿原宮で即位する 黒橿の生け垣	【キョウ】	【かし】	かしはらのみや くろがし
340	00 / 04	檎	林檎をつぶす	【キン】【ゴ】		りんご
341	02 / 10	檀	寺の檀家になる 檀が紅葉する	【タン】【ダン】	【まゆみ】	だんか まゆみ
※342	02 / 00	檮	檮昧な主人 檮かな行い	【トウ】	【きりかぶ】【おろ】か	とうまい おろ
※343	08 / 08	櫛	建物が櫛比する 櫛の歯	【シツ】	【くし】【くしけず】る	しっぴ くし
344	04 / 01	櫓	櫓で船を漕ぐ 火の見櫓を組む	【ロ】	【おおだて】【やぐら】	ろ やぐら
345	00 / 00	欝	「鬱」の異体字	【ウツ】	【しげ】る【ふさ】ぐ【さか】ん【かお】り	

▼ 欠（あくび、かける）

▼出題回数			主な出題語句と用例	【音読み】	【訓読み】	下線部の読み方
346	08 / 15	欣	浄土を欣求する 無事を欣ぶ	【キン】【ゴン】	【よろこ】ぶ	ごんぐ よろこ
347	09 / 00	欽	欽羨の念を覚える 師を欽う	【キン】	【つつし】む【うやま】う	きんせん うやま
※348	06 / 00	歎	世相を慨歎する 曲を歎える／歎く	【タン】	【たた】える【なげ】く	がいたん たた／なげ

※許容字体あり	✔ 主な出題語句と用例	【音読み】	【訓読み】	下線部の読み方

▼止（とめる、とめへん）

番号	漢字	主な出題語句と用例	【音読み】	【訓読み】	下線部の読み方
349 07 01	此	□彼此の別 □此度／此くの如く	【シ】	【こ】の【これ】 【か】く【ここ】	ひし こたび／か
350 06 12	歪	□形が歪む／音が歪む □歪な形の壺	【ワイ】	【ゆが】む【いが】む 【ひず】む 【いびつ】	ゆが／ひず いびつ

▼歹（かばねへん、いちたへん、がつへん）

番号	漢字	主な出題語句と用例	【音読み】	【訓読み】	下線部の読み方
351 14 10	殆	□殆あきれる □殆うきを欠く	【タイ】	【ほとん】ど 【あや】うい 【ほとほと】	ほとほと あや

▼殳（るまた、ほこづくり）

番号	漢字	主な出題語句と用例	【音読み】	【訓読み】	下線部の読み方
352 06 08	毅	□剛[豪]毅果断 □毅い精神	【キ】	【つよ】い 【たけ】し	ごうきかだん つよ

▼比（ならびひ、くらべる）

番号	漢字	主な出題語句と用例	【音読み】	【訓読み】	下線部の読み方
※353 00 00	毘	□毘沙門天	【ヒ】 【ビ】	【たす】ける	びしゃもんてん

▼水（みず）　氵（さんずい）

番号	漢字	主な出題語句と用例	【音読み】	【訓読み】	下線部の読み方
354 05 09	汀	□長汀曲浦 □汀に立つ	【テイ】	【みぎわ】 【なぎさ】	ちょうていきょくほ みぎわ・なぎさ
355 02 02	汝	□爾汝の交わり □汝の敵を愛せよ	【ジョ】	【なんじ】	じじょ なんじ
356 00 00	汐	□潮汐表で確認する □汐干狩り	【セキ】	【しお】 【うしお】	ちょうせきひょう しおひが
※357 03 05	汲	□採薪汲水 □水を汲む	【キュウ】	【く】む 【ひ】く	さいしんきゅうすい く
358 00 06	沌	□混沌とした状態 □道が沌がる	【トン】	【ふさ】がる	こんとん ふさ

No.	読み	書き	漢字	主な出題語句と用例	【音読み】	【訓読み】	下線部の読み方
359	05	10	沫	泡沫候補 沫が上がる／沫雪	【マツ】	【あわ】 【しぶき】 【よだれ】	ほうまつこうほ しぶき／あわゆき
360	01	08	洩	機密が漏洩する 秘密が洩れる	【エイ】 【セツ】	【の】びる 【も】れる	ろうえい·ろうせつ も
361	01	00	洲	洲渚の枯葦 お白洲の裁き	【シュウ】	【す】 【しま】	しゅうしょ しらす
362	01	01	洛	田舎から上洛する 京の洛	【ラク】	【みやこ】 【つら】なる	じょうらく みやこ
363	01	08	浩	浩然の気を養う 浩い空	【コウ】	【おお】きい 【ひろ】い【おお】い 【おご】る	こうぜん ひろ
364	00	00	浬	「浬」は海上の距離を表す	【リ】	【かいり】 【ノット】	リ・かいり
365	00	06	涌	涌泉の水を飲む 涌き水を汲む	【ヨウ】 【ユウ】	【わ】く	ゆ[よ]うせん わ
※366	10	08	淵	東西文化の淵藪 深い淵に沈む	【エン】	【ふち】 【ふか】い 【おくぶか】い	えんそう ふち
367	01	07	淳	淳朴な青年／淳化 情に淳い男	【ジュン】	【あつ】い 【すなお】	じゅんぼく／じゅんか あつ
368	07	00	渚	江陵の渚宮 渚で遊ぶ子供	【ショ】	【なぎさ】 【みぎわ】	しょきゅう なぎさ・みぎわ
369	00	00	淀	淀みなく話す	【テン】 【デン】	【よど】 【よど】む	よど
370	02	06	淘	自然淘汰 ざるで米を淘げる	【トウ】	【よな】げる	しぜんとうた よな
371	00	00	淋	淋巴腺が腫れる 淋しがり屋	【リン】	【そそ】ぐ【したた】る【さび】しい 【りんびょう】	りんぱせん さび
372	09	00	渥	渥丹色／渥い恩恵 肌の渥い	【アク】	【あつ】い 【うるお】い 【こ】い	あくたん／あつ うるお
※373	06	05	渠	地下の暗渠 渠きい／渠等	【キョ】	【みぞ】【おお】きい 【かしら】【かれ】 【なん】ぞ	あんきょ おお／かれら

※許容字体あり

※許容字体あり			✔ 主な出題語句と用例	【音読み】	【訓読み】	下線部の読み方
374	00 00	湘	□湘南の海岸	【ショウ】		しょうなん
375	05 00	湊	□船が湊泊する港 □細流が湊まる	【ソウ】	【みなと】 【あつ】まる	そうはく あつ
376	05 09	湛	□湛然／湛露 □水を湛える	【タン】 【チン】	【たた】える 【あつ】い【しず】む 【ふか】い【ふけ】る	たんぜん／たんろ たた
※377	04 08	溢	□寂寥感が横溢する □褒め溢ぎの言葉	【イツ】	【あふ】れる【す】ぎる【おご】る【み】ちる【こぼ】れる	おういつ す
378	00 10	溜	□溜飲が下がる □雨水を溜める	【リュウ】	【したた】る 【た】まる 【た】める【ため】	りゅういん た
379	00 00	溯	「遡」の異体字	【ソ】	【さかのぼ】る 【む】かう	
※380	01 05	漑	□灌漑事業 □田に水を漑ぐ	【カイ】 【ガイ】	【そそ】ぐ 【すす】ぐ	かんがい そそ
381	00 05	漕	□漕運船／漕艇 □船で漕ぶ	【ソウ】	【はこ】ぶ 【こ】ぐ	そううん／そうてい はこ
※382	03 00	漣	□漣漣と流れる涙 □湖面に漣が立つ	【レン】	【さざなみ】	れんれん さざなみ
383	02 07	漉	□味噌を漉す □和紙を漉く	【ロク】	【こ】す 【したた】らせる 【す】く	こ す
※384	00 00	澗	□切り立った澗谷 □澗に落ちる	【カン】 【ケン】	【たに】 【たにみず】	かんこく たに・たにみず
※385	00 00	潑	□潑剌とした少年 □水が潑ねる音	【ハツ】	【そそ】ぐ 【は】ねる	はつらつ は
386	11 03	澱	□胸にたまった澱 □霧が澱んでいる	【テン】 【デン】	【おり】 【よど】む 【よど】	おり よど
387	02 01	濠	□環濠集落 □濠をめぐらす	【ゴウ】	【ほり】	かんごう ほり
388	02 05	濡	□工事が濡滞する □濡れ衣／濡い	【ジュ】	【うるお】う【ぬ】れる【とどこお】る 【こら】える	じゅたい ぬ／うるお

※許容字体あり			✔ 主な出題語句と用例	【音読み】	【訓読み】	下線部の読み方
※389	06 10	濤	宿で松濤を聞く 打ち寄せる濤	【トウ】	【なみ】	しょうとう なみ
※390	10 07	瀆	神を冒瀆する 職を瀆す行為	【トク】	【みぞ】 【けが】す 【あなど】る	ぼうとく けが
※391	03 00	瀦	ダムに瀦水する 水が瀦まる	【チョ】	【みずたま】り 【た】まる	ちょすい た
※392	00 08	瀕	瀕死／瀕する 死が瀕る	【ヒン】	【みぎわ】 【せま】る 【そ】う	ひんし／ひん せま
※393	03 00	瀞	川の瀞で静かに釣りをする	【ジョウ】 【セイ】	【とろ】	とろ
※394	04 06	灌	灌漑用水 川が灌ぐ湾	【カン】	【そそ】ぐ	かんがい そそ
※395	16 00	灘	宿で灘声を聞く 玄界灘	【ダン】 【タン】	【はやせ】 【なだ】	だ［た］んせい げんかいなだ

▼ 火 （ひ、ひへん） 灬 （れんが、れっか）

396	02 03	灸	お灸を据える 灸の痕がある	【キュウ】	【やいと】	きゅう きゅう・やいと
※397	07 04	灼	灼熱地獄 霊験灼な神様	【シャク】	【や】く【あき】らか 【あらたか】 【やいと】	しゃくねつじごく あらたか
398	12 13	烏	烏飛兎走 烏の黒い羽	【ウ】 【オ】	【からす】【くろ】い 【いずく】んぞ 【なん】ぞ	うひとそう からす
399	11 03	烹	割烹／烹鮮に与る 野菜を烹る	【ホウ】	【に】る	かっぽう／ほうせん に
※400	03 00	焰	気焰を吐く／余焰 焰に包まれる	【エン】	【も】える 【ほのお】	きえん／よえん ほのお
401	05 10	焚	焚書坑儒 焚き火にあたる	【フン】	【や】く 【た】く	ふんしょこうじゅ た
402	01 12	煤	白い煤煙 煤払いをする	【バイ】	【すす】 【すす】ける	ばいえん すすはら

※許容字体あり		✔ 主な出題語句と用例	【音読み】	【訓読み】	下線部の読み方
※403	00 04 煉	煉瓦を積み上げる 粘土を煉る	【レン】	【ね】る	れんが ね
※404	06 06 煽	国民を煽動する 相場を煽る	【セン】	【あお】る 【おだ】てる 【おこ】る【あお】り	せんどう あお
※405	00 00 熔	熔岩が流れる 鉄を熔かす	【ヨウ】	【いがた】【と】かす 【と】ける 【い】る	ようがん と
406	04 06 燕	魚目燕石 軒下の燕の巣	【エン】	【つばめ】 【さかもり】 【くつろ】ぐ	ぎょもくえんせき つばめ
※407	00 01 燐	燐光が光る 燐寸をする	【リン】		りんこう マッチ
408	04 07 燦	燦然と輝く 燦めく／燦らかさ	【サン】	【あき】らか 【あざ】やか 【きら】めく	さんぜん きら／あき
409	01 09 燭	手持ちの燭台 紙燭で照らす	【ショク】 【ソク】	【ともしび】	しょくだい しそく

▼ 父（ちち）

410	09 03 爺	老爺／田爺村嬢 話し好きな好好爺	【ヤ】	【じじ】 【おやじ】	ろうや／でんや こうこうや

▼ 爻（まじわる）

411	10 07 爾	爾後／勃爾として 爾に任せる	【ジ】 【ニ】	【なんじ】 【そ】の	じご／ぼつじ なんじ

▼ 片（かた、かたへん）

※412	02 07 牌	優勝者への賞牌	【ハイ】	【ふだ】	しょうはい
413	02 02 牒	牒状を送る 最後通牒	【チョウ】 【ジョウ】	【ふだ】	ちょうじょう さいごつうちょう

▼ 牛（うし、うしへん）

※許容字体あり			✔ 主な出題語句と用例	【音読み】	【訓読み】	下線部の読み方
414	06 01	牝	牝牡の判別 牝牛を飼う	【ヒン】	【め】 【めす】	ひんぼ ひんぎゅう・めうし
415	03 00	牟	牟食の民 餌を牟り食う	【ボウ】 【ム】	【な】く 【むさぼ】る 【かぶと】	ぼうしょく むさぼ
416	04 08	牡	牡丹／牡蠣 牡牛座の星	【ボ】 【ボウ】	【お】 【おす】	ぼたん／かき おうしざ
417	05 12	牢	牢記／牢守する 牢く守る	【ロウ】	【いけにえ】【ごちそう】【ひとや】【かた】い【さび】しい	ろうき／ろうしゅ かた
418	09 13	牽	隣国を牽制する 注意を牽く	【ケン】	【ひ】く 【つら】なる	けんせい ひ
419	03 05	犀	犀利な眼 木犀が咲く	【サイ】 【セイ】	【かた】い 【するど】い	さいり もくせい
▼		犬	（いぬ）　犭（けものへん）			
※420	05 12	狐	狐狸妖怪のしわざ 狐の嫁入り	【コ】	【きつね】	こりようかい きつね
421	08 11	狗	羊頭狗肉 狗が吠える	【ク】 【コウ】	【いぬ】	ようとうくにく いぬ
422	03 02	狛	神社の狛犬	【ハク】	【こま】 【こまいぬ】	こまいぬ
423	02 07	狸	狸から上前	【リ】	【たぬき】 【ねこ】	たぬき
424	05 11	狼	狼戻の心を秘める 心が狼れる	【ロウ】	【おおかみ】 【みだ】れる	ろうれい みだ
425	03 10	狽	周章狼狽	【バイ】		しゅうしょうろうばい
426	02 11	猪	猪口才な若造 猪が突進する	【チョ】	【い】 【いのしし】	ちょこざい いのしし
※427	04 00	猷	深謀遠猷の才智 政権転覆を猷る	【ユウ】	【はか】る 【はかりごと】 【みち】	しんぼうえんゆう はか

▼出題回数		✔ 主な出題語句と用例	【音読み】	【訓読み】	下線部の読み方
428	01 14 獅	獅子奮迅の活躍 獅子舞を見る	【シ】	【しし】	ししふんじん ししまい

▼ 王 （おう、おうへん、たまへん）

429	00 00 玖	玖番目 大分県玖珠郡	【キュウ】 【ク】		きゅうばんめ くすぐん
430	00 00 珂	茨城県那珂市	【カ】		なか
※431	02 04 珊	美しい珊瑚礁 珊珊と輝く	【サン】		さんごしょう さんさん
432	00 00 玲	玲瓏たる歌声	【レイ】		れいろう
433	00 01 珪	珪璧を授ける 珪石の採掘	【ケイ】	【たま】	けいへき けいせき
434	01 04 琉	琉球地方 琉璃色の羽毛	【リュウ】 【ル】		りゅうきゅう るり
435	03 03 琢	切磋琢磨する 玉を琢く	【タク】	【みが】く	せっさたくま みが
436	00 00 瑛	玉瑛を集める	【エイ】		ぎょくえい
437	00 00 琵	琵琶の音が響く	【ビ】		びわ
438	00 00 琶	琵琶湖を周遊する	【ハ】		びわこ
439	00 00 琳	尾形光琳の作品	【リン】		おがたこうりん
440	01 04 瑚	珊瑚の首飾り	【コ】 【ゴ】		さんご
441	08 06 瑞	瑞雲／祥瑞 瑞垣をめぐらす	【ズイ】	【しるし】 【めでた】い 【みず】	ずいうん／しょうずい みずがき

No.	▼出題回数	漢字	✔主な出題語句と用例	【音読み】	【訓読み】	下線部の読み方
442	02 / 00	瑳	□徳義を切瑳する □技量を瑳く	【サ】	【みが】く	せっさ みが
▼		瓜瓜	(うり)			
※443	03 / 08	瓜	□中国の甜瓜 □瓜に爪あり	【カ】	【うり】	てんか うり
※444	09 / 10	瓢	□瓢箪/瓢飲 □腰に瓢をさげる	【ヒョウ】	【ふくべ】 【ひさご】	ひょうたん/ひょういん ふくべ・ひさご
▼		瓦	(かわら)			
※445	09 / 00	甑	□甑中に塵を生ず □甑に坐するが如し	【ソウ】	【こしき】	そうちゅう こしき
▼		甘	(かん、あまい)			
446	09 / 11	甜	□甜言蜜語 □甜酒を飲む	【テン】	【あま】い 【うま】い	てんげんみつご てんしゅ
▼		生	(うまれる)			
447	07 / 01	甥	□甥姪が集まった	【ショウ】 【セイ】	【おい】	せいてつ・ おいめい
▼		用	(もちいる)			
448	00 / 00	甫	□杜甫の詩	【ホ】 【フ】	【はじ】め 【おお】きい	とほ
▼		田	(た、たへん)			
449	04 / 00	畠	□畠物の出来が良い □畠を耕す		【はた】 【はたけ】	はた(け)もの はたけ
450	04 / 01	畦	□畦丁/畦畔を歩く □田の畦道	【ケイ】	【うね】 【あぜ】	けいてい/けいはん あぜみち

番号	▼出題回数	漢字	✔主な出題語句と用例	【音読み】	【訓読み】	下線部の読み方
※451	09 04	畢	畢生の大作 人生が畢わる	【ヒツ】	【お】わる 【ことごと】く	ひっせい お
452	01 00	畷	田の畷を歩く	【テツ】	【なわて】	なわて

▼ 疋 （ひき、ひきへん）

番号	▼出題回数	漢字	✔主な出題語句と用例	【音読み】	【訓読み】	下線部の読み方
453	02 00	疋	疋夫と蔑まれる 絹五疋	【ショ】 【ソ】 【ヒツ】	【あし】 【ひき】	ひっぷ ひき
※454	07 01	疏	弁疏に窮する 十三経註疏 親疏 水が疏る	【ショ】 【ソ】	【とお】す 【とお】る 【うと】い 【うと】む 【おろそ】か 【あら】い 【まば】ら 【ふみ】	べんそ じゅうさんけいちゅうそ しんそ とお

▼ 疒 （やまいだれ）

番号	▼出題回数	漢字	✔主な出題語句と用例	【音読み】	【訓読み】	下線部の読み方
455	01 03	疹	湿疹に悩む 疹の症状	【シン】	【はしか】	しっしん はしか
456	00 00	痔	痔の手術をする	【ジ】	【しもがさ】	じ
457	00 07	癌	胃癌が全治した	【ガン】		いがん

▼ 白 （しろ）

番号	▼出題回数	漢字	✔主な出題語句と用例	【音読み】	【訓読み】	下線部の読み方
※458	06 00	皐	天下を皐牢する 皐月賞を制する	【コウ】	【さわ】 【さつき】	こうろう さつきしょう

▼ 皿 （さら）

番号	▼出題回数	漢字	✔主な出題語句と用例	【音読み】	【訓読み】	下線部の読み方
459	00 00	盃	祝盃をあげる 盃を交わす	【ハイ】	【さかずき】	しゅくはい さかずき
460	12 07	盈	朝盈夕虚 月が盈ちる	【エイ】	【み】ちる 【あま】る	ちょうえいせききょみ み

出題回数	✔主な出題語句と用例	【音読み】	【訓読み】	下線部の読み方

目 (め、めへん)

No.	出題回数	漢字	主な出題語句と用例	【音読み】	【訓読み】	下線部の読み方
※461	05 10	瞥	□周囲を一瞥する □ちらっと瞥る	【ベツ】	【み】る	いちべつ み

矢 (や、やへん)

No.	出題回数	漢字	主な出題語句と用例	【音読み】	【訓読み】	下線部の読み方
462	05 04	矧	□戦を見て矢を矧ぐ	【シン】	【は】ぐ	は
463	09 11	矩	□縄矩 □矩差／矩を越えず	【ク】	【さしがね】 【のり】	じょうく かねざし／のり

石 (いし、いしへん)

No.	出題回数	漢字	主な出題語句と用例	【音読み】	【訓読み】	下線部の読み方
464	09 00	砦	□塁砦を築く □最後の砦	【サイ】	【とりで】	るいさい とりで
465	05 01	砥	□中流の砥柱 □砥石で庖丁を研ぐ	【シ】	【と】【といし】 【と】ぐ 【みが】く	しちゅう といし
466	08 00	砧	□砧声が響く □砧を打つ音	【チン】	【きぬた】	ちんせい きぬた
467	04 07	硯	□筆硯に親しむ □硯で墨をする	【ケン】 【ゲン】	【すずり】	ひっけん すずり
468	09 00	硲	□山の硲の温泉町		【はざま】	はざま
469	11 04	碍	□障碍を乗り越える □進行を碍げる	【ガイ】 【ゲ】	【さまた】げる 【ささ】える	しょうがい さまた
470	01 00	碓	□碓声止まず □碓で稲をつく	【タイ】	【うす】	たいせい うす
471	01 00	碇	□船が碇泊する □碇を下ろす	【テイ】	【いかり】	ていはく いかり
※472	00 00	碗	□茶碗を差し出す □碗に盛りつける	【ワン】	【こばち】	ちゃわん わん・こばち

出題回数		主な出題語句と用例	【音読み】	【訓読み】	下線部の読み方
473	05 12 碧	一碧万頃 若葉が碧碧と茂る	【ヘキ】	【みどり】 【あお】	いっぺきばんけい あおあお
474	07 05 碩	碩学大儒	【セキ】	【おお】きい	せきがくたいじゅ
475	00 03 磐	磐梯山に登る	【ハン】 【バン】	【いわ】 【わだかま】る	ばんだいさん
476	00 06 磯	磯で釣りをする	【キ】	【いそ】	いそ
※477	12 00 礪	磨礪／礪行 技量を礪く	【レイ】	【あらと】 【と】ぐ 【みが】く	まれい／れいこう みが
※478	00 00 礦	炭礦労働者 礦を精錬する	【コウ】	【あらがね】	たんこう あらがね

▼示（しめす）ネ（しめすへん）

出題回数		主な出題語句と用例	【音読み】	【訓読み】	下線部の読み方
※479	05 00 祁	祁寒の候 祁いに奨励する	【キ】	【おお】いに 【おお】きい 【さか】んに	きかん おお
※480	01 07 祇	神祇をまつる 祇園祭の夜	【ギ】	【くにつかみ】	じんぎ ぎおん
481	01 11 祐	天祐神助 天の祐け	【ユウ】	【たす】け 【たす】ける	てんゆうしんじょ たす
482	01 03 禄	余禄の多い仕事 天からの禄い	【ロク】	【さいわ】い 【ふち】	よろく さいわ
483	01 00 禎	禎祥が現れる 禎いの兆し	【テイ】	【さいわ】い	ていしょう さいわ
484	06 00 禦	防禦／禦侮 敵の攻撃を禦ぐ	【ギョ】	【ふせ】ぐ 【つよ】い	ぼうぎょ／ぎょぶ ふせ
※485	01 10 禱	加持祈禱 神を禱る	【トウ】	【いの】る 【まつ】る	かじきとう まつ
※486	06 00 禰	禰祖に参拝する 神社の禰宜となる	【デイ】 【ネ】	【みたまや】 【かたしろ】	でいそ ねぎ

▼出題回数		✔ 主な出題語句と用例	【音読み】	【訓読み】	下線部の読み方
▼	内	（じゅう）			
487 05 13	禽	鳴禽のさえずり 渉禽類に属する鳥	【キン】	【とり】 【とら】える 【いけど】り	めいきん しょうきん
▼	禾	（のぎ、のぎへん）			
488 13 00	禾	禾穎がそよぐ／禾稼 禾偏の漢字	【カ】	【いね】 【のぎ】	かえい／かか のぎへん
489 11 02	禿	禿筆をふるう 禿鷹／禿びた鉛筆	【トク】	【はげ】【は】げる 【ち】びる 【かむろ】	とくひつ はげたか／ち
※490 03 06	秤	目方を秤量する 秤にかける	【ショウ】 【ビン】	【はかり】	し［ひ］ょうりょう はかり
491 01 01	秦	秦の始皇帝 渡来系氏族の秦氏	【シン】	【はた】	しん はたし
492 03 03	稀	稀少／稀有 稀にみる才能	【キ】 【ケ】	【まれ】 【まば】ら 【うす】い	きしょう／けう まれ
493 03 00	稔	稔熟の候 作物が稔る	【ジン】 【ニン】 【ネン】	【みの】る 【とし】 【つ】む	じんじゅく みの
※494 11 00	稗	近世の稗史 稗かい記載	【ハイ】	【ひえ】 【こま】かい	はいし こま
495 00 05	稜	なだらかな稜線	【リョウ】 【ロウ】	【かど】 【いきお】い	りょうせん
※496 11 02	穎	隠れもない穎哲 穎れた才能	【エイ】	【ほさき】 【すぐ】れる	えいてつ すぐ
497 11 00	穆	春風の和穆 穆として	【ボク】 【モク】	【やわ】らぐ	わぼく ぼく
498 03 01	穣	豊穣の秋 豊かな穣り	【ジョウ】	【ゆた】か 【みの】る	ほうじょう みの
※499 00 00	穐	読書の穐	【シュウ】	【あき】 【とき】	あき

	▼出題回数		✔ 主な出題語句と用例	【音読み】	【訓読み】	下線部の読み方

▼穴（あな、あなかんむり）

No.	出題回数	漢字	主な出題語句と用例	音読み	訓読み	下線部の読み方
※500	16 07	穿	□考古学を貫穿する □穿つ／穿く	【セン】	【うが】つ【は】く 【つらぬ】く【ほじ】る【ほじく】る	かんせん うが／は
501	02 10	窄	□視野狭窄 □見窄らしい服装	【サク】	【せま】い 【せば】まる 【すぼ】む【つぼ】む	しやきょうさく みすぼ
502	01 05	窪	□窪隆すべからざる □窪地にある池	【ワ】 【ア】	【くぼ】 【くぼ】む	わりゅう くぼち
503	15 06	窺	□管窺を恥じる □穴から窺く	【キ】	【うかが】う 【のぞ】く	かんき のぞ
※504	07 02	竈	□釜竈／竈煙が立つ □竈将軍	【ソウ】	【かまど】 【へっつい】	ふそう／そうえん かまどしょうぐん

▼立（たつ、たつへん）

No.	出題回数	漢字	主な出題語句と用例	音読み	訓読み	下線部の読み方
※505	04 03	竪	□竪子 □自ら竪立する	【ジュ】	【た】つ【たて】 【こども】 【こもの】	じゅし じゅりつ
506	00 07	竣	□新社屋の竣工 □工事が竣わる	【シュン】	【お】わる	しゅんこう お
507	01 00	靖	□靖難を果たす □国を靖んじる	【セイ】	【やす】い 【やす】んじる	せいなん やす

▼竹（たけ、たけかんむり）

No.	出題回数	漢字	主な出題語句と用例	音読み	訓読み	下線部の読み方
508	01 01	竺	□天竺へ渡る	【トク】 【ジク】	【あつ】い	てんじく
509	04 06	竿	□百尺竿頭 □物干し竿	【カン】	【さお】 【ふだ】	かんとう ざお
※510	06 00	笈	□書笈 □笈に書物を詰める	【キュウ】	【おい】	しょきゅう おい
511	02 05	笥	□箪笥にしまう □笥子に盛りつける	【シ】 【ス】	【け】 【はこ】	たんす けこ・けご

	▼出題回数		✔主な出題語句と用例	【音読み】	【訓読み】	下線部の読み方
512	05 08	笠	蓑笠の翁 編み笠をかぶる	【リュウ】	【かさ】	さりゅう・みのかさ かさ
513	04 00	笹	笹藪に分け入る 笹舟を流す		【ささ】	ささやぶ ささぶね
514	01 10	筈	手筈を整える	【カツ】	【やはず】 【はず】	てはず
※515	00 00	筑	おいしい筑前煮 九州の筑紫山地	【チク】 【ツク】		ちくぜんに つくし
516	04 00	筏	舟筏が川を下る 筏型に花を生ける	【ハツ】 【バツ】	【いかだ】	しゅうばつ いかだがた
517	04 01	箕	箕山の志 箕で籾をふる	【キ】	【み】 【ちりとり】	きざん み
518	00 05	箔	経歴に箔が付く 金箔を押す	【ハク】	【すだれ】 【のべがね】	はく きんぱく
※519	08 00	箭	火箭が飛ぶ 背には箭は立てじ	【セン】	【や】	かせん や
※520	00 06	篇	千篇一律	【ヘン】	【ふだ】 【ふみ】 【まき】	せんぺんいちりつ
※521	05 07	篦	竹篦 篦太い男	【ヘイ】	【へら】 【すきぐし】 【かんざし】【の】	ちくへい・たけべら のぶと
※522	03 05	篠	篠突く雨の中 篠笹が密生する	【ショウ】	【しの】	しの しのざさ
※523	03 11	簞	簞食瓢飲	【タン】	【わりご】 【はこ】 【ひさご】	たんしひょういん
524	05 00	簸	時代に簸弄される 箕で穀物を簸る	【ハ】	【ひ】る 【あお】る	はろう ひ
※525	04 09	簾	簾政が続いた 御簾を隔てる	【レン】	【す】 【すだれ】	れんせい みす
526	00 00	篭	「籠」の異体字	【ル】 【ロウ】	【かご】 【こ】もる	

準1級漢字音訓表 01 読み問題の出題回数 01 書き問題の出題回数

▼出題回数		✔ 主な出題語句と用例	【音読み】	【訓読み】	下線部の読み方

▼ 米 (こめ、こめへん)

番号	出題回数	漢字	主な出題語句と用例	音読み	訓読み	下線部の読み方
527	00 00	粁	□ 七粁の距離		【キロメートル】	キロメートル
528	00 00	粂	□ 粂平内は江戸初期の武士だ		【くめ】	くめのへいない
※529	11 00	籾	□ 籾を摺る音		【もみ】	もみ
530	00 00	粍	□ 長さ七粍		【ミリメートル】	ミリメートル
531	00 02	粕	□ 糟粕を嘗める □ 酒の粕	【ハク】	【かす】	そうはく かす
532	06 01	粥	□ 粥薬を進む □ 菓子を粥いでいる	【シュク】 【イク】	【かゆ】 【ひさ】ぐ	しゅくやく ひさ
533	05 05	粟	□ 稲粟の貯蔵 □ 濡れ手に粟	【ショク】 【ソク】 【ゾク】	【もみ】 【あわ】 【ふち】	とうぞく あわ
534	00 12	糊	□ 曖昧模糊 □ 糊をつける	【コ】	【のり】 【くちす】ぎ	あいまいもこ のり
535	00 00	糎	□ 百糎は一米		【センチメートル】	センチメートル
536	02 11	糠	□ 糠袋で体を洗う	【コウ】	【ぬか】	ぬかぶくろ
537	00 11	糟	□ 糟糠の妻 □ 油糟を飼料にする	【ソウ】	【かす】	そうこう あぶらかす
538	01 06	糞	□ 糞掃衣を身にまとう □ 糞味噌に言う	【フン】	【くそ】【けが】れ 【はら】う 【つちか】う	ふんぞうえ くそみそ

▼ 糸 (いと、いとへん)

番号	出題回数	漢字	主な出題語句と用例	音読み	訓読み	下線部の読み方
539	00 00	紘	□ 八紘を掌握する	【コウ】	【おおづな】 【ひろ】い	はっこう

	出題回数		主な出題語句と用例	【音読み】	【訓読み】	下線部の読み方
540	01 01	紗	羅紗／錦紗 紗の着物	【サ】 【シャ】	【うすぎぬ】	らしゃ／きんしゃ うすぎぬ
541	16 03	紐	隣国との紐帯 革紐を緩める	【ジュウ】 【チュウ】	【ひも】	ち［じ］ゅうたい かわひも
542	00 00	絃	絃楽器を弾く 琴に張る絃	【ゲン】	【つる】 【いと】	げんがっき いと・つる
543	06 00	紬	紬紡糸を精製する 大島紬の着物	【チュウ】	【つむぎ】 【つむ】ぐ	ちゅうぼうし おおしまつむぎ
544	06 00	絢	英絢の体 絢を織り出す	【ケン】	【あや】	えいけん あや
545	01 00	綬	藍綬褒章 勲章をさげる綬	【ジュ】	【ひも】 【くみひも】	らんじゅほうしょう じゅ・ひも
546	01 09	綜	綜覧をめくる 国を綜べる	【ソウ】	【す】べる 【おさ】 【まじ】える	そうらん す
547	10 07	綴	服を補綴する 綴り方	【テイ】 【テツ】	【つづ】る 【と】じる 【あつ】める	ほてい・ほてつ つづ
548	01 02	緋	緋鯉が泳ぐ 緋衣を着た官人	【ヒ】	【あか】	ひごい あけごろも・ひえ
549	03 08	綾	綾羅錦繡 綾取り	【リョウ】 【リン】	【あや】	りょうらきんしゅう あやと
550	03 01	緬	緋縮緬のしごき 緬い世界	【ベン】 【メン】	【はる】か 【とお】い	ひぢりめん とお
551	02 06	縞	魯縞に入る能わず 縞柄の紬	【コウ】	【しろぎぬ】 【しま】	ろこう しまがら
※552	07 02	繋	繋囚を赦す 馬を繋ぐ	【ケイ】	【つな】ぐ【つな】がる【か】かる【とら】える【きずな】	けいしゅう つな
※553	03 17	繡	繡閣を建てる 繡しい宮殿	【シュウ】	【ぬいとり】 【にしき】 【うつく】しい	しゅうこう うつく
554	02 07	纂	日本史の編纂 材料を纂める	【サン】	【あつ】める 【くみひも】 【つ】ぐ	へんさん あつ

番号	▼出題回数	漢字	✔主な出題語句と用例	【音読み】	【訓読み】	下線部の読み方
※555	09 11	纏	子供が纏着する 付き纏う／纏わる	【テン】	【まと】う【まつ】わる【まと】める【まつ】る【まとい】	てんちゃく まと／まつ
▼		罒	（あみがしら、あみめ、よこめ）			
556	04 04	罫	罫線を引く 縦書きの罫紙	【ケイ】		けいせん けいし
▼		羽	（はね）			
※557	10 00	翠	嵐翠の峡谷／翠雨 翠色の瞳	【スイ】	【かわせみ】 【みどり】	らんすい／すいう みどりいろ
※558	10 06	翫	熟読翫味 翫弄／敵を翫るな	【ガン】	【もてあそ】ぶ【あじ】わう【あなど】る【むさぼ】る	じゅくどくがんみ がんろう／あなど
※559	06 00	翰	義は翰藻に帰す 翰で名前を書く	【カン】	【ふで】【ふみ】【てがみ】【と】ぶ【みき】	かんそう ふで
※560	05 08	耀	栄耀栄華 光耀ある歴史	【ヨウ】	【かがや】く	えいようえいが こうよう
▼		而	（しかして、しこうして）			
561	10 02	而	三十歳は而立の年 而も雨まで降った	【ジ】	【しか】して【しか】れども【しか】も【しか】るに【なんじ】	じりつ しか
▼		耳	（みみ、みみへん）			
562	09 03	耽	酒色に耽溺する 賭け事に耽る	【タン】	【ふけ】る 【おくぶか】い	たんでき ふけ
563	03 09	聡	聡慧な子供 利に聡い人	【ソウ】	【さと】い	そうけい さと
※564	08 00	聯	聯亙／涙の聯珠 珠を聯ねる	【レン】	【つら】なる 【つら】ねる	れんこう／れんじゅ つら
565	03 03	聾	耳を聾する歓声 聾唖者	【ロウ】		ろう ろうあ

▼出題回数		✔主な出題語句と用例	【音読み】	【訓読み】	下線部の読み方

▼聿（ふでづくり）

No.	出題回数	漢字	主な出題語句と用例	【音読み】	【訓読み】	下線部の読み方
566	09 00	肇	□肇国の祖 □事業を肇める	【チョウ】	【はじ】める 【はじ】め	ちょうこく はじ

▼肉（にく）月（にくづき）

No.	出題回数	漢字	主な出題語句と用例	【音読み】	【訓読み】	下線部の読み方
567	03 02	肋	□鶏肋で出汁をとる □肋骨が折れる	【ロク】	【あばら】	けいろく ろっこつ・あばらぼね
568	06 09	肴	□酒肴をととのえる □酒の肴	【コウ】	【さかな】	しゅこう さかな
569	01 06	肱	□股肱の臣 □肱で小突く	【コウ】	【ひじ】	ここう ひじ
570	07 01	胤	□胤嗣／殿の落胤 □胤違いの弟	【イン】	【たね】	いんし／らくいん たねちが
571	04 08	胡	□胡馬北風に嘶（いなな）く □胡蝶の夢 □胡乱な者 □胡ぞ知ろう	【コ】 【ゴ】 【ウ】	【あごひげ】 【えびす】【なん】ぞ 【でたらめ】 【ながい】き 【みだ】り 【いずく】んぞ	こばほくふう こちょう うろん なん
※572	02 15	脆	□脆弱な格納容器 □脆くも崩れさる	【セイ】 【ゼイ】	【もろ】い【よわ】い 【やわ】らかい 【かる】い	ぜいじゃく もろ
※573	02 04	腔	□口腔を清潔に保つ □腔腸動物	【クウ】 【コウ】	【から】 【からだ】	こうこ［く］う こうちょう
574	00 00	脹	□膨脹する宇宙 □脹らむ風船	【チョウ】	【ふく】れる 【は】れる 【ふく】よか	ぼうちょう ふく
575	04 15	膏	□膏血を絞る □膏沃な地／膏える	【コウ】	【あぶら】【こ】える 【うるお】す 【めぐ】む	こうけつ こうよく／こ
※576	00 06	腿	□大腿部を痛めた □腿を鍛える	【タイ】	【もも】	だいたいぶ もも
577	00 06	膿	□化膿して膿が出た □傷が膿んできた	【ドウ】 【ノウ】	【うみ】 【う】む	かのう／うみ う

▼出題回数		✔ 主な出題語句と用例	【音読み】	【訓読み】	下線部の読み方

▼臣（しん）

No.	出題回数	漢字	主な出題語句と用例	音読み	訓読み	下線部の読み方
578	07 16	臥	□ 臥竜鳳雛 □ 病で床に臥す	【ガ】	【ふ】す 【ふしど】	がりょうほうすう ふ

▼舌（した）

No.	出題回数	漢字	主な出題語句と用例	音読み	訓読み	下線部の読み方
579	00 00	舘	□ 旅舘に泊まる □ 伯爵の舘	【カン】	【やかた】 【たて】 【たち】	りょかん やかた

▼舛（まいあし）

No.	出題回数	漢字	主な出題語句と用例	音読み	訓読み	下線部の読み方
※580	05 00	舛	□ 各々舛馳する □ 法に舛く	【セン】	【そむ】く 【あやま】る 【いりま】じる	せんち そむ
※581	01 06	舜	□ 聖天子である舜帝 □ 尭舜の政治	【シュン】	【むくげ】	しゅんてい ぎょうしゅん

▼舟（ふね、ふねへん）

No.	出題回数	漢字	主な出題語句と用例	音読み	訓読み	下線部の読み方
582	02 03	舵	□ 客船の操舵室 □ 面舵いっぱい	【タ】 【ダ】	【かじ】	そうだしつ おもかじ

▼艮（ねづくり、こんづくり）

No.	出題回数	漢字	主な出題語句と用例	音読み	訓読み	下線部の読み方
583	06 00	艮	□ 艮の方角	【コン】 【ゴン】	【うしとら】	ごん／うしとら

▼艹 艹（くさかんむり、そうこう）

No.	出題回数	漢字	主な出題語句と用例	音読み	訓読み	下線部の読み方
584	00 00	苅	□ 稲の苅り入れ	【ガイ】	【か】る	か
585	04 06	芥	□ 厨芥 □ 塵芥になる	【カイ】 【ケ】	【からし】 【あくた】 【ちい】さい	ちゅうかい じんかい・ちりあくた
586	02 00	芹	□ 献芹の品 □ 春の七草の芹	【キン】	【せり】	けんきん せり

	出題回数		主な出題語句と用例	【音読み】	【訓読み】	下線部の読み方
587	00 / 01	芭	芭蕉の俳句	【ハ】【バ】		ばしょう
588	01 / 01	芙	芙蓉はハスの美称	【フ】	【はす】	ふよう
589	01 / 00	苑	神宮の外苑 神の苑	【エン】【オン】【ウツ】	【その】【ふさ】がる	がいえん その
590	00 / 05	茄	一富士二鷹三茄(子)	【カ】	【はす】【なす】【なすび】	なすび
591	04 / 00	苫	海岸の苫屋	【セン】	【とま】【むしろ】	とまや
※592	06 / 00	苒	荏苒と過ごす日々	【ゼン】		じんぜん
593	00 / 04	苔	舌に付着する舌苔 海苔を巻く	【タイ】	【こけ】	ぜったい のり
594	06 / 00	苧	苧麻の織物 苧殻を焚く	【チョ】	【からむし】【お】	ちょま おがら
595	09 / 04	茅	茅舎に雪積もる 茅屋に独居する	【ボウ】	【かや】【ち】【ちがや】	ぼうしゃ ぼうおく
596	00 / 00	苓	草木が苓落する	【レイ】【リョウ】	【みみなぐさ】	れいらく
※597	04 / 01	荊	荊妻豚児 荊の道を行く	【ケイ】	【いばら】【むち】	けいさいとんじ いばら
598	04 / 00	茸	漢方薬の鹿茸 茸の王様、榎茸	【ジョウ】	【しげ】る【ふくろづの】【たけ】【きのこ】	ろくじょう きのこ／えのきだけ
599	06 / 00	荏	荏苒とした一週間 荏胡麻の油	【ジン】【ニン】	【え】【やわ】らか	じんぜん えごま
600	01 / 03	茜	夕焼けが茜色だ	【セン】	【あかね】	あかねいろ
601	00 / 04	莞	莞爾と笑う	【カン】	【い】【むしろ】	かんじ

	▼出題回数		✔ 主な過去問題と用例	【音読み】	【訓読み】	下線部の読み方
602	08 01	荻	□ 荻花が咲く □ 荻が自生する湿地	【テキ】	【おぎ】	てきか・てっか おぎ
603	03 09	莫	□ 秋風落莫 □ 莫春／春が莫れる	【ボ】【モ】 【バク】 【マク】	【く】れ 【な】い 【なかれ】 【さび】しい	しゅうふうらくばく ぼしゅん／く
604	01 02	菅	□ 菅公を祭る神社 □ 菅薦／菅笠	【カン】	【すげ】 【すが】	かんこう すがごも／すげがさ
※605	05 00	菰	□ 食用とされた菰米 □ 荒菰を被せる	【コ】	【こも】 【まこも】	こべい・こもまい あらこも・あらごも
606	02 05	菖	□ 六菖十菊 □ 菖蒲を飾る	【ショウ】	【しょうぶ】	りくしょうじゅうぎく しょうぶ・あやめ
※607	02 00	菟	□ 菟裘（きゅう）の地 □ 強壮薬の菟糸子	【ト】	【うさぎ】	と とし し
608	01 11	菩	□ 外面似菩薩 □ 菩提樹の巨木	【ホ】 【ボ】		げめんじぼさつ ぼだいじゅ
※609	12 05	萌	□ 文明の萌芽 □ 木が萌む春の萌し	【ボウ】 【ホウ】	【めば】え 【めぐ】む 【きざ】す 【も】える 【も】やし 【たみ】	ほうが めぐ／きざ
※610	02 06	萊	□ 蓬萊を見る □ 老萊斑衣	【ライ】	【あかざ】 【あれち】	ほうらい ろうらいはんい
611	03 04	菱	□ 菱歌を清唱する □ 菱の花を鋳る	【リョウ】	【ひし】	りょうか ひし
612	00 00	萄	□ 葡萄を食べる	【トウ】 【ドウ】		ぶどう
※613	05 02	葦	□ 稲麻竹葦 □ 葦毛の馬／葦火	【イ】	【あし】 【よし】	とうまちくい あしげ／あしび
614	01 03	葵	□ 山葵が利いている □ 三葉葵の紋	【キ】	【あおい】	さんき・わさび みつばあおい
615	06 01	萱	□ 恩師の萱堂 □ 萱の穂がなびく	【カン】 【ケン】	【かや】 【わすれぐさ】	けんどう かや
※616	03 02	韮	□ 一畦春韮緑 □ 誠は韮の葉に包む	【キュウ】	【にら】	しゅんきゅう にら

番号	▼出題回数	漢字	✔主な過去問題と用例	【音読み】	【訓読み】	下線部の読み方
617	00 / 00	萩	萩焼の器	【シュウ】	【はぎ】	はぎやき
618	04 / 08	葺	破れを補葺する 茅で屋根を葺く	【シュウ】	【ふ】く 【つくろ】う	ほしゅう ふ
619	04 / 03	葱	葱白／葱翠たる山 鴨が葱を背負う	【ソウ】	【ねぎ】 【き】 【あお】い	そうはく／そうすい ねぎ
620	06 / 00	董	骨董弄り 威を以て之を董す	【トウ】	【ただ】す 【とりし】まる	こっとういじ ただ
621	00 / 00	葡	日葡辞書を引く 葡萄の実	【ホ】 【ブ】		にっぽ ぶどう
622	07 / 02	葎	八重葎が生い茂る	【リツ】	【むぐら】	やえむぐら
623	00 / 00	葢	「蓋」の異体字	【ガイ】 【コウ】	【ふた】【おお】う 【おお】い【けだ】し 【かさ】	
624	05 / 05	蓑	蓑笠の翁	【サ】 【サイ】	【みの】	さりゅう・みのかさ
625	01 / 03	蒜	野蒜の味噌和(あ)え 蒜入りのギョーザ	【サン】	【ひる】 【にんにく】	のびる にんにく
626	00 / 04	蒔	鉢に蒔植する 花壇に種を蒔く	【シ】 【ジ】	【う】える 【ま】く	じ［し］しょく ま
627	06 / 00	蒐	果物を蒐荷する 名産品を蒐める	【シュウ】	【あつ】める 【か】り	しゅうか あつ
628	02 / 13	蒼	蒼空を見上げる 蒼い海	【ソウ】	【あお】【あお】い 【しげ】る【ふる】びる【あわただ】しい	そうくう あお
629	02 / 11	蒲	蒲団を敷く 蒲鉾を切る	【ホ】 【ブ】 【フ】	【がま】 【かわやなぎ】 【むしろ】	ふとん かまぼこ
630	05 / 05	蒙	蒙昧な輩を啓蒙 道理に蒙い／蒙る	【ボウ】 【モウ】	【おお】う【こうむ】る【くら】い 【おさ】ない	もうまい／けいもう くら／こうむ
631	01 / 01	蓉	芙蓉の花が咲く	【ヨウ】		ふよう

出題回数		✔ 主な過去問題と用例	【音読み】	【訓読み】	下線部の読み方
632 07 05	蓮	一蓮托生 清浄な蓮の花	【レン】	【はす】 【はちす】	いちれんたくしょう はす・はちす
633 01 00	蔭	罪人を庇蔭する 木蔭で休む	【イン】	【かげ】【おかげ】 【おお】う 【しげ】る	ひいん こかげ
634 05 00	蔚	蔚蔚たる森	【ウツ】 【イ】		うつうつ
※635 00 00	蔣	蔣介石	【ショウ】	【まこも】	しょうかいせき
636 00 02	蔦	蔦がからまる 蔦漆の紅葉	【チョウ】	【つた】	つた つたうるし
637 04 11	蔓	病が蔓延する 庭に蔓る藤蔓	【バン】 【マン】	【つる】 【はびこ】る 【から】む	まんえん はびこ／ふじづる
※638 02 09	蓬	蓬髪の武者 蓬のような髪の毛	【ホウ】	【よもぎ】	ほうはつ よもぎ
639 08 00	蔀	蔀を上げ月を見る 庭に立てた立蔀	【ホウ】 【ブ】	【しとみ】 【おお】い	しとみ たてじとみ
640 00 04	蕎	蕎麦の花も一盛り	【キョウ】		そば
641 02 04	蕨	蕨拳を摘む 早蕨が萌える春	【ケツ】	【わらび】	けっけん さわらび
642 00 01	蕉	芭蕉の大きな葉	【ショウ】		ばしょう
※643 07 03	蕊	浮花浪蕊 雄蕊と雌蕊	【ズイ】	【しべ】	ふかろうずい おしべ／めしべ
644 06 00	蕃	蔓草が蕃殖する 草花が蕃る	【バン】 【ハン】	【しげ】る【ふ】える 【まがき】 【えびす】	はんしょく しげ
645 03 15	蕩	放蕩無頼 財産を蕩尽する 遊蕩にふける 舌が蕩ける	【トウ】	【うご】く 【とろ】ける 【の】びやか 【ほしいまま】 【みだ】す【はら】う 【あら】う	ほうとうぶらい とうじん ゆうとう とろ

番号	▼出題回数	漢字	✔主な過去問題と用例	【音読み】	【訓読み】	下線部の読み方
646	03 07	蕪	蕪辞ながら 言葉が蕪れる	【ブ】 【ム】	【あ】れる【しげ】る 【みだ】れる 【かぶら】	ぶじ みだ・あ
647	08 13	薙	薙髪して帰依した 敵兵を薙ぎ倒す	【テイ】 【チ】	【な】ぐ 【か】る 【そ】る	ていはつ・ちはつ な
648	01 00	蕗	蕗味噌を嘗める	【ロ】	【ふき】	ふきみそ
649	00 00	薗	庭薗を歩く 花が咲き乱れる薗	【エン】 【オン】	【その】	ていえん その
※650	00 04	薩	菩薩のような女性 薩摩芋を蒸す	【サツ】		ぼさつ さつまいも
※651	02 03	薯	自然薯を掘る 薯を蒸して食べる	【ショ】 【ジョ】	【いも】	じねんじょ いも
652	03 00	藁	草藁を浄書した 藁履を履く	【コウ】	【わら】	そうこう わらぐつ
※653	11 02	藪	談藪に接する 山の藪沢に迷う	【ソウ】	【さわ】 【やぶ】	だんそう そうたく・やぶさわ
※654	01 00	藷	甘藷を栽培する 藷焼酎を飲んだ	【ショ】	【いも】 【さとうきび】	かんしょ・さつまいも いもじょうちゅう
655	03 08	蘇	死者が蘇生する 何度も蘇る	【ソ】 【ス】	【ふさ】 【よみがえ】る	そせい よみがえ
656	05 05	蘭	金蘭の契り イチイの別名は蘭	【ラン】	【ふじばかま】 【あららぎ】	きんらん あららぎ

▼虫（むし、むしへん）

番号	▼出題回数	漢字	✔主な過去問題と用例	【音読み】	【訓読み】	下線部の読み方
※657	02 12	虻	蚊虻走牛 虻蜂とらず	【ボウ】 【モウ】	【あぶ】	ぶんぼうそうぎゅう あぶはち
658	04 04	蚤	蚤夜／蚤牙 蚤は朝が蚤い	【ソウ】	【のみ】 【はや】い 【つめ】	そうや／そうが のみ／はや
659	00 04	蛋	蛋白質が足りない	【タン】	【あま】 【えびす】 【たまご】	たんぱくしつ

▼出題回数		✔主な過去問題と用例	【音読み】	【訓読み】	下線部の読み方
660 08 03	蛙	蛙声高し 井蛙は井戸の蛙	【ア】 【ワ】	【かえる】 【みだ】ら	あせい せいあ／かえる
661 00 00	蛤	蛤の殻を焼いた灰を蛤灰という	【コウ】	【はまぐり】	はまぐり／こうかい
662 01 05	蛭	牛の肝蛭に注意 蛭に塩	【シツ】 【テツ】	【ひる】	かんてつ ひる
663 00 01	蛛	大きな蛛網 蛛の子を散らす	【チュ】 【チュウ】 【シュ】	【くも】	ちゅ（う）もう くも
664 01 00	蜎	蟬蜎たる美女 蜎しい花	【ケン】	【うつく】しい	せんけん うつく
665 00 00	蛾	蛾眉をひそめる 目の上の蛾を抜く	【ガ】 【ギ】	【まゆげ】 【あり】	がび まゆげ
※666 00 01	蛸	麦藁蛸に祭鱧（まつりはも） 蛸壺を仕掛ける	【ショウ】	【たこ】	むぎわらだこ たこつぼ
667 00 01	蜘	蜘蛛が網をかける	【チ】	【くも】	ちちゅ・くも
668 03 00	蝦	蝦芋／蝦蔓 蝦夷に向かった	【カ】 【ガ】	【えび】 【がま】	えびいも／えびづる えぞ
※669 04 00	蝕	市場を侵蝕する 蝕まれた木	【ショク】	【むしば】む	しんしょく むしば
670 00 04	蝶	胡蝶の夢の如し 蝶鮫の卵	【チョウ】		こちょう ちょうざめ
671 00 12	螺	法螺を吹く 田螺を集める	【ラ】	【つぶ】【にし】 【にな】 【ほらがい】	ほら たにし
※672 11 01	蟬	残蟬の蟬吟 蟬時雨の森	【セン】 【ゼン】	【せみ】 【うつく】しい 【つづ】く	ざんせん／せんぎん せみしぐれ
※673 03 03	蟹	蟹行する怪しい男 蝦蟹を捕まえる	【カイ】	【かに】	かいこう えびがに
674 00 04	蟻	蟻穴から崩れる 蟻地獄にはまる	【ギ】	【あり】 【くろ】 【くろ】い	ぎけつ ありじごく

▼出題回数		✔ 主な過去問題と用例	【音読み】	【訓読み】	下線部の読み方
※675	11 07 蠅	□ 落筆点蠅 □ 頭の蠅を追え	【ヨウ】	【はえ】	らくひつてんよう はえ
※676	01 03 蠣	□ 蠣殻 □ 牡蠣の殻	【レイ】	【かき】	れいかく かき
※677	01 06 蠟	□ 蠟燭を灯す □ 燭台の蠟涙	【ロウ】		ろうそく ろうるい

▼ 衣（ころも） 衤（ころもへん）

▼出題回数		✔ 主な過去問題と用例	【音読み】	【訓読み】	下線部の読み方
678	04 00 衿	□ 衿契／衿喉 □ 衿元を正す	【キン】	【えり】	きんけい／きんこう えりもと
679	00 09 袈	□ 袈裟を着た住職	【ケ】		けさ
680	03 00 袷	□ 袷羽織を着用する	【コウ】	【あわせ】	あわせばおり
681	01 03 袴	□ 弊袴を保管する □ 紺屋の白袴	【コ】	【はかま】 【ももひき】	へいこ しろばかま
682	01 01 裡	□ 隠密裡に進める □ 胸裡の思惑	【リ】	【うら】 【うち】	おんみつり きょうり
683	00 09 裟	□ 坊主憎けりゃ袈裟まで憎い	【サ】		けさ
684	06 00 裳	□ 衣裳簞笥 □ 神社で裳着を行う	【ショウ】	【も】 【もすそ】	いしょうだんす もぎ
※685	02 05 襖	□ 素襖を着る □ 襖を張り替える	【オウ】	【わたいれ】 【ふすま】 【あお】	すおう ふすま

▼ 見（みる）

▼出題回数		✔ 主な過去問題と用例	【音読み】	【訓読み】	下線部の読み方
686	04 02 覗	□ 様子を覗う □ 鍵穴から覗く	【シ】	【うかが】う 【のぞ】く	うかが のぞ

▼ 言（げん、ごんべん）

▼出題回数		✔ 主な過去問題と用例	【音読み】	【訓読み】	下線部の読み方
687	07 00	訊	訊鞫を加える 母を訊ね歩く	【シン】 【ジン】	【たず】ねる 【と】う【き】く 【たよ】り	じんきく たず
688	03 10	訣	故郷に訣別する 恋人と訣れる	【ケツ】	【わか】れる 【おくぎ】	けつべつ わか
689	04 00	詑	人を詑くな	【タ】	【あざむ】く	あざむ
※690	02 00	註	註疏を参照する 歴史を註す	【チュウ】	【ときあか】す	ちゅうそ ときあか
691	00 06	詫	過失を詫びる	【タ】	【わ】びる 【ほこ】る 【わび】	わ
692	07 03	誼	恩誼に報いる 同郷の誼	【ギ】	【よ】い 【すじみち】 【よしみ】	おんぎ よしみ
693	01 00	諏	善道を諮諏する 諏訪地方の伝統	【シュ】 【ス】	【はか】る 【と】う	ししゅ すわ
694	07 00	誹	誹謗中傷 誹りを免れない	【ヒ】	【そし】る	ひぼうちゅうしょう そし
695	07 00	諒	諒闇果てる 諒に申し訳ない	【リョウ】	【まこと】 【おもいや】る 【さと】る	りょうあん まこと
696	14 00	謂	所謂百八煩悩なり それは何の謂だ	【イ】	【い】う 【いわ】れ 【いい】	いわゆる いい
※697	06 05	諫	諫言が耳に痛い 父の暴挙を諫める	【カン】	【いさ】める	かんげん いさ
※698	12 00	諺	諺語を引用する 江戸時代の諺	【ゲン】	【ことわざ】	げんご ことわざ
699	04 06	諜	諜報部員 秘密を諜る	【チョウ】	【うかが】う 【さぐ】る 【しめ】す【ふだ】	ちょうほう さぐ
※700	11 04	謬	錯謬に陥る 謬った意見だ	【ビュウ】	【あやま】る	さくびゅう あやま
※701	02 00	讃	讃辞を受ける 善行を讃め讃える	【サン】	【ほ】める 【たた】える 【たす】ける	さんじ ほ／たた

	▼出題回数		✔主な過去問題と用例	【音読み】	【訓読み】	下線部の読み方

▼豸（むじなへん）

	出題回数	漢字	主な過去問題と用例	音読み	訓読み	下線部の読み方
※702	01 15	豹	全豹一斑 君子は豹変す	【ヒョウ】		ぜんぴょういっぱん ひょうへん

▼貝（かい、こがい、かいへん）

	出題回数	漢字	主な過去問題と用例	音読み	訓読み	下線部の読み方
703	01 07	貰	貰赦せらるる 金を貰う	【セイ】	【もら】う 【か】りる 【ゆる】す	せいしゃ もら
704	02 08	賑	貧民を賑救する 商店街の賑わい	【シン】	【ほどこ】す 【にぎ】わう 【にぎ】やか	しんきゅう にぎ
※705	02 08	賤	貴賤／微賤 人を賤しめる	【セン】 【ゼン】	【やす】い【いや】しい【あや】しい【いや】しめる【しず】	きせん／びせん いや
706	01 10	贋	真贋を見分ける 贋の紙幣	【ガン】	【にせ】	しんがん にせ

▼赤（あか）

	出題回数	漢字	主な過去問題と用例	音読み	訓読み	下線部の読み方
707	12 04	赫	名声赫赫 赫い星が赫き光る	【カク】	【あか】い【さか】ん 【かがや】く 【あつ】い	めいせいかくかく あか／かがや

▼走（はしる、そうにょう）

	出題回数	漢字	主な過去問題と用例	音読み	訓読み	下線部の読み方
708	08 05	趨	勝敗の帰趨 任地へ趨く	【スウ】 【ソク】 【シュ】	【はし】る【おもむ】く【はや】い 【うなが】す	きすう おもむ

▼足（あし、あしへん）

	出題回数	漢字	主な過去問題と用例	音読み	訓読み	下線部の読み方
709	04 08	跨	跨年演奏会 年を跨ぐ	【コ】	【また】ぐ 【また】がる 【よ】る【また】	こねん また
※710	02 04	蹄	蹄鉄を付ける 馬の蹄を削る	【テイ】	【ひづめ】 【わな】	ていてつ ひづめ
711	00 03	蹟	遺蹟を巡る旅 足の蹟が残る	【セキ】 【シャク】	【あと】	いせき あと

	出題回数		主な過去問題と用例	【音読み】	【訓読み】	下線部の読み方

身（み、みへん）

No.	出題回数	漢字	主な過去問題と用例	【音読み】	【訓読み】	下線部の読み方
※712	03 08	軀	堂々たる体軀 冷たい軀	【ク】	【からだ】 【むくろ】	たいく からだ・むくろ

車（くるま、くるまへん）

No.	出題回数	漢字	主な過去問題と用例	【音読み】	【訓読み】	下線部の読み方
713	07 02	輔	輔車相依る 天子を輔ける	【フ】 【ホ】	【たす】ける 【すけ】	ほしゃあいよ たす
714	07 08	輿	輿望／輿入れ 輿くの人望	【ヨ】	【こし】【くるま】【の】せる【おお】い【めしつかい】【はじ】め	よぼう／こしい おお
715	08 00	輯	雑誌を編輯する 輯める／輯らぐ	【シュウ】	【あつ】める 【やわ】らぐ	へんしゅう あつ／やわ
716	03 14	轍	轍鮒之急 轍の跡が残る	【テツ】	【わだち】 【あとかた】 【のり】	てっぷのきゅう わだち
717	04 04	轟	轟音／轟笑 名声が轟く	【ゴウ】	【とどろ】く 【おお】いに	ごうおん／ごうしょう とどろ
718	03 07	轡	轡虫が鳴く 轡を並べる	【ヒ】	【たづな】 【くつわ】	くつわむし くつわ

辰（しんのたつ）

No.	出題回数	漢字	主な過去問題と用例	【音読み】	【訓読み】	下線部の読み方
719	04 07	辰	辰砂を用いる 辰巳の方角	【シン】	【たつ】 【ひ】 【とき】	しんしゃ たつみ

⻌ ⻍（しんにょう、しんにゅう）

No.	出題回数	漢字	主な過去問題と用例	【音読み】	【訓読み】	下線部の読み方
※720	03 00	辻	辻斬りが横行する 辻札が立つ		【つじ】	つじぎ つじふだ
※721	00 13	迂	大きく迂回する	【ウ】	【まが】る 【うと】い 【とお】い	うかい
※722	01 03	迄	迄る／被害が迄ぶ 返事は明日迄	【キツ】	【いた】る 【およ】ぶ 【まで】	いた／およ まで

	出題回数		✔ 主な過去問題と用例	【音読み】	【訓読み】	下線部の読み方
※723	05 05	辿	先人の足跡を辿る	【テン】	【たど】る	たど
※724	00 07	迦	釈迦に説法	【カ】		しゃか
※725	06 00	迺	迺公が行こう 迺ち育ち迺ち繁る	【ダイ】 【ナイ】	【なんじ】 【すなわ】ち 【の】	だいこう すなわ
※726	09 05	這	這箇の消息／這裡 道を這う蛇	【シャ】	【こ】の 【これ】 【は】う	しゃこ／しゃり は
※727	01 09	逗	逗子に逗留する 旅先に逗まる	【トウ】 【ズ】	【とど】まる 【くぎ】り	ずし／とうりゅう とど
※728	00 06	逢	矛盾に逢着した 同級生と逢う	【ホウ】	【あ】う【むか】える 【おお】きい 【ゆた】か	ほうちゃく あ
※729	07 09	遁	遁辞を弄する 言い遁れる	【トン】 【シュン】 【ジュン】	【のが】れる 【しりご】みする	とんじ のが
※730	04 09	逼	情勢が逼迫する 危険が逼る	【ヒツ】 【ヒョク】	【せま】る	ひっぱく せま
731	01 03	遥	遥碧に入る 遠路遥遥	【ヨウ】	【さまよ】う 【はる】か【とお】い 【なが】い	ようへき はるばる
732	01 10	遼	前途遼遠 遼か遠くの国	【リョウ】	【はる】か	ぜんとりょうえん はる

▼邑 阝（おおざと）

	出題回数		主な過去問題と用例	【音読み】	【訓読み】	下線部の読み方
733	11 03	邑	邑宰に訴える 都邑の雑踏	【ユウ】 【オウ】	【むら】【みやこ】 【くに】 【うれ】える	ゆうさい とゆう
734	09 00	郁	郁烈たる梅林 郁しい香り	【イク】	【かぐわ】しい 【さか】ん	いくれつ かぐわ
735	00 01	耶	有耶無耶な回答	【ヤ】	【か】	うやむや
※736	07 01	鄭	鄭重で鄭ろな挨拶 異国の鄭声	【ジョウ】 【テイ】	【ねんご】ろ	ていちょう／ねんご ていせい

▼出題回数		✔ 主な過去問題と用例	【音読み】	【訓読み】	下線部の読み方

▼酉（ひよみのとり、こよみのとり、とりへん）

番号	出題回数	漢字	主な過去問題と用例	【音読み】	【訓読み】	下線部の読み方
737	05 00	酉	□卯酉線 □酉の市	【ユウ】	【とり】 【ひよみのとり】	ぼうゆうせん とり
※738	02 00	酋	□部族の酋領 □村の酋に会う	【シュウ】	【おさ】 【かしら】	しゅうりょう おさ・かしら
739	04 08	醇	□醇風美俗 □人情に醇い	【シュン】 【ジュン】	【もっぱ】ら 【あつ】い	じゅんぷうびぞく あつ
740	00 05	醍	□芝居の醍醐味	【ダイ】 【テイ】		だいごみ
741	00 04	醐	□醍醐は乳製品の一種	【コ】 【ゴ】		だいご
※742	00 03	醤	□醤油をかける □醤は食品の塩漬け	【ショウ】	【ししびしお】 【ひしお】	しょうゆ ひしお
※743	00 00	醗	□酒粕を醗酵させる □雰囲気を醗し出す	【ハツ】	【かも】す	はっこう かも

▼金（かね、かねへん）

番号	出題回数	漢字	主な過去問題と用例	【音読み】	【訓読み】	下線部の読み方
744	01 03	釘	□凝った意匠の装釘 □糠に釘	【チョウ】 【テイ】	【くぎ】	そうてい くぎ
745	00 00	釦	□襟元を金釦で釦る	【コウ】	【かざ】る 【ボタン】	きんぼたん／ かざ
746	01 00	釧	□腕釧を発掘する □釧は上代の装身具	【セン】	【うでわ】 【くしろ】	わんせん くしろ
747	00 00	鈷	□独鈷は杵形の仏具	【コ】		と［ど］っこ
※748	09 03	鉤	□鉤餌の準備をする □鉤鼻の西洋人	【ク】 【コウ】	【かぎ】【つりばり】 【か】ける【おびどめ】【ま】がる	こうじ かぎばな
749	03 03	鉦	□雅楽の鉦鼓 □鉦や太鼓で探す	【セイ】 【ショウ】	【かね】	しょうこ かね

出題回数		主な過去問題と用例	【音読み】	【訓読み】	下線部の読み方
750 00 00	銑	銑鉄は昔は銑と呼ばれた	【セン】	【ずく】	せんてつ／ずく
751 00 05	鉾	蒲鉾を食べる	【ボウ】【ム】	【ほこ】【きっさき】	かまぼこ
752 00 01	銚	お銚子をつける	【チョウ】【ヨウ】	【なべ】【すき】【とくり】	ちょうし
753 00 00	鋪	鋪装された道 新しい店鋪	【ホ】	【し】く 【みせ】	ほそう てんぽ
754 01 00	鋤	鋤簾でかき寄せる 鋤鍬で耕す	【ショ】【ジョ】	【すき】【す】く	じょれん すきくわ
755 04 09	鋒	舌鋒鋭く責める 鋒を収める	【ホウ】	【ほこさき】【きっさき】【ほこ】【さきがけ】	ぜっぽう ほこ
756 00 01	鋲	絵を画鋲で止める	【ビョウ】		がびょう
757 01 04	鋸	鋸屑を捨てる 鋸鮫を見る	【キョ】	【のこぎり】【のこ】	きょせつ・のこくず のこぎりざめ
758 02 00	錘	紡錘形の錘	【スイ】	【つむ】【おもり】	ぼうすいけい／おもり
759 00 12	錐	立錐の余地なし 錐で穴を開ける	【スイ】	【きり】【するど】い	りっすい きり
※760 00 05	錆	防錆効果がある 錆が出る	【ショウ】【セイ】	【さび】【さ】びる	ぼうしょう さび
761 08 00	錫	錫杖を鳴らす	【シャク】【セキ】【シ】	【すず】【つえ】【たまもの】	しゃくじょう
762 02 05	鍔	激しい鍔迫り合い 鍔際を握る	【ガク】	【つば】	つば つばぎわ
763 01 00	鍬	鍬形虫を採る	【ショウ】【シュウ】	【すき】【くわ】	くわがたむし
764 09 01	鍾	父親に鍾愛される 注目を鍾める	【ショウ】	【さかずき】【あつ】める【つりがね】	しょうあい あつ

	▼出題回数		✔ 主な過去問題と用例	【音読み】	【訓読み】	下線部の読み方
765	00 00	鍍	鍍が剝がれる	【ト】	【めっき】	めっき
766	02 06	錨	港に投錨する 船の錨を下ろす	【ビョウ】	【いかり】	とうびょう いかり
767	02 09	鎧	鎧袖一触 鎧を身につける	【カイ】 【ガイ】	【よろい】 【よろ】う	がいしゅういっしょく よろい
768	01 01	鎗	鎗金は漆器の装飾 鎗を立てる	【ショウ】 【ソウ】	【やり】	そうきん やり
※769	00 05	鎚	鉄鎚を下す 木鎚をふるう	【タイ】 【ツイ】	【つち】 【かなづち】	てっつい きづち
770	01 00	鏑	鋒鏑は武器の意 鏑矢を射る	【テキ】	【やじり】 【かぶら】 【かぶらや】	ほうてき かぶらや
771	06 00	鐙	鐙に足をかける	【トウ】	【たかつき】 【あぶみ】	あぶみ
772	02 08	鐸	一世木鐸 鐸を鳴らす	【タク】	【すず】	いっせい(の)ぼくたく たく・すず
※773	07 01	鑓	鑓の達人		【やり】	やり

▼門 (もん、もんがまえ)

774	07 08	閃	紫電一閃 アイデアが閃く	【セン】	【ひらめ】く	しでんいっせん ひらめ
775	05 03	閏	閏統の王子 閏年を迎える	【ジュン】	【うるう】	じゅんとう じゅんねん・うるうどし
776	02 00	閤	太閤秀吉の像	【コウ】	【くぐりど】 【へや】 【たかどの】	たいこう

▼阜 阝 (こざとへん)

777	13 18	阿	阿鼻叫喚 上司に阿る	【ア】	【くま】【よ】る 【おもね】る 【ひさし】【お】	あびきょうかん おもね

	▼出題回数		✔ 主な過去問題と用例	【音読み】	【訓読み】	下線部の読み方
778	01 02	陀	陀羅尼／盤陀 阿弥陀くじ	【ダ】 【タ】		だらに／はんだ あみだ
779	03 03	隈	山隈に残る雪 目の下の隈	【ワイ】	【くま】 【すみ】	さんわい くま
780	00 00	隙	「隙」の異体字	【ゲキ】 【ケキ】	【すき】 【ひま】	

▼ 隹 （ふるとり）

781	01 00	隼	鷹隼高く上る 隼が舞い上がった	【シュン】 【ジュン】	【はやぶさ】	ようし［じ］ゅん はやぶさ
782	05 16	雀	燕雀鳳を生まず 雀の涙ほどの給与	【ジャク】	【すずめ】	えんじゃく すずめ
※783	06 08	雁	沈魚落雁 雁が飛んでいく	【ガン】	【かり】	ちんぎょらくがん がん・かり
784	05 07	雛	伏竜鳳雛 雛人形を飾る	【スウ】 【ス】	【ひな】 【ひよこ】	ふくりょうほうすう ひなにんぎょう

▼ 雨 （あめ、あめかんむり、あまかんむり）

785	05 00	雫	雫が落ちる	【ダ】	【しずく】	しずく
786	01 05	霞	煙霞の山々 春霞が立つ	【カ】	【かすみ】 【かす】む	えんか はるがすみ

▼ 革 （かくのかわ、つくりがわ、かわへん）

※787	07 06	靭	強靭な身体／靭性 靭やかな動き	【ジン】	【しな】やか	きょうじん／じんせい しな
※788	00 02	鞄	提鞄を持つ 鞄を提げる	【ホウ】	【かばん】 【なめしがわ】	ていほう・さげかばん かばん
789	01 06	鞍	体操競技の鞍馬 鞍替えする	【アン】	【くら】	あんば くらが

番号	▼出題回数	漢字	✔主な過去問題と用例	【音読み】	【訓読み】	下線部の読み方
※790	00 09	鞘	□姉夫婦が元の鞘に収まった	【ショウ】	【さや】	さや
791	05 03	鞠	□鞠訊／鞠問 □蹴鞠を楽しむ	【キク】	【まり】【やしな】う 【とりしら】べる 【かが】む	きくじん／きくもん けまり
792	03 07	鞭	□長鞭馬腹 □飴と鞭／鞭つ	【ヘン】 【ベン】	【むち】 【むちう】つ	ちょうべんばふく むち／むちう
※793	01 00	韃	□背中を韃つ	【タツ】 【ダツ】	【むち】 【むちう】つ	むちう

▼頁 （おおがい）

番号	▼出題回数	漢字	✔主な過去問題と用例	【音読み】	【訓読み】	下線部の読み方
794	05 00	頁	□頁岩の打製石器 □頁をめくる	【ケツ】 【ヨウ】	【かしら】 【ページ】	けつがん ページ
795	11 11	頗	□頗僻／偏頗な考え □頗る元気だ	【ハ】	【かたよ】る 【すこぶ】る	はへき／へんぱ[ば] すこぶ
※796	04 02	頸	□頸椎を痛める □頸を曲げる	【ケイ】	【くび】	けいつい くび
※797	06 08	顚	□顚から顚落する □頭から顚れる	【テン】	【いただき】 【たお】れる 【くつがえ】る	いただき／てんらく たお

▼食 （しょく） 飠 𩙿 （しょくへん）

番号	▼出題回数	漢字	✔主な過去問題と用例	【音読み】	【訓読み】	下線部の読み方
※798	02 04	飴	□飴と鞭で支配する	【イ】	【あめ】	あめ
799	02 08	餐	□賜餐に浴する □盛大な晩餐会	【サン】	【く】う 【の】む 【たべもの】	しさん ばんさんかい
※800	08 00	饗	□饗応に与る □手厚い饗し	【キョウ】	【あえ】 【もてな】す 【う】ける	きょうおう もてな

▼香 （か、かおり）

番号	▼出題回数	漢字	✔主な過去問題と用例	【音読み】	【訓読み】	下線部の読み方
801	08 00	馨	□角界の寧馨児 □残り香が馨る	【キョウ】 【ケイ】	【かお】る 【かお】り	ねいけいじ かお

No.	▼出題回数	漢字	✔主な過去問題と用例	【音読み】	【訓読み】	下線部の読み方
		▼馬	（うま、うまへん）			
802	07 06	馴	雅馴な文章 人に馴らす	【シュン】 【ジュン】 【クン】	【な】れる【な】らす 【すな】お【よ】い 【おし】え	がじゅん な
803	03 07	馳	背馳している 思いを馳せる	【ジ】 【チ】	【は】せる	はいち は
804	05 17	駁	甲論乙駁 雑駁／駁じる	【バク】 【ハク】	【まだら】【ぶち】 【なじ】る 【ま】じる	こうろんおつばく ざっぱく／ま
805	00 00	駈	「駆」の俗字	【ク】	【か】ける 【か】る 【お】う	
806	03 06	駕	他を凌駕する 駕籠に駕る	【ガ】	【の】る【のりもの】 【あつか】う 【しの】ぐ	りょうが かご／の
807	00 05	駿	駿馬が走る 駿れた馬	【シュン】 【スン】	【すぐ】れる	しゅんめ すぐ
※808	00 00	驒	飛驒の造り酒屋	【タン】 【タ】 【ダ】		ひだ
		▼髟	（かみがしら、かみかんむり）			
809	00 00	髭	髭鬚を生やす 髭をたくわえる	【シ】	【くちひげ】 【ひげ】	ししゅ くちひげ・ひげ
		▼鬼	（おに、きにょう）			
810	11 11	魁	容貌魁梧な男 魁の功名を争う	【カイ】	【かしら】 【さきがけ】 【おお】きい【おさ】	かいご さきがけ
		▼魚	（うお、うおへん、さかなへん）			
811	05 05	魯	魯魚章草 魯鈍で魯かな行動	【ロ】	【おろ】か	ろぎょしょうそう ろどん／おろ
812	02 00	鮎	鮎魚能く竹に上る 鮎汲み	【デン】 【ネン】	【あゆ】	でんぎょ あゆく

▼出題回数		✔ 主な過去問題と用例	【音読み】	【訓読み】	下線部の読み方
813	01 07 鮒	轍鮒の急 鮒を釣る	【フ】	【ふな】	てっぷ ふな
814	00 00 鮪	鮪節を削る	【イ】 【ユウ】	【まぐろ】 【しび】	まぐろぶし・ しびぶし
815	00 02 鮭	鮭鱒類の漁獲 鮭に塩を振る	【ケイ】 【カイ】	【さけ】 【さかな】	けいそんるい さけ
816	01 02 鮫	鮫人は想像上の人 鮫臭い	【コウ】	【さめ】	こうじん さめくさ
817	00 03 鯉	鯉魚の池 鯉の滝登り	【リ】	【こい】 【てがみ】	りぎょ こい
※818	00 00 鯖	年齢の鯖を読む	【ショウ】 【セイ】	【さば】 【よせなべ】	さば
819	00 00 鯛	腐っても鯛	【チョウ】 【トウ】	【たい】	たい
820	00 00 鰍	ハゼに似ている鰍	【シュウ】	【かじか】 【どじょう】 【いなだ】	かじか
821	02 04 鰐	鰐魚とは鰐のこと	【ガク】	【わに】	がくぎょ／わに
822	00 10 鰭	話に尾鰭が付く	【キ】	【ひれ】 【はた】	おひれ
※823	06 01 鰯	新鮮な鰯 真鰯の大群		【いわし】	いわし まいわし
824	00 00 鰹	鰹節を削る	【ケン】	【かつお】	かつおぶし
※825	01 00 鰺	鰺の開きを焼く	【ソウ】	【あじ】	あじ
826	00 00 鰻	養鰻業を営む 値段が鰻登りだ	【バン】 【マン】	【うなぎ】	ようまんぎょう うなぎのぼ
※827	08 00 鱈	助惣鱈が大漁だ 真鱈を捌く	【セツ】	【たら】	すけそうだら まだら

▼出題回数		✔ 主な過去問題と用例	【音読み】	【訓読み】	下線部の読み方
※828 00 03	鱒	□ 虹鱒の養殖をする	【ソン】【ゾン】	【ます】	にじます
※829 01 11	鱗	□ 鱗次櫛比 □ 逆鱗に触れる	【リン】	【うろこ】	りんじしっぴ げきりん

▼ 鳥 （とり、とりへん）

▼出題回数		✔ 主な過去問題と用例	【音読み】	【訓読み】	下線部の読み方
830 05 12	鳩	□ 鳩首凝議 □ 鳩が飛ぶ／鳩まる	【キュウ】【ク】	【はと】【あつ】める【あつ】まる【やす】んずる	きゅうしゅぎょうぎ はと／あつ
831 06 05	鳶	□ 鳶飛魚躍 □ 鳶が鷹を生む	【エン】	【とび】【とんび】	えんぴぎょやく とび・とんび
832 02 13	鳳	□ 竜章鳳姿 □ 鳳凰の雄が鳳	【ブウ】【ホウ】	【おおとり】	りょうしょうほうし ほうおう／おおとり
833 06 00	鴇	□ 鴇色の着物	【ホウ】	【のがん】【とき】	ときいろ
834 01 08	鴛	□ 鴛鴦の契りを結ぶ □ 鴛鴦が泳ぐ池	【エン】	【おしどり】	えんおう おしどり・おし
835 03 01	鴨	□ 鴨居で頭を打つ □ 鴨が葱を背負う	【オウ】	【かも】	かもい かも
836 01 08	鴦	□ 「鴛鴦」の「鴛」が雄、「鴦」が雌	【オウ】	【おしどり】	えんおう・おしどり・おし
837 09 00	鴫	□ 鴫立つ沢		【しぎ】	しぎ
838 02 11	鴻	□ 泰山鴻毛 □ 鴻鵠之志	【コウ】	【おおとり】【おお】きい	たいざんこうもう こうこく
※839 02 12	鵠	□ 正鵠を射る	【コウ】【コク】	【くぐい】【しろ】い【まと】【ただ】しい【おお】きい	せいこく
840 00 07	鵜	□ 話を鵜呑みにする	【テイ】	【う】	うの
841 00 05	鵡	□ 鸚鵡返しに答える	【ブ】【ム】		おうむがえ

	▼出題回数		✔ 主な過去問題と用例	【音読み】	【訓読み】	下線部の読み方
842	01 11	鵬	図南鵬翼	【ホウ】	【おおとり】	となん(の)ほうよく
※843	09 00	鶯	友の鶯遷を祝う 梅に鶯	【オウ】	【うぐいす】	おうせん うぐいす
※844	01 00	鷗	鷗盟を結ぶ 鷗が群れている	【オウ】	【かもめ】	おうめい かもめ
845	00 06	鷲	鷲摑みにする	【シュウ】 【ジュ】	【わし】	わしづか
846	06 05	鷹	鷹揚に構える 鷹の爪	【ヨウ】 【オウ】	【たか】	おうよう たか
847	02 06	鷺	烏鷺の争い 鷺草の白い花	【ロ】	【さぎ】	うろ さぎそう
848	00 05	鸚	鸚哥と鸚鵡を飼う	【オウ】 【イン】		いんこ／おうむ

▼鹵（しお）

※849	00 05	鹼	石鹼で手を洗う	【ケン】	【しおけ】 【あく】	せっけん

▼鹿（しか）

850	00 05	麒	麒麟児	【キ】	【きりん】	きりんじ
※851	00 06	麟	麟子鳳雛 麒麟も老いる	【リン】	【きりん】	りんしほうすう きりん

▼麥麦（ばくにょう）

※852	02 00	麴	麴を使った醸造 種麴を加える	【キク】	【こうじ】 【さけ】	こうじ たねこうじ
853	00 00	麪	「麵」（「麺」の旧字体）の異体字	【メン】 【ベン】	【むぎこ】	

▼出題回数 | ✔ 主な過去問題と用例 | 【音読み】 | 【訓読み】 | 下線部の読み方

▼麻 麻 （あさ、あさかんむり）

No.	出題回数	漢字	主な過去問題と用例	音読み	訓読み	下線部の読み方
854	01 / 00	麿	□ 麿は、一人称の代名詞だ		【まろ】	まろ

▼黍 （きび）

No.	出題回数	漢字	主な過去問題と用例	音読み	訓読み	下線部の読み方
855	11 / 02	黍	□ 麦秀黍離 □ 黍団子を食べる	【ショ】	【きび】	ばくしゅうしょり きびだんご

▼黑 黒 （くろ）

No.	出題回数	漢字	主な過去問題と用例	音読み	訓読み	下線部の読み方
856	09 / 00	黛	□ 故郷の翠黛を思う □ 黛を引く	【タイ】	【まゆずみ】 【かきまゆ】 【まゆ】	すいたい まゆずみ

▼鼎 （かなえ）

No.	出題回数	漢字	主な過去問題と用例	音読み	訓読み	下線部の読み方
857	09 / 09	鼎	□ 九鼎大呂 □ 鼎の軽重を問う	【テイ】	【かなえ】 【まさ】に	きゅうていたいりょ かなえ

▼鼠 （ねずみ、ねずみへん）

No.	出題回数	漢字	主な過去問題と用例	音読み	訓読み	下線部の読み方
858	07 / 05	鼠	□ 城狐社鼠 □ 袋の鼠	【ソ】 【ショ】 【ス】	【ねずみ】	じょうこしゃそ ねずみ

準1級漢字【許容字体一覧】

＊印は字体の差ではなく、「デザイン差」の代表的な例を掲載。いずれの字体を解答に用いても正解となる。

	標準字体	許容字体
28	俠	侠
31	俱	倶＊
32	倦	倦
40	儲	儲
43	兔	兎
		兔
		兔＊
46	冴	冴＊
		冴＊
47	凋	凋
53	函	凾
69	卿	卿
		卿

	標準字体	許容字体
71	廐	厩
		廏
		廄
		厩＊
72	厨	廚
74	叛	叛
83	呑	吞＊
90	哨	哨
93	啞	唖
98	喰	喰＊
101	嘩	嘩＊
102	噓	嘘
103	噌	噌

	標準字体	許容字体
104	噂	噂
107	嚙	噛
108	囊	嚢
120	堵	堵
123	塘	塘
127	壺	壷
141	娩	娩
159	屛	屏
160	屢	屡
163	峨	峩
168	嵯	嵳
174	巷	巷
176	匝	帀

	標準字体	許容字体
183	庖	庖
186	廠	廠
187	廟	廟＊
197	徽	徽
201	恢	恢＊
212	愈	愈
215	憐	憐＊
223	挺	挺＊
225	挽	挽
228	捲	捲
233	揃	揃
235	搔	掻
236	摑	掴

	標準字体	許容字体
237	摺	摺
239	撰	撰
245	擢	擢
247	攪	撹
263	晦	晦
275	杓	杓
285	柊	柊
313	楢	楢
324	槌	槌
327	榊	榊
331	樋	樋
336	樽	樽
337	楕	橢
338	檜	桧
342	檮	梼

	標準字体	許容字体
343	櫛	櫛
		櫛
348	歎	歎
353	毘	毗
357	汲	汲
366	淵	渕
373	渠	渠*
377	溢	溢
380	漑	漑
		漑*
382	漣	漣
384	澗	澗
385	潑	溌
389	濤	涛
390	瀆	涜

	標準字体	許容字体
391	瀦	潴
392	瀕	瀕
393	瀞	瀞
394	灌	潅
395	灘	灘
397	灼	灼*
400	焰	焔
403	煉	煉
404	煽	煽
405	熔	鎔
407	燐	燐*
412	牌	牌
420	狐	狐
427	猷	猷
431	珊	珊

	標準字体	許容字体
		珊*
443	瓜	瓜
444	瓢	瓢
445	甑	甑
451	畢	畢*
454	疏	疏
458	皐	皋
461	瞥	瞥
472	碗	盌
477	礪	砺
478	礦	砿
479	祁	祁
480	祇	祇
485	禱	祷
486	禰	祢

	標準字体	許容字体
490	秤	秤
494	稗	稗*
496	穎	頴
499	穐	穐
500	穿	穿*
		穿*
504	竈	竈
		竈
505	竪	豎
510	笈	笈*
515	筑	筑*
519	箭	箭
520	篇	篇*
521	篦	篦
522	篠	篠

	標準字体	許容字体
523	簞	箪
525	簾	簾
529	籾	籾
552	繫	繋
553	繡	繍
555	纏	纏
		纒
557	翠	翆
558	翫	翫
559	翰	翰
560	耀	耀
564	聯	聨
572	脆	脆
573	腔	腔
576	腿	腿

	標準字体	許容字体
580	舛	舛*
581	舜	舜*
592	苒	苒
597	荊	荆
605	菰	菰
607	菟	菟
		莵
		莬
		菟*
609	萌	萠
610	萊	莱
613	葦	葦*
616	韮	韭
635	蔣	蒋
638	蓬	蓬

	標準字体	許容字体
643	蕊	蕋
		蘂
650	薩	薩
651	薯	薯
653	藪	薮
654	藷	藷
657	虻	蝱
		虻*
666	蛸	蛸
669	蝕	蝕
672	蟬	蝉
673	蟹	蠏
675	蠅	蠅
		蝿
676	蠣	蛎

	標準字体	許容字体
677	蠟	蝋
685	襖	襖
690	註	註*
697	諫	諌
698	諺	諺
700	謬	謬
701	讃	讃
702	豹	豹
705	賤	賎
710	蹄	蹄*
712	軀	躯
720※	辻	辻
721	迂	迂
722	迄	迄
723	辿	辿
724	迦	迦
725	迺	迺 廼
726	這	這
727	逗	逗
728	逢	逢
729	遁	遁
730	逼	逼
736	鄭	鄭
738	酋	酋
742	醬	醤
743	醱	醗
748	鉤	鈎
760	錆	錆
769	鎚	鎚
773	鑓	鑓
783	雁	鴈
787	靱	靭 靭
788	鞄	鞄
790	鞘	鞘
793	韃	韃
796	頸	頚
797	顚	顛
798	飴	飴
800	饗	饗 饗*
808	驒	騨
818	鯖	鯖
823	鰯	鰯
825	鰺	鯵
827	鱈	鱈
828	鱒	鱒
829	鱗	鱗*
839	鵠	鵠*
843	鶯	鴬
844	鷗	鴎
849	鹼	鹸
851	麟	麟*
852	麴	麹

※720～730
「しんにょう」は、ここに挙げたほか、印刷書体によって次のような形がありますが、いずれの書き方でも、正解となります。

表外の読み（本冊未掲載分）

表外の読みはとても多いため、過去24年間で出題1回の語句は本冊で割愛したものがあります。ここでは、本冊で割愛した「表外の読み」をまとめてチェックできるようにしてあります。　※本冊の模擬試験ではこの中から出題した問題もあります。

▼ 下線部の表外の音読み　解答

	解答
貝母を去痰に用いる	ばいも
打打と木を伐る	ちょうちょう
陸でもない話	ろく
神社の神鹿	しんろく
布袋の置物	ほてい
盤陀で接合する	はんだ
師の芝眉を拝する	しび
姫妾を側妻とする	きしょう
仏像を請来する	しょうらい
慈悲忍辱を説く	にんにく
大化元年の乙巳の変	いっし・おっし
帥先して手伝う	そっせん
神垣に沿って歩く	しんえん
夕嵐に旗がたなびく	せきらん
冷涼たる嵐気が満ちる	らんき
枕辺に水差しを置く	ちんぺん
頃来の長雨	けいらい
乞巧は中国の七夕	きっこう
鎌刃がきらめく	れんじん
新米を釜甑で炊く	ふそう
宛然として真に迫る	えんぜん
宛転蛾眉	えんてんがび
評判の花娘	かじょう
奔滝を上る	ほんろう

▼ 下線部の表外の訓読み　解答

	解答
介護に力める	つと
美言は文らず	かざ
真情を白す	もう
一入恋しさが募る	ひとしお
字を仲尼という	あざな
円らな瞳	つぶ
諸行無常の理を説く	ことわり
毎に進言する	つね
頭を垂れる	こうべ
一族の長	おさ
進退ここに谷まる	きわ
親ら政を行う	みずか
少くして大志あり	わか
妻が点てた抹茶	た
危急存亡の秋	とき
物語の首めの巻	はじ
形は大きいがまだ子供	なり
屁を放る	ひ
王墓を発く	あば
敵に対かう	む
終の住処	つい
実しやかに述べ立てる	まこと
歯八十に垂とする	よわい
失礼をば仕る	つかまつ

- 寒に号ぶ　さけ
- 身に具わる天分　そな
- 実直そうだが曲者だ　くせもの
- 奇計を運らす　めぐ
- 類うべきものがない　たぐ
- 植木が末枯れる　うら
- 守るべき法を教え示す　のり
- 古式に法る　のっと
- 決して便わない　へつら
- 標縄を巡らす　しめ
- 仏を念う　おも
- 頬が熱る　ほて
- 寺に徒で詣でる　かち
- 卒かに立ち去れり　にわ
- 手を束ねて傍観する　つか
- 席を巻く　むしろ
- 周く知れ渡る　あまね
- 種々の贈り物　くさぐさ
- 自らを残なう　そこ
- 固より覚悟の上　もと
- 洞ヶ峠を極め込む　き
- 任を完うする　まっと
- 感情を害なう　そこ
- 子の誕生を賀ぶ　よろこ
- 大任をやり果せる　おお
- 藤の花が英長く咲く　はなぶさ
- 歯に衣を着せぬ忠告　きぬ
- 愛でたかりし姿　め
- 愛娘をかわいがる　まな
- 愛しむに余りある　お
- 長い時を歴る　へ
- 小袖の領をつくろう　えり
- 事件の経緯を報せる　しら
- 戒厳令を布く　し
- 兄に比ぶ実力　なら
- 日比の行い　ひごろ
- 木々の色付く比　ころ
- 破れ鐘のような声　わ
- 能く効く薬　よ
- 行くこと能わず　あた
- 御眼鏡に適う　かな
- 団くなって座る　まる
- 素より覚悟している　もと
- 精しく知っている　くわ
- 条の通らない話　すじ
- 山を象った菓子　かたど
- 人生を旅に準える　なぞら
- 感激を心に識す　しる
- 勝手口の錠を支う　か
- 地域の発展を賛ける　たす
- 帳簿を査べる　しら
- ひそみに効う　なら
- 親の許を離れる　もと
- 風紀を規す　ただ
- 過を責める　とが
- 応に出陣の時である　まさ
- 城門を衛る　まも
- 因に予報は曇りです　ちなみ
- 愚鈍な上司を易る　あなど
- 胸の裏を吐き出す　うち
- 子供の幼い仕種　いとけな
- 共に目的達成を盟う　ちか
- 陛を駆け上がる　きざはし
- 宝玉を納れる箱　い

川縁に陣を展ぶ	の
兄に敵う相手はいない	かな
腸が煮えくり返る	はらわた
王が祝辞を宣う	のたま
夢か将幻か	はた
諸の事情がからむ	もろもろ
裏面に名を署す	しる
熟考えるに	つらつら
若しそれができたら	も
己亥の生まれ	つちのとい
師の言を憲とする	のり
剣の腕を揮う	ふる
隣国の領土を干す	おか
延いては国のため	ひ
的の動きを異しむ	あや
雲海に頂を露す	あらわ
烈しい脈を打つ	はげ
王を翼ける	たす
敵を慢るな	おこた／あなど
凡ての条件を満たす	すべ
凡そ見当がつかない	およ
賦を進上する	みつぎ
微かに微笑む	かす
薪が爆ぜる	は
薄の穂が揺れる	すすき
体が鈍っている	なま
端から信じていない	はな
新しい市場を拓く	ひら
玉座に即く	つ
子供が燥いでいる	はしゃ
是が為に生きる	これ
尽く成功した	ことごと

汗が浸みた下着	し
家督を紹ぐ	つ
これを海馬と称える	とな
読者の需めに応える	もと
兄が脂下がっている	やに
言葉に刺がある	とげ
紅葉が彩なす参道	あや
運命に抗う	あらが
寸分違わない	たが
麦から酒を為る	つく
もはや為ん方ない	せ
謀をめぐらす	はかりごと
芳しい美貌	かぐわ
伴に旅に出る	とも
逃げるに如かず	し
罪を聴す	ゆる
庭の雑草を抽く	ぬ
地を掃うに至る	はら
警戒網を潜り抜ける	くぐ
和漢の籍に親しむ	ふみ
生地を麺棒で伸す	の
干し貝柱が水で潤びる	ほと
火の回りが疾い	はや
猫を撮み出す	つま
槍が甲を貫く	よろい
小さな孔がある	あな
所存を啓す	もう
闇に脅える	おび
虚ろな表情	うつ
敢えて決行する	あ
子が喚き騒ぐ	わめ
お面を冠る	かむ·かぶ

□ 郭詞を使う	くるわことば
□ 骸が塊と化した	つちくれ
□ 親に累いが及ぶ	わずら
□ 損に損を累ねる	かさ
□ 魔法の履をはく	くつ
□ 雨は猶止まず	なお
□ 唯帰りを願うのみ	ただ
□ 臭気が鼻を撲つ	う
□ 遍く知れ渡る	あまね
□ 併し失敗とは言えない	しか
□ 頻りに自慢する	しき
□ 音が罷んだ	や
□ 煩いことを言うな	うるさ
□ 謄しを取っておく	うつ
□ 責任者が迭わる	か
□ 貞しい選択をする	ただ
□ 前例を逐う	お
□ 地獄に堕ちる	お
□ 老いて壮んなるべし	さか
□ 剰すところ一週間	あま
□ 浅瀬を渉る	わた
□ 尚、誠に勝手ながら	なお
□ 情に循うて情を治む	したが
□ 唐の都に准える	なぞら
□ 神を斎きまつる	いつ
□ 庭に椿を栽える	う
□ 古書を購う	あがな
□ 頭目が顕れた	あらわ
□ 香を薫く	た
□ この世に生を享ける	う
□ 白紙に還す	かえ
□ 亡骸を棺に蔵める	ひつぎ

□ 柱に括りつける	くく
□ 嚇して白状させる	おど
□ 心に野望を懐く	いだ
□ 寡暮らしに慣れる	やもめ
□ 気が鬱いでいる	ふさ
□ 犬と弄れる	たわむ
□ 沃えた土地	こ
□ 妖かしい秋波	なまめ
□ 両家の弥栄を祈る	いやさか
□ 大雨で川が氾れる	あふ
□ 斑模様に染める	まだら
□ 斑入り植物を集める	ふ
□ 腹の皮が捻れた	よじ
□ 頓に人気が高い	とみ
□ やきもちを妬く	や
□ 胸に顔を埴める	うず
□ 脊筋が寒くなる	せすじ
□ 学思行相須つ	ま
□ 人を嫉むな	ねた・そね
□ 古を稽える	かんが
□ 窟に入る	いわや・ほらあな
□ 陶芸を玩ぶ	もてあそ
□ ひたすら快楽に淫る	ふけ
□ 夢が萎む	しぼ
□ 暑さで花が萎れる	しお
□ 苛めるのはやめろ	いじ
□ 遅れていて気が急く	せ
□ 思いが軒ぶる	たか
□ 目を蔽う	おお
□ 陸に上がった河童	おか
□ ひと枚の雪	ひら
□ 更めて考えてみよう	あらた

共通の漢字（本冊未掲載分）

「共通の漢字」は初出問題の割合が非常に高いので、学習効率が悪いジャンルです。ここでは、本冊では割愛した「共通の漢字」の難問を、語句の意味を併せて掲載してあります。

▶解答と意味

- [ ] (　)臥して雲を眺める
- [ ] 大(　)に言い立てる

▶仰臥(ぎょうが)…あおむけ／大仰(おおぎょう)…大袈裟

- [ ] 宮廷に(　)趨する
- [ ] (　)眉の栄に浴する

▶拝趨(はいすう)…参上／拝眉(はいび)…拝顔

- [ ] 老師の温(　)に和む
- [ ] 縦(　)として敵陣に赴く

▶温容(おんよう)…穏やかな顔／縦容(しょうよう)…沈着

- [ ] 会長が(　)籍に入った
- [ ] 成り行きに(　)胎を抱く

▶鬼籍(きせき)…過去帳／鬼胎(きたい)…おそれ

- [ ] 歴史に事(　)を残す
- [ ] 文豪の墨(　)を展示する

▶事跡(じせき)…業績／墨跡(ぼくせき)…筆のあと

- [ ] 尊(　)を拝受しました
- [ ] 繁(　)よろしきを得る

▶尊簡(そんかん)…お手紙／繁簡(はんかん)…繁雑と簡略

- [ ] 成(　)を得た
- [ ] 断(　)を下す

▶成案(せいあん)…完成した案／断案(だんあん)…決定した案

- [ ] 委(　)を尽くした説明
- [ ] やり方が迂(　)である

▶委曲(いきょく)…詳しいこと／迂曲(うきょく)…遠まわし

- [ ] (　)怨を晴らした
- [ ] (　)弊を一掃する

▶宿怨(しゅくえん)…古くからの恨み／宿弊(しゅくへい)…旧弊

- [ ] (　)数が尽きる
- [ ] 真である(　)題

▶命数(めいすう)…寿命／命題(めいだい)…真偽判断の対象

- [ ] 酸(　)を極めた現場
- [ ] 柔術の(　)祖

▶酸鼻(さんび)…悲惨／鼻祖(びそ)…元祖

- [ ] 苦(　)を課される
- [ ] 牛と馬は(　)畜である

▶苦役(くえき)…辛い労働／役畜(えきちく)…労役用の家畜

- [ ] (　)門の身の上
- [ ] 扶(　)第一とうたわれる

▶桑門(そうもん)…僧侶／扶桑(ふそう)…日本の異称

- [ ] 孔子に次ぐ(　)聖
- [ ] 白(　)の豪邸に住む

▶亜聖(あせい)…聖人に次ぐ人／白亜(はくあ)…白壁

- [ ] 形貌の魁(　)な将軍
- [ ] 一世の人(　)である

▶魁傑(かいけつ)…大きい体格／人傑(じんけつ)…傑出した人

- [ ] 苛(　)な仕打ち
- [ ] (　)税を課せられる

▶苛酷(かこく)…むごいこと／酷税(こくぜい)…重税

- [ ] 天下の英(　)
- [ ] 学界きっての(　)秀

▶英俊(えいしゅん)…逸材／俊秀(しゅんしゅう)…特に秀でた人

- [ ] 世人の好(　)
- [ ] (　)歯の精神

▶好尚(こうしょう)…このみ／尚歯(しょうし)…敬老

- [ ] (　)明する必要がある
- [ ] (　)意が見て取れる

▶疎明(そめい)…釈明／疎意(そい)…うとんじる気持ち

- [ ] 権力を(　)持する
- [ ] 真意が(　)捉できた

▶把持(はじ)…しかと持つ／把捉(はそく)…しかと捉える

- [ ] (　)言に憤る
- [ ] 国権を慢(　)する

▶侮言(ぶげん)…あなどりの言葉／慢侮(まんぶ)…軽侮

- [ ] 父の死に(　)咽する
- [ ] (　)憐の情を禁じ得ない

▶哀咽(あいえつ)…咽び泣く／哀憐(あいれん)…悲しみ哀れむ

- [ ] 真相に(　)驚する
- [ ] (　)飯の号令がかかる

▶喫驚(きっきょう)…驚天／喫飯(きっぱん)…食事

- [ ] 自然の(　)理に逆らう
- [ ] 知は愛に包(　)される

▶摂理(せつり)…法則／包摂(ほうせつ)…包み込むこと

- [ ] 挙(　)、当を失す
- [ ] 詩文の(　)辞を練る

▶挙措(きょそ)…立ち居振る舞い／措辞(そじ)…言葉遣い

- [ ] (　)餐を差し上げたい
- [ ] (　)忽をわびる

▶粗餐(そさん)…粗末な食事／粗忽(そこつ)…あやまち

- [ ] 懇(　)なお勧め
- [ ] (　)学の士

▶懇篤(こんとく)…懇ろ／篤学(とくがく)…熱心に学に励む

- [ ] (　)見を申し述べる
- [ ] (　)賤の身を恥じる

▶卑見(ひけん)…自分の意見／卑賤(ひせん)…いやしい

- [ ] 先哲を欽(　)する
- [ ] 師に(　)情を抱く

▶欽慕(きんぼ)…敬慕／慕情(ぼじょう)…慕う気持ち

- [ ] 山中に(　)栖する
- [ ] (　)明境を異にする

▶幽栖(ゆうせい)…静かな生活／幽明(ゆうめい)…冥土と現世

- [ ] 池の周(　)を歩く
- [ ] 妻との宿(　)を感じる

▶周縁(しゅうえん)…周囲／宿縁(しゅくえん)…前世からの因縁

- [ ] (　)馴な筆致
- [ ] 君主の(　)量を示す

▶雅馴(がじゅん)…品がある／雅量(がりょう)…大きな心

- □( )荒の年が続いた
- □( )徒に襲われた

▶凶荒…凶作／凶徒…凶悪な犯罪者

- □噂を( )意しない
- □他人を( )在させない

▶介意…気にする／介在…間に存在する

- □借金を( )済する
- □悉( )白状する

▶皆済…全部を返済／悉皆…すべて

- □汚職事件に( )坐する
- □常( )が揃っている

▶連坐…連帯で罰を受ける／常連…常客

- □拙著を御( )存ください
- □御( )与いただいた

▶恵存…お手もとに保存／恵与…恵み

- □( )慶を申し上げる
- □配下を統( )する

▶御慶…お祝い／統御…まとめて支配

- □事実を扮( )する
- □落( )して寺で暮らす

▶扮飾…飾る／落飾…髪をそり出家する

- □秋( )の如き我が身
- □( )情的な表現

▶秋扇…不要な扇／扇情…情欲をあおる

- □舌( )火を吐く
- □( )座して瞑想する

▶舌端…舌先。言葉／端座…正座

- □体制に馴( )させる
- □風( )を保全する

▶馴致…馴れさせる／風致…自然の趣

- □高( )的な文学作品
- □現地を( )査する

▶高踏…気高い様／踏査…出掛けて調査

- □一( )の堂に集う
- □気( )壮大な侠客

▶一宇…一棟／気宇…心の広さ

- □( )下の客となる
- □( )水に鯉を飼う

▶泉下…あの世／泉水…庭にある池

- □情( )教育を重視する
- □( )行に問題あり

▶情操…情感豊かな心／操行…品行

- □部長の裁( )を仰ぐ
- □半( )通な知識

▶裁可…許可／半可通…知ったかぶり

- □檀家からの( )捨
- □随( )の涙を流す

▶喜捨…寄付。施し／随喜…喜び。歓喜

- □( )多の財宝を有す
- □違反を黙( )する

▶許多…多数／黙許… 黙って見逃す

- □( )念を追い払う
- □蕪( )な言辞を弄する

▶雑念…余計な考え／蕪雑…雑然とした

- □互いに牽( )し合う
- □運転を自動( )禦する

▶牽制…抑止／制禦…適当な操作をする

- □世界に冠( )する偉業
- □連絡が杜( )した

▶冠絶…卓絶／杜絶…とぎれて絶える

- □( )飾が甚だしい帳簿
- □( )黛を凝らした芸妓

▶粉飾…うわべを飾る／粉黛…化粧

- □十有( )年の歳月
- □( )禄が多い仕事

▶有余年…〜年余り／余禄…余得

- □( )然大雨になった
- □部下が戦( )を上げた

▶果然…はたして／戦果…戦争の成果

- □力に( )庭はない
- □合格への捷( )

▶径庭…へだたり／捷径…近道

- □遁( )を弄している
- □蕪( )を連ねて祝辞とす

▶遁辞…逃げ口上／蕪辞…乱れた言葉

- □( )怨を晴らす
- □売上を( )算する

▶積怨…積もるうらみ／積算…累計

- □豊かな穀( )地帯
- □( )皇として帰宅する

▶穀倉…穀物の倉／倉皇…あわてふためく

- □役員の座を巡る( )闘
- □物陰で( )涙に咽ぶ

▶暗闘…裏での争い／暗涙…秘かに流す涙

- □( )閑とした境内
- □( )厳な静寂

▶森閑…静まり返る／森厳…整然と厳か

- □( )心に堪えない
- □向( )の候

▶寒心…ぞっとする／向寒…寒に向かう

- □( )蕩にふける
- □諸国を歴( )する

▶遊蕩…遊びふける／歴遊…各地を旅する

- □( )漕業を営んでいる
- □処分を撤( )する

▶回漕…船での運送／撤回…取り消し

- □故郷に( )臥する
- □武器を捨て( )順する

▶帰臥…帰郷し静かに暮らす／帰順…服従

- □( )量な人物である
- □長( )舌をふるう

▶広量…大度／長広舌…長いおしゃべり

- □怯( )な態度に呆れる
- □組織が( )体化する

▶怯弱…臆病／弱体化…弱くなる

- □上司に( )波を送る
- □麦( )の候

▶秋波…色目／麦秋…麦を収穫する初夏

- □英国から帰( )した
- □皇帝に( )貢する

▶帰朝…帰国／朝貢…貢物の献上

- □( )謙な態度
- □( )悦至極に存じます

▶恭謙…へりくだる／恭悦…つつしみ喜ぶ

- □真情が( )露している
- □時( )に乗る

▶流露…外に出る／時流…時代の傾向

準１級【漢字音訓索引】

「準１級漢字音訓表」掲載の漢字を五十音順に配列した。同じ読みの漢字は音訓表の部首順に並べた。音読みによったが、音のないもの、音で見つけづらいものは訓読みでも掲載した。カタカナは音（トンなど単位は訓）、ひらがなは訓、数字は掲載頁を表している。

※読み方は頭の４文字以内で示した。

ア行

ア 啞 8
ア 娃 12
ア 窪 40
ア 蛙 52
ア 阿 60
アイ 娃 12
あおい 葵 48
あかね 茜 47
アク 偓 3
アク 啞 8
アク 渥 29
あじ 鰺 64
あずさ 梓 24
あぜ 畦 35
アツ 斡 21
あね 姐 12
あぶ 虻 51
あめ 飴 62
あゆ 鮎 63
あわ 粟 42
アン 庵 15
アン 按 18
アン 杏 22
アン 鞍 61
い 亥 2
イ 伊 2
イ 倭 3
イ 夷 11
イ 惟 17
イ 葦 48
イ 蔚 50
イ 謂 54
イ 飴 62
イ 鮪 64
いかだ 筏 41
イク 粥 42
イク 郁 57
いそ 磯 38
イツ 溢 30
いわし 鰯 64
イン 允 4
イン 寅 13
イン 胤 45
イン 蔭 50
イン 鸚 66
インチ 吋 7
う 鵜 65
ウ 佑 3
ウ 烏 31
ウ 胡 45
ウ 迂 56
うさぎ 兎 4
うし 丑 1
ウツ 欝 27
ウツ 苑 47
ウツ 蔚 50
うなぎ 鰻 64
うわさ 噂 9
ウン 云 1
エ 廻 16
エ 慧 18
エイ 叡 7
エイ 嬰 12
エイ 曳 22
エイ 洩 29
エイ 瑛 34
エイ 盈 36
エイ 穎 39
エキ 亦 2
えのき 榎 26
エン 厭 7
エン 堰 10
エン 奄 11
エン 掩 19
エン 淵 29
エン 焔 31
エン 燕 32
エン 苑 47
エン 薗 51
エン 鳶 65
エン 鴛 65
オ 於 21
オ 烏 31
オウ 凰 5
オウ 姶 12
オウ 襖 53
オウ 邑 57
オウ 鴨 65
オウ 鴦 65
オウ 鶯 66
オウ 鷗 66
オウ 鷹 66
オウ 鸚 66
おぎ 荻 48
おけ 桶 24
おの 斧 21
オン 厭 7
オン 苑 47
オン 薗 51

カ行

カ 伽 2
カ 卦 6
カ 嘉 9
カ 嘩 9
カ 榎 26
カ 樺 26
カ 珂 34
カ 瓜 35
カ 禾 39
カ 茄 47
カ 蝦 52
カ 迦 57
カ 霞 61
ガ 伽 2
ガ 俄 3
ガ 峨 14
ガ 臥 46
ガ 蛾 52
ガ 蝦 52
ガ 駕 63
カイ 凱 5
カイ 咳 8
カイ 堺 10
カイ 廻 16
カイ 恢 17
カイ 晦 22
カイ 檜 27
カイ 漑 30
カイ 芥 46
カイ 蟹 52
カイ 鎧 60
カイ 魁 63
カイ 鮭 64
ガイ 亥 2
ガイ 凱 5
ガイ 咳 8
ガイ 崖 14
ガイ 漑 30
ガイ 碍 37
ガイ 苅 46
ガイ 蓋 49
ガイ 鎧 60
カク 劃 5
カク 塙 10
カク 廓 15
カク 摑 19
カク 攪 20
カク 赫 55
ガク 鍔 59
ガク 鰐 64
かし 樫 26
かすみ 霞 61
カッ 恰 17
カツ 筈 41
かつお 鰹 64
かなう 叶 7
かに 蟹 52
かば 樺 26
かぶと 兜 4
かまど 竈 40
かむ 嚙 9
かも 鴨 65
かもめ 鷗 66
かゆ 粥 42
カン 侃 3
カン 函 5
カン 姦 12
カン 斡 21
カン 柑 23
カン 桓 24
カン 澗 30
カン 灌 31
カン 竿 40
カン 翰 44
カン 舘 46
カン 莞 47
カン 菅 48
カン 萱 48
カン 諫 54
ガン 巌 14
ガン 癌 36
ガン 翫 44
ガン 贋 55
ガン 雁 61
キ 其 4
キ 嬉 12
キ 徽 17
キ 槻 26
キ 毅 28
キ 磯 38
キ 祁 38
キ 稀 39
キ 窺 40
キ 箕 41
キ 葵 48
キ 鰭 64
キ 麒 66
ギ 妓 11
ギ 祇 38
ギ 蛾 52
ギ 蟻 52
ギ 誼 54
キク 掬 19
キク 鞠 62
キク 麴 66
キツ 吃 7
キツ 桔 24
キツ 橘 26
キツ 迄 56
きぬた 砧 37
きね 杵 23
キャ 伽 2
キュウ 仇 2
キュウ 厩 7
キュウ 汲 28
キュウ 灸 31
キュウ 玖 34
キュウ 笈 40
キュウ 韮 48
キュウ 鳩 65
キョ 嘘 9
キョ 渠 29
キョ 鋸 59
ギョ 禦 38
キョウ 亨 2
キョウ 俠 3
キョウ 僑 3
キョウ 兇 4
キョウ 劫 5
キョウ 匡 6
キョウ 卿 6
キョウ 叶 7
キョウ 喬 8
キョウ 彊 16
キョウ 怯 17
キョウ 杏 22
キョウ 橿 27
キョウ 蕎 50
キョウ 饗 62
キョウ 馨 62
ギョウ 尭 10
キョク 旭 21
キロメー 粁 42
キン 檎 27
キン 欣 27
キン 欽 27
キン 禽 39
キン 芹 46
キン 衿 53
ク 倶 3
ク 垢 10
ク 狗 33
ク 玖 34
ク 矩 37
ク 軀 56
ク 鉤 58
ク 駈 63
ク 鳩 65
グ 倶 3
グ 寓 13
グ 弘 16
くう 喰 9
クウ 腔 45
グウ 寓 13
くぎ 釘 58
くし 櫛 27
くず 屑 13
くめ 粂 42
くも 蛛 52
くり 栗 24
クン 馴 63
ケ 卦 6
ケ 稀 39
ケ 芥 46
ケ 袈 53
ゲ 碍 37
ケイ 卿 6
ケイ 圭 10
ケイ 慧 18
ケイ 桂 24
ケイ 珪 34
ケイ 畦 35
ケイ 繫 43
ケイ 罫 44
ケイ 荊 47
ケイ 頸 62
ケイ 馨 62
ケイ 鮭 64
ケキ 戟 18
ゲキ 戟 18
ゲキ 隙 61
ケツ 桔 24
ケツ 蕨 50
ケツ 訣 54
ケツ 頁 62
ケン 倦 3
ケン 喧 8
ケン 捲 19
ケン 澗 30
ケン 牽 33
ケン 硯 37
ケン 絢 43
ケン 萱 48
ケン 蜎 52
ケン 鰹 64
ケン 鹸 66
ゲン 彦 16
ゲン 硯 37
ゲン 絃 43
ゲン 諺 54
コ 乎 1
コ 壺 11
コ 姑 11
コ 狐 33
コ 瑚 34
コ 糊 42
コ 胡 45
コ 菰 48
コ 袴 53
コ 跨 55
コ 醐 58
コ 鈷 58
ゴ 伍 2
ゴ 冴 4
ゴ 吾 8
ゴ 梧 24
ゴ 檎 27
ゴ 瑚 34
ゴ 胡 45
ゴ 醐 58
こい 鯉 64
コウ 亙 1
コウ 亘 2
コウ 亨 2
コウ 佼 3
コウ 倖 3
コウ 凰 5
コウ 劫 5
コウ 叩 6
コウ 垢 10
コウ 塙 10
コウ 宏 13
コウ 巷 15
コウ 幌 15
コウ 庚 15
コウ 弘 16
コウ 怯 17
コウ 恰 17
コウ 攪 20
コウ 昂 21
コウ 晃 21
コウ 杭 23
コウ 浩 29
コウ 狗 33
コウ 皐 36
コウ 礦 38
コウ 糠 42
コウ 紘 42
コウ 縞 43
コウ 肴 45
コウ 肱 45
コウ 腔 45
コウ 膏 45
コウ 蓋 49
コウ 薨 51
コウ 蛤 52

サ行

タ行

テイ 汀 28
テイ 碇 37
テイ 禎 38
テイ 綴 43
テイ 薙 51
テイ 蹄 55
テイ 鄭 57
テイ 醍 58
テイ 釘 58
テイ 鵜 65
テイ 鼎 67
デイ 禰 38
テキ 擢 20
テキ 荻 48
テキ 鏑 60
テツ 姪 12
テツ 畷 36
テツ 綴 43
テツ 蛭 52
テツ 轍 56
テン 佃 2
テン 槙 26
テン 淀 29
テン 澱 30
テン 甜 35
テン 纏 44
テン 辿 57
テン 顛 62
デン 佃 2
デン 撚 20
デン 淀 29
デン 澱 30
デン 鮎 63
と 砥 37
ト 兎 4
ト 兜 4
ト 堵 10
ト 杜 22
ト 菟 48
ト 鍍 60
トウ 兜 4
トウ 吋 7
トウ 塘 10
トウ 套 11
トウ 宕 13
トウ 嶋 14
トウ 撞 20
トウ 沓 22
トウ 桐 24
トウ 桶 24
トウ 樋 26
トウ 檮 27
トウ 淘 29
トウ 濤 31
トウ 禱 38
トウ 萄 48
トウ 董 49
トウ 蕩 50
トウ 逗 57
トウ 鐙 60
トウ 鯛 64
ドウ 嚢 9
ドウ 撞 20
ドウ 桐 24
ドウ 膿 45
ドウ 萄 48
トク 啄 8
トク 瀆 31
トク 禿 39
トク 竺 40
とち 橡 27
とび 鳶 65
ともえ 巴 15
とりで 砦 37
トン 呑 8
トン 噸 9
トン 惇 17
トン 敦 20
トン 沌 28
トン 遁 57
ドン 呑 8

ナ行

ナイ 乃 1
ナイ 迺 57
なぎ 凪 5
なぎさ 渚 29
ナツ 捺 19
ナン 楠 25
ニ 爾 32
ニク 宍 13
にら 韮 48
ニン 壬 11
ニン 稔 39
ネ 禰 38
ねぎ 葱 49
ねずみ 鼠 67
ネン 撚 20
ネン 稔 39
ネン 鮎 63
ノウ 嚢 9
ノウ 膿 45
のぞく 覗 53
のみ 蚤 51

ハ行

ハ 巴 15
ハ 播 20
ハ 杷 23
ハ 琶 34
ハ 簸 41
ハ 芭 47
ハ 頗 62
バ 芭 47
ハイ 吠 8
ハイ 牌 32
ハイ 盃 36
ハイ 稗 39
バイ 吠 8
バイ 楳 25
バイ 煤 31
バイ 狽 33
はえ 蠅 53
はかま 袴 53
はかり 秤 39
はぎ 萩 49
ハク 柏 23
ハク 狛 33
ハク 箔 41
ハク 粕 42
ハク 駁 63
バク 摸 19
バク 曝 22
バク 莫 48
バク 駁 63
はげ 禿 39
はざま 硲 37
はじめ 肇 45
はたけ 畠 35
ハチ 捌 19
ハツ 捌 19
ハツ 潑 30
ハツ 筏 41
ハツ 醱 58
バツ 筏 41
はなし 噺 9
はまぐり 蛤 52
はやぶさ 隼 61
ハン 叛 7
ハン 幡 15
ハン 扮 18
ハン 磐 38
ハン 蕃 50
バン 挽 19
バン 播 20
バン 磐 38
バン 蔓 50
バン 蕃 50
バン 鰻 64
ヒ 匪 6
ヒ 庇 15
ヒ 斐 20
ヒ 枇 23
ヒ 毘 28
ヒ 緋 43
ヒ 誹 54
ヒ 譬 56
ビ 枇 23
ビ 梶 24
ビ 毘 28
ビ 琵 34
ひいらぎ 柊 23
ひげ 髭 63
ヒツ 弼 16
ヒツ 畢 36
ヒツ 疋 36
ヒツ 逼 57
ひのき 檜 27
ひも 紐 43
ビャク 柏 23
ヒュウ 彪 16
ビュウ 謬 54
ヒョウ 彪 16
ヒョウ 杓 23
ヒョウ 瓢 35
ヒョウ 豹 55
ビョウ 廟 16
ビョウ 鋲 59
ビョウ 錨 60
ヒョク 逼 57
ひる 蛭 52
ヒン 彬 16
ヒン 斌 20
ヒン 瀕 31
ヒン 牝 33
ビン 秤 39
フ 埠 10
フ 撫 20
フ 斧 21
フ 甫 35
フ 芙 47
フ 蒲 49
フ 輔 56
フ 鮒 64
ブ 撫 20
ブ 葡 49
ブ 蒲 49
ブ 蔀 50
ブ 蕪 51
ブ 鵡 65
フウ 楓 25
ブウ 鳳 65
ふき 蕗 51
ふすま 襖 53
フツ 弗 16
ブツ 勿 5
フン 吻 8
フン 扮 18
フン 焚 31
フン 糞 42
ヘイ 僻 4
ヘイ 篦 41
ページ 頁 62
ヘキ 僻 4
ヘキ 碧 38
ベツ 捌 19
ベツ 瞥 37
ヘン 篇 41
ヘン 鞭 62
ベン 娩 12
ベン 緬 43
ベン 鞭 62
ベン 麪 66
ホ 圃 9
ホ 甫 35
ホ 菩 48
ホ 葡 49
ホ 蒲 49
ホ 輔 56
ホ 鋪 59
ボ 姥 12
ボ 戊 18
ボ 摸 19
ボ 牡 33
ボ 莫 48
ボ 菩 48
ホウ 亨 2
ホウ 呆 8
ホウ 峯 14
ホウ 庖 15
ホウ 捧 19
ホウ 朋 22
ホウ 烹 31
ホウ 萌 48
ホウ 蓬 50
ホウ 蔀 50
ホウ 逢 57
ホウ 鋒 59
ホウ 鞄 61
ホウ 鳳 65
ホウ 鴇 65
ホウ 鵬 66
ボウ 卯 6
ボウ 呆 8
ボウ 孟 12
ボウ 戊 18
ボウ 牟 33
ボウ 牡 33
ボウ 茅 47
ボウ 萌 48
ボウ 蒙 49
ボウ 虻 51
ボウ 鉾 59
ホク 卜 6
ホク 曝 22
ボク 卜 6
ボク 穆 39
ホツ 弗 16
ほれる 惚 17
ホン 叛 7
ホン 幡 15

マ行

マイル 哩 8
まき 槙 26
まく 蒔 49
マク 莫 48
まぐろ 鮪 64
まさ 柾 24
ます 鱒 65
また 亦 2
また 俣 3
マツ 沫 29
まろ 麿 67
マン 孟 12
マン 幡 15
マン 蔓 50
マン 鰻 64
み 巳 14
みの 蓑 49
ミリメー 粍 42
ム 牟 33
ム 蕪 51
ム 鉾 59
ム 鵡 65
めい 姪 12
メン 棉 25
メン 緬 43
メン 麪 66
モ 姥 12
モ 摸 19
モ 莫 48
モウ 孟 12
モウ 蒙 49
モウ 虻 51
もうける 儲 4
もえる 萌 48
もく 杢 23
モク 穆 39
モチ 勿 5
もみ 籾 42
もみじ 椛 25
モン 悶 17
もんめ 匁 6

ヤ行

ヤ 也 1
ヤ 埜 10
ヤ 爺 32
ヤ 耶 57
やぶ 薮 51
やり 槍 26
やり 鑓 60
ユ 愈 18
ユ 柚 23
ユイ 惟 17
ユウ 佑 3
ユウ 宥 13
ユウ 尤 13
ユウ 揖 19
ユウ 柚 23
ユウ 楢 25
ユウ 涌 29
ユウ 猷 33
ユウ 祐 38
ユウ 邑 57
ユウ 酉 58
ユウ 鮪 64
ヨ 輿 56
ヨウ 傭 3
ヨウ 厭 7
ヨウ 楊 25
ヨウ 涌 29
ヨウ 熔 32
ヨウ 耀 44
ヨウ 蓉 49
ヨウ 蠅 53
ヨウ 遥 57
ヨウ 銚 59
ヨウ 頁 62
ヨウ 鷹 66
ヨク 慾 18
よど 淀 29
よもぎ 蓬 50

ラ行

ラ 螺 52
ライ 萊 48
ラク 洛 29
ラン 蘭 51
リ 哩 8
リ 李 23
リ 栗 24
リ 浬 29
リ 狸 33
リ 裡 53
リ 鯉 64
リツ 栗 24
リツ 葎 49
リャク 掠 19
リュウ 劉 5
リュウ 溜 30
リュウ 琉 34
リュウ 笠 41
リョウ 亮 2
リョウ 凌 4
リョウ 嶺 14
リョウ 掠 19
リョウ 梁 25
リョウ 椋 25
リョウ 稜 39
リョウ 綾 43
リョウ 苓 47
リョウ 菱 48
リョウ 諒 54
リョウ 遼 57
リン 淋 29
リン 燐 32
リン 琳 34
リン 綾 43
リン 鱗 65
リン 麟 66
ル 婁 12
ル 屢 14
ル 琉 34
ル 篭 41
レイ 伶 3
レイ 嶺 14
レイ 怜 17
レイ 玲 34
レイ 礪 38
レイ 苓 47
レイ 蠣 53
レン 憐 18
レン 漣 30
レン 煉 32
レン 簾 41
レン 聯 44
レン 蓮 50
ロ 櫓 27
ロ 蕗 51
ロ 魯 63
ロ 鷺 66
ロウ 婁 12
ロウ 摺 19
ロウ 牢 33
ロウ 狼 33
ロウ 稜 39
ロウ 篭 41
ロウ 聾 44
ロウ 蠟 53
ロク 漉 30
ロク 禄 38
ロク 肋 45

ワ行

ワ 倭 3
ワ 窪 40
ワ 蛙 52
ワイ 歪 28
ワイ 隈 61
ワク 或 18
わし 鷲 66
わに 鰐 64
わら 藁 51
わらび 蕨 50
ワン 椀 25
ワン 碗 37